#SUPREMOLOGIA

AMANUENSE

DANIEL AUGUSTO VILA-NOVA GOMES

#SUPREMOLOGIA

O Supremo Tribunal Federal nas encruzilhadas da Política & do Direito no Brasil (1988-2023)

1ª EDIÇÃO
SÃO PAULO • 2023

AMANUENSE

Edição e revisão: Rodrigo Haidar
Projeto gráfico: Luciana Huber
Diagramação: Bruno Huber
Capa: Rapha Baggas

Dados Internacionais de Catalogação na Publicação (CIP)
(Câmara Brasileira do Livro, SP, Brasil)

Gomes, Daniel Augusto Vila-Nova
Supremologia : o Supremo Tribunal Federal nas encruzilhadas da política & do direito no Brasil (1988-2023) / Daniel Augusto Vila-Nova Gomes. -- 1. ed. -- São Paulo : Amanuense, 2023.

Bibliografia.

ISBN 978-65-80788-14-9

1. Acesso à justiça 2. Brasil. Supremo Tribunal Federal 3. Direito constitucional - Brasil I. Título.

23-157017 CDU-347.991(81)

Índices para catálogo sistemático:

1. Brasil : Supremo Tribunal Federal : Direito 347.991(81)

Aline Graziele Benitez - Bibliotecária - CRB-1/3129

AMANUENSE

Amanuense Livros Ltda.
Rua Nilo 241, Sala 02 – CEP 01533-010 São Paulo SP
contato@amanuense.com.br
www.amanuense.com.br

*A Meu Pai, Antônio (*in memoriam*);*

e à Minha Mãe, Eni (servidora aposentada do STF)

– aos meus antepassados &

às minhas ancestralidades, sempre em atividade.

"O Supremo Tribunal Federal está de vela na cúpula do estado"
(Rui Barbosa)

"O Supremo Tribunal Federal, esse outro desconhecido"
(Aliomar Baleeiro)

"O Supremo é um arquipélago de 11 ilhas"
(José Paulo Sepúlveda Pertence)

"(...)
Machado – É um acordo, botar o Michel, num grande acordo nacional.
Jucá – Com o Supremo, com tudo.
Machado – Com tudo, aí parava tudo.
Jucá – É. Delimitava onde está. Pronto.
(...)"
(Sérgio Machado, ex-presidente da Transpetro & Romero Jucá, então Senador da República licenciado, no exercício do cargo de Ministro do Planejamento, o inteiro teor do diálogo foi amplamente divulgado pela Esfera Pública nacional e internacional, a data dos diálogos não foi definida)

"A justiça tem que ser urgentemente ilegalizada."
(Millôr Fernandes)

"Não achareis linha cética nestas minhas conversações dominicais. Se destes com alguma que se possa dizer pessimista, adverte que nada há mais oposto ao ceticismo. Achar que uma coisa é ruim, não é duvidar dela, mas afirmá-la. O verdadeiro cético não crê, como o Dr. Pangloss, que os narizes se fizeram para os óculos, nem, como eu, que os óculos é que se fizeram para os narizes; o cético verdadeiro descrê de uns e de outros. Que economia de vidros e de defluxos se eu pudesse ter esta opinião"
(Joaquim Maria Machado de Assis, "A Semana", *Gazeta de Notícias*, 28 de fevereiro de 1897)

"As supremas cortes são terreno secundário para a reimaginação e a reconstrução necessárias. O terreno que mais importa é o da política nacional, da vida cívica e do debate a respeito do nosso futuro".
(Roberto Mangabeira Unger, 22 de maio de 2018)

AGRADECIMENTOS

"Abracei o mar na lua cheia
Abracei o mar
Abracei o mar na lua cheia
Abracei o mar
Escolhi melhor os pensamentos, pensei
Abracei o mar
É festa no céu é lua cheia, sonhei
Abracei o mar
E na hora marcada
Dona Alvorada chegou para se banhar
E nada pediu, cantou pra o mar (e nada pediu)
Conversou com mar (e nada pediu)
E o dia sorriu
Uma dúzia de rosas, cheiro de alfazema
Presente eu fui levar
E nada pedi, entreguei ao mar (e nada pedi)
Me molhei no mar (e nada pedi) só agradeci"

(*Agradecer e Abraçar,* de Gerônimo e Vevé Calazans,
na voz de Maria Bethânia)

Abraços, a braço e a braços. É com afeto, com esforço, com muitas lutas e, ao fim, com os lutos necessários que este trabalho pôde ganhar vida e sobreviver ao que passou. Impossível resumir essa trajetória nestas breves linhas. Só foi possível prosseguir no texto que se segue graças ao braço-forte da presença de quem me motivou a seguir adiante. Desde já, minha gratidão, a todas, a todos e a *todes*!

A Ení, aquele abraço (*a quem é princípio e fim das experiências que motivam esta caminhada*).

A Anee, aquele abraço (*pelo carinho, pelo açúcar e pelo afeto que só o amor fraterno pode realizar*): agradeço pelo seu exemplo de vida, por nossas lutas e lutos – bom humor e gentileza que sempre nos proporcionaram o melhor dos banquetes na verdadeira fraternidade.

A André, meu sobrinho primogênito, a Gaia, minha afilhada, a Mauro, nosso caçula, aquele abraço (*por me inspirarem a seguir a acreditar que a Vida sempre nos renova*).

A João, aquele abraço (*pela admiração recíproca, meu caçula, no meio em tantas corridas de uma vida que transita entre Brasília, São Paulo e Rio de Janeiro*).

A Sílvia, aquele abraço (*pela saudade eterna que compartilhamos*).

Ao Carlos Sávio Gomes Teixeira, aquele abraço (*a quem comigo navegou, do início ao fim, da pesquisa, da tese e das guianças desta publicação*) – salve, Sávio!

A Gigliola Ansiliero, aquele abraço (*pela letra de 'Andança' e pelas palavras – ditas e não-ditas –, pelos encontros e desencontros da Arte de Viver – danças do co-existir, do resistir e do existir, antes, durante & depois da pandemia*).

A João Harres, a Biraci Nixiwaká Brasil, a Daiara Tukano e a Mariana Maia, aquele abraço (*pela Força do nosso semear conjunto neste planeta*).

A Cláudio de Farias Augusto e a Maria das Graças de Moraes Augusto, aquele abraço (*pela companhia sábia, a acolhida gentil, entre o Mundo Grego e o Brasil*).

A Alex, a Juliana, a Natalia, a Nayara, a Lucas, a Isadora, a João Guilherme, a Sávio e a Zé Guerra aquele abraço (*pela esperança no "Eldorado" – da vida que segue adiante, apesar das eleições, dos percalços, desta caminhadura, dura caminhada, nossas cidadanias*).

As Carolinas (Cunha e Caldas), ao Danillo, a Débora, a Érika, a Flávia, a Marcos, a Patrícia e a Thaís, aquele abraço (*pelas parcerias, na Cidade Sorriso, em anos dos quais me "uffano"*).

A Bruno Dias, a Bruno Duarte, a Marcelo Menezes, a Vítor Chaves, a Ramiro Sant'Anna, a Rafael Naves e a Rodrigo Chaves, aquele abraço (*pela amizade ungida que já atravessa duas décadas*).

A Abhner Arabi, a Carla Ramos, a João Azambuja, a Júlio Sisson e a Paulo Sávio, supremos interlocutores desta obra, aquele abraço (*pelo apoio, pelo testemunho e, sobretudo, pela confiança*).

A André Rufino, a Andrea Magalhães, a Christine Peter, a Emmanuele Santanna, a Luciano Fuck, a Irapuã Santana, a Oscar Valente, a Raquel Andrade, a Rodrigo Canalli e a Suely Camargo, aquele abraço (*pela amizade que sobreviveu aos dias mais turbulentos no Supremo e que, renasce renovada, nesses mais de 21 anos de trajetória pelos corredores do STF*).

A Damião Alves, a Fábio Sá e Silva, a Guilherme Scotti e a Janaína Penalva, aquele abraço (*pelo exemplo e pelo lembrete constante de que sempre vale a pena perguntar, ao pipoqueiro "do Clube da Esquina": o que a Constituição constitui, afinal, Milton?*).

A Anita Ferraz, aquele abraço (*sua amizade foi um bálsamo, uma nascente de muita saúde, em meio a tanto desgaste mental, antes, durante e depois da pandemia*).

A Cyntia Cristina Carvalho Silva e ao Bernardo Matos, aquele abraço (*pois tese feita é melhor que a perfeita, Minha Amiga, Meu Amigo, pela Companhia e pelas noites de jogos, hoje & sempre*)!

A Lucas Emídio Aganetti, a Marcela Silva Machado e a Paulo Rená da Silva Santarém aquele abraço (*por toda a intimidade e por todas as confidências que só o afeto autêntico proporciona*).

A Henrique Smidt Simon, a José Carlos Veloso, a Pablo Malheiros e a René Marc da Costa Silva, aquele abraço (*por tantas releituras compartilhadas e navegações nesta vida de aprendiz*).

A Gisálio Cerqueira e a Gizlene Neder, aquele abraço (*pelas aulas, dentro e fora da sala de aula, destas vidas professoras que só a "Escola de Niterói" estimula*).

A Christy Ganzert Pato, aquele abraço (*por contribuir, com a gentileza digna da docência e o vigor consistente da pesquisa, para o aprimoramento da metodologia, segundo os cânones da Ciência do Poder, antes, durante e depois da publicação da tese*).

A Demétrius França, aquele abraço (*pelas peripateias e andanças, neste mundo tão confuso e cheio de encruzas*).

A Diego Werneck Arguelhes, *aquele abraço* (*pela franqueza que só o diálogo aberto, comprometido e apaixonado pode proporcionar por tantos mares incógnitos, ainda a serem navegados, diante de tantas profundezas por explorar"*).

A Rodrigo Haidar, meu amanuense editor, e a Raphael Baggas, o artista que concebeu a arte da Capa deste livro, **#aqueleabraço** (*por me ajudarem a transformar uma tese não apenas em livro – mas em uma ideia em forma de primavera* ***#supremologia****, em pleno outono-inverno de 2023*).

A Joaquim Falcão, *aquele abraço* (*por hoje e para amanhã,* pois ouço bem que: "Do alto desse seu imenso poder, o Supremo nos olha, julga e diz: *decifra-me ou te devoro*").

A Gilmar Mendes, *aquele abraço,* que o Aluno, aqui, dedica ao Professor (*seguimos, do Salão Branco do Supremo aos Jardins de Lyra Filho, do Brasil a Portugal, de Brasília a Lisboa, a aprender e a caminhar sempre...*).

A Roberto Mangabeira Unger, nosso Mestre "saelino", *aquele-abraço* (*pelas lições – passadas, presentes e futuras – de que, esta vida "Sancha" faz melhor sentido se buscar se "enquixotar": "a Esperança é consequência da Ação"*): este livro é, a um só tempo, um gesto cívico de engrandencimento da memória e da imaginação em torno de nossa "Carta-Cidadã", em prol dos Brasílios & Brasílias.

A Victor Nunes Leal, aquele abraço, de lealdade (*pois, aprendi com meu Avô Agnelo que "o que é do homem, a terra não come"*).

A Teori Albino Zavascki, saudoso amigo, aquele abraço, de saudade (*por todas aquelas sextas-feiras em que conversávamos, por horas, sobre a "pauta" da Semana do Plenário*).

A Apu Inti, aquele abraço, de irmandade, de quem viveu e soube viver esta vida (*meu maior Professor de Amizade*).

A Zélia Gattai & a Jorge Amado, aquele abraço, por me ensinarem, profundamente, que o Lar Espiritual do Jurista e do Poeta só são possíveis onde existe o direito inalienável de sonhar! (*viva o Carnaval & a Casa do Rio Vermelho, na primeira Capital do Brasil, São Salvador!*)

A Jorge Ribeiro de Medeiros, aquele abraço, que ainda vive em mim em todo dia vinte-e-três de Abril... (*os alquimistas estão chegando... Até a vista, Meu Irmão!*).

A Minha gratidão e abraço último a Antonio (*pelo amor incondicional – a um só tempo, Céu & Inferno, deste existir carnal e carnavalesco – pelo Flamengo, e, ainda, pelo exemplo e pela inspiração de persistir até aqui, apesar das pedras pelo caminho*).

Enquanto a travessia nos atravessa, a luta continua, continua...

"Alô torcida do Flamengo, aquele abraço!"

Salve, Gilberto Gil, Nosso Gil, Umbabaraúma-Imortal, lá da Casa de Joaquim Maria!

Eis a minha Carta de Amor à Eterna Casa de Victor – ou como diria Caetano: "A forma que me formou".

AMOR OMNIA VINCIT?

#OAMORÉAUNIVERSIDADEDAVIDA!

"HOLD ON, IF LOVE IS THE ANSWER, YOU'RE HOME..."

Brasília, 4 de Maio (Quinta),
outono brasileiro de 2023:
que a Força esteja e siga Conosco!

AGÔ, AXÉ & SARAVÁ!

DÂNDI VILA-NOVA

SUMÁRIO

LISTA DE DIAGRAMAS, GRÁFICOS & TABELAS

LISTA DE ABREVIATURAS E SIGLAS

ACO: Ação Cível Originária
ADC: Ação Declaratória de Constitucionalidade
ADCT: Ato das Disposições Constitucionais Transitórias
ADI: Ação Direta de Inconstitucionalidade
ADO: Ação Direta de Inconstitucionalidade por Omissão
ADPF: Arguição de Descumprimento de Preceito Fundamental
AGU: Advocacia-Geral da União
AI: Agravo de Instrumento
Alacip: Associación Latinoamericana de Ciência Política
ANC: Assembleia Nacional Constituinte de 1987/1988
Anpocs: Associação Nacional de Pós-Graduação e Pesquisas em Ciências Sociais
ARE: Recurso Extraordinário com Agravo
B1: Base de Dados 1 ("Supremo Tribunal Federal"), extraída da Plataforma *SciELO* (período de 1° de Junho de 2004 a 28 de Abril de 2021)
B1': Base de Dados 1 ("Supremo Tribunal Federal"), extraída da Plataforma *SciELO* (período complementar, para fins da atualização do livro, de 28 de Abril de 2021 a 19 de Maio de 2023)
B2: Base de Dados 2 ("STF"), extraída da Plataforma *SciELO* (período de 1° de Junho de 2004 a 28 de Abril de 2021)
B2': Base de Dados 2 ("STF"), extraída da Plataforma *SciELO* (período complementar, para fins de atualização do livro, de 28 Abril de 2021 a 19 de Maio de 2023)
BNPR: Banco Nacional de Dados de Demandas Repetitivas e Precedentes Obrigatórios, do CNJ
CAS: Carlos Ari Sundfeld
Cebrap: Centro Brasileiro de Análise e Planejamento
CGE/STF: Comitê Gestor da Estatística do Supremo Tribunal Federal
CJUS: Centro de Justiça e Sociedade (FGV Direito Rio)
CNJ: Conselho Nacional de Justiça
CNMP: Conselho Nacional do Ministério Público
Covid-19: *Corona Virus Disease* 2019
CPDOC: Centro de Pesquisa e Documentação de História Contemporânea do Brasil
CRFB/1988: Constituição da República Federativa do Brasil de 1988
DOU: Diário Oficial da União
DPJ: Departamento de Pesquisas Judiciárias do CNJ
EC: Emenda Constitucional (à CRFB/1988)
ER: Emenda Regimental (ao RI/STF)
EUI: Instituto Universitário Europeu (EUI)
EVA: Escola Virtual da AGU.
FGV: Fundação Getúlio Vargas
FHC: Fernando Henrique Cardoso
FSP: Folha de São Paulo
GV: Getúlio Vargas
IBGE: Instituto Brasileiro de Geografia e Estatística
ICMS: Imposto sobre Operações Relativas à Circulação de Mercadorias e sobre Prestações de Serviço de Transporte Interestadual e Intermunicipal de Comunicação
HC: *Habeas Corpus*
MI: Mandado de Injunção
MS: Mandado de Segurança
OAB: Ordem dos Advogados do Brasil
OCJ: Oscar Correa Júnior
PEC: Proposta de Emenda Constitucional
PET: Petição (Classe processual subsidiária na classificação processual do Supremo Tribunal Federal - competência originária da Corte)
PNAD: Pesquisa Nacional por Amostra de Domicílio, do IBGE
PT: Partido dos Trabalhadores
RBCS: Revista Brasileira de Ciências Sociais
RCL: Reclamação Constitucional (de competência do STF)
RE: Recurso Extraordinário
RG: Repercussão Geral (filtro recursal no âmbito do Recurso Extraordinário de competência do STF)
RI/STF: Regimento Interno do Supremo Tribunal Federal
SciELO: *Scientific Eletronic Library Online*
STF: Supremo Tribunal Federal
STJ: Superior Tribunal de Justiça
STM: Superior Tribunal Militar
SUS: Sistema Único de Saúde
TCU: Tribunal de Contas da União
TJDFT: Tribunal de Justiça do Distrito Federal e Territórios
TJRS: Tribunal de Justiça do Estado do Rio Grande do Sul
TJRO: Tribunal de Justiça do Estado de Rondônia
TRE: Tribunal Regional Eleitoral
TRF: Tribunal Regional Federal
TRT: Tribunal Regional do Trabalho
TSE: Tribunal Superior Eleitoral
TST: Tribunal Superior do Trabalho

PROLEGÔMENOS - Onze Tempos & Undécimas Versões (Preâmbulo do Autor)

22 de janeiro de 2000: dia do aniversário dos meus 18 anos, data da prova do concurso de "nível médio". Ali, por bênção materna (minha mãe Ení me inscrevera, sem me perguntar sobre), ou por alguma "álea", algo se selava em meu destino. Aprovado, para concurso que exigia conhecimentos básicos de Direito e do (até então desconhecido) Regimento Interno do Supremo Tribunal Federal (RI/STF), numa segunda fase tive de me submeter a uma prova de "datilografia". Toques Por Minuto ("TPMs") pareciam importar. Qual Macabéa de Clarice, do alto da minha ignorância adolescente, não tinha mesmo ideia de onde estava a me meter.

10 de maio de 2002: foi naquele intenso agora (hoje, ontem) que algo aconteceu. Aos 20 anos e pouco mais de 100 dias, eu alcançaria a então maioridade civil pelo antigo Código Civil – vigente no Brasil desde 1917, pela lavra de Clóvis Bevilacqua. Segundo o ordenamento jurídico pátrio, a maioridade civil seria obtida somente aos 21 anos. A rigor, em 10 de janeiro de 2003, data de entrada em vigor do então novo Código Civil de 2002, eu alcançaria a maioridade civil às vésperas dos 21 – os quais somente completaria aos 22 de janeiro de 2003. O Supremo "me emancipou": aos vinte, e meses, me tornara "de maior".

22 de janeiro de 2005: após 10 semestres no Curso de Bacharelado da Faculdade de Direito da Universidade de Brasília (FD/UnB), Casa de Victor Nunes Leal & Lar dos Jardins Lyrianos, ocorria, enfim, o baile de formatura em Direito. Ali, com exatos 23 anos, me tornava mais um bacharel desta República.

10 de fevereiro de 2005: após cerca de 2 anos na condição de "capinha" de Ministro do Supremo, o Professor da Universidade de Brasília Gilmar Ferreira Mendes, fui nomeado e empossado "Assessor de Ministro". À época, com 23 anos e quase 20 dias, o fato insólito foi destaque na coluna de César Giobbi. O Estadão registrava, então, entre "Pinguins & Frangotes", a ocasião do (até então) mais jovem Assessor do Supremo. Com muita alegria, não tardou até eu me livrar desse "fardo biográfico": o Amigo Abhner Youssif Arabi, hoje, Juiz de Direito junto ao Tribunal de Justiça de São Paulo e juiz-auxiliar do STF, me ajudou a, junto com Elis, cantar os prodígios de que "o novo sempre vem".

18 de maio de 2007: durante a assessoria do Ministro Gilmar Mendes, sem pedido de licença, defendi dissertação de Mestrado em "Direito, Estado & Constituição", pelo Programa de Pós-Graduação da Faculdade de Direito da UnB (PPGD/FD/UnB), sobre tema (ainda) de muita predileção: a crise da noção constitucional de serviços públicos e a ótica dos administrados-administradores nas políticas referentes ao Serviço de Radiodifusão Comunitária (SRC), ainda hoje regulado pela Lei Federal 9.613/1998.

19 de maio de 2009: à época, servidor público do STF cedido para o Poder Executivo Federal, na condição de Chefe de Gabinete da Subsecretaria de Desenvolvimento Sustentável da Secretaria de Assuntos Estratégicos (SSDS/SAE/PR), então titularizados pelo Professor da Faculdade se Direito de Harvard, o Ministro Roberto Mangabeira Unger, publiquei Livro decorrente das minhas pesquisas que me permitiram o título de "Mestre". O evento de lançamento ocorreu no "Salão-Negro" da Câmara dos Deputados, com apresentação pelo então Presidente do Congresso Nacional. A publicação enfatizou o longo caminho da Cidadania, no Brasil. Na epígrafe, Millôr Fernandes profetiza "Cidadão, num país onde não há nem sombra de democracia, só pode significar 'cidade grande'", ou algo assim.

18 de maio de 2017: após assessorar, no Supremo, os Ministros Gilmar (por pouco mais de 3 anos, meu "estágio probatório de luxo"); Celso (por pouco mais de 9 meses – o suficiente pra renascer enquanto "Jurista"); Teori (durante 1 ano e 1 mês da experiência mais interessante que tive com um genuíno "Juiz", na acepção constitucional da palavra); e Luiz Fux (por pouco mais de 1 ano, pouco depois do recebimento da ADPF 378, o "caso do – alegado – 'Impeachment' da então Presidenta Dilma Vana Roussef"), resolvi pedir licença "para fins de Doutorado no Brasil", na condição de servidor público de nível médio. Tal pedido, ao que consta, foi o primeiro da História Republicana do Tribunal. "Nunca antes na história deste país" alguém com seu mero "segundo grau" havia pleiteado, no Supremo, o direito de seguir a avançar nos estudos doutorais no Brasil. O pedido foi negado pela então Presidência da Casa com base em dois argumentos. Primeiro, o tema não tinha regulamentação específica no STF. Segundo, o meu tema, de então, não teria "pertinência temática com as atribuições constitucionais do Supremo" (o então técnico judiciário pretendia pesquisar "Governança Metropolitana dos serviços de mobilidade urbana e de saneamento básico na Região Metropolitana do Rio de Janeiro" – matéria que havia sido objeto de decisão do próprio STF em duas Ações Diretas de Inconstitucionalidade, a saber: a 1.842/RJ e a 1.843/RJ).

5 de outubro de 2017: aos então "vinte-e-nove" da "Carta-Cidadã", recebia a primeira via da minha Carteira de Advogado junto à Seccional Distrital da Ordem dos Advogados do Brasil (OAB/DF). Eu havia prestado o "Exame da Ordem" 15 anos antes – e fora aprovado na especialidade "Direito Penal". Por imposição do "Estatuto da Ordem" (Lei Federal 8.906/1994), o servidor do Poder Judiciário, como regra geral, é "impedido" de "postular em juízo" (vulgo verbo "advogar"). Em 31 de julho de 2017, eu pedi minha exoneração do cargo de "Técnico-Judiciário": após 17 anos e pouco mais de 2 meses de Tribunal, era necessário escrever algo de novo... Minha "Volta--de-Saturno", diriam os astrólogos.

24 de fevereiro de 2021: 130° Aniversário da Constituição dos Estados Unidos do Brasil, "certidão de batismo-constitucional" da designação "Supremo Tribunal Federal", data escolhida para a Defesa da Tese "Supremologia: o STF nas encruzilhadas da Política & do Direito", perante o Programa de Pós-Graduação no Departamento de Ciência Política do Instituto de Ciências Humanas e Filosofia da Universidade Federal Fluminense (PPGCP/ICHF/DCP/UFF). Enfim, a titulação de "Doutor": os debates, com duração de quase 4 horas e meia, são "públicos" – constam da Página Oficial da UFF. basta pesquisar "Supremologia", no YouTube. Recomendo conferir, antes de ler este Livro.

6 de maio de 2023: às vésperas do que seria o meu 21º aniversário de "posse" como "servidor do Supremo", na condição de Professor, Pesquisador & Advogado, submeto à Opinião Pública (geral & especializada) um pouco do que aprendi sobre a principal instituição que "me formou": o "Supremo".

No próximo junho de 2023 (no dia 15, na "Livraria da Tarde", em São Paulo, a "Pavliceia Desvairada", para uns, "Capital da Modernidade Periférica", para outros; no 19, na "Folha Seca", no Centro da Primeira Capital Republicana, antiga Capital do Distrito Federal, o Rio de Janeiro; em 20, em Niterói, "Cidade Sorriso", antiga Capital do Estado da Guanabara, no "Salão Nobre" da Faculdade de Direito da UFF; a 21, em Brasília, no Auditório Esperança Garcia, na minha "*Alma Mater*", a Universidade de Brasília – 'Campus' Darcy Ribeiro, na Metrópole e Capital Federal de Brasílias & Brasílios; e, depois do Brasil, de 26 a 28, em Lisboa, Portugal – a Ex-Metrópole), avanço mais um passo do nosso navegar, mais uma parte da "travessia".

Eis a #supremologia, meta-encruzilhada múltipla: essa mesma, a Agenda de Pesquisa, em pleno movimento, a me atravessar.

Nestes "Prolegômenos", a título de "Preâmbulo do Autor", em "**onze tempos**" & undécimas versões, menos é mais...

A luta continua, continua...

O Resto? É história.

Alto Paraíso de Goiás, 6 de maio de 2023,
Outono Brasileiro de 2023,
Madrugada de Sábado de Lua Cheia,
primeiro dia após o encerramento oficial da Pandemia.

DÂNDI VILA-NOVA
na condição de @apenasumpoeta, à deriva,
#NomeioDeTudoIssoÀProcuraDePoesia

PREFÁCIO

O Estado de Direito pressupõe o equilíbrio entre os três Poderes. Com égide constitucional, tem-se por objetivo político repartir o poder, para, assim, impedir a potencial concentração adversária da liberdade. Trata-se de conflito clássico entre independência e autoridade, no qual, através dessa ideia, busca-se limitar o controle político.

Nossa Lei Maior buscou assegurar a proteção de seu núcleo essencial e nele encontra-se o princípio da separação dos Poderes. Nesse sentido, há uma garantia de permanência que, em suma, imuniza o sentido dessa categoria constitucional protegida contra alterações que debilitem o que a Constituição Federal visa albergar. Assim, cumpre compreender o art. 60, § 4º, da CF, como proibição à deliberação de proposta tendente a abolir, isto é, a reduzir o significado e a eficácia desse princípio.

Há anos vivemos um momento de constitucionalismo caracterizado pela superação da supremacia do Parlamento: a Constituição adquiriu *status* de superioridade e a ela se subordinam todos os poderes constituídos, o que é garantido por mecanismos jurisdicionais de controle de constitucionalidade. Dessa forma, a Corte Constitucional assumiu fundamental relevância em relação às deliberações políticas de órgãos de cunho representativo.

Nessa perspectiva, o presente estudo – fruto das pesquisas desenvolvidas na tese de doutorado defendida por Daniel Augusto Vila-Nova Gomes, apresentada ao Programa de Pós-Graduação em Ciência Política da Universidade Federal Fluminense (PPGCP/UFF) – discorre, detalhadamente, sobre o papel e a atuação do STF no âmbito da Ciência Política brasileira.

O autor realiza uma análise exaustiva – quantitativa e qualitativa – da forma como o Supremo é retratado e compreendido pela academia brasileira (Plataforma *SciELO*), considerando o período entre junho de 2004 e maio de 2023. Nessa senda, delineia-se a evolução do fluxo de publicações, bem como os perfis de abordagem e os níveis de profundidade acerca das leituras institucionais e jurídicas empreendidas por essas produções.

Em seguida, aprofunda-se ainda mais nos potenciais analíticos a respeito das diferentes linhas de pesquisa neoinstitucionais. O texto explora, nesse particular, o fenômeno da judicialização da política, buscando definir não somente seus efeitos, mas, sobretudo, a investigação sobre as suas causas primeiras, dada a conformação constitucional e institucional do STF no país.

Daniel Vila-Nova também investiga as ferramentas analíticas da "Arquitetura Constitucional" e da "Engenharia Institucional" para, assim, buscar compreender como se dá o processo de construção, pela Suprema Corte, de suas atribuições, à luz das balizas definidas pela Constituição da República.

Nessa toada, elabora-se a noção de *Supremologia* como campo de estudos capaz de trazer um enfoque interdisciplinar da política e do Direito, de forma a proporcionar uma compreensão mais aprofundada a respeito dos principais papéis que a Corte pode desempenhar.

Por fim, o estudo apresenta as dificuldades a serem enfrentadas ao se seguir essa agenda de pesquisa, simultaneamente apontando assimetrias e insuficiência de dados estatísticos disponibilizados pelo próprio Tribunal. Com isso, são trazidas relevantes propostas de aprimoramento de informações para que se possa atender, de forma mais condizente, as missões democráticas, institucionais e constitucionais que edificam o Supremo Tribunal Federal.

Trata-se, portanto, de valorosa contribuição para o estudo do papel da Corte Constitucional brasileira, que enseja um esmiuçado e profícuo debate sobre o tema. Por certo, esta obra enriquecerá esse debate.

Desejo a todos uma proveitosa leitura!

GILMAR FERREIRA MENDES

Ministro do Supremo Tribunal Federal. Doutor em Direito pela Universidade de Münster, Alemanha. Professor de Direito Constitucional nos cursos de graduação e pós-graduação do Instituto Brasileiro de Ensino, Desenvolvimento e Pesquisa (IDP).

INTRODUÇÃO

O (des)conhecido Supremo Tribunal Federal (STF)?

"(...)
Mas eu não estou interessado
Em nenhuma teoria
Em nenhuma fantasia
Nem no algo mais

Longe o profeta do terror
Que a laranja mecânica anuncia

Amar e mudar as coisas
Me interessa mais
Amar e mudar as coisas
Amar e mudar as coisas
Me interessa mais".

(*Alucinação*, de Antônio Carlos Belchior, na letra e voz, de Belchior)

Aqui e Agora, esta obra propõe uma análise a respeito do conhecido e do desconhecido com relação ao Supremo Tribunal Federal (STF) no âmbito da Ciência Política brasileira. O escopo geral desse propósito de (des)conhecimento é desenvolver visão dotada de qualidade técnico-científica suficiente para expor, de modo inovador e estruturante, o órgão de cúpula do poder judiciário no país, assim como sugerir o aprimoramento de uma agenda de pesquisa (coletiva e interdisciplinar) em torno do Supremo. Esse campo emergente, integrado por enfoques político-jurídicos (institucionais) e jurídico-políticos (constitucionais), denominamos "Supremologia" (#supremologia).

Diante do destaque social, político e midiático alcançado pela visibilidade crescente desse tribunal, o trabalho descreve, avalia e reflete acerca das representações e (in)certezas a respeito do Supremo como ele é – e não apenas o que se supõe que o órgão deveria ser. Assim, não basta a mera explicitação formal ou textual da pomposa "função precípua de guarda da Constituição". Para além do que preconiza a "cabeça" (*caput*) do art. 102 da Constituição da República Federativa do Brasil de 1988 (CRFB/1988), busca-se mapear o conjunto de competências e de atribuições, assim como os seus limites explícitos e implícitos enquanto um exercício de interpretação do Brasil contemporâneo a partir do marco da promulgação constituinte, em 05 de outubro de 1988.

A título de delinear o roteiro de navegação a ser trilhado, as reflexões iniciais seriam as seguintes. A quem compete, em primeiro lugar, a "última palavra oficial" sobre a Constituição? Em segundo, o Supremo é um experimento institucional a serviço de quem? Numa terceira frente, como compreender e transformar o Supremo, enquanto instância qualificada do Poder e do Direito, no Brasil?

Esboçado o mapa básico de reflexões iniciais a partir das quais essa pesquisa se desdobra, há *póntos*[1] e mais pontos a

1 *Póntos*, em grego, é a expressão que Homero utiliza para descrever a aventura de Ulysses (ou de Odisseu, a depender da tradição da tradução). Sublinho, no *póntos*, que Homero poderia ter lançado mão das expressões gregas *thálassa* ou *hals* – as quais referir-se-iam a porções navegáveis de mares (já conhecidos) ou, ao menos, regiões oceânicas mais superficiais. *Tradutore traditori*, dizem os italianos. Esse alerta, mais do que mera etimologia, é um recurso metodológico acerca do oceano profundo de ideias em que esta tese se aventura.

desdobrar, para tentar alcançar maior nitidez quanto ao foco metodológico e à respectiva representação analítica do objeto de investigação. Nesse particular, como referência introdutória, são úteis os termos empregados pela própria Constituição. De acordo com a enunciação da "Carta Cidadã" (consideradas as 134 Emendas Constitucionais[2] ao texto original promulgado pelo Presidente do Congresso Constituinte, o Deputado Federal Ulysses Guimarães), o STF pode ser apresentado, a partir dos seguintes dispositivos:

CAPÍTULO III
DO PODER JUDICIÁRIO
Seção I
Disposições Gerais

Art. 92. São órgãos do Poder Judiciário:

I – o Supremo Tribunal Federal;

I-A – o Conselho Nacional de Justiça (incluído pela EC nº 45/2004);

II – o Superior Tribunal de Justiça;

II-A – o Tribunal Superior do Trabalho (incluído pela EC nº 96/2016);

---

2 Adotando-se como referência o dia 21 de maio de 2023 (data de referência para a revisão desta Introdução, para fins da primeira publicação deste livro), foram editadas 128 (cento e vinte oito) Emendas Constitucionais de Reforma, tendo sido as duas últimas editadas em 22 de dezembro de 2022 (Diário Oficial da União – DOU – de 23.12.2021): a) A Emenda 127, "Altera a Constituição Federal e o Ato das Disposições Constitucionais Transitórias para estabelecer que compete à União prestar assistência financeira complementar aos Estados, ao Distrito Federal e aos Municípios e às entidades filantrópicas, para o cumprimento dos pisos salariais profissionais nacionais para o enfermeiro, o técnico de enfermagem, o auxiliar de enfermagem e a parteira; altera a Emenda Constitucional nº 109, de 15 de março de 2021, para estabelecer o superávit financeiro dos fundos públicos do Poder Executivo como fonte de recursos para o cumprimento dos pisos salariais profissionais nacionais para o enfermeiro, o técnico de enfermagem, o auxiliar de enfermagem e a parteira; e dá outras providências"; e b) a ECR 128, que "Acrescenta § 7º ao art. 167 da Constituição Federal, para proibir a imposição e a transferência, por lei, de qualquer encargo financeiro decorrente da prestação de serviço público para a União, os Estados, o Distrito Federal e os Municípios". Além das emendas que, na poesia constitucional brasileira, não raro saem pior que o soneto, há de se registrar outras 6 (seis) Emendas Constitucionais de Revisão, em razão de procedimento especial de modificação do texto constitucional durante o ano de 1994 (transcorridos os 5 anos estipulados pelo art. 3º do Ato das Disposições Constitucionais Transitórias – ADCT). Realizados esses esclarecimentos, considerado o montante de 134 (cento e trinta e quatro) Emendas (Constitucionais e/ou de Revisão), nestes quase 35 (trinta e cinco) anos desde a promulgação do texto original, observa-se uma média de 3,8 (quase 4 Emendas), por ano inteiro de vigência da "Carta Cidadã". Dessas 134 (cento e trinta e quatro) Emendas, apenas 6 modificaram, de modo específico, as competências do STF, a saber: i) EC nº 3/1993 (instituição da Ação Declaratória de Constitucionalidade – ADC); ii) EC nº 22/1999 (especificação do cabimento de *habeas corpus* especificamente para situações em que Tribunal Superior seja a autoridade coatora – e não qualquer tribunal, em tese); iii) EC nº 23/1999 (equiparação do caso dos Ministros de Estado da hipótese de cabimento dos crimes de responsabilidade para os comandantes das Forças Armadas); iv) EC nº 45/2004 (Reforma do Poder Judiciário, a mais impactante de todas as emendas listadas); v) EC nº 61/2009 (modificação para esclarecer que a Presidência do Conselho Nacional de Justiça deveria ser desempenhada pelo Presidente do STF – e não por qualquer Ministro ou Ministra) – estas 2 (duas) últimas modificações constitucionais, por sua relevância ou aspectos singulares, especificamente comentada no decorrer do trabalho; e vi) mais recentemente, a EC 122, de 17 de maio de 2022 (elevação da idade máxima de escolha dos membros do STF, a ser realizada entre pessoas de 35 a 70 anos de idade – o critério etário máximo anterior, na redação originária da Constituição, era de 65 anos).

III – os Tribunais Regionais Federais e Juízes Federais;
IV – os Tribunais e Juízes do Trabalho;
V – os Tribunais e Juízes Eleitorais;
VI – os Tribunais e Juízes Militares;
VII – os Tribunais e Juízes dos Estados e do Distrito Federal e Territórios.
§1° O Supremo Tribunal Federal, o Conselho Nacional de Justiça e os Tribunais Superiores têm sede na Capital Federal. (incluído pela EC n° 45/2004)
§2° O Supremo Tribunal Federal e os Tribunais Superiores têm jurisdição em todo o território nacional. (incluído pela EC n° 45/2004)

(...)

Seção II

Do Supremo Tribunal Federal

Art. 101. O Supremo Tribunal Federal compõe-se de onze Ministros, escolhidos dentre cidadãos com mais de trinta e cinco e menos de setenta anos de idade, de notável saber jurídico e reputação ilibada. (incluído pela EC n° 122/2022)
Parágrafo único. Os Ministros do Supremo Tribunal Federal serão nomeados pelo Presidente da República, depois de aprovada a escolha pela maioria absoluta do Senado Federal.
Art. 102. Compete ao Supremo Tribunal Federal, precipuamente, a guarda da Constituição, cabendo-lhe:

(...)

O texto acima mais encobre do que revela.

Em resumo, o artigo 92 aborda o que, nesta tese, se denomina como "Arquitetura Constitucional" – o desenho jurídico-político da Corte. Tal dispositivo define a topografia desse órgão do Poder Judiciário, com sede em Brasília (a Capital Federal, nos termos do art. 18, § 1° da Constituição) e jurisdição nacional. O art. 101, por seu turno, esmiúça a forma jurídico-política de composição do Supremo Tribunal Federal. Com base nesse dispositivo, compreende-se o STF na condição de órgão judicial, formado a partir de complexa manifestação de vontades de instâncias bastante representativas dos demais Poderes da República: a indicação pelo Presidente da República (Chefe de Estado e Chefe de Governo, nos termos dos arts. 84 e seguintes da Constituição); e a sabatina, por maioria absoluta de deliberação (logo, *quórum* qualificado) da Câmara Alta, a Casa Legislativa de representação dos interesses da Federação – o Senado Federal. Os incisos e parágrafos do art. 102, por sua vez, trazem um cerne normativo de derivação de sentidos jurídicos e institucionais, embora tais desdobramentos tenham sido explicitamente suprimidos quanto ao detalhamento das competências desse órgão do Poder Judiciário brasileiro. O Supremo funciona como égide – um escudo judicial e institucional – de proteção de interesses jurídicos e políticos constituídos, assim como de direitos e de garantias tendo como referência a defesa da Constituição.

Da perspectiva da Ciência do Direito (neste livro, o campo da ciência social aplicada ao Direito), o Supremo Tribunal Federal é usualmente retratado como figura central do instituto jurídico do controle de constitucionalidade. Ademais, pelas funções que são especificadas pelas 23 alíneas, organizadas em três incisos e acompanhadas, ainda, por três parágrafos contidos no mencionado artigo 102 (dispositivos suprimidos), a Corte Suprema é apontada como Tribunal Judicial de cúpula do Poder Judiciário com principais funções de estabilização da jurisprudência pátria (Corte de Uniformização Judicial), assim como com papel relevante para a resolução de conflitos federativos (Tribunal da Federação) e controle da constitucionalidade quanto à atuação dos demais Poderes (Tribunal Constitucional). Mas, e daí?

A percepção desta tese é a de que que, cada vez mais, a mera explicitação textual e dogmática das funções jurídicas do STF apenas parece visibilizar uma das faces da moeda. Esse ícone, com uma face similar à de Janus[3], tem uma face voltada ao jurídico, sim, mas outra endereçada ao político. Diante disso, como ficam as abordagens tradicionais proporcionadas pela Ciência Política?

3 Janus, na mitologia romana, é apontado como uma divindade com uma face voltada para o passado e a outra para o futuro.

Qual seria uma agenda de observação e de investigação compatível com os poderes que o texto constitucional reservou a essa espécie de suposto herói nacional? É possível levantar alguma proteção com relação ao detentor do escudo constitucional? Como resistir, intelectual e cívica e democraticamente, aos impulsos de poder que sejam manifestados por esse órgão de cúpula do Poder Judiciário brasileiro? Há alguma oportunidade institucional para o aprimoramento da atuação constitucional desse órgão? O que o Supremo não só pode, como deve propor? O que o povo brasileiro não só pode, como deve propor ao Supremo? Há algum programa para melhor conhecer e transformar para melhor o STF?

Diante de tantos pontos e mais pontos de interrogação, o que se pretende, em resumo, é uma teoria da tradução do Supremo na Política e no Direito, mediante o desenvolvimento de condições analíticas básicas para a melhor descrição e avaliação institucional e constitucional do STF. A Agenda de Pesquisa, encarnada na "Supremologia" corresponde, exatamente, à iniciativa intelectual – um esforço necessariamente coletivo – que ambiciona observar e investigar o Supremo enquanto iniciativa de resistência, intelectual, cívica e democrática. Passados cerca de 133 anos da previsão inicial e da instituição administrativa, normativa e constitucional desse Tribunal como órgão republicano em uma federação brasileira (1889-2023)[4], no contexto do bicentenário da primeira Constituinte de 1823 (3 de maio) e na iminência dos 35 anos da dita Carta Cidadã (5 de outubro de 2023), há

4 A designação "Supremo Tribunal Federal" ocorreu, apenas, a partir da Proclamação da República (15 de novembro de 1889). Ainda na transição da monarquia para a forma de governo republicana, atribui-se ao pensamento de Rui Barbosa a estruturação das modificações normativas e constitucionais que a adoção da forma federativa de Estado, que, desde então, passou a caracterizar o aparato estatal brasileiro. A primeira menção ao STF ocorreu, ironicamente, por meio do Decreto 510, de 22 de junho de 1890. Nesse documento, previu-se a criação do Supremo nos artigos 54 e 55: "Art. 54. O Poder Judiciario da União terá por orgãos um Supremo Tribunal Federal, com séde na capital da Republica e tantos juizes e tribunaes federaes, distribuidos pelo juiz, quantos o Congresso crear. Art. 55. O Supremo Tribunal Federal compor-se-ha de quinze juizes, nomeados na fórma do art. 47, n. 11, dentre os trinta juizes federaes mais antigos e os cidadãos de notavel saber e reputação elegiveis para o Senado." No mesmo ano, o Governo Provisório da República editou o Decreto 848, de 11 de outubro de 1890, reiterando os mesmos critérios do Decreto 510/1890. Em seguida, a 24 de fevereiro de 1891, enfim, a "certidão de batismo constitucional" do STF, com a menção, no texto da "Constituição dos Estados Unidos do Brazil" (à época, ainda grafado com "z"), do órgão de cúpula do judiciário brasileiro. Por fim, o Decreto 1°, de 26 de fevereiro de 1891, encaminhou: "Providencia sobre a installação do Supremo Tribunal Federal e mais funccionarios da justiça federal."

considerável produção científica acumulada sobre o Supremo. O ideal da Supremologia é o de que o desenvolvimento dessa agenda sirva como oportunidade institucional para o aprimoramento constitucional do STF, por meio do levantamento de pautas descritivas e normativas sobre os desafios que não só podem, como devem ser lançados pelo Supremo e ao Supremo.

Esta obra apresenta como objetivo geral a proposição das linhas-de-base (ou matrizes) de um programa de estudo e de pesquisa que permita melhor conhecer e transformar o Supremo. Propõe-se, primeiramente, portanto, catalogar essa literatura especializada para que seja possível identificar os limites e fronteiras que ela proporciona nos mais diversos saberes, assim como as principais contribuições proporcionadas pelas melhores práticas de investigação sobre o Tribunal. Com alguma consciência a respeito desses desafios e limites, a tese engendra um modelo de compreensão jurídico-político (constitucional) e político-jurídico (institucional) sobre o Supremo que permita captar, em maior profundidade, as múltiplas configurações enquanto órgão máximo do Poder Judiciário brasileiro, com destaque para as suas dimensões quantitativas e qualitativas.

A partir dessa visão, pretende-se colocar o Supremo Tribunal Federal a nu. Tirar-lhe a toga. Despir o que encobre sua estrutura e seu funcionamento e expor, em detalhes, os seus corpos constitucional e institucional. Esse desnudar encarna o desejo de provocar maior reflexividade em torno do Supremo. Para aludir aos usos sociais da Ciência de que nos fala Pierre Bourdieu[5], há,

---

5 Por ocasião do último curso ministrado por Pierre Bourdieu (2004) perante o *Collège de France*, a 11 de março de 1997, em conferência organizada pelo grupo *Sciences en Questions*, sob o título "Os usos sociais da ciência: por uma sociologia clínica do campo científico", Bourdieu (2004:35-36) aponta para a existência de "duas formas de capital científico", a saber: "de um lado, um poder que se pode chamar de temporal (ou político), poder institucional e institucionalizado que está ligado à ocupação de posições importantes nas instituições científicas, direção de laboratórios ou departamentos, pertencimento a comissões, comitês de avaliação *etc.*, e ao poder sobre os meios de produção (contratos, créditos, postos, *etc.*) e de reprodução (poder de nomear e de fazer carreiras) que ela assegura. De outro, um poder específico, 'prestígio' pessoal que é mais ou menos independente do precedente, segundo os campos e as instituições, e que repousa quase exclusivamente sobre o reconhecimento, pouco ou mal objetivado e institucionalizado, do conjunto de pares ou da fração mais consagrada dentre eles (por exemplo, com os 'colégios invisíveis' de eruditos unidos por relações de estima mútua. Dado que a inovação científica não ocorre sem rupturas sociais com os pressupostos em vigor (sempre correlativos de prerrogativas e de privilégios), o capital científico 'puro', ainda que esteja em conformidade com a imagem ideal que o campo quer ter e dar de si próprio, é, pelo menos na fase de acumulação inicial, mais exposto à contestação e à crítica, *controversial*, como dizem os anglo-saxões,

aqui, a preocupação de que seja possível agregar algum valor ao capital científico instalado ou institucionalizado.

Com relação ao tema específico desta investigação, esse horizonte teórico influi sobre a visão de protagonismo judicial, ou de atuação estratégica que o Supremo desempenhe ou possa vir a desempenhar, tanto numa perspectiva pragmática, quanto numa eventual dimensão normativa e institucional. Afinal, o STF corresponderia a um mero "carimbador" ou "conciliador" desses compromissos políticos gerais, ou possui uma responsabilidade – institucional e cientificamente mapeável – quanto aos demais poderes, quanto ao próprio poder judiciário e, ainda, quanto às instâncias de representação (diretas e indiretas) do povo brasileiro? O Supremo seria mero coadjuvante ou, ainda, contrarregra – um ator institucional insignificante perante os vetores que regem o poder e a distribuição de riquezas no país?

Diante da maior visibilidade da Corte, seria possível aventarmos uma "Supremocracia", como alude Oscar Vilhena Vieira (2008:441-464)? Ou se trataria, ainda (e por extensão), da projeção do superego de uma sociedade que se tornou órfã de suas referências valorativas e normativas, como sugere Ingeborg Maus (2000:183-202)? Qual seria, então, a participação desse Tribunal Supremo no contexto do espetáculo político? Como seu poder se manifesta, tanto com relação às demais instâncias decisórias do Poder Judiciário, quanto com referência às diferentes abrangências federativas (nacional, estadual, distrital e municipal)? Quais as consequências das suas manifestações de poder – de suas decisões e de sua jurisprudência? Os julgados do STF são mesmo vinculantes? A quem e em que medida? A atuação política do tribunal, por si, compromete as funções constitucionais de estabilização institucional de expectativas normativas? Como é possível qualificar a análise jurídica e a avaliação institucional dessa Corte Judicial?

---

do que o capital científico institucionalizado, e pode ocorrer, em algumas disciplinas, que os grandes inovadores (Braudel, Lévi-Strauss, Dumézil, por exemplo, no caso das ciências sociais) sejam marcados por estigmas de heresia e violentamente combatidos pela instituição".

Para avançar no enfrentamento dessas sucessivas dúvidas (as quais serão encaradas, em diferentes momentos deste trabalho, sem o compromisso de seu esgotamento), será importante e útil combinar o experimentalismo metodológico e pragmático com a inovação institucional. Esse fluxo operacional de argumentação e de atuação – "no" e "para" o mundo concreto – acaba por contribuir para a ressignificação dos seus usos, das suas práticas e das suas possibilidades interpretativas na construção de novas alternativas constitucionais e oportunidades institucionais. Abrem-se, assim, alas para uma nova dimensão voltada para a ação e o conhecimento transformadores do poder e do direito. Por meio do exercício do experimentalismo e da imaginação institucional – os pontos de partida teóricos, práticos e metodológicos desta proposta –, lança-se mão de instrumentos (de engenho, de reflexão e de vivência) que sejam aptos para desempenhar o papel da crítica sem dependência de uma situação de crise. Com base nesse roteiro, eis o itinerário traçado para cada um dos três capítulos projetados para esta obra.

O **Capítulo Primeiro** (*"Como o Supremo é 'retratado' pela literatura especializada?"*) consiste em levantamento a respeito da produção científica sobre o STF, com ênfase em dois campos do conhecimento que se dedicam, com maior intensidade, a esse tema: o direito e a ciência política. O objetivo é o de realizar um levantamento do estado da arte das publicações acadêmicas sobre o Supremo Tribunal Federal, com o detalhamento de aspectos bibliográficos brutos, a evolução do fluxo de publicações no tempo, assim como a realização de análises quantitativa e qualitativa a respeito dos perfis de abordagem e dos níveis de profundidade acerca das leituras institucionais e jurídicas empreendidas por essas produções. Para tanto, adota-se como referência um estudo de caso cuja abrangência engloba todas as publicações da Plataforma *Scielo*, no período compreendido entre 1º junho de 2004 e 19 de maio de 2023 (quase 19 anos de publicações). Ao final, após essa iniciação à literatura sobre o Supremo, pretende-se identificar as melhores práticas detectadas como ponto de partida para o aprimoramento e qualificação da compreensão sobre o Tribunal – a qual, dado o avanço dos estudos e a especialização das publicações pode ser alçado à categoria de um "sistema literário consolidado"[6].

O **Capítulo Segundo** (*"**STF: Eterno retorno ao admirável mundo da 'judicialização da política"?**"*), por seu turno, aprofunda a tarefa do capítulo anterior, mediante revisão bibliográfica qualificada com foco no campo da denominada "Judicialização da Política"[7] – um pano-de-fundo compartilhado, tanto pelos estudos jurídicos, quanto pelas investigações na área da política, com peculiaridades e singularidades a respeito do desenvolvimento do debate no âmbito da Academia Brasileira. A partir de características relacionadas ao modo de abordagem de cada *linha de pesquisa*, a ideia é a de mapear as principais agendas, seus limites e possibilidades analíticos quanto à análise neoinstitucional sobre o Supremo. [8] Após extrair o que há de útil quanto aos argumentos dessas agendas de pesquisa, apontam-se fronteiras de análise, horizontes de investigação e algumas das fronteiras ainda inexploradas sobre o tema.

Após as revisões e a crítica desse *sistema literário* em dois níveis (um quantitativo e qualitativo; e outro de profundo diálogo e crítica com o "estado da arte"), o **Capítulo Terceiro** (*"**Arquitetura Constitucional & Engenharia Institucional: o segredo e as chaves de um inacabado Supremo Tribunal Federal**"*)

6 Aqui, utiliza-se como inspiração o pensamento de Antonio Candido que, em seu clássico "Iniciação à Literatura Brasileira", faz um levantamento das principais obras e autores da Literatura nacional, a partir da premissa da existência de um "sistema literário". Define, Candido (2023:15), na Introdução: "Entendo aqui por *sistema* a articulação dos elementos que constituem a atividade literária regular: *obras* produzidas por *autores* formando um conjunto virtual, e veículos que permitem o seu relacionamento, definindo uma "vida literária"; *públicos*, restritos ou amplos, capazes de ler ou ouvir as obras, permitindo com isso que elas circulem e atuem; e *tradição*, que é o reconhecimento de obras e autores precedentes, funcionando como exemplo ou justificativa daquilo que se quer fazer, mesmo que seja para rejeitar".

7 O uso de "Judicialização da Política", neste trabalho, não coincide totalmente com a expressão "*Judicial Politics*", que, em tom confessadamente provocativo, estampa o título do Capítulo Segundo. As peculiaridades analíticas e de abordagem, contudo, serão oportunamente apresentadas na parte inicial do mencionado Capítulo.

8 De um modo bem amplo – e sem prejuízo das premissas conceituais desdobradas no Capítulo Segundo –, a Judicialização da Política corresponde à intervenção do judiciário em questões de política legislativa ou de políticas públicas. De modo mais específico, a politização da justiça envolve assunção de posturas políticas – diretas e/ou indiretas – e/ou partidárias – explícitas e/ou implícitas – por integrantes do sistema judiciário.

corresponde a uma exploração dos horizontes e dos potenciais analíticos e construtivistas, a partir do monumento histórico proporcionado pela Constituição de 1988 – seja como documento de cultura, seja como documento de barbárie. De outra parte, na companhia de Mangabeira Unger, realiza-se um diálogo com as matrizes do construtivismo jurídico-institucional brasileiro em busca do segredo e as chaves em torno do STF. Trata-se, portanto, de uma cartografia histórica e imaginativa sobre eventuais experiências desperdiçadas (história a contrapelo[9]) e oportunidades e alternativas a enfrentar (experimentalismo democrático e inovação institucional), mediante o detalhamento de instrumentos de análise e de engenho e de vivência democrática, a saber: a Arquitetura Constitucional e a Engenharia Institucional.

Ao final do Terceiro Capítulo, são apresentados dois experimentos recentes – cuja manifestação durante o ano de 2020 (ainda) nos parece bastante interessante (em especial quando comparados com os índices registrados até abril de 2023) – com o intuito de ilustrar o como uma compreensão mais aprofundada a respeito dos elementos institucionais (político-jurídicos) e constitucionais (jurídico-políticos) nos permite melhor compreender não apenas o Tribunal, mas, também, como o próprio STF buscou modificar as suas próprias atribuições a partir de elementos endógenos em relação aos demais órgãos do Poder Judiciário. Destaca-se, ao fim, o papel das oscilações decisórias de caráter jurídico-político da jurisprudência (a qual abarca decisões, julgados, acórdãos e precedentes, vinculantes ou não) e das modificações quanto à estrutura e ao funcionamento político-jurídico do Regimento Interno do Supremo Tribunal Federal (RI/STF). A observação desses elementos empíricos, tanto do ponto de vista quantitativo (ou estatístico), quanto do qualitativo, nos permite pontuar novas possibilidades de compreensão, assim como

9 Aqui, utiliza-se como inspiração narrativa a VII Tese de Walter Benjamin (2008 e 2005), que, em "Sobre o Conceito de História", enunciou que: "Nunca houve um monumento da cultura que não fosse também um monumento da barbárie. E, assim como a cultura não é isenta de barbárie, não o é, tampouco, o processo de transmissão da cultura. Por isso, na medida do possível, o materialista histórico se desvia dela. Considera sua tarefa escovar a história a contrapelo."

diagnosticar carências estruturais quanto ao funcionamento da Corte, assim como sugerir propostas de imaginação e de transformação do Órgão de Cúpula do Poder Judiciário brasileiro.

A título de conclusão desta "Tese Supremologista" (uma vez que aponta o Supremo, a um só tempo, como um dos "sujeitos" e, ademais, como "objeto" qualificado de reflexão institucional e constitucional), nas Considerações Finais, propõe-se a construção de um campo interdisciplinar de investigações, aqui, pioneiramente, denominado *Supremologia*. Trata-se de uma meditação final que busca exercitar a ideia do Supremo a serviço da imaginação jurídico-construtivista e dos experimentos institucionais (tais como os descritos no Capítulo Terceiro). A partir da identificação de agendas operacionais e estratégicas para o mais poderoso tribunal do Poder Judiciário e da Federação brasileira, a tese almeja a apresentação propositiva e crítica de linhas de pesquisa e de investigação que permitam e constranjam a Academia a fomentar que o Tribunal desempenhe, na prática, uma função ainda mais compatível com a envergadura constitucional de suas funções institucionais.

A tarefa da reflexão global ora proposta é a de apresentar elementos de análise e instrumentos de pesquisa e de transformação que permitam esse aperfeiçoamento institucional e serviços judiciários com maior e melhor qualidade à disposição das cidadanias e das experimentações radicalmente democráticas que o povo brasileiro venha a empreender na condução e no engrandecimento de seu próprio destino.

Como encarar e projetar esse desafio de memória e de imaginação (institucional e constitucional) em torno do Supremo? As pressões presentes – e futuras – sobre o STF acontecem, cada vez mais, nas ruas e, também, nas redes, pela emergência de novas tecnologias disruptivas (como a Inteligência Artificial[10]).

10 Para além do uso multivariado de ferramentas de Inteligência Artificial (IA), como, por exemplo, o *ChatGPT*, a experiência do emprego da IA pelo Judiciário brasileiro já encontra algumas iniciativas de referência. Em especial, pela sua finalidade e, também pelo potencial de integração da jurisdição desempenhada pelo STF e STJ, vale destacar a iniciativa conjunta de ambos os tribunais na celebração do Acordo de Cooperação Técnica 05, de 25 de maio de

Em resumo, eis a pergunta final que cabe a "Nós", o povo brasileiro, para que articulemos, ao extremo, essa verdadeira necessidade e urgência democrática e cívica, nas encruzilhadas da Política e do Direito.[11] A sugestão introdutória ao tema, à leitora, ao leitor e ao queride que (nos) lê, é a de que a noção de "supremo" enquanto "algo que se coloca acima dos demais" não somente pode, como deve ser analisada e interpretada para além do que está dito ou aparente.

"Amar e mudar as coisas" é o que mais interessa a este livro – uma Agenda viva, aberta, coletiva, abrangente e transparente – sobre aquilo que se diz, histórica, institucional e constitucionalmente, "Supremo".

2021. Tal frente de colaboração técnica para o aprimoramento de precedentes, além de ter figurado como uma das demandas da Tese de Doutoramento que, ora, assume a forma de livro, é promissora e, às vésperas de completar o seu segundo ano de vigência, ainda precisa ser acompanhada de muito perto – em especial pelo entranhamento das competências jurisdicionais em sede do Recurso Extraordinário em sentido amplo (o qual, no STF, submete-se à sistemática da repercussão geral; e, no STJ, desde a recém-implantada "arguição de relevância", nos termos da Emenda Constitucional 125 de 14 de julho de 2023). Para maiores desdobramentos sobre essa experiência de uso de tecnologia para a seleção de precedentes a partir do emprego dos programas *Athos* e *Acordes*, veja-se "Acordo de Cooperação N. 50/2021: A bem sucedida experiência do Supremo Tribunal Federal e do Superior Tribunal de Justiça", de Flávia Mendes Mascarenhas Góes (2023) e Júlio Luz Sisson de Castro. Em 18 de maio de 2023, a Ministra Presidente da Corte, Rosa Weber, anunciou a iniciativa "VitorIA", uma nova versão de aplicação tecnológica de "Inteligência Artificial" voltada ao mapeamento inicial dos processos e das decisões do Tribunal para os feitos recursais (Recursos Extraordinários, Recursos Extraordinários com Agravo -- REs e AREs, respectivamente) distribuídos a partir de janeiro de 2022. Tal aplicação ainda está em caráter experimental e está a merecer um levantamento dos (des)acertos das iniciativas anteriores: o "Victor" (lançado na Gestão da Ministra Cármen Lúcia); e a "Rafa" (implementado durante a Presidência do Ministro Luiz Fux). Trata-se de uma possível nova fronteira tecnológica que não supera, ainda, em absoluto, as reflexões sobre as "inteligências" normativas, institucionais e administrativas que a #supremologia endereça ao Supremo Tribunal Federal.

11 Unger (2001).

CAPÍTULO 1

Como o Supremo é "retratado" pela literatura especializada?

"Não sou eu quem me navega
Quem me navega é o mar
É ele quem me carrega
Como nem fosse levar"

(*Timoneiro*, de Paulo César Batista de Faria – no latim vulgar, *Paulinho da Viola*, antes da travessia).

"O ditador caiu duma cadeira,
os árabes deixaram de vender
petróleo, o morto é o melhor
amigo do vivo, as coisas nunca
são o que parecem, quando vires
um centauro, acredita
nos teus olhos, se uma rã
escarnecer de ti, atravessa o rio.
Tudo são objectos. Quase."

(*A Cadeira*, de José Saramago, depois da travessia)

Em linhas gerais, o propósito deste Capítulo é captar, de modo impressionista, a forma como o Supremo é retratado e compreendido pela academia brasileira, em termos quantitativos e qualitativos. A tarefa desta parte inicial da tese consiste em apresentar impressões a partir de um levantamento, uma espécie de iniciação sobre a literatura especializada produzida no Brasil, com ênfase em dois campos do conhecimento que se dedicam, com maior ênfase, a esse tema: o Direito e a Ciência Política.

Para cumprir esse objetivo de retratar o estado da arte quanto ao assunto objeto desta tese, o primeiro capítulo realizará uma sobre as publicações em periódicos disponíveis na Rede *SciELO* (*Scientific Eletronic Library Online*) Brasil. Após apresentar as premissas metodológicas básicas (Seção 1.A), a ideia motriz é a exposição e análise de dados e de elementos quantitativos quanto aos dados bibliográficos brutos (Seção 1.B), assim como o desenvolvimento de aspectos quantitativos e qualitativos quanto à forma de abordagem dessa literatura (Seção 1.C).

Essa análise agregada (*quanti* e *quali*) de dados bibliográficos sobre a evolução histórica, o volume, a representatividade dos periódicos e o perfil das publicações a respeito do Supremo Tribunal Federal (STF) é crucial para que seja possível perceber fronteiras e incertezas entre os diversos campos do conhecimento que se dedicam ao tema. A partir do propósito de que esta tese também seja navegada por esse mesmo "mar de referências", a parte final deste capítulo busca mapear as melhores práticas observadas na análise quantitativa e qualitativa (Seção 1.D), que ainda podem ser desbravados para que o Supremo seja estudado com maior profundidade e qualidade. Para fins de transparência e análise, informa-se que as referências bibliográficas integrantes da base de dados catalogadas por este Capítulo Primeiro, encontram-se integradas às Referências Bibliográficas deste livro (disponíveis na página eletrônica da Amanuense).

1.A: Premissas metodológicas da pesquisa bibliográfica: justificativa, fronteiras e incertezas

A título de fundamentação metodológica, assim como de sua justificativa empírica da opção quanto ao universo de investigação e de descrição do estudo de caso contido neste primeiro capítulo, cabe declarar que a Rede *SciELO* Brasil corresponde a base bibliográfica de publicações digitais que conta com registros correspondentes a cerca de 19 anos (de 1º junho de 2004 a 19 de maio de 2023). Embora tal acervo eletrônico não esgote, em si, o conjunto de todas as obras publicadas e/ou catalogadas no país (e, muito menos, no mundo), trata-se de uma referência relevante e reconhecida no meio acadêmico, seja pela gratuidade do acesso, seja pela integridade da disponibilização dos dados pertinentes, em especial para captar tendências e identificar as abordagens mais usuais nos mais diversos campos do conhecimento, com destaque para alguns estudos a respeito de elementos empíricos quanto ao Poder Judiciário no Brasil. Veja-se, a respeito, a coletânea *"Justiça em Foco: estudos empíricos"*, organizada por Fabiana Luci de Oliveira (2012a:9), na qual a autora utiliza a *SciELO*, como uma das frentes de mapeamento de pesquisas empíricas já publicadas sobre o Sistema de Justiça brasileiro.

Enfatiza-se, ainda, que essa rede adota como pressupostos critérios de regularidade biblioteconômica, de curadoria acadêmica e, para os fins a que essa tese se ocupa, de publicidade ostensiva mediante veiculação de artigos integrantes do conjunto de coleções, de revistas e de periódicos, mantidas e organizadas por entidades de caráter universitário, de formação da opinião pública e, em última análise, de produção e circulação do conhecimento.

Há indícios de que o Supremo se torna, mais e mais, um tema recorrente na sociedade. A opção pela mencionada plataforma é voltada a observar, a título da tipologia metodológica de estudo de caso, de que maneira e com quais ênfases a literatura especializada (publicada) tem se dedicado ao assunto.

De antemão, já se ressalva que esse conjunto específico de referências bibliográficas adotada, por óbvio, não esgota a totalidade da produção acadêmica e universitária do país. Ainda assim, trata-se de um anteparo razoável para que se tenha uma percepção inicial de como o Supremo é retratado por essa literatura especializada.

Realizados esses esclarecimentos preliminares, destaca-se que a análise de conteúdo que se pretende empreender nas próximas seções corresponde à técnica de pesquisa empregada para fins de construção e análise desse universo documental e bibliográfico disponível na mencionada plataforma[12] – nossa referência de informações para o estudo de caso a empreender. O escopo é o de extrair as formas gerais pelas quais os autores dos artigos acadêmicos abordam ou se referem ao Supremo Tribunal Federal. A ideia é a de que nos aproximemos das representações acadêmicas dessa bibliografia especializada a respeito do STF, para, num segundo momento, conseguir identificar o nível de profundidade das análises realizadas, de acordo com a área preponderante do saber envolvida, independentemente de se situarem, ou não, no campo jurídico, ou no político.

Nesse contexto, tomam-se as publicações acadêmicas como mensagens (atos comunicativos) que carregam em si, de modo explícito ou implícito, representações sociais a respeito do órgão de cúpula do poder judiciário brasileiro. O conteúdo desses artigos, direta ou indiretamente relacionado ao STF, será o objeto de nossa análise, destacando que esse enfoque, observado o recorte metodológico ora proposto, representa apenas uma versão desse complexo fenômeno ora estudado, cujas especificidades serão descritas adiante.

12 Essa referência metodológica adota como base as teorias da comunicação e tem como premissa a avaliação de mensagens contidas nos documentos escritos analisados. Maria Laura Puglisi Barbosa Franco (2008:24), na obra "Análise de Conteúdo" define esse ferramental metodológico como "(...) um conjunto de técnicas de análises de comunicações, que utiliza procedimentos sistemáticos e objetivos de descrição do conteúdo das mensagens... A intenção da análise de conteúdo é a inferência de conhecimentos relativos às condições de produção e de recepção das mensagens, inferência esta que recorre a indicadores (qualitativos, ou não)."

Adotando-se como marco final de referência, para fins de consolidação de dados[13], a data de 19 de maio de 2023, a pesquisa bibliográfica inicial usou como referência o lançamento de algumas expressões no diretório geral de buscas da Rede *SciELO* (www.search.scielo.org). Desse modo, adotou-se procedimento de seis fases para a extração, limpeza e tratamento dos dados que servem de base para os apontamentos quantitativos e qualitativos realizados neste capítulo. Eis o detalhamento dos procedimentos e justificativa das opções metodológicas adotadas em cada uma dessas seis etapas.

A primeira etapa consistiu na busca por duas expressões[14], a saber: i) "Supremo Tribunal Federal" (Base de Dados 1, ou simplesmente "B1"); e ii) "STF" (Base de Dados 2, ou "B2"). Para tanto, adotou-se como referência para a extração de dados brutos todos os índices disponíveis na Plataforma *SciELO* e sem quaisquer outras restrições de filtragem de pesquisa.

Desse modo, tomando-se como data de referência inicial para a pesquisa que deu origem a este livro a data de 28 de abril de 2020 (*Referência Cronológica 1*) foram obtidos respectivamente: na primeira base de dados, 193 publicações para o nome completo da Suprema Corte brasileira; e, na segunda base, 149 registros para a sigla do órgão de cúpula do poder judiciário brasileiro. Cuidava-se de 342 registros brutos que precisaram ser tratados, para evitar duplicidade ou falta de pertinência com o tema de fundo.

Para fins de limpeza e sistematização desse banco inicial dos dados desses dois conjuntos ("Supremo Tribunal Federal" e "STF"), numa segunda etapa, foram justapostos os registros de

13 O marco final se deve à necessidade de fixação de uma data de referência para o fechamento e a consolidação dos dados, para os fins da publicação deste livro. A estipulação dessa referência, além de permitir a "datação" do levantamento estatístico e bibliográfico realizado, indica os níveis de atualização quanto à literatura especializada.

14 Outras expressões, a título meramente exploratório, também foram lançadas. Assim, tanto a expressão "Supremo" (somente), como também "Suprema Corte" e "Corte Suprema" (estas duas últimas, tanto no singular, quanto no plural). Após uma avaliação comparativa preliminar, percebeu-se que essas outras expressões remetiam, na maioria dos casos excedentes aos termos filtrados ("Supremo Tribunal Federal" e "STF"), ou a outras áreas do conhecimento (caso típico do adjetivo "Supremo", apenas) ou a estudos em que se estudam, unicamente, Tribunais Constitucionais de outros países (sem qualquer alusão necessária ao Brasil). De outra parte, o uso de tais expressões ("Suprema Corte", "Corte Suprema" e "Supremo") é corrente nesta tese.

ambas as bases e excluídos os lançamentos repetidos em cada um desses universos. A detecção das coincidências intrabase proporcionou a exclusão de quatro registros no conjunto "STF"; e de outros quatro cuja repetição ocorria exclusivamente no grupo "Supremo Tribunal Federal".

Numa terceira fase de sistematização, na Base 2 "STF", ainda tendo-se a *Referência Cronológica 1* como anteparo, foram ainda eliminados mais 23 registros que não apresentam qualquer conexão temática com a Suprema Corte brasileira. Há de se enfatizar, aqui, que a sigla "STF" é de uso corrente e/ou ocasional em outros campos do conhecimento. Dentre as publicações excluídas, encontraram-se artigos nos seguintes campos: agronomia, astronomia e astrofísica, ecologia, engenharia e/ou tecnologia, geologia, zootecnia, diversas áreas de aplicações de tecnologias e da saúde humana (com diversos empregos, desde a endocrinologia, com registros de geriatria, ortopedia, medicina do esporte, saúde mental, neuropsiquiatria e, até mesmo, da ortodontia). Com essa filtragem, foram selecionados 122 (cento e vinte e dois) artigos originais e válidos na "B2".

Nesse ponto, cabe ressaltar que, por se tratar de hipóteses ou de situações em que a menção ao Supremo ocorreu de modo direto, ou ainda, indireto, foram mantidas na base todas as demais referências independentemente da área do conhecimento, setor, ou aspecto temático predominante envolvido na designação ou nome do periódico. Desse modo, a título meramente ilustrativo, é possível identificar publicações que abarcam saberes interdisciplinares (como a bioética e a sexualidade, por exemplo) e, também, de outras áreas, como: antropologia; arquivologia; biblioteconomia; ciência da informação; educação; linguística; ortodontia; religião; e saúde pública e/ou coletiva. Maiores detalhamentos sobre a forma pela qual essas coleções de periódicos estão organizadas serão apresentados oportunamente.

A quarta fase, por sua vez, consistiu em aplicar a mesma técnica de seleção metodológica de eliminação de registros da

"B1" ("Supremo Tribunal Federal"), tendo-se a mesma *Referência Cronológica 1* (28 de abril de 2020). Note-se, a propósito, que, como o emprego do nome completo do tribunal tende a ter maior congruência com o objeto investigado, foram eliminados apenas mais dois registros.[15] A justificativa para a exclusão, curiosamente, foi a mesma para ambas: as publicações se referiam exclusivamente à Corte Constitucional alemã (e, por consequência, ao direito germânico), sem qualquer alusão, pelos autores, direta ou indiretamente, ao órgão judicial brasileiro, ou mesmo menção ao direito pátrio. Note-se que o critério de seleção e de exclusão de registros adotou como premissa dar prioridade à opção de descrição e de abordagem conferida pelo artigo. Isto é, ainda que, em tese, tais temas pudessem ser associados ao Brasil, a exclusão de ambas as publicações buscou evitar a contaminação indesejada da base consolidada. Com essa operação, quanto ao conjunto "Supremo Tribunal Federal", foram filtrados 183 registros válidos.

Após a aplicação desses filtros, numa quinta etapa, adveio a fase de consolidação dos dados, a qual adotou a *Referência Cronológica 1* como marco originário da mineração bruta dos dados obtidos. Assim, para evitar repetições entre os dois conjuntos líquidos, foram excluídas as repetições verificadas nas duas listas (repetições entre as duas bases), de modo que cada publicação pudesse ser analisada apenas uma vez. Em comum, nessa comparação, foram localizados 85 artigos com ambas as expressões. De modo consolidado, para além das referências comuns, foram localizados 37 registros exclusivamente na base "STF" e mais 98 publicações somente na base "Supremo Tribunal Federal". Somadas essas três parcelas (artigos exclusivos de "B1" e de "B2", assim como as publicações comuns ambas as bases ou conjuntos), chegou-se ao montante de 220 artigos, em 28 de abril de 2020.

15 Eis os 2 (dois) registros: "*La posición de garante del fabricante em el Derecho penal alemán*", de Lautaro Contreras Chaimovich (2017); e "*El consentimento hipotético de la victima en el derecho penal alemán*", de Andrés Schlack M. (2012).

Eis o universo de referências que serviu de lastro originário para o estudo de caso contido neste primeiro capítulo.

A oportunidade de publicação da pesquisa empreendida pela Tese de Doutoramento que deu origem a este livro, contudo, instou o autor a promover nova consolidação dos dados, para fins de obtenção dos quantitativos totais, tomando-se como referência a data de 19 de maio de 2023. A existência de registros da Plataforma *Scielo* que se estendem por um período de quase duas décadas (mais, precisamente, por cerca de 19 anos e 11 meses) nos permitem oferecer uma dimensão empírica um pouco mais detalhada, atualizada e representativa do perfil das publicações acadêmicas sobre o STF.

Desse modo, considerando-se que as cinco primeiras etapas foram implementadas, originalmente tendo-se como linha-de-base a *Referência Cronológica 1*, a ocasião da publicação desta obra deu ensejo a uma sexta etapa, a saber: a atualização, a partir das mesmas Bases (B1 e B2) e dos mesmos padrões procedimentais, dos artigos existentes sobre o Tribunal (seja com o uso do verbete "STF", seja com o "Supremo Tribunal Federal").

Em vez de realizar uma revisitação nominal de todos os registros realizados ao momento da defesa e do depósito da Tese junto ao Departamento de Ciência Política do Instituto de Ciências Humanas e Filosofia da Universidade Federal Fluminense (DCP/ICHF/UFF) – esforço ocorrido de 24 de fevereiro a 21 de abril de 2021 –, este livro realizou uma opção mais pragmática. Explica-se: após a exposição dos achados e comentários estatísticos que se achavam relevantes quando da formalização dos compromissos acadêmicos relacionados ao Programa de Pós-Graduação em Ciência Política (PPGCP), nesta obra, agregam-se os dados complementares relacionados após 28 de abril de 2020 (*Referência Cronológica 1*, para o primeiro Capítulo). Desse modo, adota-se, neste primeiro Capítulo, o marco de 19 de maio de 2023 (*Referência Cronológica 2*), como parâmetro complementar para a atualização dos dados, das análises e dos comentários a seguir desdobrados, com relação a 318 artigos acadêmicos publicados.

A respeito dessa tarefa complementar de atualização, nos últimos pouco mais de 3 anos (28 de abril de 2020 a 19 de maio de 2023), foram detectados 98 novos artigos, sendo identificados, em números brutos e absolutos: a) na Base B1' ("Supremo Tribunal Federal", no período indicado), 83 publicações; e b) na Base B2' ("STF", no mesmo triênio de referência), 46 registros acadêmicos. Ao se efetuar, contudo, a eliminação das publicações contidas em ambas as bases complementares, 35 artigos precisaram ser eliminados. Por fim, na Base B2', mais uma publicação precisou ser eliminada[16], exatamente, por não guardar qualquer pertinência temática com o Supremo, embora contivesse, em si, a expressão "STF". Logo, a partir do cômputo inicial de 123 artigos, descontados os 33 (por repetição entre as bases B1' e B2' ou por falta de conexão com o Supremo), por ocasião da publicação deste livro, agregaram-se, portanto, 98 registros inéditos quanto ao estudo empreendido por ocasião da defesa da Tese de Doutoramento.

O resultado da implementação dessas seis etapas de análise é apresentado na Seção 1.B (análise quantitativa dos dados bibliográficos brutos). Tendo em vista a necessidade de enriquecer a análise quantitativa com elementos qualitativos, na sétima etapa, aplicaram-se, isolada ou combinadamente, cinco critérios que fossem hábeis para permitir a catalogação dos comportamentos descritivos e/ou analíticos mais usualmente empregados quando os artigos se debruçam, ou, simplesmente, se referem, direta ou indiretamente, ao Supremo Tribunal Federal.

Cada um desses critérios é brevemente detalhado adiante, sem prejuízo de maiores explicações e desdobramentos quanto às justificativas das tipologias adotadas ao momento da apresentação dos dados correspondentes a cada critério (vide Seção 1.C).

16 Trata-se do artigo "*Employment of chitosan in the removal of pollutants in fish processing effluents*" ("Emprego da quitosana na remoção de poluentes em efluentes de processamento de pescado"), publicada, em setembro/outubro de 2022 no "*Brazilian Journal of Veterinary and Animal Sciences*" ("Arquivo Brassileiro de Medicina Veterinária e Zootecnia").

Ao final deste livro, apresentam-se quadros sinópticos com a apresentação esquematizada dos critérios adotados (Anexo I), assim como também é possível acessar diretamente as principais informações referentes a cada uma das publicações.[17]

Assim, o primeiro critério diz respeito ao enfoque ou escopo da descrição e/ou análise realizada pela publicação acadêmica. Esse critério busca identificar se: i) a menção ao STF é inexistente, indireta ou, ainda que direta, consiste em referência meramente formal ou nominal (isto é, sem qualquer análise efetiva de dados ou elementos materiais da Corte); ii) se trata de um enfoque que adota como referência principal a descrição de um ou mais casos (ou decisões) específicas do Supremo (abordagem casuísta); ou iii) se a aproximação realizada pelo artigo estabelece outros parâmetros mais abrangentes de representação a respeito desse órgão (abordagem abrangente).

O segundo critério aplicado, por sua vez, diz respeito ao campo do conhecimento predominante no qual o artigo se insere (a partir da própria autodeclaração realizada pelos autores da publicação em questão): i) em campo totalmente alheio a avaliações de caráter jurídico e, de igual modo, a considerações na seara da ciência política; ii) jurídico (apenas); iii) político (somente); iv) interdisciplinar entre o jurídico e o político (unicamente, a combinação entre esses dois campos); v) interdisciplinar com o direito (sem a apresentação de argumentos específicos de cunho da ciência política); vi) interdisciplinar com a política (sem considerações quanto ao aspecto propriamente jurídico do tema); ou vii) interdisciplinar entre o direito e a política e, ainda, com outras áreas do conhecimento.

17 Para fins de controle, transparência e gerenciamento de informações supervenientes ou, até mesmo, eventuais modificações decorrentes de erros materiais ou alteração de opções metodológicas para melhor retratar o universo dessa análise, todas as informações acima expostas foram sistematizadas em uma planilha de dados (arquivo do *Microsoft Excel*). Tal planilha foi, inicialmente, organizada em colunas que reúnem as seguintes informações bibliográficas disponibilizadas na plataforma: *ID Scielo*; título do artigo; periódico (volume e número, quando aplicáveis); idioma(s); número de páginas; *link* na Internet (*URL*). De igual modo, as correspondentes referências bibliográficas dos, atualmente (*Referência Cronológica 2*, 19 de Maio de 2023), 318 registros selecionados encontram-se organizadas, em consonância com as informações disponibilizadas na Rede *SciELO*. Para fins de facilitar a visualização dos principais dados, tais informações estarão disponíveis na página eletrônica da Editora Amanuense.

O terceiro critério consiste em como o STF é expressamente representado pela literatura (tendo por base a descrição realizada pelos próprios autores da publicação em comento): i) sem qualquer consideração ou qualificação explícita a respeito do perfil jurídico, político ou híbrido do Supremo; ii) enquanto órgão judicial ou meramente jurídico; iii) enquanto típico órgão político (bastante similar aos demais poderes); ou iv) enquanto órgão de natureza híbrida (jurídico e político).

O quarto critério busca enfatizar o nível de profundidade das análises jurisprudenciais realizadas pelos artigos. Assim, realçam-se as formas pelas quais a jurisprudência (o caso ou o conjunto de casos) do STF é trabalhada em cada artigo, destacando-se quatro maneiras ou tipos ideais de tratamento desse aspecto, a saber: i) de modo superficial (inexistente, indireto ou meramente isolado, com mera menção ou apresentação de um caso, ou conjunto de casos, ou apenas de resultado alcançado pelo tribunal); ii) de modo argumentativo (detalhamento do entendimento prevalecente no tribunal ou dos motivos que levaram à modificação dessa orientação); iii) de modo comparativo (aproximação com outros casos do tribunal ou de outros tribunais, sem prejuízo do atendimento do critério anterior); ou iv) de modo consolidado (levantamento que busca sistematizar o conjunto de interpretações existentes no tribunal no decorrer da sua história institucional, sem prejuízo do atendimento de um ou outro dos dois critérios anteriores).

O quinto critério, por seu turno, tem como finalidade identificar o nível de profundidade das análises institucionais efetuadas. Este último critério diz respeito à apresentação, ou não, de elementos empíricos e/ou estatísticos na publicação. Desse modo, classificaram-se os artigos da seguinte maneira: i) ausência de quaisquer aspectos empíricos ou estatísticos diretamente associados ao Supremo; ii) apresentação meramente formal de elementos empíricos e/ou estatísticos derivados de outras fontes indiretamente associadas ao STF; iii) análise material de elementos empíricos e/ou estatísticos de outras fontes bibliográficas sobre o tribunal; ou iv) produção (descrição e/ou análise) de elementos empíricos e/ou estatísticos pelo próprio registro analisado a respeito da corte.

Quanto a todos os critérios a aplicar, ressalta-se que não há qualquer juízo de valor a respeito da qualidade ou do acerto ou desacerto da interpretação jurídica ou política realizada pelas publicações analisadas. Cada um dos critérios avaliativos, se pautou por elementos de identificação direta e que permitem a conferência por toda comunidade científica e jurídica que se interessar pelo tema do Supremo Tribunal. A partir das leituras proporcionadas pela aplicação (isolada ou combinada) desses filtros, pretende-se identificar de que maneira e em qual nível de profundidade analítica o Supremo é representado pela literatura especializada.

Antecipa-se que as duas próximas seções se dedicam a pontuar impressões, assim como delinear um panorama geral quantitativo e qualitativo sobre as publicações em periódicos acadêmicos disponíveis da Plataforma *SciELO* Brasil. Apesar de todas as limitações derivadas da restrição do próprio estudo de caso, tais percepções iniciais oferecem uma linha-de-base para que seja possível traçar algumas das fronteiras e das incertezas entre o já conhecido e o ainda desconhecido.

A partir da postura de que esse panorama impressionista apenas oferecerá uma visão incompleta quanto ao presente estado da arte, esta seção lança olhares imaginativos adiante. Sem ansiedade, sem pressa, há de se reconhecer o poder que o ceticismo desempenha para a transformação de estruturas do conhecimento sobre o objeto da pesquisa.[18] O intento de

18 Mangabeira Unger (1998:8) a respeito do papel revelador desse "ceticismo" destaca que: "Nossos envolvimentos práticos e passionais desenvolvem-se ordinariamente dentro de situações institucionais e imaginativas que tomamos como dadas. Podemos, contudo, rebelar-nos contra tais estruturas transformando a rebeldia em máquina para destruir os sistemas e os roteiros que a história supostamente nos predestinou. E embora jamais possamos, como agentes individuais ou coletivos, formar contextos institucionais ou imaginativos que façam justiça a todas as nossas aptidões, podemos inventar contextos que nos capacitem, nem que seja pela facilidade com que os possamos reconhecer e reformar em meio à vida cotidiana. Talvez fosse melhor apresentar as visões da personalidade e da sociedade como um argumento único, indivisível, e com isso desencorajar as leituras equivocadas a que, uma

compreender "o Supremo como ele é", portanto, há de abraçar as virtudes e degenerações, assim como as coerências e as contradições presentes no próprio objeto-observado. Desse modo, a Suprema Corte passa a ser observada como artefato institucional imperfeito, com ampla possibilidade de transformação e de aprimoramento. Sem o mesmo apelo estético da coletânea de contos de José Saramago (1976), o presente capítulo corresponde a um exercício de transposição dos limites entre os sujeitos (autoras e autores) e os objetos (nas inúmeras abordagens delimitadas), de modo a identificar os múltiplos "seres" – rãs e centauros – que habitam o nosso "Objecto-Quase", o "STF" ou "Supremo Tribunal Federal".

Assim, ao buscar suscitar os problemas das instabilidades institucionais e constitucionais do Supremo neste intenso agora, sob a inspiração de Maquiavel[19], invocamos a busca de "algo" que permanece e de "alguma coisa" que muda – com e no tempo presente. Passados cerca de 35 anos desde a promulgação da Constituição Federal de 1988, o que se pode dizer sobre o único órgão judiciário a quem a Constituinte de 1988, naqueles intensos 20 meses[20], confiou, dentre outras atribuições administrativas, legislativas e judiciais propriamente ditas, a emblemática e icônica tarefa de "guarda da Constituição"?

---

vez divididas, estão mais facilmente sujeitas. Espero que essa interpretação e defesa truncadas da concepção modernista da pessoa possam, contudo, justificar certas ideias simples: já possuímos os elementos com que formular explicação melhor de nossa identidade como seres humanos do que as disponíveis até agora; o significado das descobertas ressalta com mais clareza quando tomamos cuidado para não exagerar as diferenças entre elas e certas ideias sobre a natureza humana e o julgamento prescritivo há muito conhecidos; ainda há fogo em alguns dos antigos e implausíveis compromissos de nossa civilização – o projeto de uma ética que vê seu ideal máximo antes no amor que no altruísmo, a confiança em nossa capacidade de pensar e agir resistindo às formas de vida e discurso de que participamos para nos tornar mais plenamente senhores delas, a convicção de que a libertação da sociedade de estruturas rígidas de divisão e hierarquia está vinculada ao êxito de nossos esforços de colaboração prática, apego passional e auto-expressão –; a ideia de que para manter tais compromissos devemos continuar a desvinculá-los de premissas injustificadamente restritivas sobre as formas possíveis de experiência pessoal e vida social; e a ideia de que essa desvinculação cria oportunidade para redescobrir que o pensamento só fala com autoridade sobre quem somos e como devemos viver quando submete nossos ideais e auto-entendimentos à chama do cético, correndo, por amor à sabedoria, o risco do niilismo."

19 J. G. A. Pocock (2003) sustenta a hipótese da dimensão e da relevância do pensamento maquiaveliano justamente em razão da autoconsciência de seu próprio tempo histórico. Isto é, uma percepção aguçada dos eventos políticos e institucionais que lhe eram contemporâneos – o continuum agora.

20 Destaque-se o recente e instigante livro de entrevistas organizado por Luiz Maklouf Carvalho (2017), intitulado "1988: segredos da Constituinte". A alusão a 20 meses se refere ao período de 1º de fevereiro de 1987 a 05 de outubro de 1988. Não se desconhece, contudo, que, do ponto de vista formal, o Congresso Constituinte teve os seus trabalhos efetivos no período de 1º de fevereiro de 1987 (fundação) a 22 de julho de 1988 (dissolução).

Para além da interlocução com o que a literatura especializada da Ciência Política e do Direito tem dito a respeito do tema, a pesquisa lança mão de *abordagem transindisciplinada*[21] – isto é, abordagens metodológicas transversais e olhares multidisciplinares que permitam a produção sinérgica de conhecimentos entre campos fronteiriços. Trata-se de perspectiva que subverte a dimensão monolítica e monocular de cada disciplina.

O objeto da Ciência Política – o poder –, por conseguinte, se liberta de visões ortodoxas e meramente institucionalistas (aqui entendidas como a defesa das instituições pela sua mera manifestação institucional). O fenômeno político, seja em sua dimensão macro, seja na acepção micro, passa a ser visto como manifestação espraiada e imbricada nos múltiplos âmbitos da vida social e histórica.

Tal postura epistemológica mais versátil subverte a própria lógica hierarquizante da autoridade de um conhecimento sobre o poder. Por meio da combinação de olhares disciplinares voltados à complementaridade – e não apenas à sobreposição ou justaposição –, a própria disciplina deixa de ser o centro de referência exclusivo para a construção dos saberes sobre o poder. Mediante o rompimento das trincheiras históricas que constrangem o pensamento disciplinar – de confessada inspiração foucaultiana[22], inclusive – novas genealogias e arqueologias se tornam possíveis na construção do conhecimento daquilo que se denomina por Ciência Política. Desse modo, fronteiras e as incertezas entre o já conhecido e o ainda desconhecido é que servem de vetor para o desenvolvimento de novos horizontes sobre o Supremo.

Sob as pinceladas desse *impressionismo institucional*, esta investigação rejeita a visão que aceita, sem questionar, a noção de

---

21 O termo transindisciplinadas corresponde a paráfrase da estimulante expressão de Carlos Henrique Aguiar Serra (1997:187-203), empregada, inicialmente, no artigo "O Direito no Brasil (1937-1964): um enfoque indisciplinado", para se reportar a temas jurídicos. Depois, a mesma abordagem foi sistematizada na obra "Criminologia e Direito Penal em Roberto Lyra e Nelson Hungria: uma proposta indisciplinada", em que Serra (2008) trabalhou com a categoria metodológica das perspectivas indisciplinadas em tese de doutoramento em Ciência Política.

22 Michel Foucault (2009 e 2015).

que o Supremo pode tudo, assim como a de que toda e qualquer descrição sobre o STF (ainda que superficial, casuísta, pouco detalhada em termos jurisprudenciais e/ou, ademais, sem qualquer contribuição de caráter institucional, tanto do ponto de vista empírico, quanto do estatístico) seja acolhida de maneira imune a críticas pela comunidade acadêmica. A sugestão que serve como motor-metodológico da análise é a de que, uma vez organizada uma iniciação a tal literatura brasileira especializada, a compreensão acerca do Supremo pode oferecer algo mais e melhores ferramentas, em especial se o objetivo é o aprimoramento do entendimento sobre o papel desse Tribunal diferenciado. Relatadas as premissas metodológicas, assim como as técnicas de catalogação e visões teóricas que perpassam a construção desta investigação, passa-se à apresentação dos aspectos quantitativos a partir dos dados consolidados do estudo de caso que, atualmente (*Referência Cronológica* 2, 19 de maio de 2023) conta com 318 artigos na base de dados.

1.B: Análise quantitativa de dados bibliográficos brutos sobre o Supremo Tribunal Federal (STF)

Definido, em detalhes, o escopo da investigação empreendida neste capítulo, as publicações em periódicos compreendem período de 20 anos, estendendo-se de 1º junho de 2004 a 19 de maio de 2023 e compreendendo o curso de pouco mais de 19 ciclos anuais de publicação.

Tabela 1 - Evolução Anual de Publicações de 1° junho de 2004 a 19 de maio de 2023 *(SciELO)*

Ano da Publicação	Número de Registros
2004	2
2005	2
2006	0
2007	2
2008	10
2009	12
2010	9
2011	5
2012	14
2013	19
2014	14
2015	22
2016	23
2017	15
2018	34
2019	35
2020	28
2021	30
2022	35
2023	7
Total	**318**

A tabela acima reproduzida sistematiza a evolução dos registros por meio de periodização anual (ano-calendário). Quanto às publicações anuais, percebe-se que, em todo o período observado, apenas o ano de 2006 não apresentou quaisquer registros. Nos dois últimos anos inteiros da série anteriores à Pandemia Covid-19 (2018 e 2019), constatam-se dois dentre os três maiores valores absolutos quanto aos artigos publicados (respectivamente, 34 e 35 publicações) – os quais representam exatamente 21,7% (ou seja, mais de 1/5) das publicações verificadas em todo o período (69 publicações, num universo de 318 registros).

Com relação à hipótese (ainda a merecer maiores reflexões) acerca do impacto do contexto pandêmico sobre a produção disponível na Plataforma, chama a atenção, ainda, pela atipicidade, o ano de 2020, trata-se do único período da série desde o ano de 2018 em que não se registraram, ao menos, 30 publicações, apesar de mantida a tendência de registros na casa mais de duas dezenas por ano. Apesar da redução das publicações, o ano de 2020 superou o número de publicações da série de 14 anos anterior a 2018 (2004-2017) e corresponde, ainda assim, ao quinto ano com o maior número de registros (28). O ano de 2021, por sua vez, mostra uma retomada do crescimento (em relação a 2020), com 30 registros. Tal tendência de incremento se manteve no ano de 2022, em que se verificam 35 artigos publicados (uma marca que situa os anos de 2021 e de 2022 como integrantes dos cinco anos mais relevantes de toda a série histórica, juntamente com as produções de, respectivamente, 2018, 2019 e 2020 – os quais em conjunto representam 162 publicações; ou seja, pouco mais da metade – 50,9% – de todos 318 registros desses 19 anos seriados).

Note-se, a seguir, a agregação dos mesmos dados anuais em periodização quinquenal, assim como, comparativamente, ao septênio (2016-2023*) em que iniciada a pesquisa, desenvolvida a tese que deu origem a este livro, para que seja possível identificar a evolução histórica da distribuição das publicações em cada um desses períodos:

Tabela 2 - Evolução Quinquenal de Publicações de junho de 2004 a maio de 2023 *(SciELO)*

Quinquênio	Número Total de Registros
Primeiro (2004-2008)	16
Segundo (2009-2013)	59
Terceiro (2014-2018)	108
Quarto (2019-2023*)	135
Total	**318**

Como se percebe, o incremento da produção bibliográfica é significativo quando se agregam os dados por quinquênio. Do primeiro quinquênio (2004-2008, com média de pouco mais de 3 publicações por ano) para o segundo (2009-2013, em que foram publicados, em média, quase 12 artigos anuais), o número de registros mais que triplicou (369%). Do terceiro quinquênio (2014-2018, com registros médios de pouco mais de 21,5 publicações por ano) para o segundo (2009-2013), os artigos quase que se duplicaram (183,1%). Por fim, ainda que se computem pouco mais de quatro anos (2019-2023, com média parcial, por ano, pouco acima de 27 publicações) como correspondentes a um fictício quarto quinquênio (janeiro de 2019 a maio de 2023), observa-se que os números representam mais que o óctuplo (843,75%) da publicação ocorrida em todo o primeiro quinquênio (2004-2008) e em patamar médio correspondente a mais que o dobro do registrado no segundo (2009-2013, 232,20%). Por fim, o último quinquênio (2019-2023*) já abarca maior número de publicações (135) do que o Primeiro (2004-2008) e do Terceiro (2014-2018) somados (124, um incremento da ordem de 25% em relação ao quinquênio, até então, mais produtivo da série histórica – o 3º). O Gráfico 1, de barras horizontais (a seguir), é exemplificativo da evolução quinquenal das publicações verificadas em todo o período (2004-2023*):

Gráfico 1 - Evolução Quinquenal de Publicações da Rede *SciELO (2004-2023*)*

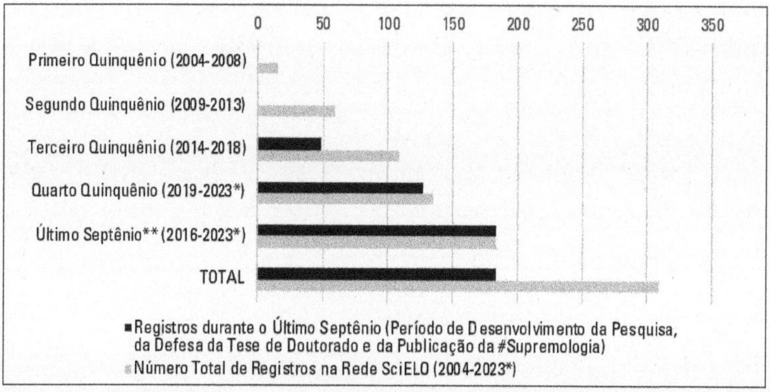

Para fins comparativos com o mesmo período em que a pesquisa que deu origem a este livro foi produzida e, para fins desta publicação, atualizada[23] (vide comportamento das barras horizontais cinzas e pretas no gráfico acima), ressalta-se que, no último septênio** (isto é, de 2016 até 19 de maio de 2023), é possível identificar 184 registros – 76 a mais (cerca de 77,6%) que o número absoluto de publicações do, até aqui, mais expressivo quinquênio dos registros na Plataforma (o terceiro, de 2014 a 2018 – em que se verificam 108 registros). A ilustração desse quinto período de observação, no gráfico acima, é motivada pelo fato de que a produção do último septênio (2016-2023*) é equivalente a mais da metade (57,86%) de toda a produção apurada, desde que a Plataforma *Scielo* passou a registrar publicações sobre o Supremo. Esse montante é, superior, aos 111 (cento e onze) artigos publicados nos 12 anos iniciais do período observado (junho de 2004 a dezembro 2015). É perceptível, portanto, que reflexões sobre o Supremo brasileiro estão ainda mais em voga nos últimos anos, com fortes sinais de que a última década corresponde a período expressivo da produção dessa literatura especializada brasileira. Tal aspecto é significativo e indicativo da justificativa da relevância e contemporaneidade do tema.

A primeira constatação relevante, portanto, é a de que, para além da aparente percepção geral de maior visibilidade do Supremo, na opinião pública e midiática (tema que será apreciado, com maior vagar, na Seção 1.D deste livro), a base de dados consolidada permite apontar elementos empíricos de que a literatura especializada também tem se dedicado, cada vez mais, ao estudo do órgão de cúpula do poder judiciário.

É oportuno, ainda, o detalhamento das áreas do conhecimento e dos tipos de abordagens mais usuais nessa literatura estudada. Toda essa produção bibliográfica está reunida em 75 revistas

23 A Tese de Doutorado que deu origem a esta publicação foi produzida de 20 de março de 2016 a 2 de fevereiro de 2021. A defesa acadêmica perante o PPGCP/ICHF/UFF aconteceu a 24 de fevereiro; e o correspondente depósito em 21 de abril de 2021. A atualização dos dados adotou, conforme explicitado nas premissas metodológicas deste Primeiro Capítulo, a data de 19 de maio de 2023 como *Referência Cronológica 2*.

ou periódicos acadêmicos.[24] Com o objetivo de organizar essas publicações a partir do critério temático ou de campo/área do conhecimento predominante, empregou-se metodologia trifásica. Eis o detalhamento de cada uma dessas etapas.

Primeiramente, considerando o número de 75 coleções como unidade de referência, essas coleções foram organizadas em quartis, de modo que foi possível observar o comportamento de um grupo de 21 coletâneas (mais representativas) e de outros três grupos, com 18 coletâneas cada (com os comportamentos menos representativos). Em seguida, na seleção do primeiro quartil – ou seja, pouco mais de 25% do total das revistas com maior número de publicações no período (28%, para ser mais preciso) –, o número total de registros, por periódico, variou de três até 66 publicações. Em conjunto, chegou-se ao número de 253 artigos nesse primeiro quartil – valor correspondente a mais de 75% (3/4) do total de publicações no período (mais precisamente, 79,56%).

Em segundo lugar, para evitar que o critério matemático adotado não fosse meramente arbitrário, realizou-se um levantamento quanto à existência, ou não, de periódicos com algum número significativo de publicações nos três demais quartis (isto

---

24 Eis a sequência de periódicos em ordem alfabética crescente: 1) "Alfa: Revista de Linguística (São José do Rio Preto)"; 2) "Ambiente & Sociedade"; 3) "Análise Social"; 4) "Bakhtiniana: Revista de Estudos do Discurso"; 5) "*Boletín mexicano de derecho comparado*"; 6) "*Brazilian Political Science Review*"; 7) "Carderno CRH"; 8) "Cadernos de Saúde Pública"; 9) "Cadernos EBAPE.BR"; 10) "Cadernos Pagu"; 11) "Ciência & Saúde Coletiva"; 12) "Ciência da Informação"; 13) "*Civitas* - Revista de Ciências Sociais"; 14) "Dados"; 15) "Delta: Documentação de Estudos em Linguística Teórica e Aplicada"; 16) "Educação e Pesquisa"; 17) "Educação & Sociedade"; 18) "Estudios Constitucionales"; 19) "Estudos Avançados"; 20) "Estudos Feministas"; 21) "Estudos Históricos (Rio de Janeiro)"; 22) "Etnográfica"; 23) "História (São Paulo)"; 24) "História, Ciências, Saúde-Manguinhos"; 25) "Horizontes Antropológicos; 26) Interações (Campo Grande)"; 27) "Intercom: Revista Brasileira de Ciências da Comunicação"; 28) "*International Law*"; 29) "*Justicia Juris*"; 30) "Lua Nova: Revista de Cultura e Política"; 31) "Mana"; 32) "Novos estudos Cebrap"; 33) "Opinião Pública"; 34) "Perspectivas em Ciência da Informação"; 35) "*Physis*: Revista de Saúde Coletiva"; 36) "Prolegómenos"; 37) "Pro-Posições"; 38) "Psicologia: Ciência e Profissão"; 39) "Psicologia & Sociedade"; 40) "Radiologia Brasileira"; 41) "Religião & Sociedade"; 42) "Revista Bioética"; 43) "Revista Brasileira de Anestesiologia"; 44) "Revista Brasileira de Ciência Política"; 45) "Revista Brasileira de Ciências Sociais"; 46) "Revista Brasileira de Direito Processual Penal"; 47) "Revista Brasileira de Educação"; 48) "Revista de Administração Pública"; 49) "Revista de Bioética y Derecho"; 50) "*Revista de derecho* (Valparaíso)"; 51) "Revista Direito da Cidade" 52) "Revista de Gestão dos Países de Língua Portuguesa"; 53) "Revista de Investigações Constitucionais"; 54) "*Revista de la Facultad de Derecho y Ciencias Políticas*"; 55) "*Revista de la Secretaría del Tribunal Permanente de Revisión*"; 56) "Revista de Saúde Pública"; 57) "Revista de Sociologia e Política"; 58) "Revista *Dental Press* de Ortodontia e Ortopedia Facial"; 59) "Revista Direito e Práxis"; 60) "Revista Direito GV"; 61) "Revista Estudos Feministas"; 62) "Revista Internacional CONSINTER de Direito - Publicação Oficial do Conselho Internacional de Estudos Contemporâneos em Pós-Graduação"; 63) "Saúde e Sociedade"; 64) "Saúde em Debate"; 65) "Sequência (Florianópolis)"; 66) Sexualidad, Salud y Sociedad (Rio de Janeiro)"; 67) "Sociedade e Estado"; 68) "Sociologias"; 69) "Tempo"; 70) "Tempo Social"; 71) "Texto & Contexto - Enfermagem"; 72) "*Trabajo y sociedad*"; 73) "Trabalho, Educação e Saúde"; 74) "Trabalhos em Linguística Aplicada"; e 75) "*Vibrant: Virtual Brazilian Anthropology*".

é, nas outras 53 revistas). Ao se realizar essa operação, verificou-se que nenhum outro periódico alcançou o mesmo número mínimo de publicações observado no quartil mais expressivo. Isto é, todos os demais ficaram com, no máximo, dois registros em todo o período observado (quase 20 anos, a saber, de 1º de junho de 2004 a 19 de maio de 2023).

Considerando que a representatividade do primeiro quartil (21 coleções com maior número de registros), a seguinte tabela desdobra os dados dessa seleção, especificando a representatividade de cada um dos periódicos. Eis as informações correspondentes, tanto em relação ao primeiro quartil selecionado (253 publicações), como quanto ao total de artigos que integram este Estudo de Caso (318 artigos).

Tabela 3 - Periódicos com o maior número de publicações no período *(SciELO)*

#	Periódicos com o maior número de publicações no período	Número de Registros	Representatividade	
			Primeiro Quartil	Total
1	Revista Direito GV	66	26,1%	20,8%
2	Revista de Investigações Constitucionais	41	16,2%	12,9%
3	Revista Direito e Práxis	37	14,6%	11,6%
4	Sequência (Florianópolis)	20	7,9%	6,3%
5	Revista Sociologia e Política	12	4,7%	3,8%
6	Novos Estudos CEBRAP	10	4,0%	3,1%
7	Educação & Sociedade	7	2,8%	2,2%
8	Revista Brasileira de Ciências Sociais	7	2,8%	2,2%
9	Lua Nova: Revista de Cultura e Política	6	2,4%	1,9%
10	Revista Brasileira de Ciência Política	6	2,4%	1,9%
11	Saúde em Debate	5	2,0%	1,6%
12	*Estudios Constitutionales*	4	1,6%	1,3%
13	*Religião e Sociedade*	4	1,6%	1,3%
14	*Sexualidad, Salud y Sociedad* (Rio de Janeiro)	4	1,6%	1,3%
15	Estudos Avançados	3	1,2%	0,9%
16	Horizontes Antropológicos	3	1,2%	0,9%

17	Revista Bioética	3	1,2%	0,9%
18	Tempo Social	3	1,2%	0,9%
19	Opinião Pública	3	1,2%	0,9%
20	Psicologia: Ciência e Profissão	3	1,2%	0,9%
21	Vibrant: Virtual Brazilian Anthropology	3	1,2%	0,9%
	Subtotal no Primeiro Quartil	253	100%	79,6%
	Subtotal de publicações nos demais quartis	65	25,7%	18,9%
	Total	**318**	**125,7%**	**100%**

Numa terceira fase, apenas para identificar a predominância de áreas do conhecimento mais recorrentes, observa-se que todos os 21 periódicos selecionados no primeiro quartil correspondem às denominadas Ciências Sociais. Por óbvio, não se adotou a postura que busca compartimentalizar os saberes em caixinhas estanques. Pelo contrário, a ideia é unicamente a de sinalizar se, nessa representativa população específica selecionada, há uma recorrência maior de algumas áreas do conhecimento.

Ao se selecionarem, por exemplo, apenas os 6 (seis) periódicos com o maior número de registros (a saber: "Revista Direito GV", "Revista de Investigações Constitucionais", "Revista Direito e Práxis", "Sequência (Florianópolis)", "Revista Sociologia e Política" e "Novos Estudos Cebrap - Centro Brasileiro de Análise e Planejamento", denota-se que todas as 186 publicações (note-se, mais da metade – 58,5% – do número total de registros da Plataforma *SciELO*), encontram-se hegemonicamente abarcados nos campos do Direito e da Ciência Política.

Dentre os dois campos, no que diz respeito ao objeto Supremo Tribunal Federal, há, ainda, franca dominância do Direito. Assim, ao se selecionarem, apenas para fins de registros formais, os periódicos que aludam, de alguma forma, ao "direito" ou à "constituição", percebem-se 144 artigos dentre os 186 apontados como grupo mais representativo dessas publicações – mais de 3/4 desse universo (77,4% dos artigos desses primeiros 6 periódicos que mais se dedicaram ao Supremo). As outras 42 publicações se inserem, ou na ambiência própria da ciência política, ou ainda em estudos de caráter interdisciplinar entre esses campos – com alguma aproximação, diálogo ou interlocução com fontes jurídicas.

Desde já, sinaliza-se que considerações mais detalhadas serão endereçadas adiante com enfoque especial para as tipologias das análises empreendidas por cada um dos artigos. Ainda assim, um aspecto que parece simbólico é o de que, do conjunto total das 21 Coleções de periódicos mais expressivos (o primeiro quartil), as denominações oficiais de 7 (sete) revistas se referem, direta ou indiretamente, ao direito (4) e/ou à política (3), conforme se detalhará a seguir. Desse modo, pelo menos do ponto de vista nominal, a conteúdos tipicamente jurídicos (mediante o emprego, de modo direto ou indireto, a expressões que aludam ao "direito" ou à "constituição) ou, ainda, a análise de caráter político (uso direto do termo "política" como denominação da revista), integram um subgrupo temático com pelo menos 172 artigos – isto é, mais da metade dos registros desse primeiro quartil (54,08%).

Observados os subgrupos desse primeiro quartil, quanto aos "periódicos jurídicos", pelo menos quatro – "Revista Direito GV" (66), a "Revista de Investigações Constitucionais" (41) a "Revista Direito e Práxis" (37), e a "*Estudios Constitucionales*" (4) – perfazem, em conjunto, um total de 148 artigos. Esse subgrupo temático equivale a cerca de 58,5% do primeiro quartil e, apenas com esses mesmos 4 (quatro) periódicos, quase metade (46,5% do total de registros da amostra analisada – 318 publicações).

Uma outra observação pertinente é a de que, quanto ao primeiro quartil, a "Revista Direito GV" corresponde ao periódico com o maior número de artigos absolutos (66) e, por consequência, a maior representatividade, correspondendo a aproximadamente: a) a 44,6% desse grupo com quatro periódicos jurídicos selecionados; ainda, b) a mais de um quarto das publicações verificadas no primeiro quartil (26,1%); c) a mais de um quinto do número total de registros da Rede *SciELO* (especificamente 20,75% das publicações); e, ainda, d) mais a praticamente o mesmo número de publicações (66) que todas as demais coleções dos outros três quartis que integram a amostra (os quais totalizam 65 publicações). Tais dados expressivos são emblemáticos não somente do quanto que a literatura especializada sobre o Supremo ainda é colonizada pelos estudos com perfil mais jurídico, como também da relevância e representatividade que esse periódico ostenta para o estudo do tema. A Agenda da GV Direito no campo será explorada no Capítulo Segundo.

Quando, por sua vez, se realiza o mesmo tipo de operação com designações dos periódicos do subgrupo que se remete, explicitamente, à "política", identificam-se 3 (três) revistas, a saber: "Revista Sociologia e Política" (12), "Revista Brasileira de Ciência Política" (7) e "Lua Nova: Revista de Cultura e Política" (6). Essas 25 publicações remanescentes, além de ostentarem, em conjunto, números, representam cerca de 9,9% das publicações especializadas do primeiro quartil – e o correspondente a 17,1% do total de publicações caso sejam comparadas ao montante de registros tipicamente jurídicos (146).

As outras 14 revistas ou coleções podem ser enquadradas no universo de conteúdos interdisciplinares, entre o direito e a política, apenas, ou ainda, outros campos do conhecimento e/ou, ainda, transdisciplinares com as demais áreas do conhecimento. Esse terceiro subgrupo computa 82 publicações – quase 1/3 (um terço) do total de publicações do quartil (32,4%, mais aproximadamente). Desse terceiro subgrupo, temas que podem ser relacionados à "saúde" e à "educação" abarcam cinco das designações oficiais dos periódicos que correspondem ao enfoque mais recorrente, totalizando 22 publicações, sendo 15 associadas à saúde, à bioética e à psicologia e 7, à educação.

Mais do que produzir (ou, ainda, reproduzir) uma tipologia engessada ou excessivamente detalhada quanto às publicações desse primeiro quartil, o que se busca explicitar e justificar com os dados indicados nesta seção é que, mesmo na temática inter-, multi- ou transdisciplinar, o código jurídico tem relevância quantitativa. Note-se, no ponto, que "saúde" e "educação" figuram como direitos sociais explicitamente consignados pelo texto da Constituição da República Federativa do Brasil de 1988 (art. 6º). Assim, ainda quanto ao primeiro quartil, caso se considerem os artigos contidos em revistas que aludam aos direitos constitucionais da "saúde" e da "educação" como ilustrativos do universo jurídico, ou ainda jurídico-político, não é necessário muito esforço para compreender que a representatividade dessas publicações pode ser ainda mais significativa – podendo alcançar, ao menos no critério formal, publicações de conteúdo bastante associado ao jurídico: 193, das 253 publicações do quartil (76,28% do quartil – mais de três quartos (3/4) – e, quase dois terços – 60,7% – do total selecionado na Rede *SciELO*). Ao se adotar um critério ainda mais abrangente e incorporando o segmento temático jurídico-constitucional para além do critério meramente nominal – computando, por exemplo, a significativa Revista "Sequência (Florianópolis)" (17) –, identificam-se 208 artigos que ostentam a predominância dos campos jurídico e/ou político – o equivalente a impressionantes 85,95% do quartil e a 67,1% dos registros totais – cerca de 2/3 (dois terços) – do total da Plataforma (318 publicações).

Eis o "retrato impressionista transindisciplinado" deste estudo de caso: uma iniciação à literatura especializada brasileira sobre o Supremo Tribunal Federal (STF).

1.C: Análise quantitativa e qualitativa a respeito das abordagens sobre o STF

Os dados bibliográficos brutos retratados na Seção anterior são úteis para oferecer as primeiras intuições sobre as dimensões dos estudos acadêmicos, os quais formam um "*corpus*" literário sobre o Supremo Tribunal Federal. Tais impressões não bastam: torna-se relevante aprofundar a análise acerca do que essas informações podem revelar, não somente do ponto de vista quantitativo, mas, também, com a agregação de elementos qualitativos que permitam descrever essa literatura especializada.

Afinal, como essas publicações se referem ao Supremo? Qual é o tipo de minúcia dessas menções? Quais são os tipos de abordagens empregadas? Com qual nível de profundidade as descrições e/ou análises são desenvolvidas? Como os dados, as informações e as análises são organizadas e empregadas pelos autores e articulistas para retratar o STF?

Percebe-se, portanto, que se torna útil agregar outros elementos de análise, de modo a combinar outros aspectos quantitativos com elementos de análise qualitativa.

A ideia geral que perpassa toda esta terceira seção é: i) esmiuçar as tendências e perfis mais usuais de quando a literatura especializada se refere ao STF; ii) traçar um panorama de como o Tribunal é representado por essas publicações; iii) detalhar, de maneira sucessiva e cada vez mais aprofundada, como a Corte é estudada e pesquisada. A partir de agora, apresentam-se os dados obtidos nessa catalogação, assim como eventuais achados que permitam considerações adicionais a respeito da combinação de critérios ou da agregação de outros aspectos quantitativos e/ou qualitativos.

Desse modo, a partir dos cinco critérios apresentados na Seção 1.A, foi realizada uma classificação tipológica de cada um dos artigos da base. O propósito dessa catalogação foi o de identificar as maneiras mais usuais pelas quais a literatura menciona e analisa documentos e dados relacionados ao Supremo. Dito de outro modo: como o Supremo é visto?

Quanto ao primeiro critério, o objetivo geral foi o de identificar a intensidade descritiva e/ou analítica presente em cada publicação, tendo em vista as formas pelas quais os autores dos artigos mencionam o Tribunal (superficial, casuísta ou abrangente). Assim, em apenas nove, a menção ao STF foi superficial (inexistente, indireta, meramente formal ou nominal). Ou seja, em somente 2,8% das publicações, não houve qualquer análise efetiva de dados ou elementos materiais produzidos pelo próprio Tribunal.

Isso indica, primeiramente, que, da Base Consolidada (B1+B1'+B2+B2') de 310 artigos, o índice de pertinência com o tema é bastante elevado (97,2%). De outra parte, dos 309 demais registros que analisaram efetivamente aspectos relativos ao Supremo, a abordagem mais recorrente foi a casuísta, totalizando 240 registros, ou mais de três quartos do total de artigos publicados (75,47% da amostra). Em um terceiro nível, as análises mais abrangentes – isto é, aquelas que buscaram enunciar ou descrever categorias descritivas que extrapolam os próprios casos ou situações empíricas analisadas – totalizaram 68publicações – o correspondente a, aproximadamente, 21,4% do total de publicações (ou pouco mais de um quinto, do total).

As informações referentes ao primeiro critério se encontram sistematizadas na tabela a seguir, a qual registra a variância desses dados, tendo por referência os períodos mais representativos de publicações (tal como detalhados na Seção 1.B), assim como a sua representatividade quanto aos respectivos subtotais e, também, com relação às publicações especializadas do primeiro quartil (21 coleções com maior número de registros). Para facilitar a leitura da tabela, destaca-se que os dados são representados em termos de números absolutos de registros e, também, quanto aos percentuais correspondentes (por seleção e quanto aos dados gerais consolidados):

Tabela 4 - Dados gerais quanto ao Critério 1 (Como o STF é enfocado?)

Seleção	Catalogação das Publicações (Critério 1)			Subtotais por Seleção	Representatividade da Seleção quanto aos dados gerais
	Superficial (1)	Casuísta (2)	Abrangente (3)		
(2004-2015)	6 (66,7%)	82 (34,0%)	23 (33,8%)	111 (100%)	111 (34,9%)
Último Septênio* (2016-2022)	3 (33,3%)	154 (63,9%)	43 (63,2%)	**200** (100%)	200 (62,9%)
(2023)**	0 (0,0%)	5 (2,1%)	2 (2,9%)	7 (100%)	7 (2,8%)
Subtotais por Critério	**9** (100%)	**241** (100%)	**68** (100%)	**318** (100%)	**318** (100%)
Recorrência no Primeiro Quartil	5 (55,6%)	185 (76,8%)	63 (92,6%)	**253** (100%)	253 (79,6%)

A partir dos dados agregados pela tabela acima, constata-se que tipologia correspondente à abordagem menos complexa (enfoque superficial), indica que cerca de dois terços dos registros ocorrências aconteceu nos primeiros 12 anos da série, sendo oportuno detalhar que a primeira publicação da série aconteceu apenas em 2005. O último septênio* respondeu com o outro um terço das publicações. Apesar dessa distribuição cronológica sinalizar para uma aparente relevância quanto ao aspecto cronológico, não é correto assumir tal hipótese como verdadeira. Isso ocorre, primeiramente, porque o primeiro período é consideravelmente mais longo que o último septênio* (2016-2022). É dizer, houve uma distribuição residual das menções superficiais (com nenhuma ou apenas uma publicação por ano, a partir de 2005, com exceção do ano de 2016 – em que se registrou o maior número de artigos nessa tipologia, 2).

Uma outra leitura possível diz respeito ao eventual impacto, ou não, das coleções mais expressivas (ou seja, as 21 revistas com maior número de publicações e que integram o primeiro quartil). Nesse particular, quatro das nove publicações aconteceram no primeiro quartil. Embora tais números possam indicar uma pequena variância em termos absolutos (quatro para os 21 periódicos do primeiro quartil; e 5 para as outras 54 coleções), em termos proporcionais, as quatro ocorrências representam 1,6% do universo de 253 publicações – o que sinaliza, por outro lado, 98,3% de maior profundidade da análise em relação ao Supremo. Já para os 54 periódicos dos outros três quartis, em conjunto, os cinco artigos acadêmicos representam, em conjunto, 7,7%. Logo, o nível de incidência de publicações mais superficiais é mais considerável nas coleções menos expressivas (com dois ou menos artigos registrados) – mais de quase quatro vezes e meia em termos proporcionais (481%).

A representatividade dessa forma predominantemente casuísta (expressa na Tabela 4) de apresentação do STF sinaliza que a representação hegemônica sobre a Corte, privilegia a parte em detrimento do todo. Quando se observam as publicações realizadas nos doze primeiros anos da série histórica (2004-2015), verificam-se 82 ocorrências (34,0% dos 241 artigos catalogados como casuístas e 73,9% das 111 publicações do período). O último septênio, por sua vez, registra 154 artigos (ou seja, quase dois terços – 63,9% – das publicações classificadas como casuístas e, ainda, 76,1%, dos 201 registros publicados).

Em média, cabe registrar a maior concentração em termos absolutos, de publicações de caráter casuísta nos últimos 7 (sete) anos (2016-2022). O número médio avançou de 6,8 publicações, nos 12 primeiros anos, para uma média anual de 22 artigos – um incremento de mais de três vezes (da ordem de 323,5%). Apesar disso, esses mesmos dados apontam que, do ponto de vista proporcional, a recorrência desse enfoque se manteve relativamente estável durante toda a série histórica (variando de 73,9% para 77,7%, com incidência proporcional um pouco maior no último septênio). A dominância proporcional desse escopo de complexidade intermediária – o enfoque casuísta – é ilustrativo de uma lógica argumentativa de caráter indutivo na literatura catalogada.

Mas não é só: quando se investiga o grupo de 21 coleções ou periódicos com o maior número de publicações – em tese, o conjunto de revistas mais expressivas –, registra-se uma característica, em princípio, contra-intuitiva. Mais de três quartos (3/4) das publicações casuístas se inserem no primeiro quartil (exatamente 76,8%, 185 registros)). Esse enfoque priorizado por esse segmento relevante da literatura é indicativo de que a descrição e a análise da atuação da Corte têm se pautado, primordialmente, por relatos que orbitam em torno dos casos que são efetivamente julgados ou apreciados pelo órgão judicial.

Para que se tenha uma percepção do impacto e das omissões proporcionadas por esse tipo de abordagem, ressalvadas raras exceções quanto aos artigos catalogados, há pouco nível de problematização sobre o poder de agenda do Tribunal –

isto é, dos casos que não são sequer apreciados pelo STF e, por consequência, tampouco cogitados pela literatura. Tal tipologia de aproximação favorece uma representação mais pontual e fragmentada de um tribunal que julga um caso ou conjunto de casos de forma estanque e compartimentada na sua prática jurídica e institucional: a forma peculiar (argumentativa, ou não) pela qual ocorre a construção da jurisprudência. Esse aspecto será desenvolvido, com outros desdobramentos qualitativos, na Seção 1.D.

Ainda quanto ao primeiro critério, a modalidade dotada de maior complexidade (enfoque abrangente) abarca pouco mais de um quinto dos registros (mais precisamente 21,4%), os quais se encontram distribuídos da seguinte forma: 23 publicações nos primeiros 12 anos; 44 (63,2%), no último septênio (2016-2022); e, ainda, mais 2 publicações neste ano de 2023 (não inserido no cômputo, dado o aspecto parcial desta atualização – 1º de janeiro a 19 de maio deste ano). Nota-se, de plano, que, embora com intensidade um pouco menos significativa que a observada para o enfoque casuísta, a recorrência de publicações abrangentes aumentou significativamente (173,9%), em termos médios absolutos no último septênio* (saltando de 1,9 artigos, na primeira dúzia de anos, para pouco mais que o triplo, nos últimos 7 anos – média de 6,3 publicações anuais). Em termos proporcionais, por outro lado, tal como consta expressamente da tabela, a relevância desse enfoque se manteve relativamente estável, com viés de significativo aumento, durante os dois períodos observados (aumentando de 33,8%, nos primeiros 12 anos, para 63,2%, no último septênio, levando-se em consideração o subtotal de publicações para cada um desses dois períodos).

A incidência proporcional mais relevante do enfoque abrangente reforça o achado anterior – quanto à permanência e intensificação do enfoque casuísta. Tal percepção é amenizada, contudo, quando se analisam os dados do primeiro quartil: 63 das 68 publicações com escopo mais complexo, incidem no grupo das 21 coleções mais expressivas deste estudo de caso. Em termos proporcionais, essa literatura mais especializada representa mais de 92,6% das publicações realizadas em todo o período histórico observado (2004-2023). Assim, se, de um lado, a linha editorial dos periódicos do primeiro quartil ainda privilegia – em termos absolutos – abordagens com enfoque casuísta; de outro lado, é nesse mesmo conjunto de revistas que se encontra a ampla maioria proporcional das publicações dotadas de escopos mais complexos (92,6%). Em suma, quanto ao primeiro critério, o aspecto da especialização das publicações (primeiro quartil) é indicativo tanto da dominância do enfoque casuísta, quanto da maior incidência proporcional de estudos mais abrangentes sobre o Supremo.

Desconsideradas, porém, as barreiras estatísticas quanto ao primeiro quartil, seria essa uma característica uniformemente distribuída entre os diversos campos do conhecimento que se dedicam a explorar o Tribunal? Ou se trata de viés relacionado a alguma área específica do saber?

A partir desses questionamentos, é oportuno associar essa percepção inicial com os dados observados quanto ao segundo critério. Assim, tendo em vista a área predominante na qual o artigo se insira, foram enunciadas 7 (sete) tipologias, com destaque para dois campos, em especial: o jurídico e o político, isolada e/ou cumulativamente, entre si e, também, com outras áreas do conhecimento. Apenas para apontar, em termos objetivos, eis as categorias – i) totalmente alheios ao jurídico e ao político; ii) apenas jurídico; iii) somente político; e, ainda, as seguintes variações interdisciplinares: iv) jurídico e político (unicamente esses dois campos); v) interdisciplinar com o direito (apenas); vi) interdisciplinar com a política (somente); e vii) transdisciplinar com o direito, a política e, ainda, outras áreas do conhecimento.

O propósito desse segundo critério foi o de identificar as diferentes categorias lógicas de modo a mapear as áreas do conhecimento que mais se dedicam ao tema, assim como os níveis de interdisciplinaridade verificados. Após a catalogação, primeiramente, nenhuma das publicações se enquadrou na sexta categoria "interdisciplinar com a política (somente)". Em segundo lugar, apenas 2 (dois) dos 318 registros não se relacionaram propriamente ao direito (0,6%, apenas).

Ou seja, impressionantes 99,4% dos registros estão direta ou indiretamente relacionados aos saberes jurídicos. Na literatura analisada, portanto, o nível de correlação entre estudos sobre o STF e saberes jurídicos é bastante elevado. Ademais, a partir da informação básica sobre esses 2 (dois) artigos, é possível detectar outros dois achados estatísticos.

O primeiro deles foi o de que apenas um dos artigos foi totalmente apartado de saberes jurídicos e políticos propriamente ditos. Na publicação "Implantação da Norma ISO 9001: 2000 na Biblioteca Ministro Victor Nunes Leal do Supremo Tribunal Federal"[25], a exposição se ocupa da aplicação de técnicas da ciência da informação à biblioteconomia e à arquivologia. O segundo aspecto que merece realce é que o outro artigo que não se relaciona ao direito, corresponde à única publicação que foi inteiramente catalogada como exclusivamente no campo da ciência política ("Partidos, programas e o debate sobre esquerda e direita no Brasil"[26]).

Descartada a categoria que não obteve qualquer registro, assim como as outras duas que contaram com apenas um registro, as 318 publicações podem ser organizadas a partir das outras 4 (quatro) tipologias detalhadas na seguinte tabela (os dados são representados em termos de números absolutos de registros e, também, quanto aos percentuais correspondentes):

25 Walter (2005:104-113).
26 Tarouco e Machado (2013:149-165)

Tabela 5 - Dados gerais quanto ao Critério 2 (Quais áreas se dedicam ao estudo do STF?)

Seleção	Catalogação das Publicações (Critério 2)			
	Direito (Somente)	Direito e outras áreas (sem política)	Direito, Política e Outras áreas	Direito e Política (Somente)
(2004-2015)	33 (38,4%)	19 (43,2%)	28 (36,8%)	29 (26,6%)
Último Septênio* (2016-2022)	52 (60,4%)	23 (52,3%)	47 (61,8%)	77 (70,6%)
2023**	1 (1,2%)	2 (4,5%)	1 (1,3%)	3 (2,8%)
Subtotais por Critério	**86** (100%)	**44** (100%)	**76** (100%)	**109** (100%)
Recorrência no Primeiro Quartil	72 (83,7%)	25 (56,8%)	58 (76,3%)	97 (89,0%)

Duas observações iniciais merecem ser realizadas: a primeira é a da representatividade do campo jurídico não somente em termos globais (318 registros), como também de modo exclusivo (86 publicações que equivalem a 27,04% do total de artigos abarcados pela área jurídica e, em média anual de 4,5 artigos). Essa incidência – superior a um terço em todo o período observado (2004-2023) – é, tendencialmente, ainda mais expressiva no último septênio* (2016-2022, 60,4%), em que, em média, foram publicados pouco mais de 7 artigos por ano (7,4) exclusivamente no campo do direito.

A segunda, complementar à primeira, é que há prevalência de estudos interdisciplinares e multidisciplinares sobre o Supremo Tribunal Federal. O perfil interdisciplinar dos estudos sobre a Suprema Corte brasileira é notável: 229 artigos envolvem direito e outras áreas do conhecimento (incluída a política) – cerca de 72,0% do total da amostra. Desse universo, o nível de entrelaçamento com a ciência política é o mais intensivo. Assim, seja entre direito e política apenas (109), ou ainda que envolva a análise concomitante de outras áreas do saber (76), os 185 artigos representam 58,2% do total de publicações.

Em termos comparativos, durante todo o período, em média, para cada registro exclusivamente jurídico, foram escritos e publicados pouco mais de 2 (dois) artigos com variações disciplinares com a política (2,63), sendo em média, cerca de ao menos um deles exclusivamente com a ciência do poder (47,6%). E mais: ao se observarem as tendências cronológicas quanto aos dois períodos observados, nota-se que os saberes interdisciplinares foram os que mais cresceram – de 76 registros líquidos de 2004 a 2015 (6,3 publicações médias anuais), para 147 nos últimos sete anos (2016-2022, com 21 artigos em média por ano). Quando observados os estudos inter-, multi- ou transdisciplinares com a política (necessariamente), o incremento é ainda mais expressivo, os números mais que dobraram, detectando-se uma evolução de 57 para 185 publicações entre os dois períodos comparados na tabela (incremento de 224,5%).

Outra comparação válida é a que destaca a representatividade do primeiro quartil de publicações. O grupo de 21 periódicos com o maior número de publicações no período é preponderante em todas as quatro tipologias efetivamente consideradas – um aspecto que confirma as hipóteses iniciais de maior nível de especialização e de interdisciplinaridade mais intensiva. Assim, quanto à amostra destacada no segundo critério: a) nos artigos exclusivamente jurídicos, os periódicos mais especializados alcançam a proporção de 83,7% (72 artigos, de 86, no período); b) nos interdisciplinares com a política (somente), essas coleções chegam ao patamar de 80,7% (97 publicações, de 109); e, por fim, c) nos multidisciplinares com a política e, também, outras áreas do saber, o percentual é de 76,3% (58 registros, de 76). O único subgrupo em que o primeiro quartil é menos dominante é a da tipologia interdisciplinar entre o direito e outras áreas (excluída a política) – nessa, o primeiro quartil responde por pouco mais da metade do total de publicações ocorridas de junho de 2004 a 19 de maio de 2023.

Do conjunto dos dados agregados quanto ao segundo critério, assim como das percepções oferecidas pelo primeiro critério, vale questionar, mesmo a partir de uma perspectiva transindisciplinada: existe diferença significativa quanto à forma pela qual o Tribunal é retratado nos estudos exclusivamente jurídicos quando comparado com os artigos de caráter interdisciplinar?

A resposta mais precisa é *depende*. Explica-se. No total, os 86 artigos eminentemente jurídicos correspondem a 27,04% (do total de 318 artigos). Para os estudos de menor complexidade (enfoque superficial), os artigos exclusivamente jurídicos equivalem a, exatamente, 1/3 (um terço) das 9 publicações. Assim, o índice de 33,3% aponta para uma leve sobrerrepresentação de registros nessa categoria. Para os registros catalogados como "casuístas" (nível intermediário de complexidade), a representatividade (77 artigos) equivale a 32,1% dos 240 publicados – isto é, levemente acima da representatividade geral (27,04%). Para a literatura com enfoque mais abrangente, há visível sub-representação dos artigos exclusivamente jurídicos. Apenas seis, dos 68 verificados, suscitam uma aproximação mais complexa sobre a Corte (cerca de 8,8% desse subgrupo).

Por outro lado, para fins de aferição da representatividade, os 229 estudos interdisciplinares (nas 3 tipologias já detalhadas) correspondem a 72,0% do total de registros (318). Nesse universo interdisciplinar (229), foram encontrados quatro artigos (frise-se, todos envolvendo o direito e outras áreas do conhecimento – excluídas a política), sob a catalogação "superficial" – o que indica quadro de sub-representação (44,4% do total de 9 publicações classificadas como "superficiais"). Quanto aos enfoques casuístas, os níveis de representação são de 71,2% do total de publicações nessa categoria intermediária de complexidade (163) – ou seja, em níveis bastante próximos à representatividade geral. Por derradeiro, nos artigos abrangentes, 62, dos 68 registros (91,2%), se situam nos conhecimentos fronteiriços entre diversas áreas, sendo que nada menos que 59 envolvem (86,7%), necessariamente, o direito e a ciência política. Aqui, a sobrerrepresentação (na ordem de 86,7% dos "abrangentes") é ilustrativa do potencial ganho analítico proporcionado pelo recurso a outras áreas do conhecimento – para além do direito, com destaque especial para a combinação entre direito e política (os quais, em conjunto e exclusivamente, equivalem a 64,5% dos estudos fronteiriços – ou transdisciplinares – e a 58,8% do total de estudos abrangentes).

Em conclusão parcial à análise empreendida quanto aos dois primeiros critérios, por conseguinte, é possível pontuar duas questões. Em primeiro lugar, nota-se que a tendência *casuísta* não se deve exclusivamente aos artigos predominantemente jurídicos. Trata-se de um perfil transversal e que se verifica, inclusive, como característica geral das publicações que envolvam mais de um campo do conhecimento. Mesmo assim, ainda é oportuna a investigação a respeito da influência, ou não, que a leitura jurídica sobre o STF desempenha sobre as demais áreas do conhecimento. Será que a representatividade quase integralmente hegemônica do direito (99,4%) pode ser apontada como possível causa da abordagem do viés casuístico? O assunto será abordado na próxima seção (Seção 1.D). Em segundo lugar, ao associar conhecimentos jurídicos e políticos (assim como as contribuições eventuais de outras áreas do saber), é visível o aumento dos níveis de complexidade quanto à representação do STF. Tais conclusões são resumidas na tabela a seguir.

Tabela 6 - Níveis de representatividade das tipologias de enfoques por campos do conhecimento

Critério 2 (Área Predominante do saber)	Critério 1 (Tipo de Enfoque)		
	Superficial	**Casuísta**	**Abrangente**
Exclusivamente Jurídica (27,0% do total)	↑ Sobrerrepresentação (33,3%, +5,3%)	↑ Sobrerrepresentação (32,1%, +5,1%)	↓ Subrrepresentação (8,8%, - 18,2%)
Conhecimentos Fronteiriços (72,0% do total)	↓ Subrrepresentação (44,4%, -27,6%)	↔ Neutro (71,2%, - 0,8%)	↑ Sobrerrepresentação (91,2%, +19,2%)

Realizados esses desdobramentos e conclusões parciais, antes de avançarmos para o terceiro critério, é interessante questionar: é possível identificar algum viés analítico quanto à forma pela qual o Supremo é pré-concebido pelos diferentes campos? A utilização de conhecimentos fronteiriços (interdisciplinares, multidisciplinares ou transdisciplinares) modifica, substancialmente essas tendências observadas quanto aos critérios anteriores?

Considerada a dominância que o direito e a política desempenham no universo do estudo de caso, o terceiro critério tem por peculiaridade apontar o tipo de representação que emerge da literatura: i) o Supremo não recebe qualquer qualificação explícita sobre o seu perfil jurídico, político, ou híbrido; ii) o STF é descrito e/ou analisado como órgão judicial ou de natureza jurídica; iii) o Tribunal é apontado unicamente como típico órgão político (com funcionamento indiferente ou bastante similar ao Executivo ou ao Parlamento); e iv) o Supremo Tribunal Federal é caracterizado como órgão de natureza híbrida (isto é, tanto jurídica, quanto política).

Das 4 (quatro) categorias detalhadas acima, nenhuma delas identificou o Supremo como apenas um órgão político similar aos demais (sem especificar qualquer dimensão jurídica); de outro lado, apenas 2 (dois) registros não qualificaram o STF como jurídico e/ou político[27]. Assim, houve ampla dominância das outras duas tipologias, com destaque para a evolução cronológica de tais tipologias hegemônicas.

Em 110 o Supremo é qualificado e/ou descrito como mero órgão judicial ou predominantemente jurídico (isto é, sem viés político explícito). Nos 205 artigos remanescentes, a Corte aparece como órgão de configuração híbrida – tanto política quanto jurídica. De um modo global, portanto, em 34,6% dos registros acadêmicos, o STF ainda aparece apenas com a sua faceta jurídica.

27 O primeiro registro é já mencionado artigo sobre "Partidos, programas e o debate sobre esquerda e direita no Brasil" – Tarouco e Machado (2013:149-165). O segundo, proveniente do campo específico da anesteologia, suscita questões éticas da prática do anesteologista quanto às transfusões de sangue para as testemunhas de Jeová. Embora o artigo mencione expressamente a sigla STF, há erro material, uma vez que as decisões mencionadas no *paper* são relativas ao Superior Tribunal de Justiça (STJ).

Em pouco mais de 64,5%, o Supremo é retratado como uma moeda de duas faces: a jurídica e a política.

A tabela a seguir retrata se houve, ou não, grande variância dessas representações (jurídica apenas ou híbrida) durante os diferentes quinquênios (os valores se encontram expressos em termos absolutos e, também, proporcionais).

Tabela 7 - Dados quanto ao Critério 3
(Como o Supremo é associado ao jurídico e ao político?)

Seleção (Quinquênios)	Catalogação das Publicações (Critério 3)		Subtotal de Registros por período
	Órgão Jurídico e/ou Judicial (Apenas)	Órgão Híbrido (Jurídico e Político)	
Primeiro (2004-2008)	6 (37,5%)	10 (62,5%)	16 (100%)
Segundo (2009-2013)	23 (39,0%)	35 (59,3%)	59 (100%)
Terceiro (2014-2018)	43 (39,8%)	64 (59,3%)	108 (100%)
Quarto* (2019-2023*)	38 (28,4%)	96 (71,6%)	134 (100%)
Total	**110** (34,6%)	**205** (64,5%)	318 (100%)
Último Septênio** (2016-2022)	58 (29,3%)	140 (70,7%)	198 (100%)
Ano de 2023***	1 (14,3%)	6 (85,7%)	7 (100%)
Primeiro Quartil	75 (29,8%)	177 (70,2%)	253 (100%)

Tendo em vista os índices de conhecimentos fronteiriços (inter-, multi- e transdisciplinares) registrados quanto ao Critério 2 (da ordem de 72,0%), seria possível suscitar a hipótese de que a tendência mais frequente seria a de caracterização híbrida sobre o Tribunal. Tal formulação, contudo, não resiste aos dados verificados.

Como se observa, a representação mais unívoca a respeito da pretensa natureza do órgão manteve-se relativamente estável durante todos os quinquênios, destacando-se a maior diferença entre o pico registrado no terceiro quinquênio (39,8%) e o índice de 28,4% no quarto quinquênio (2019-2023*). Assim, somente quando considerado, para fins meramente comparativos, o último septênio** (2016-2022) ou ainda o quarto quinquênio (2019-2023*) é que a representatividade do STF como órgão unicamente jurídico ficou abaixo de 1/3 (um terço) – em termos precisos na ordem de 29,3% e 28,4%, respectivamente. Como, com relação ao quarto quinquênio (2019-2023), ainda remanesce a complementação de dados referentes aos meses de maio a dezembro de 2023, há de se observar a evolução de tal proporção.

Desse modo, embora os níveis de conhecimentos fronteiriços sejam relevantes (72,0%), tal dominância não se reflete, na mesma proporção, para que o Supremo seja visto para além do mero escopo jurídico – em 64,5% (diferença de mais de sete pontos percentuais, mais precisamente 7,5% a menos) das publicações o STF aparece como órgão híbrido (entre o direito e a política). Essa percepção é indicativa de que os estudos interdisciplinares ainda não se libertaram suficientemente da representação do Tribunal como um órgão judicial como os demais.

Apesar dessa ressalva, o mesmo índice que enquadra o Supremo Tribunal Federal como ente híbrido (64,5%) é suficiente para reforçar a hipótese de consideráveis níveis de entrelaçamento entre direito e política. Durante todo o período observado, tanto no último septênio** (70,7%) quanto na literatura dotada de maior especialização – o primeiro quartil (70,2%) – o Supremo é visto, tendencialmente, não apenas como mero órgão jurídico ou mais um órgão judicial colegiado (um tribunal), mas como um ente jurídica e politicamente qualificado para mais de 2/3 (dois terços) das ocorrências verificadas (mais precisamente, em ambos os recortes, em cerca de 70% das ocorrências).

É exatamente essa percepção que oferece um guia para os dois últimos critérios. Se a literatura especializada indica o STF como órgão cada vez mais relevante, no campo jurídico e no político, qual é o nível de profundidade dos dados e informações verificáveis nas descrições e análises a respeito da Corte?

O quarto critério ressalta o nível de profundidade das descrições e análises jurídicas realizadas pelos artigos publicados. A ênfase foi quanto à complexidade do levantamento jurisprudencial realizado pelas publicações. O quinto critério, por seu turno, destacou o aprofundamento, ou não, das categorias descritivas e analíticas na dimensão política do Supremo – isto é, o nível de compreensão das dimensões institucionais da Corte enquanto instituição politicamente diferenciada.

Para ambos os critérios, apesar das peculiaridades da análise jurisprudencial e da avaliação institucional, foram atribuídos escores de 1 (um) a 4 (quatro) para escopos de complexidade crescente. Assim, no caso da análise de jurisprudência do STF, a menção isolada ou superficial a julgados recebeu nota 1 (um). Os artigos que detalharam os argumentos de um julgado receberam o índice 2 (dois) – modo argumentativo ou endógeno (isto é, com referências aos próprios julgados analisados). Aquelas publicações que buscaram fazer aproximações com outros casos do Supremo ou de outros tribunais (modo comparativo ou exógeno) receberam 3 (três) como valor adequado para o quarto critério e, quando o levantamento buscou sistematizar, de modo amplo, o conjunto de entendimentos existentes no Tribunal (com sua evolução histórica ou quantitativa), nota máxima (4). Já para a análise institucional do Supremo, o mesmo tipo de gradação foi realizada: nota 1 (um) para artigos que sequer mencionaram aspectos (empíricos e/ou estatísticos) diretamente associados ao Tribunal; 2 (dois) para a indicação formal desses aspectos, ou ainda apresentação de fontes indiretamente associadas ao STF; valor 3 (três) para publicações que avançaram na análise material de elementos empíricos e/ou estatísticos sobre fontes diretamente associadas à Corte; e, por fim, nota máxima (4) para as publicações que produziram (de modo descritivo ou analítico) informações e agregações de dados (empíricos e/ou estatísticos) sobre o órgão.

Com base em tais critérios, observaram-se os seguintes números absolutos, conforme o valor numérico (ou "nota") atribuído, destacando-se que, quanto maior a nota, maior o nível de profundidade da análise realizada:

Tabela 8 - Dados gerais quanto aos Critérios 4 e 5 (Profundidade das Análises sobre o STF)

Nota Atribuída (por ordem crescente de complexidade ou profundidade)	Profundidade das Análises		Subtotal de Registros por Pontuação
	Jurisprudencial	Institucional	
1	30 (9,4%)	60 (18,9%)	90 (14,2%)
2	114 (35,8%)	87 (27,4%)	201 (31,6%)
3	127 (39,9%)	78 (24,5%)	205 (32,2%)
4	46 (14,5%)	92 (28,9%)	138 (21,7%)
Total	**318** (100%)	**318** (100%)	636 (100%)

Em uma aproximação entre os dois tipos de análise, observa-se que no campo da análise jurisprudencial, há maior dominância dos modos de abordagem comparativo (39,9%) e argumentativo (35,8%) de compreensão da jurisprudência do Tribunal. Ademais, em 85,5% (oitenta e cinco por cento) dos casos, a análise jurisprudencial não é competente para sistematizar, com integralidade, o entendimento da Corte. Esse dado é preocupante porque denota que a tendência hegemônica do casuísmo, no comportamento geral, não ultrapassa as barreiras da mera comparação entre casos. Em somente 14,5% dos estudos, é possível dizer que o artigo lida, propriamente, com a jurisprudência do Supremo Tribunal Federal sobre o assunto central da publicação. Tal tipo de comportamento na literatura avaliada estimula que as representações sejam aleatórias ou, quando muito, incompletas a respeito do próprio tema objeto da discussão jurídica no STF.

Já na modalidade de análise institucional, há uma distribuição um pouco mais equânime entre cada um dos níveis de profundidade (todos os 4 escores obtiveram, por exemplo, pelo menos, cerca de 1/5 de representatividade, sendo que pelo menos 3 alcançaram mais de 1/4 de recorrência). Além disso, em mais da metade do universo estudado (53,4%), houve análise efetiva de aspectos estatísticos e/ou empíricos, embora a produção independente de informações sobre o tribunal somente tenha se verificado para pouco mais de 1/4 (um quarto) dos artigos (28,9%). Assim, pode-se dizer que, para cada artigo que realiza avaliação efetiva sobre aspectos institucionais, há, praticamente, outro que se limita a fazer mera menção formal ou a fontes indiretas ou, até mesmo, nem sequer tangenciar qualquer aspecto institucional sobre a Corte.

De maneira a complementar a análise, para cada célula da tabela adiante reproduzida, é possível visualizar o número de artigos que receberam as notas correspondentes (de 1 a 4), para ambos os critérios combinados, a saber: a compreensão proporcionada pelos diferentes modos de abordagem, a saber: de jurisprudência (Critério 4); e a profundidade da análise institucional empreendida (Critério 5), em consonância com a profundidade e/ou complexidade envolvida.

Tabela 9 - Níveis de complexidade das análises jurisprudencial e institucional sobre o Supremo

Critério 4 (Modos de Análise de Jurisprudência)	Critério 5 (Nível de Profundidade da Análise Institucional)			
	Inexistente (1)	Formal ou Indireta a outras fontes (2)	Material ou Direta quanto a outras fontes (3)	Produção de dados e análises da própria fonte (4)
Modo Isolado ou Superficial (1)	11 (3,5%)	5 (1,6%)	7 (2,2%)	7 (2,2%)
Modo Argumentativo ou Endógeno (2)	23 (7,2%)	40 (12,6%)	32 (10,0%)	19 (6,0%)
Modo Comparativo ou Exógeno (3)	26 (8,2%)	40 (12,6%)	35 (11,0%)	26 (8,2%)
Modo Sistemático ou Amplo (4)	0 (0,0%)	2 (0,6%)	**4 (1,3%)**	**40 (12,6%)**

Essa agregação de informações, considerada a amostra analisada, aponta que apenas 40 (12,6%), dos 318 registros acadêmicos foram capazes de desenvolver levantamentos jurisprudenciais de modo sistemático ou amplo de modo a compreender, com profundidade, os julgamentos do Tribunal; e, ao mesmo tempo, produzir elementos empíricos e/ou estatísticos próprios sobre a Corte. Dito de outra forma, na ampla maioria dos casos (87,4%), as publicações ficam aquém dos melhores índices de performances. Ainda que se considerem as análises institucionais que realizam efetiva avaliação de dados produzidos por outras fontes, chega-se a 44 publicações (13,8%). Isso significa que em cerca de 4/5 dos casos (86,2%), as análises jurisprudenciais são aleatórias e/ou incompletas quando se toma por referência um dos principais produtos documentais da Corte: os seus julgamentos. As publicações com maiores níveis de excelência correspondem, portanto, a 13,8% de artigos com maiores níveis de complexidade, dos quais 40 publicações se verificaram no primeiro quartil (90,9% deste subgrupo). Tal elemento é ilustrativo da representatividade qualitativa dos periódicos inseridos nas coleções mais especializadas sobre o Supremo.

Observado o mesmo universo, é preocupante detectar que em nada menos que 30 artigos de uma literatura especializada (vide Tabela 9), a análise jurisprudencial é superficial, ou ainda, em 60 a análise institucional é completamente inexistente. Em termos proporcionais, mais de 1/4 (um quarto) dos registros ostentam níveis de menor profundidade e, em conjunto, de menor complexidade entre as análises jurídica e política combinadas. A participação das 21 coleções do primeiro quartil é de 21 artigos (ou 70% desse subgrupo de estudos com menor complexidade jurisprudencial; e, ainda, de 42 publicações (também, 70%, das análises institucionais e/ou empíricas, de menor complexidade).

Um último registro que merece destaque é o de que, no último septênio* (2016-2022) – o mesmo período em que desenvolvida esta tese –, a incidência de estudos com maior profundidade analítica se tornou mais frequente, assim como as publicações dotadas de menor complexidade, menos incidentes. Conforme os dados expostos (*cf.* Tabela 9), 27, dessas 38 publicações ocorreram nos últimos 7 anos (o que equivale a 71,1% desse subgrupo de maior excelência).

Nesse mesmo período, verificaram-se 10 dos artigos com níveis mais superficiais de análise jurisprudencial e/ou institucional (11,2% do subgrupo de 89 artigos com menor complexidade).

1.D: Desafios e possibilidades a partir das melhores práticas na literatura especializada

O Supremo, seja no campo do Direito seja no da Política, foi elevado a uma categoria de análise exponencial jamais vivenciada no país. A visibilidade da Corte é cada vez mais marcante[28], seja nos noticiários, nos bate-papos do dia-a-dia e, inclusive, a propósito dos 21 anos da fundação da TV Justiça – um canal de programação do sistema público-estatal especificamente voltado à transmissão de uma parte do cotidiano do órgão de cúpula do Poder Judiciário (instituído pela Lei 10.461, de 17 de maio de 2002).

Curiosamente, a partir das análises dos conjuntos de representações quantitativas e qualitativas da literatura especializada sobre o Supremo Tribunal Federal, pode-se inferir a hipótese de que boa parte da aparente falta de reflexividade e de menor profundidade a respeito da compreensão da atuação do Supremo também se deveria à forma pela qual a literatura especializada brasileira tem se dedicado a abordar o assunto. Assim, após esmiuçar, tanto em termos brutos, como em agregações um pouco mais refinadas, os aspectos quantitativos e qualitativos desse estado da arte, é chegado o momento de apresentar as melhores práticas nessa literatura.

Desde já, ressalva-se que não se pretende discutir, aqui, o mérito das hipóteses e/ou dos resultados alcançados em cada artigo. O propósito, nesta parte final do capítulo, é o de identificar os avanços metodológicos proporcionados pelas contribuições contidas em tais publicações, para que seja possível superar as limitações de uma literatura ainda marcadamente casuísta, mas

28 Joaquim Falcão (2015) dedicou obra, multitemática, a essa investigação de caráter institucional. O "protagonismo" social do Supremo passa a ser, assim, um indício e um mistério a ser elevado a uma categoria de análise da Ciência do Poder no Brasil.

que, ainda assim, pode servir de referência para identificar fragilidades a respeito das informações sobre o Tribunal; e, ainda, a despeito dos relatórios oficiais disponíveis.

Uma primeira publicação emblemática é o artigo "Quando a corte se divide: coalizões majoritárias mínimas no Supremo Tribunal Federal". Nele, Fabiana Luci de Oliveira (2017b:1863-1908) realiza um levantamento exploratório das Ações Diretas de Inconstitucionalidade (ADIs), julgadas de 1988 a 2014. Uma observação quanto a essa publicação diz respeito à agregação de informações empíricas para além dos dados estatísticos contidos no banco de dados oficiais do STF. Assim, em vez de meramente reproduzir o resultado final dos julgados, houve a catalogação de informações relevantes sobre o processo deliberativo e análise do comportamento decisório da Corte, tais como: sobre a frequência da ocorrência de divergência nas deliberações do Plenário e de seus órgãos fracionários; e a variação da votação dos ministros para a formação de coalizões majoritárias mínimas (aquelas em que a deliberação colegiada deriva de um único voto de diferença, num ou noutro sentido). Outra nota distintiva desse artigo, por consequência, foi o experimento de rastreamento quantitativo da própria deliberação realizada pela Corte. Esse esforço buscou compilar os múltiplos comportamentos decisórios do Tribunal, em especial na contabilização de decisões colegiadas apertadas (criando, por exemplo, maiores desdobramentos para além da classificação geral entre acórdãos majoritários e unânimes).

Embora tal publicação acadêmica tenha se limitado a apenas uma das classes do controle concentrado brasileiro (a ADI é, ainda assim, a classe mais numerosa no Tribunal, nessa modalidade de fiscalização de constitucionalidade), esse tipo de esforço permite, de maneira complementar aos dados oficiais, o levantamento de informações adicionais relevantes para a compreensão da dinâmica jurídica e institucional do Supremo. Tal abordagem deve ser não apenas estimulada, mas amplificada e sistematizada.

Nesse particular, outro artigo que merece destaque é "Contextos da judicialização da política: novos elementos para um mapa teórico"[29]. Nessa publicação que se propõe a estudar e a problematizar o fenômeno da denominada judicialização da política, Leandro Molhano Ribeiro e Diego Werneck Arguelhes propõem a elaboração de um "mapa teórico" que relaciona a inserção do STF no processo decisório institucional brasileiro, a partir da mobilização por diferentes atores políticos. O aspecto inovador diz respeito à exploração de elementos pouco enfocados na literatura: a avaliação de outras classes processuais além das ADIs; a provocação da Corte por outros atores (parlamentares individuais e atores governistas); e o papel da atuação individual dos ministros e das ministras do Tribunal.

Diante do nível de incompletude e do quadro de fragmentação de informações sobre o STF, essa contribuição aponta que não basta a tarefa de complementar dados. Torna-se fundamental, de igual modo, formular e desenvolver novas possibilidades (teóricas e práticas) de organização da informação a respeito do Tribunal. A análise jurídica e a avaliação institucional passam a ser qualificadas, portanto, a partir de dúplice perspectiva investigativa – seja enquanto órgão de cúpula do Poder Judiciário brasileiro, seja como espaço institucional relevante para a compreensão da separação de poderes no Brasil.

Por seu turno, no *paper* "Ações judiciais, conteúdos políticos: uma proposta de análise para o caso brasileiro"[30], Fabiano Engelmann e Márcio Carvalho Cunha Filho avançam na classificação dos principais perfis de argumentos acionados pelas decisões e votos não só pelos ministros da Corte, mas também por magistrados do Tribunal de Justiça do Estado do Rio Grande do Sul (TJRS) em demandas sobre o direito à saúde. Um primeiro destaque cabe para a aproximação do Supremo com a base do poder judiciário. Boa parte da literatura analisada enfoca o STF de maneira isolada

29 Ribeiro e Arguelhes (2019).
30 Engelmann e Cunha Filho (2013:57-72).

quanto aos demais órgãos judiciários do país (juízes singulares e tribunais). O outro tipo de contributo dessa forma de abordagem é o de levantar o repertório jurídico acionado perante o poder judiciário. Desse modo, passa a ser possível a cartografia dos respectivos níveis de recepção de cada tipo de argumento (favorável ou contrário), assim como detectar diferenças de mobilização perante o Supremo e os demais tribunais do país.

No artigo "Democratizar a jurisdição constitucional? O caso das audiências públicas no Supremo Tribunal Federal"[31], Marjorie Corrêa Marona e Marta Mendes da Rocha sistematizam informações sobre as audiências públicas realizadas perante a Suprema Corte brasileira. Assim, além de ampliarem o escopo para abarcar outras práticas institucionais (a realização de audiências públicas no período de 2007 a 2014), a análise institucional empreendida identificou regras, temas e formatos, de modo a detalhar as peculiaridades das formas de diálogo e de interação com os demais atores estatais e sociais. Não se pode ignorar, contudo que o espaço amostral desse artigo não abarca a prática institucional e decisória mais recente da Corte nos últimos nove anos (2015-2023).

A análise do discurso em torno de decisões judiciais é interessante, por seu turno, para ilustrar as dimensões explícita, implícita e simbólica das manifestações do Tribunal – ainda que elas não figurem expressamente no resultado da deliberação da Corte. Na publicação "Quando o gênero bate à porta do STF: a busca por um constitucionalismo feminista", Estefânia Maria de Queiroz Barbosa e André Demétrio pontuam como os ministros e as ministras do Supremo se manifestam em matérias que sejam sensíveis a discussões afetadas pelo aspecto de gênero. Esse tipo de boa prática amplifica a reflexividade sobre o conjunto de representações que são assumidas (ou omitidas) nas deliberações da Corte, em especial para discussões que envolvam minorias sexuais e, ainda, minorias em geral.

31 Marona e Rocha (2017:131-156).

A propósito do potencial de análises que utilizam recortes sociais ou se dirigem a grupos específicos, a delimitação voltada à investigação de direitos das minorias correspondeu a 70 registros acadêmicos específicos – quase 1/4 das publicações (precisamente, 22,01% do total). Desse universo, os enfoques relacionados aos direitos sexuais e reprodutivos apresentaram recorrência digna de nota – representando cerca de 64,3% desse subgrupo temático. Detalha-se: pelo menos 45 artigos – pouco mais de um décimo (14,2%) do total das publicações – abarcaram explicitamente temáticas sexuais e reprodutivas, sendo que: i) pelo menos 12 se dedicaram, expressa e detalhadamente, ao tema das uniões homoafetivas (aspecto que foi decidido pelo STF no julgamento conjunto da ADI nº 4.277/DF e na Arguição de Descumprimento de Preceito Fundamental nº 178/DF)[32]; outros 12 artigos abordaram especificamente a questão do aborto dos fetos anencéfalos (tema discutido, de modo mais intensivo, na ADPF nº 54/DF)[33];

32 Para fins ilustrativos, eis os títulos dos 12 (doze) artigos (em ordem cronológica decrescente de publicação) em que houve a prevalência ou dominância dos julgamentos sobre as uniões civis homoafetivas (ADI nº 4.277/DF e ADPF nº 178/DF): "A Judicialização dos Direitos LGBT no STF: limites, possibilidades e consequências.", resenha de Gabriel Coutinho Galil e Rafael Carrano Lelis (2018:305-312) à obra de Daniel Cardinali (2018); 2) "Gênero e autonomia: o caso da ação direta de inconstitucionalidade n. 4.424", de Laura Senra (2018:749-780); 3) "O Supremo Tribunal Federal e a 'união homoafetiva' – Onde os direitos e as moralidades se cruzam", de Ricardo Andrade Coutinho Filho e Alessandra de Andrade Rinaldi (2018:26-42); 4) "Homoafetividade e direito: um estudo dos argumentos utilizados pelos ministros do STF ao reconhecerem a união homoafetiva no Brasil", de Raquel Moraes e Leôncio Camino (2016:648-666); 5) "Do homossexualismo à homoafetividade: discursos judiciais brasileiros sobre homossexualidades (1989-2012)", de Thiago Coacci (2015:53-84); 6) "Capítulos de uma História: a decisão do STF sobre união homoafetiva à luz do direito como integridade", de Antonio Moreira Maués (2015:135-162); 7) "Das citações (in)diretas na discursividade do voto de Carlos Ayres Britto acerca da união homoafetiva: efeitos de sentido possíveis", de Lígia Negri, Guida Fernanda Proença e Selmo Ribeiro Figueiredo Júnior (2015:1-24); 8) "Argumentação jurídica utilizada pelos tribunais brasileiros ao tratar das uniões homoafetivas", de Cláudia Rosane Roesler e Paulo Alves Santos (2014:615-638); 9) "Os ciúmes do direito: o desejo pelas uniões homoafetivas e a repulsa a Amor Divino e Paixão Luz", de Roberto Efrem Filho (2014:10-30); 10) "O casamento civil homoafetivo e sua regulamentação no Brasil", de Júlio Pinheiro Faro e Jackeline Fraga Pessanha (2014:72-81); 11) "ADI n. 4.277 - Constitucionalidade e relevância da decisão sobre união homoafetiva: o STF como instituição contramajoritária no reconhecimento de uma concepção plural de família", de Alexandre Gustavo Melo Franco Bahia e Paulo Roberto Iotti Vecchiatti (2013:65-92); e, por fim, 14) "A temática das uniões homoafetivas no Supremo Tribunal Federal à luz do debate Honneth-Fraser", de Maria Eugênia Bunchaft (2012:133-156).

33 Apenas para que se verifique o perfil dessas publicações quanto ao STF, transcreve-se o título de alguns dos artigos, os quais figuram como elemento indiciário da configuração do casuísmo apontado pela análise quantitativa e qualitativa: 1) "O debate sobre aborto na câmara de deputados no Brasil entre 2015 e 2017: Agenda conservadora e resistência" 2) "O julgamento no Supremo do aborto de anencéfalo – ADPF 54: uma etnografia da religião no espaço público", e 3) "O direito à vida no contexto do aborto e da pesquisa com células-tronco embrionárias: disputas de agentes e valores religiosos em um estado laico", todos de Luna Naara (respectivamente, 2020:207-272; 2018:165-197 e 2017:71-97); 4) "A decisão do STF sobre aborto de fetos anencéfalos: uma análise feminista de discurso", de Lúcia Gonçalves de Freitas (2018:11-34); 5) "O aborto no anteprojeto do novo código penal brasileiro: reflexões jurídicas e bioéticas", de Carolina Bruschi Silva, Nilza Maria Diniz e Renato Lovato Neto (2013:35-50); 6) "Repertórios interpretativos na controvérsia sobre a legalização do aborto de fetos anencefálicos", de Flávia Regina Guedes Ribeiro e Mary Jane Paris Spink (2011:63-71); 7) "A magnitude do aborto por anencefalia: um estudo com médicos", de Débora Diniz, Janaína Penalva, Aníbal Faúndes e Cristião Rosas (2009:1619-1624); 8) "Aborto na Suprema Corte: o caso da anencefalia no Brasil" de Débora Diniz e Ana Cristina Gonzalez Vélez (2008:647-652); e, por fim, 9) "*Aborto e inviabilidad fetal: el debate brasileño*", de Débora Diniz (2004:634-639).

e uma publicação apenas abordou o assunto da modificação do nome e do sexo no registro civil de transexuais e transgêneros (a partir do julgamento da ADI nº 4.275/DF).[34]

Há 18 artigos, por seu turno, que abarcaram a problematização da igualdade e representatividade das minorias políticas e/ou populacionais específicas quanto a outros direitos – o equivalente a pouco mais de um quarto dessa literatura voltada a minorias (mais precisamente 25,7%). Eis a distribuição dessas discussões diversas de questões relacionadas a questões sexuais e/ou reprodutivas: a) população indígena (9 artigos, sendo que 3 se dedicaram integralmente ao tema da homologação da Terra Indígena Raposa Serra do Sol – Petição nº 3.388/RR; e, pelo menos 1 à tentativa de sistematização da jurisprudência do tribunal a respeito, com mais um artigo enfocando a questão da gestão de políticas indigenistas de saúde durante o período da pandemia)[35]; b) população negra (8 *papers*, dos quais, 5 se dedicaram ao tema das cotas raciais – questão enfrentada pelo STF na ADPF nº 186/DF e na ADC nº 41, sob o enfoque dos concursos públicos –; e o outro artigo ao reconhecimento dos quilombos e seus remanescentes – assunto objeto da ADI nº 3.239/DF)[36]; e, por fim,

34 Artigo intitulado "Retificando o gênero ou ratificando a norma?", de Tuanny Soeiro Sousa (2019).

35 Eis os títulos, para fins ilustrativos, dos 3 (três) artigos sobre a Terra Indígena Raposa Serra do Sol (PET Nº 3.388/RR): 1) "A homologação da Terra Indígena Raposa Serra do Sol e seus efeitos: uma análise performativa das 19 condicionantes do STF", de Cristhian Teófilo da Silva (2018); 2) "'Terra indígena': aspectos históricos da construção e aplicação de um conceito jurídico", de Thiago Leandro Vieira Cavalcante (2016); e 3) "Julgamento da Terra Indígena Raposa Serra do Sol: todo dia era dia de índio", de Violeta Refkalefsky Loureiro (2010:503-526). O único artigo que não se limitou ao caso judicial, mas que, de igual modo, apresentou aspectos constitucionais gerais sobre o regramento das terras indígenas, sem propriamente esmiuçar o entendimento do Supremo a respeito da questão foi o artigo "Desenvolvimento, meio ambiente e direitos dos índios: da necessidade de um novo *ethos* jurídico", de Erica Magami Yamada e Luiz Fernando Villares (2010:145-157). Ademais, merece destaque, ainda, o artigo "Territórios Indígenas: Repercussões do SIDH no Direito Brasileiro", (2020), de Íris Pereira Guedes, Gilberto Shäfer e Leonardo Severo de Lara. E, por fim, o "STF, povos indígenas e Sala de Situação: diálogo ilusório (2021), da autoria de Miguel Gualano de Godoy, Carolina Ribeiro Santana e Lucas Cravo de Oliveira, que abordou o julgamento da ADPF 709/DF, no que concerne ao direito à saúde dos povos indígenas isolados e de recente contato.

36 O perfil casuísta é, igualmente, evidenciado pelos próprios títulos das publicações (ordem cronológica decrescente): 1) "'A galinha da religião de preto' e o reconhecimento de direitos: controvérsias e mobilizações dos povos tradicionais de terreiro em defesa da soberania alimentar e do enfrentamento ao racismo", Ana Paula Mendes de Miranda e Rosiane Rodrigues de Almeida (2022); 2) "Elwanger e as transformações do Supremo Tribunal Federal: um novo começo?", de Diego Werneck Arguelhes (2022, a respeito do HC 82.424/RS); 3) "O controle de constitucionalidade e a atuação do Supremo Tribunal Federal na proteção das minorias: análise crítica da ADC nº 41 (cotas raciais em concursos públicos)", de Sabrina Santos Lima e Mônica Clarissa Hennig Leal (2021); 4) "Materialização da ação afirmativa para negros em concursos públis (Lei n. 12.990/20140", de Waleska Miguel Batista e Josué Mastrodi (2020); 5) "O conceito de esfera pública e audiência pública sobre cotas raciais no Supremo Tribunal Federal", Ricardo Juozepavicius Gonçalves (2018:135-166); 6) "Indícios de descolonialidade na Análise Crítica do Discurso na ADPF 186/DF", de Fernanda Frizzo Bragato e Virgínia Colares (2017:949-980); 7) "Os quilombos perante o STF: a emergência de uma jurisprudência dos direitos étnicos (ADIN 3.239-9)", de João Carlos Bemerguy Camerini (2012:157-182); e,

c) pessoas com deficiência (apenas 1 artigo que abordou a decisão do Supremo na ADI nº 5.357/DF)[37].

Nota-se, portanto, quanto ao tema das minorias, que o tipo de discussão suscitada pela literatura especializada quanto ao Supremo Tribunal Federal ainda é muito estanque. Em geral (e com raras e louváveis exceções), privilegia-se a exposição de casos isolados, sem um esforço mais concentrado de triagem, catalogação e reflexão estrutural mais amplo sobre a atuação do Supremo.

Pela recorrência quantitativa desse recorte temático, a avaliação qualitativa que pode ser realizada é a de que já há elementos documentais e bibliográficos básicos para que sejam desenvolvidas investigações mais abrangentes e transversais sobre tais temas. Afinal de contas, o enfoque indutivo é suficiente para elevar o estudo dessas categorias como questões estruturais para a Suprema Corte brasileira, ou não? O desate desse nó górdio – que será enfrentado com maior vagar no Capítulo Segundo dessa tese –, envolve aspectos relevantes a respeito do papel (representativo, ou não; contramajoritário, ou não) que o STF pode desempenhar quanto à democracia no país.

Outro recorte temático ou setorial relevante diz respeito às reflexões que envolvam, de modo direto, políticas públicas em torno de direitos sociais. No total, foram identificados 36 artigos (cerca de 11,6% do total da amostra) especificamente sobre o tema, assim distribuídos: i) 19 publicações[38] (6,0% da amostra)

---

por fim, 8) "Reflexões sobre a constitucionalidade das cotas raciais em Universidades Públicas no Brasil: referências internacionais e os desafios pós-julgamento das cotas", de Fátima Bayma (2012:325-346).

37 O artigo de Luiz Alberto David Araújo (2017:43-53) recebeu o título "O Supremo Tribunal Federal e o dever de incluir: um vetor claro e inequívoco do direito à educação superior no Brasil".

38 Para fins de avaliação do escopo dos artigos sobre aspectos de políticas sanitárias ou direito à saúde, além do já mencionado "A magnitude do aborto por anencefalia: um estudo com médicos", de Débora Diniz, Janaína Penalva, Aníbal Faúndes e Cristião Rosas (2009:1619-1624), eis as outras 13 (treze) publicações: 1) "Para equacionar a judicialização da saúde no Brasil", de Octávio Luiz Motta Ferraz (2019); 2) "Expansão do poder judicial no Sistema Único de Saúde", de Carlos Eduardo Artiaga Paula; Ana Paula da Silva; Cléria Maria Lôbo Bittar (2019:111-119); 3) "Separação de poderes e diálogos institucionais nos litígios envolvendo o direito à saúde", de Ana Paula de Oliveira Ávila e Káren Cristina Correa de Melo (2018:83-108); 4) "Necessidade de confiança na jurisdição constitucional para efetivação do direito à saúde", de Sandra Regina Martini e André Santos Chaves (2018:77-91); 5) "Excesso de autorreferência e falta de heterorreferência: o simbolismo da atuação do STF em direito à saúde", de Fernando Rister de Sousa Lima (2016:691-717); 6) "A terceirização na saúde pública: formas diversas de precarização do trabalho", de Graça Druck (2016:15-43); 7) "A criminalização da transmissão do HIV no Brasil: avanços, retrocessos e lacunas", de Carla Rocha Pereira e Simone Souza Monteiro (2015:1185-1205); 8) "Os discursos na Audiência Pública da Saúde e seu impacto

abarcam discussões sobre o direito à saúde e políticas sanitárias (incluindo-se, nesse cômputo, apenas uma das publicações já aludidas que se relacionam a temática do aborto)[39]; ii) outras 13 publicações se reportam especificamente a aspectos educacionais (aqui, já incluídos os 3 registros já mencionados sobre cotas raciais nas universidades e o único artigo sobre a inclusão de pessoas com deficiência) – o equivalente a 4,1% do total[40]; iii) além dessas políticas específicas, também foram identificadas duas publicações acerca da assistência social[41]; e, por fim, iv) os 3 (três) registros remanescentes envolvem discussões mais abrangentes sobre políticas públicas ou sociais, assim como a avaliação dos seus custos econômicos pelo Supremo.[42]

A respeito desse grupo de publicações, embora haja a prevalência quanto ao perfil casuísta (característica também detectada quanto às publicações sobre minorias), o enfoque setorial

---

nas decisões do Supremo Tribunal Federal: uma análise à luz da teoria dos sistemas sociais", de Alethele de Oliveira Santos, Maria Célia Delduque e Ana Valéria Machado Mendonça (2015:184-192); 9) "Judicialização da saúde: analisando a audiência pública no Supremo Tribunal Federal", de Teresa Robichez de Carvalho Machado (2014:561-568); 10) "Judicialização da saúde e a audiência pública convocada pelo Supremo Tribunal Federal em 2009: o que mudou de lá para cá?", de Dalila F. Gomes, Camila Rufino Souza, Felipe Luiz da Silva, Julianna Alves Pôrto, Indyara de Araújo Morais, Maíra Catharina Ramos e Everton Nunes da Silva (2014:139-156); 11) "Controvérsia científica no telejornalismo brasileiro: um estudo sobre a cobertura das células-tronco no Jornal Nacional", de Carla Almeida, Franciande Lovati DalCol e Luísa Massarani (2013:1203-1223); 12) "A Audiência Pública da Saúde: questões para a judicialização e para a gestão de saúde no Brasil - Revista de Administração Pública", de Felipe Rangel de Souza Machado e Sulamis Dain (2012:1017-1036); e, por fim, 13) "Ações judiciais e direito à saúde: reflexão sobre a observância aos princípios do SUS - Revista de Saúde Pública", de Fabíola Sulpino Vieira (2008:365-369).

39 Caso incluídos todos os artigos que abordam, em geral, a temática do aborto de fetos anencéfalos (isto é, para além do enfoque predominante em questões sanitárias), o número de publicações direta e/ou indiretamente relacionados a políticas públicas de saúde chega a 27 (vinte e dois) artigos – exatamente 8,7% do total de registros.

40 Para evitar repetição das referências sobre cotas raciais nas universidades e,ainda, do artigo sobre a inclusão educacional de pessoas com deficiência, transcrevemos, a título exemplificativo, os títulos dos outros 7 (sete) artigos a respeito de temas educacionais (ordem cronológica decrescente das publicações): 1) "Políticas públicas, interpretação judicial e as intenções do legislador: o ProUni e o 'cripto-ativismo' do Supremo Tribunal Federal", de João Marcelo da Costa e Silva Lima e Diego Werneck Arguelhes (2019:163-192); 2) "Três décadas de conflitos em torno do ensino público: laico ou religioso?", de Luiz Antônio Cunha (2018:890-907); 3) "Direitos humanos e educação: a polêmica em trono da redação do ENEM 2015 e 2017", de Cynthia Agra de Brito Neves (2018:731-755); 4) "O novo cenário jurisprudencial do direito à educação no Brasil: o ensino domiciliar e outros casos no Supremo Tribunal Federal", de Nina Beatriz Stocco Ranieri (2017:141-171); 5) "O Supremo Tribunal Federal e a garantia do direito à educação", de Elisângela Alves da Silva Scaff, Isabela Rahal de Rezende Pinto (2016:431-454); 6) "Greve e ética na Universidade", de Otávio Pinto e Silva (2014:213-222); e, por último, 7) "Conflitos e consensos na exigibilidade judicial do direito à educação básica" de Adriana Dragone Silveira (2013:371-387).

41 Trata-se dos artigos: 1) "*Adjudicação de direitos e escolhas políticas na assistência social: o STF e o critério de renda do BPC*", de Daniel Weil Liang Wang e Natália Pires de Vasconcelos (2015:135-151); e 2) "O Benefício de Prestação Continuada no Supremo Tribunal Federal", de Janaína Penalva, Débora Diniz e Marcelo Medeiros (2010:53-70).

42 Eis os 3 (três) artigos: 1) "Notas sobre o mínimo existencial e sua interpretação pelo STF no âmbito do controle judicial das políticas públicas com base nos direitos sociais", Ingo Wolfgang Sarlet e Carolina Zancaner Zockun (2019:115-141); 2) "Judicialização da política e controle judicial de políticas públicas", de Estefânia Maria de Queiroz Barboza e Kátia Kozicki (2012:59-85); e 3) "Escassez de recursos, custos dos direitos e reserva do possível na jurisprudência do STF", de Daniel Weil Liang Wang (2008:539-568).

quanto às políticas públicas se pautou por uma abordagem jurisprudencial de perfil mais comparativo (comparação com um maior número de julgados) e institucional que, em média, buscou se pautar por elementos empíricos, apresentação e/ou análise de dados mais amplos. As abordagens sobre políticas relacionadas à saúde pública merecem especial destaque por buscarem estabelecer aproximações entre o Supremo e os demais órgãos do Judiciário. Tal fator é pertinente porque permite uma compreensão mais detalhada do desenho federativo que o Judiciário ostenta no Brasil.

De um modo geral, não à toa, boa parte dessas publicações sobre políticas públicas adota como pano-de-fundo o universo da denominada judicialização da política, ou ainda, emprega o termo ativismo judicial[43] para descrever o fenômeno da intervenção do Poder Judiciário (ou do STF) na dinâmica e gestão das políticas correspondentes. Num balanço sobre tais registros acadêmicos, e sem entrar no mérito sobre as novas fronteiras proporcionadas pela Judicialização da Política (*Judicial Politics*)[44], considera-se ser possível aprimorar o nível de profundidade dos estudos, mediante maior sistematização entre os julgados e dados institucionais, de modo a compreender se há, ou não, uma modificação da postura do Supremo ao analisar essas políticas sociais e as demais questões de cunho institucional ou federativo.

Em complemento às boas práticas até aqui indicadas, uma perspectiva bastante enriquecedora (apesar de possuir menor incidência) é a de cunho histórico, dentre as quais se destacam duas publicações: i) no artigo "Entre o dever da toga e o apoio

---

43 Andrei Koerner (2013:70), no artigo *"Ativismo Judicial? Jurisprudência Constitucional e Política pós-88"*, esclarece a origem histórica do termo, no sentido *de que: "Atribui-se a Arthur Schlesinger ter utilizado pela primeira vez o* termo "ativismo judicial" em 1947, num artigo na revista Fortune, e, desde então, seu uso vem crescendo. Kmiec mostrou que o número de ocorrências do termo na produção acadêmica e em decisões judiciais nos Estados Unidos passou de poucas unidades nas décadas de 1950 e 1960 à ordem de centenas nas décadas seguintes. No Brasil, ele é utilizado para apreciar decisões do STF que ampliaram o alcance e o impacto da jurisdição constitucional e se distanciaram de suas formas consagradas de atuação. O levantamento realizado para este artigo com a palavra-chave "ativismo judicial" em revistas eletrônicas e bases de dados digitais encontrou uma dezena de livros e quase cem artigos, teses e dissertações publicadas no Brasil a partir de 2010. Não se propõe revisar aqui essa bibliografia, mas anotar alguns pontos comuns e diferenças entre a reflexão norte-americana e a brasileira, criticá-la e tirar alguns desdobramentos teóricos."

44 Tema abordado no Capítulo Segundo deste livro.

à farda: independência judicial e imparcialidade no STF durante o regime militar"[45], Alexandre Douglas Zaidan de Carvalho enfoca a participação dos ministros do Supremo na construção do próprio espaço político-institucional durante a ditadura civil-militar no país (1964-1985); e ii) por ocasião dos então 30 anos da Constituição (1988-2018), em "A reforma política pelo judiciário: notas sobre a judicialização da política na Nova República"[46], Theófilo Codeço Machado Rodrigues realiza um inventário sobre as principais decisões do STF em matéria eleitoral (cláusula de barreira, verticalização das candidaturas, fidelidade partidária, a lei da ficha limpa e o financiamento de campanhas eleitorais). Em conjunto, embora não tenham se identificado, na amostra, muitos estudos com ênfase no aspecto histórico, esse tipo de abordagem favorece a consolidação de dados que permitem o mapeamento da memória institucional da Corte – para além dos limites cronológicos da disponibilidade (*online*) das estatísticas e dos demais documentos sobre o Tribunal.

O exercício acadêmico dessas publicações de excelência – aqui, reunidas para fins meramente ilustrativos – sinaliza que a tarefa quantitativa de seleção de informações (jurídicas e institucionais) relevantes não se resume a, simplesmente, preencher formulários de extração de dados pré-concebidos. Passa a ser cada vez mais relevante, também, a elaboração de novas tipologias qualitativas e de critérios empíricos diferenciados para a filtragem adequada dos elementos jurídicos e institucionais que importam para a análise de matérias submetidas ao tribunal.

Combinar essas perspectivas parece ser algo útil para que se avance, do viés isolacionista (em que aspectos de gênero e de raça, por exemplo, são abordados unicamente pelas idiossincrasias de julgados específicos) para investigações que integrem essa leitura com aspectos setoriais e historiográficos – por quê, não? – das políticas públicas sob análise. O potencial analítico de tais boas práticas não só pode como deve ser amplifi-

45 Carvalho (2017).
46 Rodrigues (2019:123-160).

cado de modo a permitir, a um só tempo, maior sensibilidade à diferença, maior compromisso com a universalização da igualdade, uma a visão mais estruturada e estruturante a respeito dos direitos e garantias fundamentais e das correspondentes políticas públicas e sociais de referência.

Em consolidação aos achados deste Capítulo Primeiro, a título de síntese, a partir das informações disponíveis na Plataforma *Scielo* durante todo o período observado (de 1° de junho de 2004 a 19 de maio de 2023), destacam-se as seguintes considerações conclusivas parciais:

A) Do ponto de vista quantitativo, a análise dos dados bibliográficos brutos sobre o Supremo Tribunal Federal (Seção 1.B), numa perspectiva cronológica, aponta para elementos empíricos que confirmam a hipótese de maior produção acadêmica na literatura especializada sobre o STF, a qual se traduz tanto em termos de um maior número de registros (publicações) no estudo de caso empreendido, com destaque proporcional para a produção ocorrida no último septênio (2016-2023*), com destaque para que o último quinquênio (2019-2023*), ainda que com dados parciais (19 de maio), já corresponde ao mais produtivo de toda a série histórica;

B) Do ponto de vista quantitativo e qualitativo, a avaliação a respeito das abordagens sobre o Tribunal (Seção 1.C) permite uma leitura qualificada para os seguintes aspectos empíricos:

B.1) quanto ao escopo das publicações (*Critério 1*), há uma dominância de enfoques de caráter casuísta – uma abordagem que favorece uma percepção isolada, estanque e fragmentada a respeito do Supremo;

B.2) a respeito dos campos do conhecimento que mais se dedicam ao estudo do Tribunal (*Critério 2*), percebe-se a predominância de estudos jurídicos, seja de modo isolado, seja de modo associado a outros campos do conhecimento – nesse particular, as publicações se concentram, hegemonicamente, em campos interdisciplinares entre o Direito e a Política;

B.3) no que concerne ao modo pelo qual o órgão de cúpula do Poder Judiciário é representado na literatura (*Critério 3*), a maioria das publicações situa o STF como instituição de natureza híbrida (entre o jurídico e o político), com um considerável número de artigos na literatura especializada que ainda retrata o Tribunal como instância meramente judicial, ou jurídica;

B.4) com referência ao nível de profundidade das análises jurisprudenciais (*Critério 4*), a forma pela qual os julgados do Supremo são articulados pela literatura ainda não é, em geral, aprofundada – a presença de abordagens comparativas (com outros julgados similares do próprio Tribunal) e/ou sistematizadas ainda é muito pouco observada (mesmo quando analisado o universo de publicações exclusivamente jurídicas, ou ainda, coleções que ostentam uma maior notoriedade e especialização quanto ao STF);

B.5) acerca da profundidade das análises institucionais empreendidas (*Critério* 5), a menção, o uso, a exploração e a produção de elementos empíricos e/ou estatísticos correspondem a recursos argumentativos de pouca incidência – o que denota uma lacuna quanto à profundidade e à complexidade das avaliações desenvolvidas a respeito do Supremo na literatura especializada;

B.6) de um modo global, observados todos os critérios de catalogação utilizados, há ampla margem para o aprimoramento e aprofundamento das pesquisas sobre o STF, seja na perspectiva da abordagem *transindisciplinada* (ora proposta enquanto busca pela intensificação dos conhecimentos fronteiriços entre os diferentes campos do saber), seja no desenvolvimento de técnicas e métodos mais consistentes para a descrição e análise (jurisprudencial e institucional) do Supremo.

C) Do ponto de vista quantitativo-qualitativo e metodológico, a partir das melhores práticas desenvolvidas nesta Seção 1.D, observa-se que há publicações que se destacaram por seu caráter pioneiro e exploratório de fronteiras quanto aos dados oficiais disponibilizados pelo próprio Supremo Tribunal Federal, com destaque para a percepção de que as análises institucionais de comportamento decisório e as análises de discurso e da história institucional se mostram metodologicamente positivas para o aprofundamento dos saberes quantitativos e qualitativos sobre as possibilidades de investigação a respeito da atuação do STF.

Do conjunto de percepções hauridas em cada uma das seções deste Capítulo Primeiro, portanto, denota-se que esse esforço inicial, por mais que permeado por detalhamentos quantitativos e qualitativos qualificados, não é capaz, por si só, de descrever e analisar, com a abrangência, complexidade e aprofundamento almejados, o fenômeno que se pretende abordar neste livro. A mera justaposição desses enfoques metodológicos e achados quantitativos e qualitativos (por mais proveitosos que se apresentem) é insuficiente se divorciada da identificação e sistematização dessa literatura especializada em agendas hegemônicas de pesquisa existentes, assim como os seus limites declarados e embutidos, nos campos de investigação fronteiriços entre direito e política (Capítulo Segundo). Ainda que cumprida tal tarefa, para fins da Agenda de Pesquisa que se anuncia ao final, há de se acenar pela possibilidade, ou não, da formulação de alternativas (teóricas, históricas, metodológicas e instrumentais) para a compreensão do STF – essa a tarefa enfrentada no Capítulo Terceiro.

CAPÍTULO 2

STF: Eterno retorno ao admirável mundo da judicialização da política?

"Tá legal.
Eu aceito o argumento.
Mas não me altere o samba tanto assim...
Olha que a rapaziada está sentindo a falta
De um cavaco, de um pandeiro
Ou de um tamborim

Sem preconceito
Ou mania de passado
Sem querer ficar do lado
De quem não quer navegar

Faça como um velho marinheiro.
Que durante o nevoeiro.
Leva o barco devagar."

(*Argumento,* na letra e voz
de *Paulinho da Viola,* após a travessia).

Implementar a exploração de modo minimalista e sistemático, das fronteiras das visões hegemônicas sobre o STF, notadamente da Judicialização da Política, tanto no campo do direito, quanto no da política, nas diversas frentes, linhas ou agendas de pesquisa: eis a missão deste Capítulo Segundo. A "Judicialização da Política", em sentido amplo, é abordada por este Capítulo como um conjunto de produções acadêmicas que buscam descrever o fenômeno pelo qual questões "políticas" passaram a ser suscitadas perante órgãos judiciários brasileiros, em particular o Supremo brasileiro.

Conforme se desdobrará, a seguir, na literatura internacional, o fenômeno da judicialização da política foi bastante explorado pelo campo da denominada *Judicial Politics*. Tal tendência investigativa não corresponde, portanto, a uma exclusividade brasileira, seja enquanto singularidade, seja enquanto produção acadêmica a respeito de tal fenômeno, se desdobra por meio de premissas conceituais (Seção 2.A) e de diferentes frentes de investigação hegemônicas que serão oportunamente detalhadas nas demais seções deste Capítulo (Seções 2.B, 2.C, 2.D, 2.E e 2.F). Para os fins do presente capítulo, buscam-se enfatizar as leituras e as alternativas de compreensão acerca do Supremo, a partir das principais referências que buscaram estudar, em alguma medida, as peculiaridades e singularidades da judicialização da política com relação ao STF.

2.A: Premissas conceituais: o que é a "judicialização da política", afinal?

Nos últimas três décadas, a partir da verificação de tendências de expansão do Poder Judiciário e de instituições e órgãos parajudiciais em diversos sistemas democráticos contemporâneos, o uso do termo "judicialização da política" (com todos os caracteres minúsculos) se tornou recorrente não apenas entre politicólogos, mas, também, nos meios jurídicos e midiáticos, como forma de exprimir a interferência judicial em áreas tradicionalmente afetas a outros poderes, assim como a influência de procedimentos judiciários para a tomada de decisões em diversas instâncias tipicamente políticas (como, por exemplo, a adoção de prazos regimentais, a fixação de legitimados para determinados requerimentos, assim como todas e quaisquer questões de caráter processual ou de definição de "regras do jogo" institucional). Esse conjunto de estudos, ainda que não invoque, para si, uma unidade e identidade, busca apontar para a emergência de uma suposta nova institucionalidade do Judiciário. Daí ser possível enquadrá-la, também, como uma leitura compatível com as versões da denominada abordagem neoinstitucionalista.[47]

Na seminal coletânea *"The global expansion of judicial power"*, organizada por Charles Neal Tate e Tobjörn Vallinder (1995), há inúmeras tentativas de enunciação da noção de judicialização da política. Em termos gerais, os artigos acenam para a judicialização como um fenômeno global de expansão do Poder Judiciário nos diversos sistemas políticos contemporâneos.

Para Vallinder (1995:13-26), no artigo *"When the courts go marching in"*, essa noção envolveria, portanto, a marcha política implementada pelo judiciário como um todo (tribunais e juízes) – e não apenas do seu órgão de cúpula (frise-se). [48] No *paper "Why the expansion of judicial power?"*, Tate (1995:28), por seu turno,

47 Não corresponde ao escopo desta tese fazer um levantamento global das linhas principais do denominado neoinstitucionalismo. A justificativa dessa opção orienta-se, primeiramente, por uma necessidade de foco quanto ao objeto do estudo. Logo, torna-se mais pertinente a avaliação sobre as aplicações de tal literatura com relação ao Supremo do que um resgate das diferentes frentes pelas quais os estudos neoinstitucionais se desdobraram. Nesse particular, não há, neste capítulo, sequer a pretensão de se realizar um cotejo detalhado – e linear – de cada uma das Agendas de Pesquisa sobre o STF (adiante anunciadas) com cada uma das tendências do neoinstitucionalismo. Não raro, inclusive, numa mesma agenda, combinam-se características variadas de diferentes experimentos nesse campo teórico de estudos. Para os fins desta tese, portanto, adota-se como referência básica e conceitual, o artigo "As três versões do Neo-Institucionalismo", de Peter A. Hall e Rosemary C. R. Taylor (2003:193-223). Para Hall e Taylor (1993:193): "Uma grande parte da confusão que cerca o neo-institucionalismo desaparece quando se admite que ele não constitui uma corrente de pensamento unificada. Ao contrário, pelo menos três métodos de análise diferentes, todos reivindicando o título de 'neo-institucionalismo', apareceram de 1980 em diante. Designaremos essas três escolas de pensamento como institucionalismo histórico, institucionalismo da escolha racional e institucionalismo sociológico. Esses diferentes métodos desenvolveram-se como reação contra as perspectivas behavioristas, que foram influentes nos anos 60 e 70. Todas elas buscam elucidar o papel desempenhado pelas instituições na determinação de resultados sociais e políticos. As imagens que apresentam do mundo político, contudo, são muito diferentes."

48 De acordo com Vallinder (1995:13): "(1) a expansão da jurisdição dos tribunais ou dos juízes em detrimento dos políticos e/ou dos administradores, ou seja, mediante transferência do processo de tomada de decisões sobre direitos do Legislador, do Governo ou da Sociedade Civil ou, pelo menos, (2) a ampliação de métodos de tomada de decisão judicial para além do campo jurisdicional propriamente dito. Em suma, nós podemos dizer que a judicialização envolve essencialmente a conversão sob a forma de um processo judicial." [Livre tradução do trecho de Vallinder (1995:13): "(1) *the expansion of the province of the courts or the judges at the expense of the politicians and/or the administrators, that is, the transfer of decision-making rights from legislature, the cabinet, or the civil service to the courts or, at least,* (2) *the spread of judicial decisionmaking methods outside the judicial province proper. In summing up we might say that judicialization essentially involves turning into a form of judicial process*"].

indica o porquê de ser possível falar desse fenômeno de expansão política promovida pelo poder judiciário e propõe a seguinte definição para a noção de judicialização da política:

> 1. o processo pelo qual os tribunais e juízes tendem a dominar, de modo crescente, a formulação de políticas públicas já concebidas (ou, como se acredita amplamente, que, ao menos, deveriam ser implementadas) por outras agências governamentais, especialmente parlamentos e executivos; e
> 2. o processo pelo qual os fóruns de tomada de decisão e de negociação não-judicial[49] passam a ser dominados por procedimentos e regras *quasi*-judiciais (legalismo).[50]

A noção de "judicialização da política", por conseguinte, pode ser conceituada, em termos gerais, enquanto fenômeno por meio do qual duas tendências diferentes se desenvolvem: a) o aumento do protagonismo de juízes e de tribunais quanto à realização da política tradicionalmente relegada às funções ordinárias dos demais poderes (Executivo e Legislativo), no exercício das funções típicas de administração, fiscalização e regulamentação ("legiferação", ou produção de leis, normas e regras).

Curiosamente, vale ressaltar que, no Brasil, de modo contemporâneo a essas percepções iniciais da literatura internacional, por ocasião do XX Encontro Anual da Associação Nacional de Pós-Graduação e Pesquisas em Ciências Sociais (ANPOCS), realizado em Caxambu, de 22 a 26 de outubro de 1996, Marcus Faro Castro (1997) apresentou uma análise do comportamento decisório do STF em trabalho intitulado "O Supremo Tribunal Federal e a Judicialização da Política". O estudo, posteriormente publicado na Revista Brasileira de Ciências Sociais (RBSC), tornou-se

49 Apenas para ilustrar um exemplo, cabe destacar o artigo de Eduardo Meira Zauli (2010:195-209) que esmiúça ambos os efeitos no âmbito das Comissões Parlamentares de Inquérito (CPI's). Isto é, tanto decisões do Supremo brasileiro que interferiram na dinâmica das investigações em curso nas mencionadas comissões, como, também, a adoção de procedimentos e regras de caráter *quasi*-judicial pelas CPI's.

50 Livre tradução das seguintes considerações de Tate (1995:28): "1. *the process by which courts and judges come to make or increasingly to dominate the making of public policies that had previously been made (or, it is widely believed, ought to be made) by other governamental agencies, especially legislatures and executives, and* 2. *the process by which nonjudicial negotiating and decision-making forums come to be dominated by quasi-judicial (legalistic) rules and procedures*"".

uma referência clássica para o tema da judicialização da política com ênfase na atuação do órgão de cúpula do judiciário no país. Em sede de conclusões, Castro (1997:154) expõe uma Corte Constitucional com os seguintes contornos:

> O STF tem feito uso parcimonioso de garantias constitucionais de amplo alcance, limitando as medidas de impacto político mais visível a decisões liminares. Contudo, a análise dos acórdãos do tribunal revela que também a produção jurisprudencial rotineira do STF tem uma direção marcante na proteção de interesses privados e, portanto, de impacto negativo sobre a implementação de políticas públicas. Isto se dá, porém, de maneira concentrada nos processos em que se discute o pagamento de tributos e contribuições parafiscais.
>
> Portanto, uma conclusão geral que se pode extrair das análises acima, com exceção da política tributária, [é a de que] (*sic*) o STF não tem servido de meio eficaz de balizamento institucional (através da proteção de direitos) de políticas oficiais.
>
> Finalmente, embora muito freqüentemente[51] os ministros dos tribunais superiores se queixem de sobrecarga de processos, é possível reconhecer, com base nos dados analisados, que a criação de um tribunal especializado em matéria tributária e a própria disposição do STF em abandonar o estilo de julgamento restrito a questões puramente processuais seriam medidas provavelmente capazes de contribuir para o aprimoramento da função do tribunal no exercício o controle da constitucionalidade e na interação institucionalmente mais estabilizada com o sistema político como um todo.

Dada a repercussão e a visibilidade atual do Tribunal, a leitura do excerto acima indicaria, à primeira vista, uma fotografia antiga (quase desbotada) de um Supremo que, em meados dos anos 1990: a) com exceção da temática da política tributária e fiscal, pouco avançava na defesa dos direitos e liberdades constitucionais; e b) limitava-se a discussões judiciais de caráter processual como obstáculo à avaliação dos temas constitucionais

51 Apesar do Novo Acordo Ortográfico da Língua Portuguesa ter abolido o emprego do trema ("), para os fins desta tese, foi preservada a grafia empregada pela redação original dos textos citados e/ou transcritos.

apresentados pelos cidadãos. A leitura realizada por Castro (1997:147-156), contudo, passadas mais de duas décadas, aponta para um mesmo horizonte explicativo que o atualmente predominante no âmbito da Ciência Política e do Direito.

Assim, considerado o levantamento realizado no Primeiro Capítulo sobre a maneira pela qual a literatura especializada retrata o Supremo, caberiam as indagações: há algo novo a aportar para além da detecção do fenômeno da judicialização da política? Ou seria essa a última fronteira de percepção a respeito do Tribunal Constitucional brasileiro? Seria a judicialização da política um diagnóstico ainda adequado e preciso para avaliar uma Corte que, às vésperas dos 35 anos de Constituição, aparenta ter se metamorfoseado em novas dimensões institucionais e constitucionais?

Em vez de se comprometer com a reprodução pormenorizada ou meramente comparativa das visões hegemônicas nas áreas da política e do direito, esta seção se dedica a apontar, respectivamente, os limites das abordagens que enfatizam o fenômeno da denominada judicialização da política enquanto aspecto central para a descrição da atuação do judiciário na contemporaneidade – um pano-de-fundo compartilhado por ambos os campos do conhecimento (a saber: o Direito e a Ciência Política). Afinal, só caberia repetir o potencial analítico do diagnóstico de tais leituras contemporâneas, ou existe alguma opção hábil para abordar, de maneira mais abrangente e profunda, o tema (o STF)? Seria a ideia de eterno retorno um fatalismo "demoníaco" acerca das interpretações disponíveis sobre o Supremo Tribunal Federal?[52]

52 A remissão à figura "demoníaca" do "eterno retorno" é muito bem representada pelo Aforisma 56 de Friedrich Nietzche (2012) em "Ciência Gaia": "E se um dia ou uma noite um demônio se esgueirasse em tua mais solitária solidão e te dissesse: 'Esta vida, assim como tu vives agora e como a viveste, terás de vivê-la ainda uma vez e ainda inúmeras vezes: e não haverá nela nada de novo, cada dor e cada prazer e cada pensamento e suspiro e tudo o que há de indivisivelmente pequeno e de grande em tua vida há de te retornar, e tudo na mesma ordem e sequência – e do mesmo modo esta aranha e este luar entre as árvores, e do mesmo modo este instante e eu próprio. A eterna ampulheta da existência será sempre virada outra vez – e tu com ela, poeirinha da poeira!' Não te lançarias ao chão e rangerias os dentes e amaldiçoarias o demônio que te falasses assim? Ou viveste alguma vez um instante descomunal, em que lhe responderias: 'Tu és um deus e nunca ouvi nada mais divino!' Se esse pensamento adquirisse poder sobre ti, assim como tu és, ele te transformaria e talvez te triturasse. A pergunta diante de tudo e de cada coisa: 'Quero isto ainda uma vez e inúmeras vezes?' pesaria como o mais pesado dos pesos sobre o teu agir! Ou, então, como terias de ficar de bem contigo e mesmo com a vida, para não desejar nada mais do que essa última, eterna confirmação e chancela?".

Esse horizonte de questionamentos sinaliza para aquilo que Roberto Mangabeira Unger (2008:7-18), no programático e instigante livro "O que a esquerda deve propor", nomeia como "A ditadura de falta de alternativas"[53]. Desse modo, parte-se de uma intuição duplamente provocativa. Tal tipo de reflexão torna-se válida, primeiramente, em razão dos sinais de esgotamento[54] explicativo das categorias: a) "judicialização da política"[55]; b) "ativismo judicial"[56]; c) "politização da justiça"[57]; e

53 Cabe a transcrição da parte introdutória do primeiro capítulo da referida obra, intitulado "A ditadura da falta de alternativas". Para Mangabeira Unger (2008:7): "O mundo sofre, hoje, sob a ditadura da falta de alternativas. Embora as ideias, por si mesmas, sejam impotentes para derrubar essa ditadura, não iremos derrubá-la sem ideias. Em todas as partes do mundo, as pessoas se queixam de que as políticas nacionais fracassam na apresentação de alternativas efetivas. Em especial, alternativas que dariam novo sentido, nova vida e nova força ao antigo ideal progressista de uma perspectiva melhor para todos – uma possibilidade de assegurar as necessidades morais e materiais da vida; de trabalhar e de receber cuidados quando não se puder trabalhar; de engajar-se nos assuntos da comunidade e da sociedade; de fazer de nossas vidas algo que tenha valor a nossos próprios olhos. É possível propor um caminho a seguir, em poucas páginas? E fazê-lo de modo a revelar tanto as similaridades quanto as diferenças entre o caminho a seguir para os países mais ricos e para os países mais pobres? Penso que sim. E tem de ser possível em poucas páginas – se de fato há um caminho."

54 Segundo levantamento de Jeferson Mariano Silva (2018:35-54): "Já há alguns anos, as expressões 'judicialização da política' e 'ativismo judicial' não funcionam mais como conceitos de referência capazes de agregar o conjunto da produção científica sobre comportamento e instituições judiciais no Brasil. Criticadas severa e reiteradamente (V. Oliveira, 2005; Koerner; Inatomi; Baratto, 2011; Pogrebinschi, 2011; Koerner, 2013), aquelas categorias perdem espaço neste campo acadêmico." Neste Capítulo Segundo, dirigimos nossas principais considerações à descrição dominante no Campo da Ciência Política, a saber: a "judicialização da política".

55 A respeito da expressão "judicialização da política" vale ressaltar, pelo seu aspecto emblemático, a proposta oferecida por Luís Roberto Barroso (2017:11), no sentido de que "A judicialização, portanto, constitui um *fato* inelutável, uma circunstância decorrente do desenho institucional adotado na maior parte dos países democráticos. Esse arranjo inclui o acesso à justiça, a definição constitucional dos direitos fundamentais e a existência de Supremas Cortes ou Cortes Constitucionais com o papel de dar-lhes cumprimento." E prossegue, no mesmo parágrafo, com um tom bastante instigante tendo em vista ter sido publicado por Barroso já na condição de Ministro empossado do STF: "Desnecessário dizer que a judicialização é potencializada nos países de Constituições mais analíticas, sobretudo as que consagram direitos econômicos e sociais, como é o caso da África do Sul, da Colômbia e do Brasil, por exemplo". Maiores problematizações sobre essa apropriação – a nosso sentir indevida – do termo pelo autor serão especificamente endereçadas nas Considerações Finais desta Tese. Afinal de contas, passada 7 (sete) décadas desde que o termo foi cunhado por Arthur Schelesinger Junior, há algo de novo sob os céus políticos e/ou jurídicos das Supremas Cortes, ou devemos mesmo eternizar esse "estado de natureza" científica enquanto um éden indevassável?

56 A expressão "ativismo judicial" (*judicial actvism*) foi empregada, pioneiramente, ao final dos anos 1940, pelo historiador Arthur M. Schelesinger Junior (1947:208), em artigo "*The Supreme Court*" na revista mensal *Fortune*, de janeiro de 1947, acerca da atuação da Suprema Corte estadunidense no período do *New Deal*. Luís Roberto Barroso (2017:11-13) assim se reporta ao fenômeno: "Judicialização e ativismo judicial não são a mesma pessoa. São primos. Vêm da mesma família, frequentam os mesmos lugares, mas têm origens e causas imediatas diversas. *Ativismo judicial* é uma expressão cunhada nos Estados Unidos e que foi empregada, sobretudo, como rótulo para qualificar a atuação da Suprema Corte durante os anos em que foi presidida por Earl Warren, entre 1954 e 1969. Ao longo desse período, ocorreu uma revolução profunda e silenciosa em relação a inúmeras práticas políticas, conduzida por uma jurisprudência progressista em matéria de direitos fundamentais. Todas essas transformações foram efetivadas sem qualquer ato do Congresso ou decreto presidencial A partir daí, por força de uma intensa reação conservadora, a expressão ativismo judicial assumiu, nos Estados Unidos, uma conotação negativa, depreciativa, equiparada ao exercício impróprio do poder judicial. Todavia, depurada dessa crítica ideológica – até porque pode ser progressista ou conservadora – a ideia de ativismo judicial está associada a uma participação mais ampla e intensa do Judiciário na concretização dos valores e fins constitucionais, com maior interferência no espaço de atuação dos outros dois Poderes. Em muitas situações, sequer há confronto, mas mera ocupação de espaços vazios. Ativismo não precisa ter uma conotação ideológica ou partidarizada." Aqui, uma vez mais, chama-se a atenção da leitora e do leitor acerca dos termos empregados pelo atual Ministro do STF: "revolução profunda e silenciosa", "jurisprudência progressista", "sem qualquer ato", "reação conservadora", "depurada essa crítica ideológica", "sequer há confronto, mas mera ocupação de espaços vazios".

57 "Politização da justiça" é empregada, nesta tese, como uma categoria segundo a qual, de maneira formal ou informal, os integrantes de órgãos judiciários, ou até mesmo os próprios órgãos e tribunais adotam uma postura

d) "partidarização ou corporativismo judiciário"[58]. Assim, embora seja útil o regresso às promessas dos "admiráveis mundos novos" proporcionados por tais quadros de referência descritivos e analíticos do fenômeno da judicialização da política, é sugestivo extrapolar as fronteiras que ainda confinam e amesquinham as interpretações possíveis sobre o Supremo.[59]

Para tanto, sem o compromisso de esgotar, por completo, a literatura neoinstitucional existente sobre o assunto (*Judicial Politics*), realiza-se revisão das principais frentes, linhas e agendas de pesquisa que enfocam a judicialização da política, em especial no que dialoga com o objeto desta investigação: o STF. Seja na vertente do ativismo judicial, seja na da politização da Justiça, o fio condutor reside em identificar estudos paradigmáticos e emblemáticos, tanto por seu caráter precursor no campo, quanto

---

de ostensiva oposição ou apoio institucional em relação aos demais atores institucionais constituídos numa dada sociedade. Trata-se, portanto, da assunção e defesa de interesses políticos a partir de uma referência de atuação não necessariamente corporativa (*interna* e *extra corporis*). Isto é, a noção de politização da justiça abarca tal fenômeno ainda que tal atuação não se limite ao âmbito interno ou externo de tais corporações. Exatamente, por isso, trata-se de expressão que, para os fins desta tese, é mais abrangente que a da "partidarização ou corporativismo judiciário".

58 A categoria "partidarização ou corporativismo judiciário" envolve a adoção corporativa, institucional ou não, de posições influentes no cenário político-partidário, por integrantes de carreiras judiciárias – os quais passam a ser compreendidos como grupo social, profissionalmente diferenciado e "politicamente" relevante para a tomada de decisões que digam respeito a essa classe ou grupo de profissionais. A respeito desse fenômeno, mas sob a denominação de "magistocracia", Conrado Hübner Mendes, em coluna, datada de 02 de abril de 2018, na Revista Época e intitulada "Magistocracia: a '*gran famiglia*' judicial brasileira" assim se reporta: "Magistocratas vivem num mundo à parte. O processo de assimilação à corporação passa por uma eficiente anestesia ética: poucos têm tamanho contato, desde o andar de cima, com as mazelas do andar de baixo da sociedade brasileira; poucas instituições têm tamanha capilaridade e oportunidade de proteger os mais vulneráveis contra abuso do poder político e econômico; não há quem melhor pratique seu poder corporativo para pleitear gratificações nos métodos da baixa política. Pouco importa qualquer valor republicano ou ponderação de justiça desabonadores. 'Governo de juízes' é expressão hiperbólica que aponta usurpações de poder pelo Judiciário na separação de Poderes. 'Ativismo judicial' é equivalente. A magistocracia é distinta: corrói a cultura democrática e sua pretensão igualitária. Em geral, o debate público brasileiro sobre o Judiciário tende a se concentrar no que juízes fazem ou deixam de fazer no exercício da função jurisdicional. Um ângulo fundamental, mas insuficiente. Precisamos discutir quem os juízes são, de onde vêm, o que pensam, como vivem. Ao lado da dimensão política — o *quantum* de poder — há uma dimensão social — o *quantum* de privilégios. Esta é indispensável para observar a relação do Judiciário com a democracia. A magistocracia tem cinco atributos: é autoritária, autocrática, autárquica, rentista e dinástica. Autoritária porque viola direitos (é coautora intelectual, por exemplo, do massacre prisional brasileiro); autocrática porque reprime a independência judicial (juízes insubordinados são perseguidos por vias disciplinares internas); autárquica porque repele a prestação de contas (e sequestra o orçamento público a título de "autonomia financeira"); rentista porque prioriza interesses patrimoniais (agenda corporativa prioritária); e dinástica porque incorpora, sempre que pode, os herdeiros à rede. Nem todo juiz, obviamente, é um magistocrata, mas esse é o *ethos* institucional que os governa.". A reflexão acima transcrita, apesar de seu caráter sintético, é útil para problematizar o fenômeno.

59 O uso dos termos "admirável mundo" e "regresso" apresentam como inspiração as obras literárias de Aldous Huxley (2014 e 2015). A primeira obra, "Admirável Mundo Novo", foi escrita em 1931 e retrata a conjuntura ficcional dos efeitos sociais de um mundo radicalmente transformado e hierarquizado pelo impacto da denominada "Era Ford". Em "Regresso ao Admirável Mundo Novo", de 1957, Huxley (2015) revisita a realidade inicialmente tida como aparentemente utópica e se surpreende com as percepções e as surpresas de uma vida que imita (e supera) a arte.

por encarnarem leituras estruturalmente distintas a respeito da atuação da Suprema Corte brasileira.[60]

Desse modo, além de posicionar a argumentação deste livro na agenda de pesquisas sobre o tema, esse tipo de interlocução é oportuno porque aponta para a necessidade de maiores desdobramentos, ainda mais se considerado o fenômeno historicamente recente do crescente interesse midiático e acadêmico a respeito da maior centralidade do Supremo na vida política do país.[61] Apesar das singularidades do escopo e das variações de cada enfoque, e, ainda, dos diferentes pressupostos teóricos e metodológicos empregados, as pesquisas sobre o Poder Judiciário têm lançado mão de algumas preocupações comuns para explorar as vicissitudes políticas do STF.

De antemão, já se sinaliza que cada uma dessas cinco frentes de investigação apresenta relevância e contribui, à sua maneira, para o melhor entendimento do objeto de estudo a que se propõe. Trata-se, por conseguinte, de uma tentativa precária, com intuito meramente de simplificação das principais tendências existentes e em desenvolvimento no campo. Para fins de singela organização do roteiro desta seção, as frentes de pesquisa (ou diferentes abordagens) já existentes a respeito da judicialização da política no que tange à atuação do Supremo foram sistematizadas nas seguintes linhas ou agendas de pesquisa neoinstitucionalistas (consolidadas e detalhadas no transcorrer das próximas seções deste capítulo):

Linha 1 Padrões processuais e federativos de acesso e mobilização do STF;

---

60 Ernani Carvalho e Leon Victor de Queiroz Barbosa (2016:7) esclarecem a distinção entre os termos "judicialização da política" e "ativismo judicial": "É bastante comum a confusão entre duas expressões totalmente distintas: judicialização da política e ativismo judicial. A primeira refere-se a um processo social onde o Juiz-Estado é instado a resolver as mais variadas questões desde contendas entre vizinhos na seara privada a questões políticas no âmbito da esfera pública. A judicialização da política é a sequência desse processo, cujo poder constituinte originário potencializou ao dotar o Supremo Tribunal Federal com dois tipos de controle de constitucionalidade, ampliando o leque das instituições que podem acioná-lo e ao estabelecer a Suprema Corte como última voz sobre o Texto Constitucional. A segunda refere-se à atuação dos próprios juízes e tribunais em geral, e à atuação da Suprema Corte em especial, quando ultrapassam a tênue linha que separa as competências dos três poderes da República." Para além do emprego desses termos, a "politização da justiça" ocorre quando há um alinhamento ou incorporação de caráter partidário (e até mesmo eleitoral) com relação a integrantes ou pautas corporativas típicas do Poder Judiciário.

61 Essa, por exemplo, é a tônica da obra "O Supremo", de Joaquim Falcão (2015).

Linha 2 Comportamento decisório do Supremo: Agenda, Processo e Deliberação;

Linha 3 Interações do STF com os demais poderes da República;

Linha 4 Análise de conjuntura histórica e da modelagem da posição do Supremo; e

Linha 5 Investigações empíricas e estatísticas: *Mare Incognitum*, Além-Mar e *Póntos*[62].

Com relação aos limites e possibilidades oferecidos por cada uma das 5 linhas (ou enfoques) acima enumeradas, as seguintes considerações conclusivas de Peter Hall e Rosemary Taylor (2003:193-223) são inspiradoras. Após explorarem as fronteiras das versões neoinstitucionais na literatura sobre o fenômeno político, Hall e Taylor (2003:222-223) anunciam:

> Que sejamos bem compreendidos: nossa intenção não é afirmar que uma síntese grosseira das posições desenvolvidas por cada uma dessas escolas é imediatamente realizável ou mesmo necessariamente desejável. Feitas todas as contas, é precisamente porque o debate implícito que se dá entre elas tem sido tão esclarecedor que tentamos aqui torná-lo mais explícito, e há muito a dizer em favor de um debate sustentado. O que queremos dizer é sobretudo que, após alguns anos em que cada escola esteve isolada, seu período de incubação, é chegado para elas o tempo para entabular intercâmbios mais explícitos e mais sustentados. Há todas as razões de pensar que temos a aprender de todas as escolas de pensamento, como cada uma delas a aprender das outras.

Para os fins de alerta preliminar (*disclaimer*) deste Capítulo, "sem preconceito ou mania de passado", o propósito desta parte da tese consiste em avaliar zonas cinzentas, entre o Direito e a Política, assim como campos inexplorados (por ambas as áreas).

62 *Mare Incognitum* (mar incógnito, em latim) corresponde a uma linha de pesquisa, inicialmente gestada por uma parceira da FGV-Rio e a USP, a partir de 2017. *Póntos*, em grego, é a expressão utilizada para descrever a aventura de Ulysses (ou de Odisseu, a depender da tradição linguística da tradução), para sinalizar mares nunca dantes navegados, ou oceanos ainda mais profundos. Ao mencionar a expressão, este livro sublinha, no ponto, o contraponto de que Homero poderia ter lançado mão das expressões gregas *thálassa* ou *hals* (comumente associadas aos mares navegáveis e porções oceânicas mais conhecidas). *Tradutore traditori*, dizem os italianos. Este alerta, mais do que mera nota etimológica, é um recurso explicativo acerca do oceano de ideias profundas nos quais esta pesquisa busca se aventurar, tendo-se como propósito buscar o que pode ser descoberto de novo no além-mar, na *Terrae Brasilis*.

Em última análise, com o objetivo de formulação de uma Agenda Suprema de pesquisa, adota-se como ponto de partida o potencial de combinação dos ritmos, dos achados e das principais tendências dessas diferentes linhas de investigação sobre o STF – um sistema de investigação especializada que, como se demonstrará, se encontra em franca fase de consolidação e de estruturação científica a respeito do STF enquanto "Objecto-Quase".

2.B: Linha 1 - Padrões processuais e federativos de acesso e de mobilização do STF

A respeito da primeira linha enunciada ("Linha 1 – Padrões processuais e federativos de acesso e de mobilização do STF), há um esforço na identificação dos atores (sociais, processuais e/ou institucionais) que provocam a jurisdição do Supremo. Isto é, no decorrer do tempo, quais são os principais "jogadores" (*players*) e tomadores de decisão (*stakeholders*) que acessam e/ou acionam o Tribunal, que tipo de legislação é atacada, com qual tipo de motivação e em que circunstâncias ou conjunturas políticas, assim como sob quais propósitos se busca a submissão de determinadas questões à Corte.

Na obra pioneira *"A judicialização da política e das relações sociais no Brasil"*, Luis Jorge Werneck Vianna (1999), Maria Alice Rezende de Carvalho, Manuel Palácios Cunha e Marcelo Baumann Burgos suscitam o surgimento do Poder Judiciário como um canalizador de demandas e promessas não implementadas pela democracia representativa. Haveria, segundo a vertente representada por esse estudo coletivo, um efeito positivo - para não dizer otimista - dessa conversão do Judiciário num "guardião das promessas democráticas".

Os autores suscitaram, então, as características e os efeitos do acesso a um *locus* institucional alternativo para direcionar esses déficits democráticos. Em interlocução direta com a obra de Antoine Garapon (1999), o Judiciário teria se tornado, não necessariamente uma espécie de "muro das lamentações do mundo moderno" (como define, de modo cético, Garapon), mas uma câmara de ressonância pautada por uma certa "ética republicana" de mobilização da máquina judiciária por esses atores mais expressivos, em especial os institucionais, os políticos, os partidários e os sociais.[63]

Especificamente quanto ao Supremo, a coletânea adotou como referência descritiva os dados referentes ao ajuizamento de um tipo específico de processo durante a primeira década de vigência do atual texto constitucional (1988-1998): a Ação Direta de Inconstitucionalidade (ADI).[64] Sete anos depois, os mesmos Luis Jorge Werneck Vianna (2007) e Marcelo Baumann Burgos, juntamente com Paula Martins Salles, revisitaram a publicação e consolidaram os dados durante os, então, primeiros 17 anos da Constituição (1988-2005). O objetivo de Vianna *et alii* (2007:39-85), nessa segunda publicação, foi o de identificar a modificação, ou não, do perfil dos diplomas normativos questionados, assim como dos principais atores que acionam o Supremo (governadores, associações e entidades de classe, procuradores, partidos políticos e a Ordem dos Advogados do Brasil – OAB), com destaque para a agregação de dados em razão das alterações no contexto político ocorridas no âmbito federativo (Estados e Distrito Federal) e nacional: governos Fernando Henrique Cardoso (1995-2002) e Luis Inácio Lula da Silva (2003-2005).

Apesar de mudanças notáveis quanto à recorrência do ajuizamento de 3.648 ADIs em face de determinados grupos de atores (1988-2005)[65], Vianna, Burgos e Salles (2007) enfatizam a

63 De acordo com Vianna *et alli* (1999:43): "A judicialização da política, entre nós, longe de enfraquecer o sistema dos partidos, em especial os da esquerda e da oposição, tende a reforçá-lo, na medida em que propicia — é verdade que no campo de direito e de seus procedimentos – uma conexão entre a democracia representativa e a participativa, para o que concorrem as ações públicas, em que a cidadania se encontra legitimada para deflagrar o processo judicial contra as instâncias do poder."

64 Nessa classe processual do controle de constitucionalidade brasileiro (ADI), o Supremo realiza a avaliação de compatibilidade, ou não, de normas federais e estaduais editadas após 5 de outubro de 1988, com o texto da Constituição. Trata-se de uma avaliação judicial na qual o STF atua, portanto, como típica Corte Constitucional, mediante análise da legitimidade de atos normativos de caráter abstrato (como, por exemplo, uma lei estadual, uma emenda constitucional federal ou ainda uma medida provisória editada pelo Presidente da República).

65 Merecem destaque os achados quanto a um suposto papel mais "ativo" da Procuradoria-Geral da República (PGR) na Era Lula (2003-2005) quando comparada aos governos anteriores (1988-2002) e da oscilação da atuação do Partido dos Trabalhadores, quando se compara à oposição ao Governo FHC (1995-2002) e o alinhamento partidário explícito com o Governo Lula.

relevância de novos papéis desempenhados pela Corte[66], a um só tempo: a) enquanto instância para a contestação de normas por minorias políticas e partidárias (com uma participação expressiva, frise-se, dos partidos denominados 'nanicos'); e b) assim como na centralização do federalismo brasileiro (principalmente por meio do controle de constitucionalidade de normas dos Estados e do Distrito Federal). Quanto a esse segundo aspecto, os autores apontam que a judicialização das normas estaduais e distritais encontra ressonância na jurisprudência da Corte Constitucional "no sentido de 'corrigir' as relações entre a federação e a União em favor desta última" [67] e que "também é recurso institucional estratégico de governo, instituindo, na prática, o Supremo Tribunal Federal como um Conselho de Estado do tipo prevalecente em países de configuração unitário"[68].

Esses contributos quanto à reafirmação da clássica função de defesa da minoria (tradicionalmente, na literatura especializada, do papel contramajoritário da Corte), assim como quanto ao próprio (des)equilíbrio do sistema federativo brasileiro são dignos de nota, mas não esgotam nem mesmo a atuação do Supremo na tarefa de fiscalização abstrata de normas (sequer mencionam, frise-se, qualquer alusão ao controle difuso). Assim, a primeira ressalva é a de que o recorte analítico empreendido pelos autores, nas duas edições do estudo coletivo, não reúne sequer o conjunto de ações nas quais o STF realiza típico e direto controle de constitucionalidade: foram excluídas da análise, por exemplo, as Ações Diretas de Inconstitucionalidade por Omissão (ADOs), as Ações Declaratórias de Constitucionalidade (ADCs) e, ainda, as Arguições por Descumprimento de Preceito Fundamental (ADPFs).[69] Uma segunda observação é a de que o

66 Segundo Vianna (1999:53) "(...) a presente pesquisa sustenta que a iniciativa dos intérpretes da Constituição, constante no recurso às ADINs, estaria induzindo uma atitude mais favorável por parte do STF no que se refere à assunção de novos papéis. O Tribunal começa a migrar, silenciosamente, de uma posição de coadjuvante na produção legislativa do poder soberano, de acordo com os cânones clássicos do republicanismo jacobino, para uma de ativo guardião da Carta Constitucional e dos direitos fundamentais da pessoa humana".

67 Vianna *et alii* (2007:44).

68 Vianna *et alii* (2007:84).

69 De um modo geral, as ADOs envolvem a impugnação de uma omissão legislativa (federal) a partir de um dever

estudo, seja por suas limitações temporais ou de escopo (por exemplo, sequer abarcou a íntegra do primeiro mandato do Presidente Lula), acabou por sumarizar, em demasia, os desdobramentos analíticos quanto aos dados observados, sem mencionar uma ênfase – não devidamente justificada – na análise exclusiva da atuação dos partidos de esquerda, de modo a ignorar, inclusive, a avaliação sobre outras orientações do espectro partidário (mesmo quando observados índices de êxito ainda mais expressivos que os da esquerda) e, ainda, outras categorias com consideráveis taxas de performance processual.[70]

Ernani Carvalho (2009:315-335), por seu turno, utilizou o mesmo tipo de recorte metodológico que os estudos de Werneck Vianna *et ali* (1999 e 2007), porém com uma delimitação ainda mais estrita: a análise se restringiu às ADIs ajuizadas contra legislação federal entre 1988 e 2002. Apesar da crítica que, desde já, reiteramos quanto à abrangência descritiva ainda mais limitada

---

de legislar imposto pela Constituição ao Parlamento. As ADCs, por outro lado, voltam-se à avaliação da legitimidade constitucional de atos normativos federais (apenas) cuja aplicação judicial se torna potencial e relevantemente controvertida em território nacional. As ADPFs, por seu turno, envolvem a apreciação de atos normativos federais, estaduais, distritais e (também) municipais anteriores à promulgação da Constituição de 1988, assim como todos os demais atos do poder público que ostentem caráter normativo e que não possam ser impugnados pelas demais espécies de ações do controle concentrado brasileiro. Maiores desdobramentos a respeito da importância dessas categorias processuais para a compreensão da atuação do Supremo enquanto Corte Constitucional serão mais detalhadas no decorrer deste Capítulo e, em especial, no Capítulo Terceiro desta Tese.

70 Apenas para que seja possível exemplificar, na parte final do estudo consolidado, os autores se dedicam a abordar a atuação do Supremo quanto ao controle de Medidas Provisórias (MP's). Além de se ignorarem as múltiplas reedições de MP's durante o Governo FHC, o estudo também despreza a mudança do rito de tramitação decorrente da Emenda Constitucional nº 31, de 11 de setembro de 2001 (modificação constitucional ocorrida ao final da Era FHC). Como se não bastasse, ao analisar o percentual de êxito de liminares pleiteadas por Partidos de Esquerda (segundo os autores, na ordem de 11,8%), Vianna *et alii* (2007:83) afirmam que: "A discriminação por autores apresentada na Tabela 32 permite visualizar que a esquerda – principal autora desse tipo de ação – alcançou êxito em 11,8% das Adins cujos pedidos de liminares já foram julgados, resultado nada trivial e que estimula cada eventual membro da comunidade de intérpretes a continuar investindo, como vem ocorrendo nestes dezessete anos, no caminho da judicialização." Essa consideração (a única apresentada em relação a uma rica tabela de dados) causa estranhamento por pelo menos 2 (dois) motivos: 1) outras categorias que conseguiram taxas proporcionais de êxito superiores sequer têm o seu comportamento destacado (por exemplo, notem-se os expressivos êxitos de: "partidos nanicos", 25%; associações empresariais, 30%; Ministério Público, 37,5%, e, ainda, Governadores, 60%); e 2) embora seja acertado dizer que há um estímulo ao pedido de liminares pela taxa média de êxito (de quase 16% - destaque-se que tal percentual é superior ao dos partidos de esquerda), faltou a análise, também, dizer que as taxas de insucesso (cerca de 84%) também estimulam o Governo Federal a continuar com a prática de edição de medidas provisórias. Ou seja, há um círculo vicioso de judicialização – que além de passar imune à crítica dos autores – que estimula tanto a produção de MP's pelo Chefe do Executivo federal (em detrimento da legislação ordinária, com pedido de tramitação urgente, por iniciativa presidencial, por exemplo) quanto a sua contestação pelos mais diferentes grupos de atores (e não apenas pelos Partidos de Esquerda – categoria líder em números absolutos). Por fim, numa extrapolação quanto aos dados coletados, a conclusão a que chegam os autores poderia ser inclusive diversa sobre a judicialização promovida pela Esquerda. É dizer: a recorrência do ajuizamento de ADI's por esse segmento partidário não é justificada necessariamente por maiores taxas de êxito na contestação de temas perante o STF.

dessa opção (tendo em vista a abrangência das ações nas quais o Supremo atua como Corte Constitucional – ADO, ADI, ADC e ADPF)[71], a contribuição da vertente representada pelo autor se manifesta em, pelo menos dois níveis: i) em termos teórico-metodológicos, a respeito de como o fenômeno da judicialização da política pode ser categorizado analiticamente a partir de duas abordagens explicativas (*unconstrained courts approach* e *policy-seeking approach*); ii) em termos hipotético-institucionais, quanto à própria percepção sobre o pretenso protagonismo que o STF desempenha com relação aos demais poderes e, comparativamente, com outras Cortes Constitucionais (em especial os Tribunais sulamericanos, ou de tradições culturais da língua portuguesa e, ainda, quiçá, da América Latina).

Quanto ao primeiro nível (item "i" acima), Carvalho (2009) retoma a experiência comparada da literatura internacional para desdobrar duas categorias de aproximação e compreensão do desenho institucional da judicialização da política: o *unconstrained courts approach*; e o *policy-seeking approach*. A abordagem da ausência de constrangimento institucional das cortes judiciais (*unconstrained courts approach*) é retratada por Carvalho (2009:317) a partir da premissa de que: "Sendo os tribunais constitucionais completamente independentes dos interesses das maiorias parlamentares e dos executivos, podem decidir sem constrangimento." Na segunda abordagem (*policy-seeking*), busca-se a intervenção da jurisdição constitucional sobre as políticas públicas ou "políticas da maioria" (*policy-making* governamental). Enfoca-se o emprego, pelos atores políticos vencidos no processo legislativo, da tentativa de reversão judicial de políticas deliberadas pela maioria parlamentar. Daí a designação *policy-seeking approach*[72] como correspondente ao uso do meio judicial como forma de modificação (total ou parcial) de

71 Para evitar a repetição desnecessária da crítica já formulada nesta seção, veja-se o contido na Nota de Rodapé nº 66.

72 Para Carvalho (2009:317): "A *policy-seeking approach* baseia-se em duas premissas: primeiro, o litigante, quando acciona a justiça constitucional, fá-lo contra uma legislação que vai contra a sua preferência; segundo, não existe custo sobre qualquer matéria associada com a revisão abstracta da legislação ou, pelo menos, os benefícios potenciais da litigância pesam mais do que os custos potenciais."

uma dada política, ou até mesmo o retardamento ou o condicionamento da sua implementação.

Em conjunto, é oportuna a combinação do potencial explicativo de ambas as abordagens. Desse modo, verifica-se que próprio desenho (*design*) dessa estratégia de mobilização do STF favorece a assunção do comportamento da judicialização pela oposição (ou por qualquer segmento partidário, ou não, que se veja vencido). Primeiramente, pelo estímulo processual à litigância. Isto é, não existem sanções em caso de fracasso processual em matérias sujeitas ao controle de constitucionalidade. Em segundo lugar, a judicialização também é fomentada por uma análise de custo-benefício favorável, mesmo que em termos meramente simbólicos, em relação às bases de representação e/ou ao eleitorado. Ou seja, a mera judicialização perante a Corte Constitucional pode ser compreendida como uma postura de combate que reativa a relevância e a reflexão sobre a legitimidade em torno de uma posição assumida pela maioria parlamentar. Por fim, além do estímulo à litigância e do custo-benefício simbólico, a ausência de constrangimento do Tribunal Constitucional acaba por figurar como um último (quando não o primeiro e mais eficiente) recurso para converter uma derrota parlamentar em vitória constitucional, sob a batuta do pretenso guardião da Constituição.

As reflexões proporcionadas por esse primeiro nível são importantes para este livro porque, diferentemente do que se poderia imaginar à primeira vista, o fenômeno da judicialização é mais um efeito do modelo de jurisdição constitucional do que propriamente o seu fator causal – um sintoma, portanto, não a causa. Ademais, no que diz respeito ao segundo nível (item "ii" acima), Carvalho (2009:316) acentua um papel secundário do órgão de cúpula do judiciário brasileiro, eis que:

> o Supremo Tribunal Federal não tem protagonizado um processo de interferência sem precedentes na história brasileira, como sustenta parte da literatura especializada no Brasil. Pelo contrário, actua de forma idêntica à dos seus congéneres no continente sul-americano, procurando evitar, sobretudo, os conflitos com

um executivo extremamente poderoso. Entretanto, no caso brasileiro, é possível perceber uma pró-actividade bastante selectiva e pontual do Supremo Tribunal Federal (STF), mesmo que à margem das questões políticas centrais.

Nesse ponto, a hipótese institucional suscitada parece interessante por dois motivos: a) foge ao lugar-comum do protagonismo destacado do Supremo; e b) indica o fenômeno do ativismo e/ou a sensibilidade do Tribunal para determinados parceiros institucionais (como é o caso da Procuradoria-Geral da República) ou ainda em relação a temas para os quais haveria uma maior preocupação enquanto agenda própria (como parece ser o caso de aspectos relacionados à administração do próprio Judiciário). Sem o compromisso de esgotar todos os desdobramentos dessas hipóteses, neste momento, a sugestão de Carvalho (2009:318-319) acaba contando com opções metodológicas e empíricas controversas.

Com relação ao primeiro motivo (alínea "a" acima), ao selecionar o julgamento de 1.073 ADIs ajuizadas contra leis federais no período de 1988 a 2002, primeiramente, o estudo restringiu em demasia o próprio campo desse tipo de ação. Os dados oficiais do STF aportam que, historicamente, o maior número de ADIs volta-se contra leis estaduais.[73] A conclusão de aparente falta de protagonismo e até certa discrição na atuação do Supremo, de outra parte, também se torna viciada, em nossa avaliação, em razão do modo pelo qual a seleção empírica dos julgamentos foi realizada. Assim, ao ignorar os consideráveis achados com relação às medidas liminares ajuizadas e deferidas para o cômputo do perfil decisório do Tribunal, o autor promoveu a diluição estatística da própria performance decisória do STF.[74] Daí a dificul-

73 Vianna *et alli* (2007:49), na Tabela 3 intitulada "Origem do Diploma Legal Contestado *versus* Períodos de Governo", apontam que essa tendência se manteve, no período de 1988-2005, equivalendo a mais de 2/3 (dois terços) do total de ADI's ajuizadas (67,5%, exatamente): sendo 5,3% contra atos do Poder Executivo estadual ou distrital; 7,2% em face de atos do Poder Judiciário estadual; e 55% (mais da metade, note-se) em face, unicamente, de leis estaduais e distritais.

74 Segundo Carvalho (2009:333): "Portanto, retirando as ADINs que tratavam de temas referentes à administração judicial, a revisão judicial com decisão de mérito efectiva restringe-se a 1,5% do total de ADINs. Se a iniciativa dos intérpretes (ou legitimados activos) da Constituição, constante da revisão judicial, está a conduzir o Supremo Tribunal Federal para a assunção de novos papéis, esse novo papel não é de enfrentamento do poder soberano, e muito menos de uma terceira câmara legislativa (Sweet, 2000)".

dade de aproximação, no ponto, com o comportamento decisório de outros tribunais (seja em termos quantitativos, seja em razão do próprio *design* – constitucional e institucional – desse tipo de fiscalização abstrata de normas no Brasil).

Com referência ao segundo motivo (alínea "b" *supra*), Ernani Carvalho (2016:59-88), juntamente com Manoel Leonardo Santos, José Mário Wanderley Gomes Neto, Leon Victor de Queiroz Barbosa, apresentou uma consolidação de informações para a identificação de atores com índices mais expressivos de performance (destaque para o caso dos governadores de Estado e para a já mencionada aparente parceria, ou colaboração mútua da Corte com a PGR), assim como para outros grupos de interesse (ênfase na defesa corporativa de funcionários públicos e de associações comerciais e industriais). Assim, os autores chegam a importantes três premissas a respeito dos níveis de acesso privilegiado, conforme o poder econômico e a influência corporativa: "(1) os grupos mais poderosos têm maior êxito na hora de apresentar ADIs; (2) mesmo com baixa probabilidade de êxito, vale a pena judicializar conflitos de interesses; e (3) a judicialização por grupos de pressão é uma estratégia complementar e articulada com o conflito de interesses na arena legislativa".[75]

Também merece destaque o artigo "O judiciário e as políticas públicas no Brasil", em que Matthew Taylor (2007:229), por sua vez, aponta para a incômoda ausência do papel do Poder Judiciário na literatura da Ciência Política sobre o denominado Presidencialismo de Coalizão.[76] Assim, ao sugerir a inclusão

---

75 Livre tradução do trecho de Carvalho *et alli* (2016:59): "(1) *los grupos más poderosos tienen mayor éxito a la hora de proponer las ADI; (2) aunque tenga baja probabilidad de éxito, merece la pena judicializar el conflicto de sus intereses, y (3) la judicialización de los grupos de presión es una estrategia complementaria y articulada con el conflicto de intereses en la arena legislativa.*"

76 Nesse ponto, o diálogo do autor é direto com o clássico artigo "Presidencialismo de Coalizão: o dilema institucional brasileiro", de Sérgio Abranches (1988:5-34). Em linhas gerais, o presidencialismo de coalizão pode ser definido como um modelo explicativo que busca descrever as peculiaridades do arranjo institucional brasileiro a partir do final da ditadura militar. Esse modelo informal de governabilidade, travado, segundo o autor, principalmente entre Executivo e Legislativo, seria pautado por uma combinação peculiar entre 2 (dois) modelos de democracia – uma consensual (típica de modelos fragmentados) e outra majoritária (caracterizada por uma centralização decisória e pela articulação partidária a partir da posição dominante ocupada pelo Governo, dada a centralidade ostentada pelo Presidente da República na democracia brasileira). Em suma, na obra de Abranches (1988), o Judiciário (e o STF) assumem um papel secundário, funcionando, nos termos empregados pelo autor, como "instituições de amortecimento" ou de estabilização do sistema democrático.

do judiciário nessa equação, Taylor (2007:229-257) acena para uma outra vertente: a hipótese provocativa de que, em matéria de políticas públicas, o Supremo desempenharia diferentes papéis em consonância com a etapa de aprovação e de execução dessas políticas. Ao momento da formulação, destaca o autor, o sistema político seria pautado por um viés majoritário. Na fase de implementação, contudo, haveria um estímulo a um sistema consensual no qual o STF ostentaria uma posição-chave – praticamente uma instância de veto institucional (*veto point*[77]) para definir impedimentos, extensão e condicionantes de políticas constitucionalizadas, com um recorte seletivo para pautas de minorias.

Apesar da interessante sugestão analítica, tal dicotomia proposta não parece fazer muito sentido se, a todo momento, é possível que os grupos legitimados submetam questões constitucionais ao Supremo. Não raro, mesmo na etapa de mero debate parlamentar – ou seja, antes mesmo da aprovação da política – a questão já pode ser, em tese, judicializada (isto é, possível de ser submetida perante o Tribunal Constitucional). Essa possibilidade é materializada, inclusive, pela impetração de Mandado de Segurança (MS) individual por parlamentar com mandato no Congresso Nacional. De outra parte, o fenômeno da judicialização perante o Supremo, dada a sua posição especial de cúpula do Poder Judiciário, sequer se resume a políticas constitucionalizadas (podendo incidir, também, não raro, em relação a políticas não-constitucionalizadas – ou, no jargão jurídico, infraconstitucionais).

Por esse motivo, sem descartar o mérito de uma reflexão sobre políticas públicas e sociais, torna-se mais preciso investigar se a configuração constitucional e institucional do Supremo fa-

77 Cabe salientar que Taylor (2008:743) resgata as mesmas categorias do documento "A política das políticas", produzido pelo Banco Interamericano de Desenvolvimento (2006:80-89), a respeito de 4 (quatro) papéis-chave que poderiam ser desempenhados pelos judiciários latino-americanos e caribenhos, a saber: 1) ator com poder de veto; 2) ator com poder de decisão; 3) árbitro imparcial; e, ainda, 4) representante da sociedade. Nessa abordagem, para o autor, na fase de materialização das políticas públicas, o Supremo figuraria como uma espécie de ator de obstrução de pautas políticas (ou, ainda, um "jogador de veto").

vorece, ou não, a atuação de determinados autores em relação a outros, a depender do tipo de habilidade acionada, assim como as circunstâncias e temas que buscaram a mobilização da Corte Constitucional. O próprio Taylor (2008:10) aprimorou a hipótese inicial com o escopo de, a partir da mobilização produzida pelo Partido dos Trabalhadores (PT), catalogar quatro diferentes perfis de mobilização, variáveis de acordo com o objetivo pretendido pelos legitimados para o ajuizamento de Ações Diretas de Inconstitucionalidade (ADIs)[78], de acordo com os usos pretendidos, a saber: a) retardar a execução de uma dada política pública; b) desabilitar e, até mesmo, impedir, por completo, a sua implementação; c) desacreditar os efeitos ou resultados pretendidos pela política pública questionada; e d) declarar oposição simbólica a determinada política pública.[79]

Em complemento a esse mapeamento geral, os autores – Mathew Taylor (2008:825-864) e Luciano Da Ros –, registraram, ainda, padrões específicos de propositura das ADIs (de 1988 até o então segundo Governo Lula), para identificar a ocorrência, ou não, de modificação da estratégia de acionamento da jurisdição constitucional do PT, na condição de oposição e na de situação. A estimulante conclusão é a de que, para além das posturas clássicas de sinalizar oposição ou ainda de negociar interesses em conflito na arena político-eleitoral, a própria judicialização passou a emergir como instrumento a serviço do governo, em especial diante de constrangimentos institucionais criados por outros atores políticos – com destaque para o Parlamento. Assim, mesmo que parcialmente vencido em seus interesses iniciais quanto a uma dada política, o uso partidário de uma ação de controle de constitucionalidade visaria transferir a superação do entendimento prevalecente na instância legislativa, com

78 Uma vez mais, pontua-se o escopo restrito da investigação, uma vez que a ADI sequer se materializa como a única modalidade de controle concentrado desempenhado pelo Supremo (preocupação já sinalizada por esta tese desde a Nota de Rodapé nº 69).

79 Segundo Taylor (2008:10), as 4 (quatro) motivações estratégicas para o questionamento de uma lei ou ato normativo perante a Corte Constitucional seriam traduzidas por 4 (quatro) verbos: "retardar, desabilitar, desacreditar e se opor" ("*delay, disable, discredit, declare opposition*".

transferência do ônus decisório final ao próprio Tribunal Constitucional – o qual poderia atuar como uma espécie de "interposição de uma mão amiga" a favor dos interesses governistas e com manutenção da coesão da base parlamentar.[80] Dito em termos mais abrangentes, o STF passaria a jogar com um papel diferenciado na mediação de conflitos entre Executivo e Legislativo nas pautas e políticas associadas à governabilidade.

De um modo geral, apesar dos contributos de cada uma das vertentes dessa primeira linha, nota-se que a análise dos níveis de acesso e padrões processuais de mobilização focam-se, sobremaneira, na atuação do Supremo exclusivamente enquanto Corte Constitucional e com recortes empíricos e jurisprudenciais exclusivamente voltados às ADIs. Isto é, sequer abrangem a totalidade do controle concentrado e nem mesmo se reportam à multiplicidade de aspectos de judicialização relacionados ao controle difuso, ignoram situações bem típicas de tensão institucional, como, por exemplo, as hipóteses do Mandado de Injunção (MI) e da já aludida situação do Mandado de Segurança (MS) impetrado por parlamentar. Assim, além de se ignorarem as demais funções constitucionais desempenhadas pelo Tribunal, as reflexões (aqui já incluídas as peculiaridades das visões apresentadas) pouco se desdobram para as dimensões estruturais horizontais (separação de poderes) e verticais (federativas) de organização do poder no Estado brasileiro. Do ponto de vista analítico, a principal deficiência da adoção isolada dessa abordagem reside na assunção de que a mobilização – isto é, a motivação, a estratégia e os objetivos – proporcionada pelos atores seria decisiva para a explicação causal do fenômeno da judicialização da política.

Desde já, este livro assume a judicialização como um fato – não como uma interpretação necessária ou inescapável acerca das

---

80 Os próprios autores apontam que a inspiração quanto a essa terceira estratégia de mobilização da Corte, adveio do *paper* "*Interpose your friendly hand*" de Keith E. Whittington (2005:583-596), em que o autor sustenta três propósitos de acionamento do Supremo pelo Governo: 1) modificar (total ou parcialmente) legislações anteriores ao mandato governamental que afetassem os interesses principais; 2) confirmação das próprias políticas engendradas pelo governo; e 3) superar ou mitigar os constrangimentos criados por outros atores políticos às políticas governamentais.

causas do fenômeno que se pretende descrever. Ou seja, enquanto uma premissa observável como ponto de partida para a avaliação da atuação, ou não, do STF com referência a um caso ou a um tema específico. A provocação da jurisdição constitucional no Brasil acontece e tem se tornado cada vez mais presente. Dizer que isso é causa da judicialização da política compromete o próprio liame lógico da análise que se pretenda realizar porque a provocação do sistema judicial é operativa (e autorreferida) da própria noção de um Estado (constitucional e democrático) de direito.

A judicialização de temas tradicionalmente afetos aos demais poderes (políticas públicas e legislações) é sintoma – e não causa – de uma determinada configuração constitucional e institucional. Tal situação, inclusive, sequer pode ser apontada como uma novidade nos estudos políticos. A propósito, ao analisar a conjuntura da democracia jacksoniana estadunidense, em período histórico anterior à Guerra de Secessão (das eleições de 1828 até a década de 1850), Alexis Tocqueville (1990:280), no clássico *"Democracy in America"*, observou que:

> Raramente, surge uma questão política nos Estados Unidos que não seja traduzida, cedo ou tarde, enquanto questão judicial. Portanto, todas as partes são obrigadas a emprestar, em suas controvérsias cotidianas, as ideias e até a linguagem, peculiares dos procedimentos judiciais. ... A linguagem da legislação se torna, em certa medida, uma língua vulgar; o espírito da lei, que é produzido nas escolas e nas cortes de justiça, penetra, gradualmente, além de seus muros, no seio da sociedade, onde desce para as classes mais baixas, de modo que, por fim, todo o povo contrai os hábitos e gostos do magistrado judicial.[81]

Em conclusão parcial e com inspiração nesse pensamento de Tocqueville (1990), ainda que seja assumida a premissa da judi-

81 Livre tradução do original de Tocqueville (1990:280): "*Scarcely any political question arises in the United States that is not resolved, sooner or later, into a judicial question. Hence all parties are obliged to borrow, in their daily controversies, the ideas, and even the language, peculiar to judicial proceedings.... The language of the law thus becomes, in some measure, a vulgar tongue; the spirit of the law, which is produced in the schools and courts of justice, gradually penetrates beyond their walls into the bosom of society, where it descends to the lowest classes, so that at last the whole people contract the habits and the tastes of the judicial magistrate*".

cialização da política como uma *novilíngua*[82] ou gramática constitucional e institucional, torna-se mais interessante detectar os seus múltiplos usos (não apenas pelos atores legitimados a provocar o STF), assim como as suas causas, modos e efeitos. Pinceladas as virtudes e as carências da primeira linha de investigação sobre o Supremo, a segunda agenda de pesquisa catalogada, enfoca a agenda, o processo e o comportamento decisório do STF (Linha 2). A ênfase da próxima seção, portanto, é na cartografia da existência, ou não, de padrões de seleção e de decisão dos ministros e das ministras, assim como das diferentes estratégias ou trajetórias profissionais para fins de alinhamento, de divergência e de obstrução que são adotadas na distribuição da carga decisória do Tribunal entre os diversos juízos monocráticos, os órgãos fracionários da Corte (Primeira e Segunda Turma, presenciais e virtuais) e os Plenários (presencial, virtual e remoto – ou "por videoconferência") do Tribunal.

2.C: Linha 2 - Comportamento decisório do Supremo: Agenda, Processo e Deliberação

Em que esta segunda linha se diferencia da anterior? Enquanto a primeira linha se preocupava com os padrões de demanda (*input*) e de resposta à mobilização da Corte (*output*), esta segunda agenda de pesquisas destaca as minúcias do próprio aparato decisório, assim como a existência, ou não, de características profissionais pregressas, ou aspectos da indicação presidencial que permitam agrupar perfis de decisão ou de orientação jurídico-política ou político-jurídica de deliberação e/ou julgamento. A partir dessa perspectiva, os estudos de Fabiana Luci de Oliveira (2004, 2011a, 2011b, 2012a, 2012b, 2012c, 2016, 2017a e 2017b) correspondem a uma referência modelar, seja pelo seu caráter vanguardista, seja pelo compromisso da autora com a atualização e revisão dos achados iniciais de investigação sobre o Supremo a partir de elementos legais, extralegais e profissionais (tais

82 Alusão ao idioma (*newspeak*) cogitado por George Orwell (1998) na obra "1984".

como: aspectos jurídicos dos casos, trajetória profissional dos ministros, aspectos da socialização na profissão, além de opções políticas e pessoais, constrangimentos sociais, institucionais e políticos, e, ainda, princípios morais, religiosos e políticos).

Na obra "Justiça, profissionalismo e política: o STF e o controle de constitucionalidade das leis no Brasil", Luci de Oliveira (2011a) examina a postura decisória dos integrantes do Tribunal Constitucional com base em amostra de 300 ADIs sorteadas dentre os processos julgados pela Corte, entre outubro de 1988 a março de 2003. O primeiro contributo desse livro envolve a utilização da sociologia das profissões para auxiliar na descrição da relação de imbricamento entre direito e política no processo de decisão judicial nesse período de quase 15 anos (1988-2003). Assim, o fator do profissionalismo emerge como elemento descritivo e aglutinador de diferenciação da atuação dos ministros do Supremo quando comparados aos demais atores políticos. Segundo a autora, tal elemento pode ser combinado com outros quatro enfoques típicos da *Judicial Politics*: atitudinal[83], estratégico, institucional e legal.[84]

A respeito dos possíveis desdobramentos da agenda sobre os aspectos de socialização na profissão, o Projeto "O Supremo por seus ministros: a história oral do STF nos 25 anos da Constituição (1988-2013)"[85], promovido e organizado pela Escola de Direito do Rio da Fundação Getúlio Vargas (FGV-Rio), realizou um oportuno resgate de parte dessa memória institucional por meio

83 O modelo atitudinal foi desenvolvido a partir da literatura da Ciência Política estadunidense. Em suma, sustenta que motivações ideológicas e políticas são variáveis relevantes para influenciar o comportamento judicial da Suprema Corte nos Estados Unidos. Parte-se da premissa de que os juízes (*justices*) teriam algum nível de autonomia para expressar suas preferências político-ideológicas em suas manifestações, a despeito das indicações presidenciais ou alinhamentos partidários prévios. Há considerável crítica da literatura brasileira quanto à validade e utilidade da aplicação desse modelo ao caso Supremo Tribunal Federal. Nesse sentido, para maiores aprofundamentos, veja-se Taylor (2008), Ribeiro e Arguelhes (2013) e Araújo (2017).

84 De acordo com Luci de Oliveira (2011a:231): "Dessas cinco diferentes abordagens teóricas e metodológicas resultaram sete âmbitos de análise, organizados para responder à questão dos fatores que influenciam as escolhas que os ministros fazem e a decisão final do tribunal. Foram eles: 1) aspectos legais e fatores dos casos, 2) atributos pessoais e ideologia (perfil de atuação), 3) contexto institucional, 4) contexto político e outros setores governamentais, 5) grupos de interesse, 6) opinião pública e 7) trajetória de carreira e profissionalismo."

85 A base de dados com o inteiro teor das entrevistas encontra-se disponível junto ao Centro de Pesquisa e Documentação de História Contemporânea do Brasil (CPDOC), da FGV (Escola de Direito do Rio) e pode ser acessada, por entrevistado, pelo *link*: https://historiaoraldosupremo.fgv.br/consulta-base.

de entrevistas com diversos membros, aposentados e na ativa, a partir de quatro momentos na trajetória dos entrevistados, a saber: a vida pregressa; o ingresso; o cotidiano e o enfrentamento de questões difíceis e/ou casos emblemáticos (*hard cases and leading cases*), seja da perspectiva jurídica, seja da política. Ao registrar, da perspectiva dos próprios atores envolvidos no dia-a-dia da Corte, os aspectos mais recorrentes de "falas" do Tribunal, dentro e fora dos autos processuais, por esse período de 25 anos (1988-2013), é possível identificar peculiaridades da socialização de cada ministro ou, ainda, cabe acentuar, de cada ministra.[86]

Outra contribuição relevante dos estudos de Luci de Oliveira (2011a) envolve o aprofundamento da reflexão e sistematização das deliberações colegiadas do Tribunal Pleno em dois grandes grupos: a) no das decisões unânimes, a publicação identificou um alto grau de consenso (acima de 80%); e b) no dos julgamentos não-unânimes, a autora destaca a utilidade da avaliação substantiva da argumentação empregada nos votos vencedores (e também dos vencidos) para descrever a postura mais restritiva ou mais ativista da Corte. Após a análise de modelos estatísticos para descrever o comportamento individual e coletivo do STF, Luci de Oliveira (2011a:232-233) apresenta as seguintes considerações conclusivas:

> O fato de mais de 80% das decisões terem sido unânimes reforça o profissionalismo como elemento-chave para entender o comportamento dos ministros do STF: apesar das diferenças na

86 A ênfase se deve ao fato histórico de que, nesses mais de 130 anos desde a sua instituição republicana, apenas três mulheres figuraram na condição de integrantes da Corte Constitucional brasileira, a saber, as Ministras: a) Ellen Gracie Northfleet (atuação de 14 de dezembro de 2000 a 05 de agosto de 2011); b) Cármen Lúcia Antunes Rocha (desde 21 de junho de 2006); e c) Rosa Maria Pires Weber (desde 19 de dezembro de 2011). A abordagem do Projeto é exposta, pelos então organizadores (Nelson Jobim e Fernando Fontainha), nos seguintes termos: "Desta forma, foram escolhidos dois enfoques principais para a construção desta demonstração. Primeiramente, é necessário saber como – e se – o cotidiano do STF contribui para a internalização de práticas institucionais relativamente uniformizadoras, que se perpetuam através das gerações de ministros pela rotinização (e não inculcação). Em outras palavras: como se resolve a dicotomia entre a determinação individual autônoma de um repertório de ação e a contextualização institucional de um quadro fixo de condutas pertinentes. Em segundo lugar, numa abordagem oposta, deve ser desbastada a ampla rede de interações que acaba por construir o sentido do 'extraordinário' no seio da instituição. A maneira como cada membro distingue o trabalho rotineiro do trabalho relevante e reconhece determinada tarefa como crucial, decisiva ou hierarquicamente mais importante nos fornecerá pistas para determinar como um determinado caso se transforma efetivamente num *hard case*, ou *leading case*, o que pode ser academicamente aproveitado na forma de um caso gerador, conforme proposição de Paulo Freire." (Texto disponível em: https://historiaoraldosupremo.fgv.br/sobre-o-projeto).

> trajetória de carreira e no perfil de atuação, o profissionalismo prevalece, unindo os ministros em torno de decisões comuns.
>
> Olhando para os fatores que influenciam as decisões do Supremo, percebemos que os constrangimentos institucionais têm um grande peso, assim como os aspectos legais – com a jurisprudência do tribunal tendo se mostrado bastante técnica, o que em parte pode ser explicado pelos tipos de casos que o Supremo foi chamado a decidir.
>
> O contexto político e a opinião pública também tiveram papel significativo para explicar o comportamento do tribunal.

Independentemente da concordância com cada uma das conclusões da autora acima transcritas – com relação às quais, inclusive, é válida a ressalva de que o estudo se limita ao período analisado (1988-2003) –, torna-se relevante, para esta seção, indicar o desbravamento de novos parâmetros e fronteiras de análise (em especial quando comparada com a agenda de pesquisa anteriormente apresentada). Tais *insights* de investigação foram, posteriormente, desbravadas pela própria autora em outras frentes ou vertentes.

No que concerne ao potencial impacto da opinião pública no processo decisório do STF, a abordagem de Luci de Oliveira (2004:101-118), primeiramente, realizou "uma análise de conteúdo dos jornais Folha de S. Paulo e O Estado de S. Paulo". O escopo desse primeiro estudo de mídia consistiu no levantamento de como o Supremo foi representado por esses veículos no período de transição democrática. Assim, além de incorporar, no Brasil, boa parte da literatura estadunidense que se dedicava a esse tipo de impacto da mídia sobre a *Supreme Court* (identificação de papéis jurídico e político), a autora aponta para sinais de incremento do peso midiático do Supremo brasileiro no período de 1979 a 1999 – ou seja, antes mesmo da criação da TV Justiça e da maior repercussão dos julgamentos, como por exemplo, o da Ação Penal 470 (mais conhecida como processo do "Mensalão"), a partir de 2012.

A principal constatação de Luci de Oliveira (2004:101) é a da modificação do tipo de cobertura desses jornais nas duas décadas analisadas. Durante o regime militar, a Corte é retratada como um órgão que desempenha o seu "papel jurídico" – isto é, de modo alheio às conjunturas econômicas, políticas e sociais do país. Já a partir da abertura política[87] e, em especial, da Constituinte (1987-1988), o Tribunal passou a se aproximar, cada vez mais, dos meios de comunicação com o objetivo de modificar a imagem anterior e realçar a centralidade do STF também quanto ao seu "papel político".[88]

Posteriormente, Luci de Oliveira (2017a:937-975) retomou a abordagem dessa frente para revelar "Um Retrato do Supremo Tribunal Federal a partir da Cobertura do Jornal Folha de S. Paulo", no período de 1999 a 2014. Dentre os diversos achados desse segundo estudo, merece destaque a criação de uma detalhada tipologia de representações em torno das ações do Tribunal, para realçar os temas de maior destaque, assim como o tipo de ênfase aos seus atores institucionais (ministros e/ou órgãos colegiados). Ademais, vale ressaltar a percepção de que todo estudo de mídia corresponde a uma seleção de representações, logo não se pode tomar a "opinião publicada" como correspondente à "opinião pública".[89]

---

87 Segundo registro de Luci de Oliveira (2004:105), a iniciativa foi inaugurada pelo então Ministro Presidente Xavier de Albuquerque, em 1981. Por ocasião da assunção da presidência, o mencionado ministro convocou um encontro com jornalistas e proprietários dos principais jornais impressos como estratégia de aproximação do STF com a opinião pública e declarou a necessidade de resgatar a Corte "das páginas mais modestas da imprensa para as mais destacadas e condizentes com a sua importância institucional".

88 De acordo Luci de Oliveira (2004:101): "Os jornais serviram como um 'termômetro' da inserção e atuação desse ator no cenário público nacional. A conclusão a que se pôde chegar foi a de que o Tribunal buscou transformar a imagem de que desfrutava na opinião pública, passando de uma situação em que era identificado como alheio à realidade e às necessidades do país, à imagem de instituição de importância central para o desenvolvimento da nação." A preocupação com a imagem pública do STF foi, posteriormente, desdobrada por Luci de Oliveira (2011b), como um elemento de descrição sobre o como a instituição foi percebida por alguns setores da mídia (1979-2011), tomando por referência os mesmos dois jornais paulistas (Folha de São Paulo e Estado de São Paulo).

89 Conforme resume Luci de Oliveira (2017a:974): "Buscamos descrever como o jornal Folha de S. Paulo (FSP) retratou a atuação do Supremo no período de 1999-2014, enfocando o tipo de cobertura predominante (política ou jurídica), os temas de maior recorrência no enquadramento da instituição, e os fatores que determinam a cobertura. Verificamos em que medida essa cobertura acompanha as ações efetivas do tribunal, examinando quais decisões viraram notícia. Para isso, trabalhamos com a análise de conteúdo de 6.271 notícias. A partir desses dados problematizamos a construção da imagem pública do tribunal e a forma pela qual a mídia vem posicionando a instituição no sistema político brasileiro. Concluímos que a FSP construiu uma imagem eminentemente política do STF, com sua cobertura exacerbando a personalização da instituição, o perfil individual dos seus ministros, e enfatizando excessivamente os casos de judicialização anticorrupção."

Por outro lado, como ressalvas a essa segunda publicação, além de a autora ter se utilizado de um recorte ainda mais restrito que o da publicação anterior (um veículo apenas), vale apontar para amplas possibilidades de que os estudos sobre o STF também se desdobrem para outras mídias tradicionais (rádio e televisão, por exemplo, para além dos canais e programas oficiais) e, ainda, para os meios de comunicação emergentes e redes sociais em geral (*Internet, Twitter, Facebook, Instagram, Whatsapp, Youtube*, etc). Foi exatamente a partir desse pressuposto que a própria autora, juntamente com Joaquim Falcão (2013), na pesquisa "O STF e a agenda pública nacional: de outro desconhecido a supremo protagonista?", enfatizou esse potencial de análise, inclusive mediante a aplicação de dois levantamentos quantitativos de opinião pública (*surveys*): o primeiro, de abrangência nacional, contemplou 1.400 brasileiros maiores de 18 anos de idade, com foco no nível de conhecimento a respeito do Supremo, sua estrutura, seus integrantes e funções[90]; o segundo, por seu turno, limitou-se às capitais Rio de Janeiro e São Paulo, e entrevistou 1.200 usuários da *Internet* e leitores de jornais de portais de notícia[91], para captar a percepção acerca do Poder Judiciário e de algumas decisões com repercussão na jurisprudência do Tribunal – recentes à época da realização da pesquisa.[92]

Para os propósitos deste livro, em uma primeira vertente, a ampliação de escopo desses estudos da relação entre o STF,

90 Segundo Falcão e Luci de Oliveira (2013:432): "Os dados foram coletados em pesquisa realizada pelo CJUS (Centro de Justiça e Sociedade) da Escola de Direito da Fundação Getúlio Vargas do Rio de Janeiro, entre os dias 04 e 20 de fevereiro de 2011. Foram entrevistadas 1.400 pessoas com idade acima de 18 anos nas áreas urbanas de todas as regiões do país. A amostra seguiu o perfil da população brasileira, de acordo com gênero, idade, classe socioeconômica, e situação de trabalho (população economicamente ativa ou não), conforme os dados da Pesquisa Nacional por Amostra de Domicílio (PNAD 2009). Disponível em: http://direitorio.fgv.br/cjus/projetosandamento/stf-op."

91 Falcão e Luci de Oliveira (2013:433) referenciam, quanto à metodologia empregada, que: "Os dados foram coletados em pesquisa realizada pelo CJUS em parceria com a *Hello Research*. A pesquisa foi realizada entre os dias 14 e 20 de julho de 2011. Foram entrevistados 1.200 cariocas e paulistas, acima de 18 anos, seguindo o perfil de distribuição por gênero e classe socioeconômica nas duas cidades, de acordo com dados do IBGE (Censo 2000 e PNAD 2009). Metade deste contingente de entrevistas foi realizada face a face, em pontos de luxo das duas cidades. A outra metade foi feita com pesquisa digital, via *internet*."

92 Falcão e Luci de Oliveira (2013:433) destacaram três julgamentos: 1) a liberdade concedida ao extraditando Cesare Battisti (Extradição – EXT – nº 1.085/República da Itália); 2) o reconhecimento da união homoafetiva (ADI n.º 4.277/DF e ADPF n.º 132/DF); e 3) a regulamentação da realização da denominada "Marcha da Maconha" (ADPF n.º 187/DF).

a mídia e a opinião pública não é somente estimulante, mas, também, cada vez mais, recomendada, tendo em vista que o próprio Tribunal, quando não vários de seus ministros e de suas ministras passam a se utilizar de suas contas pessoais em tais canais de comunicação virtual para intensificar a divulgação das decisões tomadas, assim como para expressar opiniões sobre as mais diversas questões de relevância nacional.[93]

---

93 Além do Portal Oficial do Supremo Tribunal Federal na *Internet* (www.stf.jus.br), a Corte mantém perfis oficiais ativos nas seguintes plataformas (todas com dados atualizados em 22 de março de 2023): 1) *Twitter* (@STF_oficial, plataforma digital de maior capilaridade da Corte, com 2.730.709 seguidores); 2) *Youtube* (www.youtube.com/user/STF, o usuário institucional @stf_oficial conta com 434 mil internautas inscritos na plataforma de vídeos, em 22 de março de 2023 – com o destaque de que a TV Justiça, por exemplo, @TVJustiçaOficial computa pouco mais de 206 mil inscritos); 3) no *Instagram* (www.instagram.com/supremotribunalfederal/, com mais de 344.376 seguidores do perfil @surpremotribunalfederal); e, ainda, 4) *Tiktok* (https://www.tiktok.com/@stfoficial?lang=pt-BR, com mais de 76.300 seguidores do perfil @stfoficial, cuja descrição, em 22 de março de 2023, é "O Guardião tá *on*" e conta com postagens desde 08 de julho de 2021). Em conjunto, essas quatro plataformas têm sido utilizadas como canal de comunicação com a sociedade brasileira, com o objetivo institucional de explicar o conteúdo dos temas submetidos ao Tribunal, esclarecer notícias veiculadas a respeito da Corte (inclusive, para desmentir notícias falsas – *fake news*) e, até mesmo, transmitir Audiências Públicas e Sessões de Julgamento Colegiado do Plenário. Por ocasião da pandemia da *Corona Virus Disease* (Covid-19), o canal do *Youtube* passou a transmitir não apenas as Sessões Plenárias, como também as Sessões da Primeira e da Segunda Turma realizadas por videoconferência. A primeira sessão por videoconferência no STF abarcou ambas as turmas do Tribunal e ocorreu no dia 14 de abril de 2020 (terça-feira) a partir das 14h. Por sua vez, a primeira sessão por videoconferência do Tribunal Pleno ocorreu em 15 de abril de 2020 (quarta-feira), a partir das 14h. Desde 17 de maio de 2002, o STF coordena esforços para a divulgação de seus julgamentos, com destaque para o Programa "Plenárias" da TV Justiça – o qual já conta com quase 21 anos de existência e se dedica à cobertura das Sessões Plenárias do Tribunal. A respeito dos atuais ministros da Corte, cinco, dos onze, mantém perfis oficiais ativos no *Twitter*, a saber (por ordem cronológica de criação de perfil na mencionada rede social e indicativo de seguidores tendo como referência a data de 22 de março de 2023): a) Gilmar Mendes (@gilmarmendes, perfil criado em maio de 2017 e com 511.864 seguidores); Alexandre de Moraes (@alexandre, usuário criado em agosto de 2017 e conta com mais de 1 milhão de seguidores – mais precisamente 1.032.594 usuários seguem a conta); Luís Roberto Barroso (@LRBarroso, perfil criado em abril de 2020 e que conta com 418.888 seguidores); André Mendonça (@MinAMendonca, o primeiro a utilizar a expressão "Min" como designativa do Cargo de Ministro no perfil oficial, criado em janeiro de 2019 e com 478.683 seguidores); e Nunes Marques (@nunesmarquesk, com ingresso no *Twitter*, somente em outubro de 2020 – embora tenha tido posse em momento anterior ao Ministro Mendonça –, 28.785 seguidores e, curiosamente, nenhum *tweet*, ou postagem registrado na plataforma). Dentre esses ministros, para além do destaque ao aparente silêncio (ou inatividade) do Ministro Kássio Nunes Marques, na rede, chamam nossa atenção os casos dos Ministros Luís Roberto Barroso e Alexandre de Moraes. A criação da conta do Ministro Barroso se deu em meio a uma dúplice circunstância: a eleição do Ministro como Presidente do Tribunal Superior Eleitoral e a eclosão do crescimento exponencial de mortes em razão da pandemia da *Coronavirus Disease* (Covid-19). Cabe a transcrição do *tweet* (comentário) inaugural de Barroso: "Fui eleito hoje pela manhã presidente do Tribunal Superior Eleitoral, com o encargo de conduzir as próximas eleições. Agradeço a confiança de meus colegas. Vamos trabalhar pelo voto consciente, bem como por eleições livres e seguras. Espero que não seja necessário adiá-las". Nos minutos seguintes, outros 3 (três) *tweets* que buscam contextualizar e justificar a motivação para a criação do perfil. No segundo *tweet*: "Em razão do cargo, decidi estrear no *Twitter* para poder me comunicar com a sociedade e, na medida do possível, participar do debate público. Meu foco é a defesa e o aprimoramento das instituições, para o bem do Brasil. Não discuto varejo político". No terceiro *tweet*: "A Covid 19 produziu uma crise sanitária, econômica e humanitária. Para combatê-la, precisamos de um choque de iluminismo: razão, ciência e humanismo em favor da vida, da saúde, do emprego e da sobrevivência das pessoas. Liderança e coordenação também fazem toda diferença". O terceiro e último *tweet* dessa série que destacamos é a indicação, pelo próprio ministro, de artigo publicado em "O Globo": "Os profissionais de saúde têm sido admiráveis. O socorro ao emprego e à sobrevivência das pessoas também é imprescindível. Pensando em uma agenda pós-crise, publiquei em *O Globo*, o texto intitulado 'E se fizéssemos diferente?'". O texto consiste em uma defesa da melhoria da educação e de políticas mais qualificadas em ciência e tecnologia, a partir de uma "lista de propostas: integridade, solidariedade, igualdade, competência, educação, ciência e tecnologia". Da leitura integral do artigo, é curioso notar que não se colhe uma menção sequer às eleições municipais (previstas, em tese, para outubro de 2020), ou mesmo aos papéis a serem desempenhados pelo TSE ou pelo STF. O texto é desprovido de considerações de caráter jurídico. O caso do perfil do Ministro Alexandre de Moraes merece um estudo a parte. Ao momento do encerramento da pesquisa que deu origem a este livro (por ocasião da defesa da Tese de Doutorado perante o Departamento de Ciência Política da UFF), em 24 fevereiro de 2021, a

Outro desdobramento é que, a partir da utilização de ferramentas de busca e de impacto[94] – j á utilizadas, inclusive, em estudos e publicações da Ciência Política –, é possível verificar a dimensão e a ressonância assumida pelos pronunciamentos da Corte e de seus integrantes, também para fontes "não-formais" ou "não-oficiais", tanto do ponto de vista qualitativo, quanto do quantitativo.[95] A relevância e a necessidade desse tipo de enfoque reside na percepção mangabeira-ungeriana, assumida por esta tese, de que não há sentido operacional,

---

conta @alexandre contava com pouco mais de 64 mil seguidores. Passados 2 anos desde então, o perfil não somente é o mais "popular" dentre os Ministros usuários do *Twitter*, como também contou com o ingresso de quase 1 milhão de novos seguidores desde então (na data de 22 de março de 2023, registram-se 1.032.603 contas que acompanham os *tweets* do Ministro). Outro destaque: a despeito da urgência e relevância que os atos de 8 de janeiro de 2023 suscitaram, diz respeito ao fato de que, aparentemente, desde então, a conta do Ministro Alexandre nem tem se mantido tão ativa assim (considerando-se, por óbvio, a dinâmica mais acelerada que o *Twitter* imprime com relação às demais formas tradicionais de comunicação). A última postagem do Ministro é datada de 8 de fevereiro de 2023 (um mês após os atentados) e consiste em repostagem (o chamado *retweet*) de conteúdo institucional veiculado pela página oficial do Tribunal Superior Eleitoral (TSE). Eis o conteúdo da repostagem: "O Poder Judiciário seguirá firme e justo na defesa da Constituição e do Estado Democrático de Direito". Em seguida, lê-se, no usuário oficial do TSE (@TSEJusBr, com 676.579 seguidores): "A democracia é SEMPRE o melhor caminho! E nenhum ato antidemocrático vai fazer o país desistir de seguir por ele. #Democracialnabalada". O fato de que o usuário @alexandre, ainda na presidência do TSE, tenha substanciais 52,61% mais usuários que o perfil institucional da Corte Eleitoral é instigante enquanto achado para a formulação de hipóteses em futuras investigações. Para registro final, atualmente (marco de 22 de março de 2023), o @ STF_oficial computa 2.730.709 seguidores. As cinco contas individuais listadas (Gilmar Mendes; Alexandre de Moraes, Luis Roberto Barroso; André Mendonça; e Kássio Nunes Marques), somadas, contam com 2.470.814 seguidores. A diferença, atual, é de 259.895 seguidores. A média de seguidores dentre os cinco ministros listados é de 494.163, por ministro com conta ativa (somente os perfis de Alexandre de Moraes e de Gilmar Mendes estão, em termos absolutos, acima da média de seguidores).

94 Uma dessas aplicações é a dos tópicos de tendência ou assuntos mais comentados do *Twitter* (*trending topics*), ou, ainda, ferramentas como o *Google Analytics*, apenas para que fiquemos com 2 (dois) exemplos bem ilustrativos.

95 Além do estudo de proposições legislativas, textos legais e constitucionais, decisões judiciais, há, portanto, campo para a interlocução dessas fontes ditas "formais" e "oficiais" com outras representações da vida cultural do país, tais como "charges", "programas televisivos", "capas de revista", "músicas", "livros", "obras de arte" e até mesmo "*memes*" – enfim, as diversas facetas da "cobertura midiática" (institucionalizada, ou não) que circulam pela "esfera pública" – Habermas (1991 e 1992). Cabe ressaltar que, em tempos de *Internet* e de redes sociais, tanto o direito, quanto a política passam a incorporar novas ferramentas tecnológicas de comunicação e de mobilização política e de reconhecimento de liberdades – uma espécie de "direito achado na rede", conforme feliz expressão de Paulo Rená da Silva Santarém (2012, disponível em: http://thecdd.wordpress.com/2012/08/21/o-direito-achado-na-rede-privacidade-nas-redes-sociais/). A esse respeito, vale destacar que, sem compromisso com a tese, autores como Rudá Ricci e Patrick Arley (2014) já chegam a aventar indícios do surgimento de uma "outra política" – a exemplo do ocorrido em diversas partes do mundo (movimentos "*Occupy Wall Street*" em Nova Iorque, Estados Unidos da América; "*Indignados*" na Espanha; as diversas peculiaridades das versões nacionais da "Primavera Árabe", em países do Oriente Médio e da África; e, inclusive no Brasil, nas manifestações de junho de 2013 por ocasião da realização da Copa das Confederações e, nos "rolezinhos" de adolescentes e de adultos de classes pobres, em sua maioria, relacionados à juventude negra pelos *Shoppings* e Centros Comerciais de diversas capitais do país). Esse tipo de reflexão já conta com algumas análises também no campo jurídico. Salienta-se, nesse sentido, a interessante obra de Roberto Gargarella (2007) que (re)foge às reflexões jurídicas e políticas tradicionais da "desobediência civil", para se aprofundar em postulados e categorias daquilo que denomina "o primeiro direito" ("*el primer derecho*"): "o direito de protestar" ("*El derecho de la protesta*"). Em caráter incipiente, mas induvidosamente ligado a esse tipo de reflexão, o autor desta tese teve a oportunidade de desenvolver ensaio, em janeiro deste 2014, a respeito dos riscos democráticos quanto ao uso político da "liberdade de locomoção", seja a partir da repressão aos já aludidos "rolés", seja com base no sistemático quadro de violação de direitos humanos nos presídios brasileiros (à época da confecção do texto, intitulado "Entre a Civilização e a Barbárie: ou tinham umas pedrinhas no meio do caminho do 'rolezaum'", enfocou-se o caso da Penitenciária de Pedrinhas, em São Luís/MA). Para maiores detalhes e desdobramentos, vide Vila-Nova G. (2014), disponível no *link*: http://odireitoachadonarua.blogspot.com.br/2014/01/entre-civilizacao-e-barbarie-ou-tinham.html.

nem de política estrutural transformadora, em se estabelecer uma separação estanque entre as dimensões interna e externa das instituições.[96]

Em uma segunda vertente, no artigo, "Processo decisório no Supremo Tribunal Federal: coalizões e 'panelinhas'", Luci de Oliveira (2012b:139-153) abarca a investigação a respeito da existência, ou não, de vinculação dos integrantes da Corte ao Presidente da República que os tenha indicado à sabatina perante o Senado Federal. Uma hipótese curiosa que essa segunda frente de estudos sugere, por exemplo, é o de que haveria uma tendência de maior coesão entre os ministros indicados por um mesmo Presidente.[97] Para além da pergunta geral sobre como o STF decide os casos, a investigação sugere a hipótese de blocos temporários (coalizões ocasionais) e perenes ("panelinhas" ou grupos exclusivos mais estáveis) como forma de agrupamento da orientação dos ministros.[98]

---

96 Mangabeira Unger (2018:88-89), na obra "Depois do Colonialismo Mental: repensar e reorganizar o Brasil", é incisivo ao pontuar que: "A Ciência Política conservadora imagina haver relação inversa fixada entre institucionalidade e mobilização políticas. Segundo ela, há escolha inescapável entre política institucionalizada fria – de baixa mobilização – e política anti ou extra-institucional quente – de alta mobilização. Essa tese é falsa. Ela deixa de reconhecer que regimes políticos podem divergir na temperatura, além de divergir no passo. A vida política de uma sociedade pode ser, ao mesmo tempo, institucional e mobilizadora. Essa possibilidade é de importância decisiva para o potencial transformador da política. Uma política rica em conteúdo de mudança estrutural é necessariamente uma política de alta mobilização. Só deixará, porém, legado duradouro se esse legado se expressar nas leis e, sobretudo, nas instituições. E a capacidade de sustentar o engajamento para que tenha maior chance de produzir legado desta ordem precisa ser ela mesma institucionalizada. Do contrário, a mobilização em torno de temas estruturais se esvai quando as crises passam e o entusiasmo coletivo declina".

97 É curioso assinalar que, curiosamente, a mesma Luci de Oliveira (2012c) parece caminhar para o esvaziamento dessa hipótese no *paper* "Supremo relator: processo decisório e mudanças na composição do STF nos governos FHC e Lula." Embora o estudo tenha se limitado aos mandatos de FHC e de Lula, maiores desdobramentos sobre essas considerações serão realizados adiante ainda neste Capítulo Segundo.

98 Para Luci de Oliveira (2012b:139): "Como o Supremo Tribunal Federal (STF) decide os casos? Essa é uma pergunta ampla e aqui buscamos responder a um aspecto específico da questão. Nosso interesse está na forma como os ministros agrupam-se entre si para decidir os casos. Parte da literatura que trata do tema argumenta que há um alto grau de personalismo nos julgamentos do STF, sinalizando que o Tribunal funciona mais como um somatório de votos individuais do que como corpo colegiado; essa observação considera casos isolados e de grande repercussão. Mas aplicar-se-ia também quando se trata de olhar para um grande volume de decisões analisadas em conjunto? Para responder a essa questão, seguimos a linha dos autores que questionam a atuação do STF como corpo colegiado uno, mas afirmamos que se trata não do somatório de votos individuais, mas da composição de coalizões temporárias e grupos exclusivos constantes ('panelinhas'), constituídos de acordo com a nomeação presidencial. O argumento é testado a partir da análise empírica das 1.277 ações diretas de inconstitucionalidade (ADINs) julgadas pelo Tribunal entre 1999 e 2006. O recorte temporal foi escolhido por ser um dos períodos de maior renovação da composição do Tribunal e compreender também a transição entre dois governos de partidos com ideologias distintas. A principal conclusão é que ministros nomeados por um mesmo Presidente da República são mais propensos a votar em conjunto do que a dividir os seus votos e que a coesão verificada entre os ministros nomeados por um mesmo Presidente é maior que a coesão da corte de maneira geral. No período analisado, além das coalizões, foram identificadas duas 'panelinhas', uma delas composta por alguns dos ministros nomeados durante o regime militar, associados aos ministros nomeados pelo presidente Fernando Henrique Cardoso e pelo Presidente Itamar Franco, e a outra composta por três dos ministros nomeados pelo Presidente Luís Inácio Lula da Silva."

Quanto a essa publicação, contudo, cabe o alerta de que a própria autora sinaliza para os limites da análise empreendida.[99] Assim, primeiramente, além da investigação ter se centrado unicamente em julgamentos de ADIs[100], o cerne da avaliação ficou restrita à apuração binária quanto ao resultado da deliberação colegiada (favorável ou desfavorável à constitucionalidade da norma atacada). Ou seja, não houve propriamente a avaliação de quais argumentos foram utilizados pelos integrantes do Tribunal para apoiar ou rechaçar a inconstitucionalidade de um ato normativo.[101]

Nesse sentido, cabe mencionar outros dois estudos que também compartilham dessa mesma reflexão quanto à hipótese de indicação presidencial.[102] Na Tese de Doutoramento "Comportamento Estratégico no Supremo Tribunal Federal", Mateus Morais de Araújo (2017:94) apresenta dados que corroboram a existência de um padrão decisório similar de ministros indicados pelo mesmo Presidente, sinalizando, portanto, quanto à formação do consenso, para a existência de interações estratégicas (internas e externas) ao Tribunal. Por sua vez, na Tese de Doutorado sob o

99 Note-se que Luci de Oliveira (2012b:152): "Os resultados apontam ainda um novo caminho para futuras pesquisas; restringimo-nos aqui a observar o resultado objetivo e binário das decisões: declaração de inconstitucionalidade (ação deferida ou deferida parcialmente) ou reconhecimento de constitucionalidade (ação indeferida). Mas não classificamos a fundamentação do voto dos ministros nessas decisões. Portanto, pode haver ainda mais disputas no tribunal quando forem comparadas a argumentação individual dos ministros – eles podem concordar, mas por motivos diferentes. O objetivo das pesquisas a serem desenvolvidas a partir de então é mensurar a incidência de *concurrence* no Supremo Tribunal Federal."

100 Vide o já reiterado teor da Nota de pé de página nº 69.

101 Em estudo mais recente (já analisado, em detalhe, como boa prática da literatura especializada, no Capítulo 1), a própria Luci de Oliveira (2017b:1.863-1.908) buscou mitigar tal dificuldade, mediante catalogação de informações relevantes sobre o processo deliberativo e análise do comportamento decisório do Tribunal, em especial na contabilização de decisões colegiadas apertadas (criando, por exemplo, maiores desdobramentos para além da classificação geral entre acórdãos majoritários e unânimes). Desse modo, foi possível rastrear quantitativamente dados sobre a frequência da ocorrência de divergência nas deliberações do Plenário; e a variação da votação dos ministros para a formação de coalizões majoritárias mínimas (aquelas em que a deliberação colegiada deriva de um único voto de diferença, num ou noutro sentido).

102 No artigo, Luci de Oliveira (2012c:112) relativiza a hipótese de dependência do julgador à indicação presidencial e ressalva que "Um aspecto importante da discussão sobre a relação do STF com a política que os dados apresentados neste artigo possibilitaram desmitificar foi o de que haveria sempre subserviência dos ministros ao governo que os nomeou. Segundo Maranhão (2003), por exemplo, os ministros do STF sempre votariam consistentemente com as preferências do governo em que foram nomeados. Mas quando olhamos para o período em questão e observamos que no segundo governo FHC (que nomeou três ministros para o tribunal) 5% das normas federais questionadas foram derrubadas e que no primeiro governo Lula (presidente que nomeou seis ministros para o tribunal) essa proporção saltou para 14%, como explicar esse aumento? E se levarmos em conta a colocação de Kapiszewsky e Taylor (2008) de que os governos na maioria das vezes atuam de forma constitucional, o argumento de subserviência fica ainda mais enfraquecido."

título "Pontos de Divergência: Supremo Tribunal Federal e comportamento judicial", Rodrigo Martins (2018:92) enfoca as peculiaridades para as situações de julgamento colegiado de ADIs e de ADPFs em que pelo menos dois ministros tenham sido considerados vencidos e adverte que: "afirmar que ministros do mesmo partido tendem a se agrupar não significa que ministros indicados por um partido tendem a julgar decisões favoravelmente ao partido que ou indicou e desfavoravelmente a presidentes de outros partidos."

Em paralelo a essas preocupações, a partir do comportamento das decisões do Supremo, também é possível extrair elementos a respeito da agenda decisória da Corte[103], seja na perspectiva de como os assuntos são, ou não, selecionados e priorizados na pauta do Plenário[104], ou ainda, a partir dos próprios temas que são efetivamente decididos pelo STF, tendo em conta as modificações na composição do Tribunal.[105] Quanto ao poder de agenda decisória do órgão de cúpula do Judiciário brasileiro, no *paper* "Agenda suprema: interesses em disputa no controle de constitucionalidade das leis no Brasil", Luci de Oliveira (2016:105-133) desmistifica a ênfase no tipo de ativismo judicial desempenhado pelo Supremo, ao pontuar que boa parte da pauta decisória da Corte seria colonizada por deliberações corporativas. A partir da análise de 4.353 ADIs, distribuídas de outubro de 1988 a dezembro de 2009, a autora salienta que, ao contrário do que a literatura da judicialização da política parece indicar, a agenda decisória consiste na análise de questões de caráter eminentemente

103 Além da agenda decisória, aqui, também, são contemplados o juízo de conveniência e de oportunidade para a convocação de audiências públicas e, ainda, a habilitação, ou não, de colaboradores processuais especializados ou de notório saber, os denominados "Amigos da Corte" (*Amici Curiae*).

104 Aqui, reitera-se o já mencionado estudo de Falcão e Luci de Oliveira (2013).

105 A forma de composição da pauta do Supremo é complexa e terá as suas especificidades procedimentais e regimentais abordadas nos Capítulos Terceiro. A propósito do já mencionado artigo de Luci de Oliveira (2012b:112), aponta-se que "(...) apesar de o tribunal não ter controle direto sobre o que chega até ele (uma vez que o tribunal é reativo, só decidindo quando acionado), e de não dispor de um instrumento como a *political question doctrine* (doutrina pela qual a Suprema Corte norte-americana pode se abster de decidir uma questão em razão de sua natureza inerentemente política), o Supremo exerce grande controle sobre a formação de sua agenda decisória com base na definição dos tempos da pauta (quando o tema será levado a plenário) e por meio de estratégias formalistas para evitar se posicionar sobre questões que possam desgastar sua imagem (não reconhecimento de legitimidade do proponente, pedidos de vista *etc.*)"

corporativo – isto é, não necessariamente se relaciona ao desenlace de grandes questões políticas do cotidiano nacional.[106]

Uma terceira vertente diz respeito a essa possibilidade da existência de uma agenda institucional própria que extrapole os elementos meramente corporativos de categorias funcionais, Diego Werneck Arguelhes (2014b:25-45), no artigo "Poder não é querer: preferências restritivas e redesenho institucional no Supremo Tribunal Federal pós-democratização", formula uma sugestão interessante quanto ao comportamento decisório dos ministros. O autor propõe que perfis, preferências, atitudes e o próprio conteúdo das decisões deixem de ser enquadrados como variáveis apenas para a compreensão do processo decisório do Tribunal e possam ser abordados para outros critérios de análise institucional complementar. Tal sugestão (que será retomada, em detalhe, nas próximas seções) é a de que tais elementos sejam manejados como indicadores para descrever e analisar as metamorfoses institucionais pelas quais o STF passou desde a promulgação da Constituição de 1988. Segundo Arguelhes (2014b:41-42):

> O caso do Brasil pós-constituinte sugere que o efeito observável dos fatores exógenos a um dado tribunal pode ser modulado, tanto para mais, quanto para menos, por preferências e atitudes dos seus membros quanto ao desenho dos poderes de que dispõem. Em certas condições, uma maioria de Ministros com preferências restritivas tem recursos e incentivos para efetivamente transformar o próprio desenho institucional existente.

A respeito dessa diversificada terceira vertente nesta segunda linha de investigações, destaca-se, em primeiro lugar, que contemplar as peculiaridades argumentativas dos votos apresenta

106 Luci de Oliveira (2016:133): "Concluímos que apesar do Supremo arbitrar importantes disputas sociais e políticas, sua agenda tem sido tomada por uma pauta ligada ao delineamento das carreiras públicas, decidindo sobre expansão ou contenção das prerrogativas da burocracia do Estado. Entre os diversos papéis que a literatura corrente acerca da judicialização da política tem atribuído às supremas cortes ao redor do mundo, em um cenário de expansão do poder político do Judiciário, verificamos que, no caso do Brasil, mais do que instituição contramajoritária ou instância de implementação de direitos sociais e coletivos, o STF tem desempenhado papel de verdadeiro órgão de deliberação corporativa."

impacto para a própria qualificação sobre como o consenso e, também, o dissenso são formados no colegiado. Assim, é possível avançar para além do mero cômputo de posições individuais dos ministros e ministras da Corte, ou ainda de seus entendimentos monocráticos, sob pena de que seja assumido o risco de metonímia institucional – isto é, o de tomar as partes pelo todo.[107]

Em segundo lugar, esse tipo de reflexão é bastante útil para esmiuçar as coalizões consensuais. Vale dizer, mesmo em julgamentos com resultados unânimes, cada voto pode apontar fundamentos que não necessariamente coincidem e, curiosamente, sequer podem dialogar entre si.

Num terceiro patamar, cabe aportar, ainda, que esse tipo de recorte, com análise argumentativa dos julgados, também colaboraria para a detecção, ou não, da existência de concorrência interna entre as correntes vencedoras e/ou vencidas. Tal enfoque permitiria identificar, por exemplo, a formação de lideranças políticas e tendências institucionais em cada colegiado – e não apenas o protagonismo jurídico na formação de jurisprudência constitucional do STF. Ademais, cabe desdobrar, por fim, que, se o objetivo é o de identificar a agenda, o processo e o comportamento colegiado do Supremo, não faz sentido que a análise se limite à atuação do Tribunal Pleno (real, remoto ou virtual).

A verificação desses agrupamentos (blocos temporários ou perenes) também mereceria ser investigada quanto aos demais órgãos colegiados e/ou fracionários do Tribunal (Plenário Virtual e Remoto, assim como as respectivas variações da Primeira Turma e da Segunda Turma).[108] Assim, valeria observar, por exemplo, se a modificação do tipo de órgão colegiado julgador,

---

107 Essa perspectiva não invalida, contudo, que se verifique se há, ou não, algum papel diferencial na função desempenhada pelo relator ou relatora da questão constitucional avaliada (aspecto que será abordado, com maior vagar, oportunamente). Luci de Oliveira (2012c:112-113), ao aludir à hipótese de um "Supremo Relator" pontua: "Por fim, um aspecto de suma relevância e que merece maior atenção futura é o peso do relator na determinação do resultado da decisão. Vale dizer, em matéria de formação das decisões do STF, o voto do relator importa."

108 A importância desses diferentes colegiados será explicitada e ilustrada, em detalhes, na Seções 2.C e 2.D, dedicadas, respectivamente, à exposição das ferramentas analíticas da Arquitetura Constitucional e da Engenharia Institucional – eixos que estruturam a percepção analítica que a noção de "Supremologia", enunciada nesta tese, almeja encarnar.

consideradas as suas competências judiciárias, favoreceria, ou não, a formação de agrupamentos de caráter diferenciado, quando comparados aos blocos formados nos julgamentos pelo Tribunal Pleno.

Outro destaque interessante é o que busca aproximar o comportamento decisório do Supremo a de um agente político tradicional: os partidos políticos. Nesse particular, na obra "Ao Vencedor, o Supremo: o STF como Partido Político *"sui generis"*, Thiago Aguiar de Pádua apresenta uma perspectiva não-ortodoxa e bastante original a respeito da Corte Constitucional brasileira, caracterizando-a, assim como as demais instâncias políticas relevantes do país, como um espaço qualificado de representação entre o político e o jurídico. A premissa, pouco comum, é a de identificar o Tribunal como um peculiar agente que interage com as demais forças políticas do país, podendo ser aproximada, ainda, segundo o próprio autor (2020:82-102), com o próprio operacional da Imprensa enquanto "quarto poder".

A abordagem de Pádua levanta e sustenta uma hipótese inquietante: afinal de contas, o comportamento decisório do Supremo teria algo de diferenciado dos demais agentes políticos instituídos, ou não? Ao caracterizá-lo como "partido político *sui generis*", a percepção que nos parece mais relevante é que há uma tentativa de aproximação da ambiência da Jurisdição Constitucional do Tribunal com o mundo das manifestações do Poder. Tal premissa nos parece válida e nos instiga, inclusive, a avaliar, em concreto, os diversos parâmetros de comparação com a atividade partidária propriamente dita.

Ao situar, contudo, a descrição da Corte como integrante de uma espécie de sistema "partidário", ainda que de caráter excepcional (*outsider*), assume-se um compromisso da configuração do STF enquanto uma espécie de "facção" do sistema institucional (político-jurídico). Tal possibilidade, ainda que possa seja verificável a partir de uma série de precedentes – a exemplo daqueles que Pádua (2020:345-372) aborda e analisa, detalhadamente, durante toda a história republicana nacional – não nos parece estruturante do elemento conjugado da Arquitetura Constitucional do Supremo.

É dizer, não é porque seja possível identificar elementos de "captura" do STF e/ou de "coalizão de interesses"[109] em determinadas conjunturas histórico-institucionais, que a estruturação constitucional (jurídico-política) da Corte tenha de ser reconfigurada. Há, sim, de se aprofundar a Agenda de Pesquisa sobre o Tribunal no que concerne à eventual "partidarização da Justiça". Tal elemento, segundo temos argumentado nesta obra, nos parece acidental e não estruturante da dinâmica decisória da Corte – seja da perspectiva da Arquitetura Constitucional, seja da Engenharia Institucional, conforme articulado pelo Capítulo Terceiro deste livro.

É oportuno um destaque especial, ainda, à produção de Virgílio Afonso da Silva (2015:180-200) que, em artigo com achados empíricos pioneiros, pontua *"O papel do ministro relator no processo deliberativo"*. Nessa publicação pela *Revista de Estudos Institucionais*, o autor explora a hipótese a respeito da relevância, ou não, do voto dos relatores no âmbito do tribunal. Seria um voto qualquer? Ou uma referência relevante para o processo deliberativo e decisório?

A contribuição de Afonso da Silva (2015:198-199) reside, inicialmente, na própria incorporação de elementos metodológicos ainda vanguardistas no campo de pesquisas sobre o Supremo, a saber: o uso de entrevistas como ferramenta de compreensão. Embora a pesquisa tenha se limitado aos próprios Ministros do Tribunal (a rigor: apenas sete dos onze que, então, compunham a Corte[110]), em exercício ou anteriormente investidos na função,

109 A respeito do tema, em coautoria com Henrique Smidt Simon, o autor deste livro desenvolveu o artigo "Supremas Coalizões: o caso brasileiro da "política com o Supremo Tribunal Federal", para além dos partidos e do ocaso do presidencialismo de coalizão". O trabalho foi apresentado durante o X Congreso Latinoamericano de Ciencia Política en México (ALACIP), ocorrido em Julho de 2019 em Monterrey, Estados Unidos Mexicanos (o "resumen" e o inteiro teor da "Ponencia" estão disponíveis no link a seguir: https://congresoalacip2019.amecip.com/programa/verPonencia/1733).

110 Segundo Afonso da Silva (2015:186), em nota de pé de página: "Dentre os ministros e ministras que estavam no exercício de sua função durante a realização da pesquisa, apenas 4 se recusaram, apesar das inúmeras tentativas, a conceder entrevistas: Celso de Mello, Joaquim Barbosa, Cármen Lúcia Antunes Rocha e Rosa Weber."

trata-se de um aspecto empírico que enriquece sobremaneira aquilo que, nesta mesma linha, foi abordado sob a denominação de "história oral" da Corte. O segundo contributo se refere à exploração de alternativas imaginativas para o aprimoramento do processo deliberativo do STF: a publicação enfatiza, de modo explícito, a importância de ultrapassar as barreiras do meramente descritivo e do preponderantemente normativo, para fins de compreensão do tema, assim como das suas possibilidades de transformação, a título de uma "criatividade institucional".

Um terceiro aprendizado agregado por esse último autor diz respeito à relativização do papel do relator. Em verdade, o voto do Relator tanto pode ser um voto qualquer, como pode, a depender do caso, uma referência relevante para o processo deliberativo e decisório. A elaboração dos critérios que permitem tal distinção, porém, fica em aberto como uma das possibilidades do desenvolvimento quantitativo e qualitativo que os achados da pesquisa proporcionaram. Trata-se, portanto, de uma fronteira (ainda) a ser explorada.

2.D: Linha 3 - Interações do STF com os demais poderes da República

Delineadas, em caráter parcialmente conclusivo, as fronteiras da segunda linha de investigação sobre o Supremo – uma agenda focada na formação da agenda, nas peculiaridades do processo e, em última instância, do próprio comportamento decisório da Corte –, a terceira agenda de pesquisa ora catalogada se dedica às interações entre o STF e os demais poderes (Linha 3), conforme se detalhará na próxima seção.

Nessa terceira linha de pesquisas sobre o STF, passam a ser relevantes tanto o processo político de seleção dos ministros e das ministras[111], quanto os próprios julgamentos e práticas

111 O procedimento de indicação presidencial dos candidatos a ministros e a ministras do STF, assim como a consequente aprovação ou rejeição desses nomes, pela maioria absoluta, do Senado Federal é regulamentado pelo parágrafo único do Artigo 101 da CRFB/1988, que estabelece que a indicação é da competência do Presidente da República, e que o nome apontado deve passar depois por uma sabatina e uma votação de confirmação por maioria

institucionais que, com base na jurisprudência do próprio Tribunal, definem não somente o papel desempenhado pela Corte na democracia brasileira, como também a sua relação (impasse, confronto, interdito ou diálogo) com os demais poderes constituídos. Nesta perspectiva, a ênfase é no aspecto relacional entre as instituições do aparato estatal brasileiro. Ou seja, o STF é compreendido enquanto instância de emissão e de recepção de interações institucionais e constitucionais com os outros focos de tomada de decisão política no Brasil.

Exatamente por isso, cabe a ressalva inicial de que tal linha de investigação não corresponde, necessariamente, a inovação absoluta a respeito da reflexão acumulada sobre as definições clássicas sobre o poder[112], ou ainda, quanto às versões clássicas da separação de poderes. A nota distintiva dessa frente de estudos, portanto, corresponde à tentativa de produção de dados e de leituras que enxergam as relações entre poderes e que situam o Supremo como uma faceta significativa do fenômeno da judicialização da política no Brasil.

De um modo geral, no que diz respeito aos perfis de recrutamento de ministros, os achados empíricos dessa linha de investigação ressaltam os padrões profissionais e curriculares dos integrantes da Corte, a qual seria composta, em sua maioria, por membros com experiência prévia em outros tribunais, ou ainda em cargos de chefia institucional da Procuradoria-Geral da República (PGR), da Advocacia-Geral da União (AGU), assim como, eventualmente, em posições de destaque em pastas ministeriais no Executivo. Em caráter residual, exige-se alguma reputação acadêmica no campo do direito e, em caráter menos frequente, há uma trajetória ligada a partidos políticos e, ainda, à advocacia de movimentos sociais e/ou pautas de caráter corporativo.

---

absoluta (41 votos, no mínimo, de 81 possíveis, desde que presentes, ao menos, 41 senadores na sessão parlamentar correspondente), realizadas pelo Senado.

112 A título meramente exemplificativo, veja-se a definição relacional de Max Weber (1994:33), em que o poder é concebido como "(...) toda probabilidade de impor a própria vontade numa relação social, mesmo contra resistência, seja qual for o fundamento dessa probabilidade."

Já no que concerne à implementação de políticas, embora não haja uma correlação necessária (entre os autores desta linha) com o tema anterior, há uma dúplice tendência, a depender da temática enfrentada: a) em matérias de cunho fiscal, financeiro e econômico, a Corte ostenta maiores níveis de deferência ao Governo; b) nas demais políticas públicas, há um maior nível de independência do Tribunal para, ocasionalmente, contrariar as visões majoritárias sustentadas pelo Executivo e/ou pelo Legislativo, conforme o caso.

Para Daniel M. Brinks (2011:128-153), na Coletânea "Cortes na América Latina" (*Courts in Latin America*), essa tendência geral mais deferente seria suficiente para caracterizar o perfil dos ministros do Tribunal como "fiéis servos do regime" (*faithful servants of the regime*) – aqui, frise-se, no sentido de uma espécie de "coalizão legislativa nacional".[113] Segundo Brinks (2011:149), em diálogo com boa parte da literatura comparada da *Judicial Politics* a respeito do tema, a postura ativista do Tribunal seria seletiva, com alguma permeabilidade a questões corporativas e com variações e gradações de efetividade de intervenção nas políticas governamentais, a depender da geração de direitos envolvidos:

> Resumindo esse registro, podemos notar que os Ministros do STF são, amplamente, apoiadores das principais políticas governamentais (federais), desafiando-as apenas quando seus próprios interesses estão em jogo ou em defesa de princípios claramente estabelecidos e amplamente aceitos.
>
> Suas decisões são, em grande parte, conduzidas pela preocupação com as consequências políticas e econômicas adversas e,

113 Brinks (2011:150) explicita o uso do termo: "Como uso o termo aqui, Ministros, quando estão realmente agindo como servos fiéis do regime – ou seja, quando esses sistemas de recrutamento, treinamento, organização e promoção não foram capturadas por um interesse faccional – não necessariamente endossam toda e qualquer política executiva ou legislativa. De fato, a lealdade deles é ao regime de forma mais ampla, e não ao atual detentor do poder efetivo, embora sua interpretação do que é do interesse do regime de maneira mais ampla será inevitavelmente colorido pelas preferências da parte da 'coalizão legislativa nacional'" (Dahl:1957) que tem uma mão determinante em sua nomeação." Livre tradução da seguinte passagem: *"As I use the term here, judges, when they are truly acting as faithful servants of the regime – that is, when those systems of recruitment, training, organization and promotion have not been captured by a factional interest – will not necessarily endorse any and all executive or legislative policies. Indeed, their loyalty is to the regime more broadly, rather than to the current power holder, although their interpretation of what is in the interests of the regime more broadly will inevitably be colored by the preferences of that portion of the "national lawmaking coalition" (Dahl,1957) that has a determinative hand in their appointment."*

ainda, com a integridade da lei como a interpretam. Os Ministros parecem ser relativamente imunes à pressão política ou ao favoritismo manifesto. Como resultado, quando as disputas não afetam a política governamental, eles agem com credibilidade e efetividade para proteger os direitos mais bem estabelecidos (direitos de primeira geração). É menos provável que avancem na relativamente nova área da segunda e terceira geração de direitos, embora talvez estejam se movendo em uma direção mais progressista, estendendo o apoio cauteloso a direitos positivos. Além disso, tais avanços correspondem a instrumentos fracos para policiar a separação de poderes, pois é mais provável que não apoiem o exercício do poder presidencial.[114]

A respeito dessa postura oscilante e gradativa do Supremo – embora tenhamos franca desconfiança quanto à utilidade explicativa de um maior protagonismo ou contenção a partir da categoria garantia de direitos –, Brinks (2011) tenta conciliar a ambiguidade no comportamento da Corte a partir de filtros de controle *ex ante* e *ex post*. Quanto à instância prévia de monitoramento, o autor apresenta uma visão consideravelmente otimista a respeito do processo de seleção dos integrantes do Supremo brasileiro[115]. Ademais, Brinks (2011:143), diante de um cenário

114 Livre tradução do excerto original de Brinks (2011:149): "*Summarizing this record, we might note that STF justices are by and large supportive of mainstream government policies, challenging them only when their own interests are at stake or in defense of clearly established and widely accepted principles. Their decisions are largely either driven by concern for adverse economic and political consequences or for the integrity of the law as they understand it. They seem to be relatively unaffected by political pressure or overt favoritism. As a result, when disputes do not affect government policy, they act credibly and effectively to protect well-established rights. They are less likely to move forward in the relatively new area of second and third generation rights, although they are perhaps moving in a more progressive direction, extending cautious support to positive rights. They are, moreover, weak instruments to police the separation of powers, since they are more likely than not to support the exercise of presidential power.*"

115 Brinks (2011:149) chega a assinalar, inclusive, que o caso brasileiro apresentaria diferenciais em relação a outros países: "Por fim, vale ressaltar que, com efeito, os Ministros do STF tendem a ser membros proeminentes e bem respeitados da profissão jurídica. A maioria é de advogados com experiência acadêmica significativa nas melhores universidades do país. Muitos estudaram no exterior e ocuparam posições importantes na hierarquia judiciária (algumas posições são eletivas, com indicação de membros de tribunais). Nenhum deles é completamente estranho ao ambiente político. Alguns deles desempenharam papéis centrais na promulgação da Constituição de 1988. Alguns foram embaixadores. Outros atuaram como consultores jurídicos do Executivo. É claramente verdadeiro que os candidatos podem ser bem qualificados e partidários ou radicais em suas visões legais, mas certamente não vemos no Brasil o que vemos em outros países: a indicação de candidatos obscuros, notáveis apenas por sua afiliação pessoal com o executivo." (Livre tradução do trecho: "*Finally, it is worth noting that in effect STF judges tend to be prominent, well respected members of the legal profession. Most are lawyers with significant academic experience in the best universities in the country. Many have studied abroad and held important positions in the judicial hierarchy (some of those*
positions are elective, with senior members of the judiciary voting). Neither are they strangers to the political environment. Some of them played central roles in the drafting of the 1988 constitution. Some have been ambassadors. Others have acted as legal advisors to legislatures. It is clearly true that nominees can be well-qualified and partisan

de fragmentação política, partidária e eleitoral, sustenta a autonomia relativa da Suprema Corte, quanto à instância de controle posterior, assinalando, como garantias desse maior nível de independência, quatro características institucionais, a saber: aposentadoria compulsória; inamovibilidade e irredutibilidade de subsídios; e, a título de conformidade (*compliance*), "níveis relativamente altos de apoio público ao tribunal em confrontos anteriores sugerem que o tribunal pode impor resultados em áreas de alta visibilidade, pelo menos"[116].

Uma contribuição positiva da leitura de "servidão fiel" oferecida por Brinks (2011) corresponde à ideia de compreender o STF a partir de suas aparentes virtudes e contradições de *design* institucional. Nesse contexto, por exemplo, Brinks (2011:136) indica uma certa fragilidade institucional da Corte brasileira diante da ausência de um mecanismo de controle da própria agenda judicial – a exemplo do que ocorre com o *writ of certiorari* da *Supreme Court* ianque.[117]

Embora a preocupação com as fraquezas institucionais seja interessante, o autor parece ignorar (uma vez que não estabelece qualquer diálogo nesse sentido) boa parte dos achados da primeira linha de investigação (Linha 1 – Padrões processuais e federativos de acesso e de mobilização do STF). O único ponto em comum é o de corroborar o papel centralizador da Corte Constitucional na federação brasileira (em geral, o Supremo é mais deferente com o Governo Federal do que com as instâncias subnacionais de tomada de decisão federativa).

Em outra frente, Paulo Alkmin Costa Júnior (2018), na tese "O Continente e as 11 Ilhas: A mudança institucional endógena e o lugar do Supremo Tribunal Federal na arena política", defendida perante o Programa de Pós-Graduação em Direito da

or extreme in their legal views, but we certainly do not see in Brazil what we see in other countries: the nomination of obscure candidates, notable only for their personal affiliation with the executive."

116 Tradução livre do trecho de Brinks (2011:143): "*relatively high levels of public support for court and victory in previous clashes suggests that the court can impose outcomes in high visibility areas, at least*".

117 O *writ of certiorari* corresponde a espécie de filtro processual, de seleção (avocação) ou de descarte, de casos para julgamento perante a Suprema Corte estadunidense.

Universidade Federal de Minas Gerais (PPGD/UFMG), articula a questão da pauta de julgamentos a partir de uma outra hipótese: a de que o ritmo de julgamentos corresponderia a um recurso institucional interno ao próprio Tribunal. Costa Júnior (2018:22) sustenta, portanto, a hipótese de que a Corte "usa o enorme acúmulo de processos de que é investida como recurso estratégico para controlar sua agenda por meio da priorização (ou postergação) de alguns processos em relação a outros, e também do exercício monocrático do poder decisório, em prejuízo da colegialidade do Plenário." Desse modo, cabe salientar que a falta de um mecanismo institucional formal de seleção (como o *writ of certiorari* américo-estadunidense, ou, mais recentemente, o instituto da repercussão geral[118]) jamais inviabilizou a possibilidade de um considerável nível de autonomia quanto ao efetivo controle do tempo na seleção e priorização da pauta de processos e da realização de julgamentos (*judicial timing*).

Quanto aos demais limites desse diagnóstico de Brinks (2011)[119], vale pontuar, ainda, que entre os três primeiros aspectos institucionais considerados para a análise do grau de autonomia do STF, dois figuram como garantias do funcionalismo público – ou seja, a aposentadoria compulsória aos 75 anos (CF, art. 40, II) e a impossibilidade de redução nominal dos vencimentos ou subsídios (art. 37, XV, da Constituição) independem

118 A repercussão geral corresponde a um instituto processual-constitucional, inserido pela Emenda Constitucional n.º 45/2004, no § 3º do art. 102 do atual texto constitucional. Trata-se de instituto, cujas peculiaridades serão exploradas oportunamente nos Capítulos Terceiro, voltado a aparelhar o Supremo com uma ferramenta de seleção mediante descarte de temas que não apresentem repercussão, do ponto de vista econômico, jurídico, político e social, por meio de deliberação qualificada de dois terços (2/3) de seus membros.

119 Causa estranheza, na análise de Brinks (2011:143), a ausência de referência ao benefício institucional proporcionado pelas elevadas remunerações, uma vez que o subsídio de Ministro integrante do STF corresponde, desde a edição da Emenda Constitucional 41/2003, ao teto do funcionalismo público nacional, nos termos do Inciso XI do art. 37: "a remuneração e o subsídio dos ocupantes de cargos, funções e empregos públicos da administração direta, autárquica e fundacional, dos membros de qualquer dos Poderes da União, dos Estados, do Distrito Federal e dos Municípios, dos detentores de mandato eletivo e dos demais agentes políticos e os proventos, pensões ou outra espécie remuneratória, percebidos cumulativamente ou não, incluídas as vantagens pessoais ou de qualquer outra natureza, não poderão exceder o subsídio mensal, em espécie, dos Ministros do Supremo Tribunal Federal, aplicando-se como limite, nos Municípios, o subsídio do Prefeito, e nos Estados e no Distrito Federal, o subsídio mensal do Governador no âmbito do Poder Executivo, o subsídio dos Deputados Estaduais e Distritais no âmbito do Poder Legislativo e o subsídio dos Desembargadores do Tribunal de Justiça, limitado a noventa inteiros e vinte e cinco centésimos por cento do subsídio mensal, em espécie, dos Ministros do Supremo Tribunal Federal, no âmbito do Poder Judiciário, aplicável este limite aos membros do Ministério Público, aos Procuradores e aos Defensores Públicos;"

do pertencimento e/ou investidura em cargo do Judiciário[120]. Além disso, a garantia da inamovibilidade é comum a toda a magistratura brasileira (art. 95, II c/c 93, VIII, ambos do texto constitucional) – e não um atributo exclusivo da posse no STF. Assim, ainda que tais garantias correspondam a uma vantagem institucional comparativa com referência à experiência de outros Tribunais Constitucionais, não necessariamente elas se convertem em um maior nível de autonomia institucional do órgão de cúpula judicial brasileiro. A propósito, novas possibilidades de análise poderiam ser desdobradas, inclusive, caso as esferas de autonomia da Cúpula Poder Judiciário sejam concebidas num contexto (constitucional e institucional) mais amplo – isto é, não apenas da perspectiva externa (relação com os demais poderes), mas, também, da interna[121] (em relação aos demais órgãos judiciários brasileiros, a saber: tribunais e juízes).

No mais, quanto à hipótese de menores índices de necessária conformidade (*compliance*), o diagnóstico de Brinks (2011:143) acaba por criar um problema de legitimidade democrática: afinal, caberia ao STF a tarefa de encarnar a vontade popular ou, ao menos, as expectativas sociais de materialização da opinião pública? E, mais, quais seriam os efeitos e os ônus institucionais da assunção dessa possibilidade de exercício de poder pelo Supremo?

Alec Stone Sweet (2000), por seu turno, na obra "*Governing with the judges: Constitucional Politics in Europe*", empreende análise comparada no contexto europeu[122]. Sweet (2000) enfatiza que, cada vez mais, os processos legislativos são influenciados, a um só tempo, tanto por juízes constitucionais e pelas práticas discursivas de julgamento constitucional, quanto pela revisão judicial (*judicial review*) realizada pela jurisdição ordinária. Para o autor,

120 A afirmação se mantém válida ainda que o texto constitucional reproduza, para além do dispositivo aplicável a todo o funcionalismo público (CRFB/1988, art. 37, XV), cláusula específica de irredutibilidade de subsídios para todos os juízes (CRFB/1988, art. 95, III).

121 Note-se que esta terceira agenda de pesquisas pouco avança na avaliação da relação de poder que se estabelece entre a cúpula (STF) e a base do Poder Judiciário no Brasil. Maiores considerações a respeito serão desenvolvidas no Capítulo Terceiro.

122 A análise abarcou 5 (cinco) experiências comparadas: Alemanha; Espanha; França; Itália; e União Europeia.

a combinação desses fatores demandaria a formulação de uma Teoria da Política Constitucional hábil para compreender, de um lado, a emergência de uma espécie de terceira câmara de poder legítimo (o Judiciário) e, de outro, o esvaziamento da soberania do Parlamento, assim como a transformação da própria natureza do governo e da sociedade europeus (tanto no cenário nacional quanto no supranacional).

Luís Felipe Miguel (2020) e Daniel Bogéa, avançam em desdobramento de tal questão suscitada por Sweet (2000) na conjuntura brasileira, ainda que no âmbito meramente teórico. Segundo os autores, ainda que seja possível identificar a possibilidade de representação para além das eleições, a construção teórica da representação argumentativa forja o Supremo como uma pretensa instância de representação democrática. O alerta de Miguel e de Bogéa (2020) é a de que essa leitura amalgamada em torno da Corte, antes de corresponder a uma típica manifestação da representação popular, produz uma visão elitista de tomada de decisões, sob as vestes de um espaço deliberativo judicial, retoricamente racional e organizado por regras procedimentais. Eis a síntese da análise dos autores:

> À medida que juízes do Supremo encontram artifícios retóricos para escapar de constrangimentos decisórios, arvorando-se em um ideal mais abstrato de representação pela razão, podemos observar ao menos duas consequências perversas à luz de ideais democráticos: (i) em primeiro lugar, opera-se o aprofundamento de um fundamento místico e esotérico de legitimidade do tribunal, distanciando cada vez mais o colegiado de seus pretensos representados e desprovendo o povo de mecanismos de controle minimamente eficazes; (ii) em segundo lugar, a crença unívoca e radical na capacidade deliberativa do tribunal como forma de encerrar o conflito inerente à democracia pode aprofundar a passividade da sociedade e forçar uma tendência de manutenção do *status quo*.

Apesar das ressalvas de alcance geográfico e de modelo institucional, não parece recomendável o transplante automático dos

achados de Sweet (2000), do contexto europeu para o Brasil. Assim, sem o compromisso de antecipar, nesta tese de doutorado, a adesão completa ou de rejeição absoluta do Judiciário enquanto polo de manifestação ou de representação do poder legítimo, é oportuno identificar as diferentes funções (assim como as respectivas intensidades) por meio das quais o STF tem oferecido, ou não, alternativas diferentes a problemas e a arranjos institucionais no cenário nacional. Em geral, cabe observar se as funções moderadoras de Tribunal Constitucional tornar-se-iam mais ou menos perceptíveis em momentos de maior instabilidade institucional, tais como reformas constitucionais, crises econômicas e disputas relevantes em torno da separação de poderes, assim como quanto ao pacto federativo.

Diana Kapiszewski (2011) contribui nesse debate, primeiramente, mediante a indicação de que a pretensa "expansão global do judiciário" – a que aludiram Tate e Vallinder (1995) – apresenta uma configuração desigual nas diferentes experiências de judicialização da política. Assim, além de se observar uma postura bastante tímida em muitos países, Kapiszewski (2011:51-77) assevera, em segundo lugar, que, mesmo nos casos de maior ativismo judicial, a atuação judiciária é episódica e de caráter seletivo. Em terceiro lugar, a proposta da autora é a de oferecer uma combinação de abordagens (estratégica, institucional e cultural) para identificar uma questão central na literatura internacional[123]:

123 Segundo Kapiszewski (2011:51): "Três principais linhas de argumentação surgiram para responder a essa pergunta nos casos latino-americanos: as abordagens estratégica, institucional e cultural. A abordagem estratégica sugere que as decisões dos juízes são guiadas por oportunidades e restrições no sistema político mais amplo, em particular aquelas ligadas à configuração e às preferências dos ramos eleitos (por exemplo, Helmke 2005) ou ao nível de apoio popular de que um tribunal desfruta (por exemplo, Staton 2006). Contudo, as contas estratégicas identificam essencialmente as condições políticas sob as quais os tribunais poderão desempenhar um papel mais destacado na política e na elaboração de políticas – por exemplo, em um contexto de fragmentação política ou governo dividido. Como os estudiosos começaram a notar (Hilbink 2009; Ingram 2009), apenas porque os tribunais podem assumir um papel político mais importante não significa que eles o farão". Tradução do trecho: "*Three main lines of argumentation have emerged to answer that question in Latin American cases: the strategic, the institutional, and the cultural approaches. The strategic approach suggests that judges' decisions are guided by opportunities and constraints in the broader political system, in particular those tied to the configuration and preferences of the elected branches (e.g., Helmke 2005) or the level of popular support a court enjoys (e.g., Staton 2006). Yet strategic accounts essentially identify the political conditions under which courts will be able to play a more salient role in politics and policy-making – for instance, in a context of political fragmentation or divided government. As scholars have begun to note (Hilbink 2009; Ingram 2009), just because courts can assume a more important political role does not mean that they will do so.*"

por que os Tribunais Constitucionais desempenham diferentes papéis? Essa pergunta envolve uma reflexão mais aprofundada acerca da maneira pela qual as Cortes decidem, ou buscam justificar suas posturas decisórias.

Ao combinar, além dos elementos estratégicos, aspectos institucionais e culturais, Kapiszewski (2011) sugere que a própria prática decisória da Corte passa a moldar uma "cultura interna" que pavimenta o caminho pelo qual o Tribunal se engaja, ou não, na política. Tal postura sinaliza para uma espécie de "domesticação" (ou "internalização") dos instrumentos jurídicos e das opções institucionais disponíveis aos atores externos, de modo a condicionar as causas válidas, definir os efeitos possíveis, assim como limitar os excessos não tolerados em decorrência da estratégia de judicialização ("cultura externa").

A própria Kapiszewski (2012:154-186), suscita, a propósito, uma interessante leitura complementar à já mencionada visão de Brinks (2011) em *"Power Broker, Policy Maker, or Rights Protector?"*.[124] Em estudo comparado entre o caso brasileiro e o argentino, Kapiszewski (2012:119) destaca aspectos do modo de composição da Corte como um elemento significativo para a estabilização de suas relações institucionais no decorrer do tempo, para o desempenho de três papéis diferenciados: a) moderador da relação de poderes; b) regulador da implementação de políticas públicas; e c) protetor de direitos.

Em conjunto, a obra de Kapiszewski (2011 e 2012) apresenta o STF como uma corte constitucional peculiar que, apesar de ser dotada de significativos recursos institucionais, exerce a sua autoridade de maneira moderada, pragmática e conciliadora. Assim, ao lançar mão de um balanço tático (*tactical balancing*), o Supremo temperaria a sua própria dinâmica decisória e, desse modo, preservaria a sua legitimidade mediante a estratégia de evitar confrontação persistente quanto

124 Artigo integrante da mesma coletânea em que inserido o *paper* de Brinks (2011), *Courts in Latin America*, organizado por Gretchen Helmke e Julio Ríos-Figueroa.

aos mesmos atores políticos e/ou desgaste de determinados âmbitos institucionais.

Até aqui, as vertentes associadas às interações políticas entre o STF e os demais poderes apresentam um maior relevo aos aspectos exógenos dessa relação (a configuração do desenho institucional, a distribuição de competências no texto constitucional, assim como as expectativas sociais e o comportamento estratégico da Corte). Numa tentativa de apresentar contornos mais adequados à literatura brasileira da judicialização da política, Arguelhes (2014b) suscita uma abordagem híbrida das interações políticas entre o STF e os demais poderes da República (Linha 3) com a segunda linha de investigação analisada neste Capítulo (Linha 2 – Comportamento decisório do Supremo: Agenda, Processo e Deliberação), de modo a contemplar, também, os perfis, as preferências e as práticas decisórias dos ministros como um elemento constitutivo da relação institucional da Corte com os demais poderes.

Assim, ao enfocar a atuação do Tribunal no período logo após a promulgação da Constituição de 1988, Arguelhes (2014b:25) relativiza os efeitos dos aspectos exógenos (bastante enfatizados por essa terceira agenda de pesquisas) e apresenta maior peso aos aspectos endógenos das interações entre o Supremo e os outros poderes a partir da Constituição de 1988.[125] Durante a década de 1990, o autor caracteriza a jurisprudência

125 Arguelhes (2014b:25) resume o escopo do artigo nos seguintes temos "Em muitas explicações existentes sobre o atual protagonismo do Supremo Tribunal Federal na política nacional, tende-se a enfatizar variáveis e processos que independem da vontade dos Ministros – variáveis como desenho institucional, texto constitucional, expectativas sociais e comportamento estratégico dos atores políticos ao redor do tribunal. Contudo, embora essas variáveis exógenas sejam importantes para explicar o papel que o tribunal vem assumindo, elas são insuficientes para explicar algumas transformações e variações nesse papel dos anos 90 para cá. Neste trabalho, argumenta-se que as preferências dos Ministros do STF sobre como exercer o poder de que dispõem e de quanto poder deveriam dispor podem interagir com as variáveis exógenas para gerar mais ou menos participação do STF na vida política nacional. Preferências judiciais restritivas podem restringir o papel do tribunal, mesmo quando as outras variáveis apontem na direção oposta. Esse argumento é desenvolvido a partir de análises da jurisprudência restritiva que o tribunal adotou, logo após a promulgação da Constituição, quanto aos seus poderes em controle abstrato de constitucionalidade. Embora o STF tenha saído da Assembleia Nacional Constituinte com uma ampla e significativa gama de poderes, alguns deles foram deliberada e temporariamente desativados ou adormecidos pelo tribunal no início dos anos 90. A análise indica que, no Brasil, preferências judiciais restritivas se combinaram com interpretação constitucional para gerar e estabilizar jurisprudência autorrestritiva que efetivamente limitou o impacto das variáveis exógenas discutidas na literatura existente. Assim, o querer de uma dada maioria no STF, pode afetar o desenho institucional e, com isso, influenciar o grau final de participação do tribunal no processo político decisório em um dado momento."

produzida pelo STF, no julgamento de Ações Diretas de Inconstitucionalidade (ADI's), como tipicamente caracterizada por uma construção – aparentemente, consciente, ou, ao menos, racional[126] – de preferências restritivas[127], em termos de interpretação judicial, quanto ao desempenho de recursos institucionais disponíveis.

Uma ressalva inicial a essa publicação de Arguelhes (2014b) é de caráter metodológico: o artigo foca a sua análise de "controle concentrado" apenas às ADIs. Tal recorte, ainda que justificável quanto à emergência da ADPF (a qual só ocorreu ao final dos anos 1990 – com a Lei Federal 9.882/1999), sequer dialoga com o instrumento já existente das Ações Declaratórias de Constitucionalidade (ADCs) e com as peculiaridades do controle difuso de constitucionalidade. Não à toa, na literatura jurídica e política, inclusive, passou-se a descrever a postura da Corte, também no controle difuso, como "jurisprudência defensiva" – ou seja, aquela postura judicial preponderantemente focada em aspectos processuais de cabimento das ações e de limitação de competência do Tribunal (postura de autocontenção ou *self restraint*).

Em segundo lugar, a leitura de Arguelhes (2014b) ostenta perfil escopo retrospectivo. É dizer, a permanência da via do controle difuso das questões não resolvidas pelo controle concentrado também poderia se dever mais a questões estruturais e constitucionais das competências do STF do que propriamente a um

---

126 Arguelhes (2014b:42) defende que: "Esse comportamento não é necessariamente irracional, nem paradoxal. O STF não apenas manteve plena flexibilidade para rever essa jurisprudência restritiva e para apreciar essas questões políticas pela forma mais 'segura' do controle incidental, como também agiu de forma compatível com o comportamento típico de instituições judiciais durante períodos de transição e consolidação política. Na verdade, essa 'autorrestrição provisória' é perfeitamente racional se levarmos em conta que, em períodos de democratização recente, especialmente se cumulada com problemas econômicos e/ou sociais urgentes, instituições judiciais podem ter motivos estratégicos para recusar um papel protagônico no cenário político, dada a relativa incerteza em relação ao futuro institucional do país. Em última instância, portanto, o que se observou foram esforços não para eliminar, mas sim para adiar parte da agenda potencial da jurisdição constitucional no Brasil."

127 Conforme já salientado, sem prejuízo das considerações desenvolvidas no Capítulo Terceiro, vale contemplar, pelo menos, duas situações bem típicas do controle difuso (praticamente não contempladas por toda a literatura abordada neste Capítulo Segundo) de tensão institucional, nas quais o Supremo adotou como "preferência restritiva" o desenvolvimento da denominada "jurisprudência defensiva" para limitar as já mencionadas hipóteses de cabimento: i) do Mandado de Injunção (MI); e ii) do Mandado de Segurança (MS) – impetrado por parlamentar. Além dessas hipóteses, seja pelo aspecto quantitativo, seja pelo qualitativo, seria importante mencionar, ainda, outras três hipóteses: a) o Recurso Extraordinário (antes mesmo do advento do instituto da repercussão geral); b) o *Habeas Corpus*; e c) a Reclamação Constitucional.

artifício interpretativo unicamente produzido (de modo direto e/ou intencional) pela jurisprudência da Corte nos anos 1990. Conforme se exporá adiante, a promulgação da Constituição de 1988 pouco modificou a estrutura da modalidade difusa de fiscalização da constitucionalidade das leis. Daí a impossibilidade de descarte automático dessa hipótese de investigação.

Talvez cioso dessas limitações, Arguelhes (2015 e 2016) juntamente com Leandro Molhano Ribeiro, desdobrou essa intuição crítica inicial em duas frentes. No artigo, "O Supremo Individual: mecanismos de atuação direta dos ministros sobre o processo político", Arguelhes e Ribeiro (2015:121-155) descrevem situações nas quais o Tribunal, por meio da atuação monocrática de seus integrantes, estimulou a geração de novos espaços de atuação tomando como referência argumentativa uma interpretação constitucional expansiva de seus próprios poderes.

No artigo "Criatura e/ou Criador: transformações do Supremo Tribunal Federal sob a Constituição de 1988", os autores chegam a formular novas hipóteses[128] de mobilização e de papéis institucionais *quasi*-legislativos criados por esses usos emergentes de novas vias processuais, tais como: o Mandado de Injunção (MI) e a ADPF. Em conclusão, a partir desses novos instrumentos processuais, o STF passaria a figurar como criador e criatura da própria ambiência institucional que foi legada pela promulgação da Constituição de 1988. Para Arguelhes e Ribeiro (2016:435):

> Ao transformar sua jurisprudência sobre o mandado de injunção e ao utilizar arguições de descumprimento de preceito fundamental para criar parâmetros quase legislativos a partir de princípios constitucionais gerais, o STF acaba por modificar a estrutura que permite e incentiva certos atores a provocarem a jurisdição constitucional. O desenho institucional criado pelo texto constitucional de 1988 não determina o destino do tribunal

128 Para Arguelhes e Ribeiro (2016:434-435): "(...) em vez de recorrerem ao STF, por meio de ações diretas de inconstitucionalidade, para invalidar uma decisão majoritária na qual foram derrotados, grupos políticos minoritários podem provocar o tribunal para atuar diretamente como primeira câmara e formular regras de acordo com suas preferências. Mais ainda, como vimos, dependendo de como o STF formula sua decisão, é possível que se trate, ao menos do ponto vista do tribunal, de uma atuação como única câmara legislativa"

> – nem quando adicionamos as variáveis do comportamento dos atores políticos externos ao tribunal, que tem sido muito explorado na literatura. Quando muda a interpretação que o STF dá aos seus próprios poderes – às vezes em direções restritivas, mas, cada vez mais, em deliberada expansão –, pode mudar também o espaço que ocupa na política brasileira. Em muitos casos, ao atuar dentro do jogo, o tribunal acaba transformando o seu papel no jogo e, indiretamente, a própria natureza do jogo.

A já mencionada tese de Costa Júnior (2018) oferece uma resposta diferente a essa interessante hipótese (a de que elementos endógenos merecem maior destaque na literatura). Para o autor, além da necessidade de um maior equilíbrio entre elementos externos (macro-institucionais) e internos (micro-individuais), a alteração do arcabouço institucional do Supremo também se deveu ao recurso estratégico à denominada "retórica neoconstitucionalista". Segundo Costa Júnior (2018:58):

> (...) menções à "ponderação" de valores constitucionais, assim como o recurso aos princípios da proporcionalidade e da razoabilidade como balizas para a tomada de uma determinada decisão judicial, parecem haver se ajustado à cultura jurídica da Corte ao longo do tempo, criando uma "retórica neoconstitucionalista" que parece ter papel de destaque nos momentos em que a Corte promove mudança institucional endógena.

Independentemente de concordar com as hipóteses explicativas oferecidas (seja a instrumental-processual, de Arguelhes e Ribeiro, seja a retórico-principiológica de Costa Júnior), a questão que, para os propósitos deste livro, permanece em aberto é a de observar a existência, ou não, de um equilíbrio entre esses elementos exógenos e endógenos. Afinal, esses aspectos seriam fixos ou haveria uma relação dinâmica (uma espécie de osmose, ou quiçá, uma possível relação hidráulica) entre os fatores de pressão interna e externa? Ademais, para além das oscilações de conjuntura, haveria algum elemento estrutural que explique essa dinâmica decisória em termos institucionais e/ou constitucionais? Seria possível falar propriamente em "diálogos institucionais"? Qual seria a utilidade desse tipo de abordagem?

Para além dessas questões, como conclusão parcial, observa-se que a terceira agenda de investigação não se dedica intensamente a outras questões relacionais estruturantes do poder, seja quanto à sua configuração espacial-territorial (federação) seja quanto à própria conformação do Poder Judiciário – isto é, dos juízes e dos demais tribunais do país – enquanto instâncias de tomada de decisões que podem colidir, ou não, com os entendimentos do Supremo. O Supremo Tribunal Federal, conforme a própria designação oficial sugere, é um órgão de cúpula de um dos poderes de uma República estruturada federativamente. Assim, é curiosa a ausência de preocupação desta agenda de pesquisas com outros fatores de típica interação política: as relações existentes entre o Supremo e a estrutura federativa; e, também, com o próprio sistema judiciário brasileiro (aspectos que, frise-se, ainda quando mencionados, recebem relevância secundária, sem a devida justificação metodológica e/ou de fundo qualitativo). Embora não responda, propriamente, a todos esses problemas, hipóteses e questões, a quarta linha de investigações (Linha 4 – Análise de conjuntura e modelagem da posição do Supremo) procura apresentar uma alternativa de interpretação a esses aspectos dinâmicos para a definição da ambiência institucional do STF. Esse será o tema da próxima seção.

2.E: Linha 4 - Análise de conjuntura histórica e modelagem institucional da posição do Supremo

Enquanto as agendas anteriores se dedicaram a aspectos específicos de análise institucional do Supremo, esta quarta linha de investigação busca apresentar uma avaliação mais abrangente sobre a evolução histórica ocorrida no perfil institucional do Tribunal, de modo a contemplar as principais etapas de modificação. O foco, portanto, é mais no aspecto dinâmico do que no estático. Afinal de contas, a promulgação da Constituição de 1988 modificou a configuração institucional do STF? E, desde então, o órgão passou a assumir novos poderes e responsabilidades no sistema constitucional brasileiro? Essas são algumas das questões que povoam o universo desta agenda de pesquisas.

Maria Teresa Sadek e Rogério Bastos Arantes (1994:25-35), no estudo "A crise do judiciário e a visão dos juízes", levantaram hipóteses sobre os principais problemas e vícios de desempenho do Poder Judiciário logo após a promulgação do atual texto constitucional, assim como realizaram levantamento de opinião com juízes federais e juízes de direito de cinco unidades da federação (São Paulo, Rio Grande do Sul, Paraná, Pernambuco e Goiás). Segundo a autora e o autor, as dificuldades críticas enfrentadas poderiam ser estruturadas em três categorias: a) institucional (crise caracterizada por um descompasso entre a maior autonomia financeira do Poder Judiciário e a ausência de um formato institucional adequado para mediar os conflitos políticos com os demais poderes); b) estrutural (crise relacionada à lentidão da marcha processual e o cada vez mais crescente acervo passivo de processos pendentes, além das dificuldades de recrutamento de qualidade numa estrutura que se tornou ainda mais pesada com a criação de novos tribunais); e, ainda, c) procedimental (crise ocasionada tanto pela defasagem legislativa do arcabouço processual – excessivamente burocrático e formalista –, quanto pela a ausência de estabilidade decisória no âmbito do poder judiciário).

A primeira observação curiosa é a de que, já no início dos anos 1990 (ou seja, antes mesmo do marco de suposto pioneirismo na literatura internacional), o artigo já acenara para a ocorrência de uma "politização excessiva do judiciário" – a denominada "jurisdicização da política"[129] – como uma das consequências do

129 Vale destacar o aspecto pioneiro de Sadek e Arantes (1994:37) que, a despeito dos esclarecimentos realizados a título de premissas conceituais quanto às 4 (quatro) categorias da Judicialização da Política (gênero, desdobrado nas espécies "judicialização da política", "ativismo judicial", "politização da justiça" e "corporativismo ou partidarização do judiciário"), apontam as tensões da denominada "jurisdicização da política", nos seguintes termos: "A rigor, foi criado um sistema no qual as áreas de conflito entre o Executivo e o Legislativo estimulam uma politização excessiva do Judiciário, fenômeno geralmente conhecido como 'jurisdicização da política'. O paradoxal é que a

peculiar arranjo institucional implantado pela Constituição de 1988. Embora essa pesquisa vanguardista tenha se concentrado em aspectos gerais do Judiciário, o STF aparece, ainda, como fator relevante em duas dessas crises: a estrutural e a institucional. Da perspectiva estrutural, apesar do reconhecimento de aparentes avanços quanto à constitucionalização e ao enxugamento das competências judiciárias da Corte (inclusive mediante a criação do Superior Tribunal de Justiça), os autores chegam a apontar como elemento negativo o expressivo aumento do acesso ao controle concentrado.[130] Do ponto de vista institucional, por sua vez, Sadek e Arantes (1994:37) já pontuavam, desde então, uma maior centralidade institucional do Supremo, assim como uma crise delineada pelos impasses de múltiplos vetos (isto é, de inviabilização decisória recíproca) entre os poderes:

> A atuação do Supremo Tribunal Federal – quer deliberando a favor do Executivo, quer do Legislativo, quer ainda julgando medidas aprovadas pelos dois poderes – colocou a instituição no centro da vida política nacional, tornando-a mais vulnerável a pressões e a toda ordem de críticas. Dessa forma, a performance institucional dos três poderes, muito mais do que orientada por

---

relação governo-congresso, relação essencialmente política, carece de um árbitro por causa de sua rígida separação de funções. Mas do árbitro – exige-se que as decisões não sejam 'políticas' e sim meramente jurídico-formais. Como conciliar então a natureza política dos conflitos institucionais que lhe chegam às portas com a necessidade de proferir decisões baseadas e restritas à letra da lei? Há aí uma tensão. Se decide politicamente em detrimento da supremacia da constituição ou da obrigatoriedade das leis, é acusado pelos especialistas do direito de estar pondo em risco a estabilidade do ordenamento jurídico. Se decide juridicamente em detrimento dos objetivos do governo, é acusado de estar pondo em risco a estabilidade política e a própria governabilidade do país".

130 No ponto, Sadek e Arantes (1994:38) adotam uma posição um tanto quanto ambígua. De um lado, apontam inovações positivas do novo texto constitucional: "Houve, de fato, uma reorganização e uma redefinição das atribuições de vários organismos que compõem o poder Judiciário. O Supremo Tribunal Federal, órgão máximo do poder Judiciário foi modificado, passando a ter atribuições predominantemente constitucionais. Cabe-lhe declarar a constitucionalidade ou não de leis e atos normativos em tese (ou seja, em ação direta contra a lei em si), atribuição jurídico-política própria de uma Corte Constitucional. Cabe-lhe também julgar, em recurso extraordinário, as causas decididas em única ou última instância por outros tribunais, quando a decisão recorrida contrariar dispositivo da Constituição, declarar inconstitucionalidade de tratado ou lei federal e/ou julgar válida lei ou ato de governo local contestado em face da Constituição". Contudo, logo em seguida, atribuem como negativa a ampliação do volume de ações de controle concentrado ajuizadas logo nos primeiros anos da nova configuração da Corte: "Por outro lado, o STF passou a receber um número muito maior de ações, uma vez que foi consideravelmente ampliada a lista de agentes legitimados para proporem ação direta de inconstitucionalidade, antes integrada apenas pelo procurador-geral da República. Atualmente, são nove os possíveis titulares deste tipo de ação: o presidente da República; a Mesa do Senado Federal; a Mesa da Câmara dos Deputados; a Mesa da Assembleia Legislativa; o governador de Estado; o procurador-geral da República; o Conselho Federal da Ordem dos Advogados do Brasil; partido político com representação no Congresso Nacional; confederação sindical ou entidade de classe de âmbito nacional. Esta democratização do acesso à corte suprema, se por um lado representou maior abertura da instituição a demandas da sociedade, por outro aumentou consideravelmente os encargos do Tribunal."

> um modelo de separação e divisão de responsabilidades, tem sido impulsionada por um sistema que estimula multi-vetos. Cada poder tem força suficiente para impedir o outro de agir, e disso não escapa o Judiciário. Ao contrário, além de constante árbitro de disputas entre os outros dois poderes, sua estrutura descentralizada e, de fato, federativa, permite-lhe paralisar políticas, proferir decisões sem uniformidade e, assim, suspender, ainda que temporariamente, medidas de impacto nacional. Este desenho institucional tem sido responsável em grande parte pelas dificuldades de governabilidade que têm marcado o período pós-proclamação da Constituição de 1988.

A segunda observação consiste em que, apesar da diferença quanto ao diagnóstico (positivo ou negativo) do papel desempenhado pelo Supremo quanto a elementos centrais de cada uma dessas crises, em ambas as dimensões mencionadas, houve uma ampliação institucional da posição de centralidade do STF. Inclusive, seria até mesmo possível apontar uma certa correlação entre a dimensão institucional e a estrutural. Isto é, à medida que a Corte passou a habitar um *locus* de poder mais relevante para a mediação de conflitos entre Executivo e o Legislativo, assim como para avaliar a plausibilidade da contestação de políticas de caráter majoritário, a ampliação subjetiva das entidades legitimadas para acionar o controle concentrado teria como uma de suas consequências previsíveis a tendência de maior judicialização perante o Tribunal Constitucional e vice-versa. Estranho seria se a Corte fosse apontada como institucionalmente relevante e, do ponto de vista processual, cada vez menos acionada – ainda mais diante da conjuntura de ampliação de direitos e de democratização, ao menos procedimental, de políticas promovidas pela ou em consonância com a Constituição de 1988.

A terceira observação interessante é a de que, na opinião dos juízes entrevistados (todos das instâncias ordinárias do Poder Judiciário, frise-se), justamente a terceira dimensão da crise (a procedimental) é a que seria crucial para a superação do impasse até então vivenciado. A crença de que a reforma de códigos e procedimentos (uma atribuição tipicamente legislativa, ou, por extensão, de administração da jurisdição) seria o fator mais decisivo chamou a atenção de Sadek e Arantes (1994:45) pela sua recorrência incomum[131] e, talvez exatamente por isso, tenha auxiliado a formulação de uma hipótese de grande valia para as reflexões adiante realizadas:

> Se os magistrados brasileiros concordam quase unanimemente que este é um ponto fundamental para o aprimoramento da justiça no Brasil, isto deve ser ressaltado. Resta saber se esse entendimento decorre de uma real inadequação das leis à situação atual do país, ou se se trata de uma posição de defesa – neste caso com sérias consequências – dos magistrados frente a outras possibilidades de reforma. Não se podendo também descartar a hipótese de que tais mudanças na legislação e nos procedimentos tenha por objetivo o fortalecimento do poder dos juízes.

A quarta (e última) observação é uma singela ressalva: apesar da centralidade ostentada pelo Supremo (segundo os próprios autores), os integrantes do Tribunal, à época, não foram entrevistados. A única referência concreta ao comportamento institucional dos ministros reduz-se à fala de um então ex-Presidente da Corte sobre a mudança do perfil e do volume do controle concentrado no STF, após o texto constitucional de 1988.[132]

Nesse particular, a obra de Andrei Koerner (2013 e 2018) estabelece uma interessante periodização, tomando-se a

131 Sadek e Arantes (1994:45): "Ora, a justificativa do mau funcionamento baseada na falta de recursos materiais talvez seja tão antiga quanto ao próprio Judiciário. Mas a convicção de que é necessário reformar os códigos e a legislação em vigor pode ser considerada uma novidade. Isto porque as garantias processuais compõem o campo de ação do juiz e não dizem respeito apenas ao direito de plena defesa dos indivíduos, mas também à parcela de poder de que dispõe o magistrado na relação com os demais agentes do aparelho judicial (promotores, delegados, etc.). E mais, os princípios básicos da atividade judicial moderna (a imparcialidade dos julgamentos, a segurança jurídica, a plena defesa) estão justamente ancorados nessas garantias e a sua conservação sempre foi defendida intransigentemente pelos magistrados. Não seria arriscado dizer que, entre os diversos setores envolvidos com o problema da justiça, os juízes são sempre os últimos a defender a reforma dos códigos e da legislação, em qualquer tempo e lugar."

132 Registram, Sadek e Arantes (1994:38), que: "Segundo Sidney Sanches, ex-presidente do STF, em dois anos foram impetradas mais de quinhentas ações de inconstitucionalidade junto ao STF, enquanto em mais de vinte anos, antes da atual Constituição, foram registradas apenas mil e poucas ações."

promulgação do atual texto constitucional enquanto divisor de águas em torno da visibilidade do Supremo. Para o período anterior à vigente Constituição, Koerner (2018:81-97) abarca os impasses em torno da reforma judiciária da distensão ao Pacote de Abril de 1977 e sugere "Um Supremo Coadjuvante". No período posterior a 1988, no artigo "Ativismo judicial? Jurisprudência Constitucional e Política pós-1988", o autor (2013:69-85) coloca em dúvida, a um só tempo, a categoria explicativa do ativismo judicial[133], assim como se a configuração de um perfil "ativista" poderia, ou não, ser propriamente enquadrada como uma situação institucional de efetivo protagonismo do STF. Para Koerner (2018:84), haveria um quadro diferente – mais ainda não estabilizado – a partir de 2002:

> Assim, no início do governo Lula construiu-se uma convergência de regime governamental e regime jurisprudencial em sentido progressista, voltado a modificar as relações de poder da formação social. Mas parece haver tensões nessa relação, pois com a orientação jurisprudencial mais recente o STF se coloca no papel de guardião e promotor das virtudes republicanas, redefine seu modo de atuação no regime governamental, contrariando lideranças políticas, não só do governo, mas da oposição. As técnicas e os modelos de decisão utilizados pelo STF em sentido progressista poderão ser revertidos em outras direções. O próprio protagonismo do Tribunal poderá perder sustentação política e se desencadear uma dinâmica de conflitos e represálias entre ministros e líderes políticos.

Outra interessante contribuição é oferecida pelo próprio Koerner e Lígia Barros de Freitas (2013:141-184), no *paper* "O Supremo na Constituinte e a Constituinte no Supremo", em que se

133 Segundo Koerner (2018:85): "O que tem sido chamado ativismo no Brasil resulta de uma aliança entre a Presidência da República e elites jurídicas a partir de 2002, voltada a promover as políticas do novo governo e a configurar um novo regime governamental. Com a aliança modificaram-se as formas de atuação do Tribunal, foram reforçadas suas bases de apoio, mas também provocaram reações e resistências, e aumentou o investimento pela oposição política e elites jurídicas divergentes em questões críticas para o governo. A dinâmica mais recente tem acentuado as tensões entre os regimes governamental e jurisprudencial, os conflitos entre juízes e governo. Mas o novo papel assumido pelo STF também entra em divergência com a oposição e suas bases conservadoras, que tenderão a resistir a esse novo padrão de atuação. As fontes democráticas do poder político serão capazes de impulsionar movimentos que superem essas tensões e bloqueios."

expõem as disputas políticas travadas durante a Assembleia Nacional Constituinte (ANC, 1987/1988). Mais do que simplesmente estabelecer uma dicotomia necessária (e estanque) – que associa o período pré-constituinte com o autoritarismo; e, ainda, o momento pós-constitucional como naturalmente democrático –, os autores desenvolvem a perspectiva neoinstitucional histórica[134] de modo a contemplar tanto os interesses e as forças envolvidas, quanto a performance de entidades e atores institucionais na definição das regras do jogo constituinte.

Essa perspectiva complementar é sensível, ainda no contexto constituinte, para a atuação formal e informal (ou seja, dentro e fora dos autos processuais, assim como, nos trabalhos constituintes e nos bastidores da ANC) dos então ministros do Tribunal. Desse modo, há um mapeamento dos atores estratégicos para a conservação do poder e a modificação seletiva do perfil do STF, tanto em relação aos demais poderes, quanto ao restante do poder judiciário e ao reajuste do pacto federativo. Tal perspectiva, embora pareça trivial, ajuda a romper com a pré-compreensão de que somente recentemente os integrantes da Corte teriam passado a atuar como típicos atores políticos na esfera institucional (formal e informal).

A quebra dessa ilusão, de outra parte, também auxilia a compreensão da manutenção de uma estrutura institucional de "conservação" de poderes anteriormente desempenhados e a "expansão" das atribuições e competências judiciais do Supremo sob a égide de uma Constituição (ainda) autoritária, apesar das vestes e cores retoricamente "mais democráticas". Essa perspectiva reforça o achado da terceira agenda de pesquisa (Linha 3 – Interações do STF com os demais poderes da

134 Hall e Taylor (2003:194) explicam, a respeito dessa visão neoinstitucional, que: "O institucionalismo histórico desenvolveu-se como reação contra a análise da vida política em termos de grupos e contra o estruturo-funcionalismo, que dominavam a ciência política nos anos 60 e 70. Ele emprestou esses dois métodos enquanto se empenhava em ultrapassá-los. Seus teóricos retinham do enfoque dos grupos a idéia de que o conflito entre grupos rivais pela apropriação de recursos escassos é central à vida política, mas buscavam melhores explicações, que permitissem dar conta das situações políticas nacionais e, em particular, da distribuição desigual do poder e dos recursos. Eles encontraram essa explicação no modo como a organização institucional da comunidade política e das estruturas econômicas entram em conflito, de tal modo que determinados interesses são privilegiados em detrimento de outros."

República) no sentido de que o Supremo pode ser compreendido, simultaneamente, como "produto" (objeto) e como "produtor" (sujeito) de sua própria institucionalidade histórica da conjuntura retratada pelos autores [135]. Em última instância e em resumo, na já mencionada expressão de Arguelhes e Ribeiro (2016:405-440), "criador e/ou criatura" da sua própria condição institucional e constitucional.

Por fim, tal leitura suaviza os termos da transição institucional aparentemente promovida pelo texto constitucional de 1988. Dito de outro modo, identificam-se permanências históricas e tendências de uma postura conservadora, a partir da comparação de conjunturas institucionais anteriores[136] com as contemporâneas, a despeito da evolução das aquecidas lutas interpretativas e práticas políticas a respeito de uma roupagem mais democrática quanto ao papel do judiciário e do Supremo no contexto emergente. Nesse particular, é oportuna a menção ao livro "Os onze: o STF, seus bastidores e suas crises", de Felipe Recondo e Luiz Weber (2019), que, de uma perspectiva documental (jornalística e histórica), prometem "Uma radiografia completa da Suprema Corte – do mensalão ao governo Bolsonaro". Recondo e Weber (2019:25/26), assim, resumem o escopo da obra:

> Ao longo dos doze capítulos deste livro, descrevemos como este tribunal lida com seus vícios, como se comunica internamente, conversa com o mundo exterior, atua na política e toca os processos.

135 Segundo Koerner e Freitas (2013:141-142): "O presente artigo analisa as relações entre ministros do Supremo Tribunal Federal (STF) e outros agentes políticos durante o processo constituinte em duas perspectivas. A primeira delas considera o STF objeto da deliberação constitucional. Nesta perspectiva se enfocam projetos, embates e negociações políticas ao longo do processo constituinte e se determinam as posições e alianças com as quais foram definidas as características desse tribunal na nova Constituição. O STF é tomado, nesse sentido, como 'produto' da deliberação constituinte e os ministros como agentes no processo no qual atuam – com o intuito de alcançar determinadas regras constitucionais acerca dos tribunais – enquanto representantes institucionais do Poder Judiciário junto a outros agentes. A segunda perspectiva considera o STF como 'produtor' da nova Constituição, pois, como jurisdição constitucional, tinha a capacidade de decidir sobre a forma, a dinâmica e os limites do processo constituinte. O STF incide sobre o processo de três modos: como recurso estratégico mobilizado pelos agentes para sustentar suas posições nos momentos críticos; como arena decisória que, ao decidir litígios, atua como instância normativa que fixa o significado jurídico dos conflitos políticos e, por fim, como instância legitimadora da atuação dos ministros como opinantes constitucionais. Em nome da instituição, eles enunciam juízos informais – sem qualquer processo judicial – acerca das controvérsias políticas, procurando determinar seu sentido jurídico-constitucional e assim orientar a direção do processo político."

136 A respeito do período da Ditadura Militar (1964-1985), merece destacada menção o estudo documental (histórico e jornalístico) realizado por Felipe Recondo (2018) na obra "Tanques e Togas: o STF e a ditadura militar". Maiores desdobramentos historiográficos quanto ao tema serão realizados no Capítulo Terceiro.

> Um Supremo inventado – pela Constituição de 1988: pela política que viu no tribunal o terceiro turno para suas disputas; pela sociedade, que passou a apostar na entidade a consumação de garantias fundamentais; pelos novos ministros, que abandonaram a autocontenção que marcou as décadas anteriores. Um Supremo, como todo poder, em teste. E que enfrenta uma de suas maiores crises de legitimidade e de autoridade.

Nota-se, ademais, que uma outra percepção interessante a partir dessa vertente de investigações é a de enfocar a dimensão constitutivamente política da Corte, em paralelo às atribuições judiciais típicas de "tocar processos" e "consumar garantias fundamentais". Sem prejuízo de maiores considerações críticas (as quais serão desenvolvidas em maior plenitude no Capítulo Terceiro), a principal ressalva a essa importante publicação que, para os fins deste livro, merece destaque diz respeito à ênfase na dimensão individual dos "onze" componentes da Corte – a qual chega a assumir um tom com certa dose de voluntarismo ou de uma defesa ético-moral como postura dos magistrados.[137] Por mais interessante e curioso que seja desbravar, por uma linguagem histórica e jornalística, as nuances dos bastidores do Tribunal, o aspecto personalista é importante – ilustrativo e significante, mas não decisivo para uma compreensão aprofundada da estrutura constitucional e do funcionamento institucional da Corte. Conforme se desenvolverá adiante, importam mais os usos interpretativos e recursos institucionais acionados pelo jogo político e jurídico da Corte – e não propriamente a postura dos "jogadores" (ou atores individuais).

Até aqui, esta quarta linha de pesquisa acena para uma conjuntura histórica em que, cada vez mais, o STF assumiria um maior destaque e centralidade na vida política e institucional

137 Recondo e Weber (2019:337), a título de conclusão, chegam ao postulado de que "O STF são seus integrantes, suas decisões, a integridade de seus argumentos, o comportamento que se espera de magistrados, o respeito coletivo à instituição. Ou os ministros aprimoram o Supremo e com isso fortalecem sua autoridade, ou as tentativas de mudanças virão de fora: por lei, pelo descrédito da sociedade ou por tentações autoritárias que aparecem aqui ou acolá". No ponto, além da assunção da parte pelo todo (numa já aludida metonímia institucional), assumem-se os riscos de perda de legitimidade da Corte como um aspecto necessariamente negativo – e não como uma consequência institucional da própria configuração política na qual o STF se insere.

brasileira. O ponto de inflexão dessa tendência, portanto, teria sido o legado do momento constituinte de 1987 e 1988. Oscar Vilhena Vieira (2008:441-463), por ocasião dos então 20 anos da promulgação da atual Constituição, sugeriu a provocativa hipótese do advento de uma "Supremocracia", em especial a partir da denominada "Reforma do Poder Judiciário" (Emenda Constitucional 45/2004). Segundo Vieira (2008:444-445), tratar-se-ia de um fenômeno de expansão do STF em duas acepções[138] (a externa e a interna):

> A hipótese fundamental deste texto é de que este perceptível processo de expansão da autoridade dos tribunais ao redor do mundo ganhou, no Brasil, contornos ainda mais acentuados. A enorme ambição do texto constitucional de 1988, somada à paulatina concentração de poderes na esfera de jurisdição do Supremo Tribunal Federal, ocorrida ao longo dos últimos vinte anos, aponta para uma mudança no equilíbrio do sistema de separação de poderes no Brasil. O Supremo, que a partir de 1988, já havia passado a acumular as funções de tribunal constitucional, órgão de cúpula do poder judiciário e foro especializado, no contexto de uma Constituição normativamente ambiciosa, teve o seu papel político ainda mais reforçado pelas emendas de nº. 3/93, e nº. 45/05, bem como pelas leis

138 A noção de Supremocracia é exposta por Vieira (2008:443-444), nos seguintes termos: "Em um primeiro sentido, o termo supremocracia refere-se à autoridade do Supremo em relação às demais instâncias do judiciário. Criado há mais de um século (1891), o Supremo Tribunal Federal sempre teve uma enorme dificuldade em impor suas decisões, tomadas no âmbito do controle difuso de constitucionalidade, sobre as instâncias judiciais inferiores. A falta de uma doutrina como a do *stare decisis* do *common law*, que vinculasse os demais membros do Poder Judiciário às decisões do Supremo, gerou uma persistente fragilidade de nossa Corte Suprema. Apenas em 2005, com a adoção da súmula vinculante, completou-se um ciclo de concentração de poderes nas mãos do Supremo, voltado a sanar sua incapacidade de enquadrar juízes e tribunais resistentes às suas decisões. Assim, supremocracia diz respeito, em primeiro lugar, à autoridade recentemente adquirida pelo Supremo de governar jurisdicionalmente (*rule*) o Poder Judiciário no Brasil. Neste sentido, finalmente o Supremo Tribunal Federal tornou-se supremo. No caso específico, o 's' minúsculo do adjetivo vale mais que o 'S' maiúsculo que convencionalmente reservamos aos órgãos máximos da República. Em um segundo sentido, o termo supremocracia refere-se à expansão da autoridade do Supremo em detrimento dos demais poderes. A idéia de colocar uma corte no centro de nosso sistema político não é nova. (...). Foi apenas com a Constituição de 1988 que o Supremo deslocou-se para o centro de nosso arranjo político. Esta posição institucional vem sendo paulatinamente ocupada de forma substantiva, em face à enorme tarefa de guardar tão extensa constituição. A ampliação dos instrumentos ofertados para a jurisdição constitucional tem levado o Supremo não apenas a exercer uma espécie de poder moderador, mas também de responsável por emitir a última palavra sobre inúmeras questões de natureza substantiva, ora validando e legitimando uma decisão dos órgãos representativos, outras vezes substituindo as escolhas majoritárias. Se esta é uma atribuição comum a outros tribunais constitucionais ao redor do mundo, a distinção do Supremo é de escala e de natureza. Escala pela quantidade de temas que, no Brasil, têm natureza constitucional e são reconhecidas pela doutrina como passíveis de judicialização; de natureza, pelo fato de não haver qualquer obstáculo para que o Supremo aprecie atos do poder constituinte reformador. Neste sentido, a Suprema Corte indiana talvez seja a única que partilhe o *status* supremocrático do Tribunal brasileiro, muito embora tenha deixado para trás uma posição mais ativista."

> nº. 9.868/99 e nº. 9.882/99, tornando-se uma instituição singular em termos comparativos, seja com sua própria história, seja com a história de cortes existentes em outras democracias, mesmo as mais proeminentes. Supremocracia é como denomino, de maneira certamente impressionista, esta singularidade do arranjo institucional brasileiro.

Ao cunhar o termo supremocracia, portanto, o autor sugere um arranjo institucional peculiar em que o STF passa, a partir da Constituição de 1988, a ocupar espaços não somente em detrimento dos demais poderes constituídos (como a Agenda anterior[139] desdobrou), como, também, o mesmo tipo de relação institucional quanto aos demais órgãos (juízes e Tribunais) do Poder Judiciário. Nesse contexto, em paralelo ao desempenho da função tradicional de defesa do texto constitucional, a Corte passaria também a atuar na criação e modulação temporal de regras e princípios (uma atribuição tipicamente reservada, em contextos anteriores, exclusivamente ao Legislativo e ao Executivo).

Em diálogo com esses poderes emergentes desde a promulgação constitucional de 1988, Rodrigo M. Nunes (2010:313-331), no *paper "Politics without insurance: Democratic Competition and Judicial Reform in Brazil"*, apresenta possíveis hipóteses explicativas para as razões que teriam levado os governos de 1990 a 2004 (do Governo Collor ao de Lula) a implementarem reformas judiciais com nítido propósito de fortalecimento institucional, não somente do Judiciário, mas do próprio STF. Ao realizar uma comparação do caso brasileiro com o Argentino, o Chileno e o Colombiano, Nunes (2010:328) consolida sua conclusão no sentido de que o risco de não adotar uma estratégia de "seguro" em face de decisões judiciais desfavoráveis (e até mesmo derrotas eleitorais) seria um custo justificável pelos almejados ganhos em termos de capacidades institucionais de governança, de maior hierarquia e centralização judiciária no órgão

139 Linha 3 – Interações políticas do STF com os demais poderes da República.

de cúpula, assim como de estabilização do sistema político e econômico.[140] Independentemente de subscrever essas sugestões, o fato é que houve um acréscimo de mecanismos institucionais e o incremento de ferramentas constitucionais que ampliaram o poder de influência e de controle do Supremo.[141]

Ainda numa abordagem comparativa (desta vez com o caso mexicano) a respeito das reformas judiciais no período de 1990 a 2005, Júlio Rios-Figueroa (2006:739-766) e Matthew M. Taylor, apontam determinantes institucionais da judicialização da política no Brasil e no México. Para os autores, a forma como o Poder Judiciário está institucionalmente estruturado é relevante para definir estratégias jurídicas e políticas de mobilização judicial para a revisão e o controle de políticas em ambos os países. Nesse particular, passam a ser relevantes, dentre outros aspectos, tanto a abrangência dos temas que podem ser judicializados, como o nível de independência do Judiciário em relação ao seu órgão de cúpula. Em termos comparativos, o estudo sustenta uma considerável autonomia interna dos órgãos judiciais (juízes e tribunais) brasileiros em relação ao contexto mexicano.

Tal fator, para Rios-Figueroa e Taylor (2006:765-766), tornam os níveis de acesso ao STF como uma questão ainda mais

---

140 Segundo Nunes (2010:328): "Os estudiosos se perguntam por que os políticos concederiam aos juízes independentes o poder da revisão. Supondo que os tribunais sejam mecanismos de restrição contrários aos interesses das autoridades eleitas, as teorias de seguros sugeriram que os políticos que esperam perder as eleições são a principal força motriz por trás do empoderamento judicial. Pelo contrário, o empoderamento judicial costuma ser projetado para melhorar a governança, definida de maneira limitada pela capacidade das autoridades eleitas incumbidas de implementar suas escolhas políticas. Essa conclusão baseia-se na observação de que funcionários de sistemas políticos fragmentados podem se beneficiar do exercício de autoridade judicial independente de maneiras não previstas pelas teorias de seguros da reforma judicial. No Brasil, a natureza institucional do STF permitiu que os governos eleitos confiassem nele para superar as barreiras à implementação de políticas características do sistema político elaborado pela Constituição de 1988. Esse papel de governança, por sua vez, incentivou os presidentes a capacitar ainda mais a Corte, apesar do fato de ela também ocasionalmente decidir contra o governo." (Livre tradução do seguinte excerto original: "*Scholars have wondered why politicians would grant independent judges the power ofreview. Assuming that courts are mechanisms of constraint at odds with the interests of elected officials, insurance theories have suggested that politicians who expect to lose elections are the main driving force behind judicial empowerment. To the contrary, judicial empowerment is often designed to improve governance, narrowly defined as incumbents'capacity to implement their policy choices. This conclusion is based on the observation that office holders in fragmented political systems can benefit from the exercise of independent judicial authority in ways not anticipated by insurance theories of reform. In Brazil the institutional nature of the STF has allowed elected governmentsto rely on it to overcome barriers to policy implementation characteristic of the political system designed by the 1988 Constitution. This governance role, in turn, has encour-aged presidents to further empower the Court despite the fact that it also, on occasion,decides against the government.*")

141 Essa questão será detidamente enfrentada no Capítulo Terceiro (precisamente na "Seção 3.C: Arquitetura Constitucional – O que constitui o Supremo?").

estratégica – mesmo que com caráter transitório, o Supremo se configuraria como uma via mais veloz (*fast track*) e uma instância mais abrangente (*wide-range scope*) para estabilizar decisões desfavoráveis nas instâncias ordinárias. [142] Ainda assim, para ambos os países, os autores conferem um menor peso aos efeitos colaterais da ampliação de poder do Tribunal Constitucional, seja pelo elemento simplificador, seja pelo estratégico, de concentrar a discussão judicial em uma instância, com abrangência nacional e mais sensível aos interesses governamentais de implementação de políticas majoritárias.[143]

Preliminarmente, a respeito desta quarta agenda de investigações, cabe o destaque de que, apesar da engenhosidade crítica e analítica proporcionada pela noção de "Supremocracia" de Vieira (2008), a percepção de um papel cada vez mais central do Supremo não é propriamente uma novidade na literatura dessa agenda. O já mencionado estudo de Sadek e Arantes (1994) sinalizava para aspectos dessa tendência logo nos anos iniciais da vigência da Constituição de 1988. O fenômeno já havia sido detectado. Talvez, só lhe faltaria um "nome" – uma espécie de certidão de batismo, por assim dizer, voltada a descrever tal contexto fático-normativo. Apesar disso, não se pode deixar de reconhecer a importância de uma proposta mais complexa para

142 Ríos-Figueroa e Taylor (2006:765-766), no *paper "Institutional Determinants of the Judicialisation of Policy in Brazil and Mexico"* (Determinantes institucionais da Judicialização da Política no Brasil e no México), afirmam que: "(...) quanto maior o alcance dos canais de revisão judicial disponíveis, maior a probabilidade de que a revisão judicial seja usada como uma tática de política. Nesses casos, a judicialização de deliberações políticas pode ter menos probabilidade de levar a uma solução eficiente debates políticos, porque os tribunais serão ativados de várias maneiras para decidir a mesma questão. Isso é especialmente claro em nossos exemplos brasileiros, onde a 'atomização' da tomada de decisões judiciais significava que a mesma política era contestada em uma gama quase ilimitada de instâncias judiciais, levando a atrasos ao estabelecer a legalidade das escolhas políticas e o desafio notável – visto no caso da privatização (da telefonia) - de tentar descobrir em que parte do sistema judicial a política do sistema estava sendo desafiada. Nesse ambiente, o acesso ao tribunal de cúpula se torna um instrumento político potencial ainda mais forte no mãos daqueles atores privilegiados com acesso aos mecanismos de jurisdição originária." Livre tradução do seguinte trecho: "(...) *the wider the range of judicial review channels available, the greater the likelihood that judicial review will be used as a policy tactic. In such cases, the judicialisation of policy deliberations may be less likely to lead to the efficient resolution of policy debates, because courts will be activated in multiple ways to decide on the same issue. This is especially clear in our Brazilian examples, where the 'atomisation' of judicial decision-making meant that the same policy was contested in an almost unlimited gamut of judicial venues, leading to delays in establishing the legality of policy choices and the remarkable challenge – seen in the privatisation case – of trying to find out where in the court system policy was being challenged. In such an environment, access to the high court becomes an even stronger potential policy instrument in the hands of those actors privileged with access to the STF's mechanisms of original jurisdiction.*"

143 O debate minudente de algumas ressalvas e implicações a essa vertente que enquadra as Reformas Judiciárias será realizado no Capítulo Terceiro.

a compreensão dos diferentes papéis desempenhados pelo Tribunal de cúpula do Judiciário brasileiro.

Embora Vieira tenha, nesse primeiro artigo, assumido um tom confessadamente mais propositivo e problematizador, alerta-se que a assunção acrítica da noção de supremocracia acaba por ensejar efeitos indesejados. Assim, preliminarmente, não faz sentido o ganho relativo da centralidade e relevância institucional do Supremo, a qual não pode ser compreendida como uma manifestação exclusiva, nem tampouco ordinária do funcionamento das instituições e da dinâmica do poder no Brasil. Desse modo, aventar, etimologicamente, a um "poder desempenhado pelo Supremo" (*vg.* "Supremocracia") não significa compreender o STF como única instância de poder, nem tampouco que o Tribunal se converta, num passe de mágica, no epicentro do poder do Estado brasileiro. Ainda que desempenhe, paulatinamente, um papel mais expressivo na definição de políticas públicas e na interpretação da legislação majoritariamente aprovada pelos demais poderes, o cerne dessa crítica é o de que, sem a apresentação de evidências empíricas e estatísticas mais robustas, não há como situar, em absoluto e como regra geral das relações políticas e institucionais no Brasil, o Supremo como uma espécie de novo "sol" (nem mesmo uma segunda estrela) de um "sistema planetário" da política no país.

Mais interessante que a própria enunciação dessa expressão pioneira ou, ainda, de sua mera reprodução (de forma fraca), apresenta maior utilidade a sistematização do Tribunal como uma instância relativamente mais complexa que a efetivamente trabalhada pelas agendas anteriores de pesquisa, em especial no delineamento de "competências superlativas", representadas por uma configuração ambiciosa de três funções, a saber: a) tribunal constitucional (dimensão predominante dos estudos retratados pelas Seções 2.B, 2.C e 2.D); b) foro especializado (em matéria penal e em questões de governança interna dos demais poderes, tais como processo legislativo e poder regulamentar do Executivo); e c) tribunal de apelação ou última instância judicial. Vieira (2008:450-451), contudo, vai além e enumera alguns "exemplos de atuação supremocráticas" (*sic*)[144].

Até mesmo pelo caráter exploratório desse artigo – que passou a figurar como uma referência obrigatória na literatura especializada, seja por seu caráter inovador, seja pelo impacto na literatura que o sucedeu –, seria exagero exigir um levantamento completo de uma rede de precedentes que encarnasse esse agir "supremocrático" do Tribunal. Apesar disso, o próprio Vieira (2008) promove *mea culpa*[145] e confessa que o ensaio enfocou mais o aspecto ilustrativo de situações e casos em que a expansão da jurisdição constitucional e institucional da corte teria se verificado. Ou seja, o estudo não desenvolve, propriamente, elementos de justificação empírica da representatividade desse tipo de atuação no cotidiano de uma Corte Judicial (cada vez mais visível e, aparentemente, imponente).

Na obra "A batalha dos poderes", o mesmo Vieira (2018) desenvolve um intento de maior fôlego. Por ocasião dos então 30 anos da promulgação da Constituição de 1988 – e dez anos depois do advento da noção de Supremocracia –, o autor situa a conjuntura de um então conturbado ano de eleições gerais

144 Segundo Vieira (2008:451-452): "Tem se avolumado na jurisprudência do Supremo Tribunal Federal os sinais de que o Tribunal, respondendo aos incentivos institucionais acima descritos, subiu uma nota na escala de poder de nosso sistema político. A primeira evidência disso é o impressionante número de casos de máxima relevância presentes na agenda do Supremo. Após uma breve enumeração desses casos, concentrarei minha atenção em algumas decisões que podem nos ajudar a compreender de que forma os próprios ministros do Supremo estão metabolizando a ampliação dos poderes do Tribunal. Em primeiro lugar, será analisado o caso das células-tronco, ADI 3.510-0, emblemático da atual etapa de expansão da autoridade do Supremo Tribunal Federal, como arena de discussão pública de temas de natureza político moral. Em um segundo momento, a partir da análise do caso da fidelidade partidária, Mandado de Segurança n.26.603/DF, e dos crimes hediondos, Reclamação 4.335-5/Acre, buscarei demonstrar como o Supremo vem expandido sua atividade legiferante, com ênfase naquela de impacto constitucional, ou seja, passando do campo do exercício da autoridade para o exercício do poder."

145 Vieira (2008:456-457) afirma, com honestidade acadêmica, que: "Difícil julgar se o fenômeno da supremocracia é positivo ou negativo, ainda mais quando o discutimos no contexto de inúmeras decisões importantíssimas do Supremo. Busquei, neste ensaio, concentrar a análise apenas sobre o aspecto institucional destas decisões, não discutindo o mérito das mesmas. Em um curto ensaio como este, meu objetivo foi apenas chamar atenção para o processo de expansão dos poderes do Supremo. O ponto aqui não é, portanto, avaliar se as decisões têm sido progressistas ou não, mas, sim, verificar a posição que vem ocupando o Supremo em nosso sistema político."

no Brasil (2018) como emblemático de uma "Constituição em tempos bicudos". Vieira (2018:69-160) promove uma ampla reflexão (teórica e crítica) sobre os impasses institucionais vivenciados pelo Supremo e sustenta o resgate de uma postura de maior "resiliência constitucional" quanto à postura decisória da Corte. Em vez de uma adesão frouxa com o "compromisso maximizador" de suas próprias competências, Vieira (2018:161-214) resgata a ideia de "mal-estar supremocrático"[146] – talvez a hipótese mais interessante do artigo "Supremocracia" de 2008 – para pontuar sinais de uma "Supremocracia em crise", constatada pelo próprio autor, em 2018, como um típico fenômeno democrático de "erosão da autoridade do Supremo".[147]

Em sentido oposto a essa tendência de relativização dos efeitos supremocráticos, Diego Werneck Arguelhes e Leandro Molhano Ribeiro (2018:13-32), no provocativo artigo "Ministrocracia: o Supremo individual e o processo democrático brasileiro", caminham para a radicalização da ideia desenvolvida por Vieira (2008 e 2018). Sustentam, os autores (cuja produção acadêmica também foi enquadrada na terceira linha de investigação), a ocorrência de um fenômeno de exacerbação dos poderes decisórios individuais dos ministros – uma prática que (por uma série de motivos com inegáveis riscos para a democracia e a estabilidade institucional da Corte) contribuiria para o amesquinhamento das funções colegiadas do STF.[148] Em suma, a hipótese aventada

146 A ideia será desenvolvida, em detalhe, no decorrer do Capítulo Terceiro, mas é delineada por Vieira (2008:457) como uma necessidade de reconfiguração do excesso de competências (relevantes e secundárias) pela Corte: "Entendo que algumas mudanças de natureza institucional são indispensáveis para que possamos reduzir o mal-estar supremocrático detectado neste texto. Em primeiro lugar, seria a redistribuição das competências do Supremo. Este não pode continuar atuando como corte constitucional, tribunal de última instância e foro especializado. Este acúmulo de tarefas, que, na prática, apenas se tornou factível graças à crescente ampliação das decisões monocráticas, coloca o Supremo e seus Ministros em uma posição muito vulnerável."

147 Vieira (2018:213-214) adverte que: "Por fim, os ministros precisariam se submeter a uma espécie de protocolo mais rigoroso, o que é imperativo para o bom desempenho da função de julgar dentro da mais alta corte de justiça de uma democracia constitucional. A constante interferência no debate público e a ausência de uma postura rígida em relação a conflitos de interesses têm contribuído para a erosão da autoridade do Supremo. Se os ministros estiverem dispostos a buscar reconstruir o capital reputacional do STF, têm que se empenhar em agir de forma mais colegiada, imparcial e com certa discrição."

148 De acordo com a síntese de Arguelhes e Ribeiro (2018:13): "Neste artigo, mapeamos como a ação de um ministro do STF pode influenciar o processo político decisório. Propomos uma visão ampliada dos mecanismos pelos quais tribunais atuam sobre a dinâmica política, mostrando que, no STF, a alocação desses poderes é individualizada e descentralizada. Neste cenário, que chamamos de 'ministrocracia', a política constitucional se torna errática,

por Arguelhes e Ribeiro (2018), embora sob confessada ausência de maiores detalhamentos empíricos e estatísticos[149], é a de que, a partir da hipótese da "Supremocracia", seria possível desenvolver uma vertente adicional denominada "Ministrocracia".[150]

Para o itinerário programado neste livro, tal hipótese complementar oferece instigante oportunidade de interlocução diante da polêmica suscitada. Afinal, a prática decisória e individualizada de ministros e de ministras – por mais relevantes que sejam os conteúdos e independentemente da análise de mérito acerca do acerto jurídico das interpretações – desnaturaria a configuração institucional do Tribunal como um órgão estrutural e funcionalmente colegiado? Seria mesmo possível sustentar, em termos empíricos e estatísticos, a predominância do pretenso "Supremo individual" sobre as demais múltiplas facetas do STF?

O desdobramento dessas reflexões está intimamente conectado com a visão conjunta proporcionada por uma análise organizada a partir dos enfoques da Arquitetura Constitucional e da Engenharia Institucional – tarefa do Capítulo Terceiro. Ainda assim, deixa-se, antecipadamente, a ressalva quanto ao poder explicativo da categoria "Ministrocracia". Talvez, essa hipótese (ainda que em caráter subsidiário) contribua para um quadro de ainda maior nebulosidade para a compreensão dos perfis constitucionais e institucionais da Corte.[151] A rigor, soa estranho

criando problemas para a justificação do poder do tribunal em um regime democrático."

149 Arguelhes e Ribeiro (2018:26) assumem a limitação da hipótese ao afirmarem que: "Neste trabalho não temos a pretensão de testar hipóteses empíricas específicas. Nosso objetivo é formular uma interpretação mais geral das formas e mecanismos de atuação do Supremo na política nacional, reconstruindo-o como um tribunal intensamente poroso à ação individual direta de seus ministros sobre o *status quo* legislativo. Sem dúvida, ainda há muito a ser investigado empiricamente sobre o comportamento dos ministros e sua combinação em decisões colegiadas no uso desses poderes."

150 Segundo Arguelhes e Ribeiro (2018:30): "Por trás do poder do STF sobre outras instituições políticas e judiciais do país, portanto, há uma profunda fragmentação interna com graves implicações externas. Ao longo da última década, consolida-se uma literatura crítica sobre o individualismo nas deliberações e decisões do tribunal. Neste trabalho, nosso foco esteve nos efeitos para fora de ações individuais no processo decisório – uma agenda complementar, e não substitutiva, à literatura já existente sobre individualismo nas decisões colegiadas do STF. Ministros individuais, se quiserem, podem moldar resultados na política, especialmente se lhes couber a relatoria do caso. Há pouco que o tribunal pode fazer que, nas condições certas, um ministro individual não possa também conseguir—e, até o momento, parece haver menos ainda que o tribunal coletivo possa fazer quando ministros individuais usurpam da maioria a chance de exercer poder. Se a 'supremocracia' tem sido medida em termos de concentração de poder e capacidade de resolver conflitos políticos, é preciso começar a discutir nossa 'ministrocracia' nos mesmos termos."

151 Para fins desta tese, a impressão inicial é a de que tal fenômeno – tendência à fragmentação decisória – não modifica, em absoluto, as possibilidades de edificação constitucional e institucional do Supremo. Ademais, ao dar primazia ao comportamento isolado dos componentes do Tribunal, corre-se o risco de que a análise seja contagiada – repisa-se

adotar o elemento de um "comportamento decisório individual" como característico de um órgão cuja dinâmica decisória e deliberativa, por definição, pressupõe a configuração colegiada.

Por último, ainda vale o registro do "Dossiê: *O desenho do STF para além da conjuntura*", publicado em abril de 2020[152] pela Revista de Estudos Institucionais. A coletânea organizada por Diego Arguelhes (2020) busca sinalizar possíveis caminhos e alternativas para o futuro do Tribunal, após reunir artigos que consagrariam a denominada "virada realista" da década de 2011-2020. Embora muitas das questões suscitadas pelo organizador persistam em aberto, o que nos interessa quanto ao potencial dessa quarta forma de abordagem é a percepção de que esse *design* importa para a modelagem institucional e normativa da Corte. Tal elemento será melhor detalhado e aprofundado no Capítulo Terceiro desta tese, a partir do acionamento das categorias da Arquitetura Constitucional e da Engenharia Institucional – ambas operacionalizadas a partir de exemplos concretos e recentes da jurisdição constitucional aplicada, sob a perspectiva fundamental de que o Supremo, sem descurar da atuação individual de seus integrantes, é constitucional e institucionalmente um órgão colegiado, coletivo, por definição. Ignorar essa conformação – a qual estabelece ônus normativos e institucionais – é reduzir o alcance de leituras possíveis sobre o Tribunal.

– por uma "metonímia institucional". Isto é, de tomar as partes (as individualidades dos perfis decisórios) pelo todo. Por fim, registradas tais reservas, há concordância (parcial) com a preocupação de Arguelhes (2018) e Ribeiro quanto aos vícios de legitimação que uma atuação errática e descentralizada pode ocasionar. A esse propósito, o autor da presente Tese de Doutorado, em coautoria com Henrique Smidt Simon (2020a e 2020b), teve a oportunidade de problematizar os riscos desse comportamento decisório do tribunal, assim como das dificuldades existentes para que a literatura e as análises jurisprudencial e institucional empreendidas não tomem "julgados judiciais" como "precedentes de jurisprudência". Tal esforço foi desdobrado em dois artigos, ambos publicados no mês de maio de 2020 (em paralelo à redação desta qualificação), em que se enfatizaram as ramagens "constitucionais" e "institucionais" do caso da tentativa de recente nomeação, pelo atual Presidente Jair Messias Bolsonaro, de Alexandre Ramagem para a Diretoria da Polícia Federal (DPF). As visões complementares foram publicadas, pelo portal eletrônico especializado *Consultor Jurídico*, sob os seguintes títulos: i) "O Supremo e as ramagens constitucionais do direito e da política – Parte 1" (publicado em 12 de maio de 2020); e ii) "O Supremo e as ramagens institucionais do direito e da política – Parte 2" (publicado em 28 de maio de 2020). A ressalva que, adiante, se endereça à proposta explicativa de Arguelhes e Ribeiro (2018) é no sentido de que, talvez, essa contradição tenha mais a ver com aspectos inacabados da obra (constitucional e institucional) a respeito dos papéis hiperbólicos (ou "superlativos") atribuídos à Corte. Daí a simpatia da presente tese de doutorado com a sensação de "mal-estar" a que Vieira (2008) aludiu desde a concepção da noção de supremocracia.

152 Apenas para fins de registro da datação bibliográfica utilizada, observa-se que o mencionado *Dossiê* foi publicado no mês seguinte ao marco cronológico de referência para o levantamento da literatura especializada realizada no Capítulo Primeiro.

2.F: Linha 5 - Investigações empíricas e estatísticas: *Mare Incognitum*, Além-Mar e Póntos

Resgatados, a partir dos limites e fronteiras das quatro Agendas de Pesquisa anteriores, a quinta linha de investigações se caracteriza muito mais pela ênfase em abordagens metodológicas complementares (a empírica e a estatística), do que propriamente por uma visão abrangente e uniforme sobre o Supremo Tribunal Federal. O espírito geral que anima esta quinta agenda corresponde a descrever o ímpeto de iniciativas que buscaram quantificar e delinear elementos que permitam descrever e analisar o comportamento, a estrutura e o funcionamento institucional do STF.

Em geral, essa tendência de enfrentamento do tema busca combinar, de maneira multivariada, diferentes vertentes das categorias anteriores até aqui catalogadas. A premissa desta agenda de investigações – bastante interessante, aliás – é a de que o desenvolvimento de categorias de monitoramento e de indicadores de análise a respeito das modalidades de atuação institucional e constitucional da Corte contribui para uma compreensão de novas facetas do órgão de cúpula do Judiciário brasileiro.

Essa intuição quantificacionista e empírica ganhou impulso significativo a partir do pioneiro "Projeto Supremo em Números", promovido pela Fundação Getúlio Vargas do Estado do Rio de Janeiro (*FGV Direito Rio*) a partir do ano de 2011. Desde então e até o presente momento, foram publicados dez relatórios temáticos (2011-2020), a seguir enumerados: a) "O Múltiplo Supremo" (I Relatório, de abril de 2011); b) "O Supremo e a Federação" (II Relatório, de agosto de 2013); c) "O Supremo e a Federação entre 2010 e 2012" (*paper* de extensão do II Relatório, de fevereiro de 2014); d) "O Supremo e o Tempo" (III Relatório, de setembro 2014); e) "O Supremo e o Ministério Público" (IV Relatório, de novembro de 2015); f) "O foro privilegiado" (V Relatório, de março de 2017); g) "A realidade do Supremo Criminal" (VI Relatório, junho de 2019); h) "O Supremo Tributário" (VII Relatório, abril de 2020); i); "Quem decide no Supremo? Tema, Processo e Direito" (VIII

Relatório, setembro de 2020); j) "A justificação de decisões no Supremo: extensão das decisões e aplicação de precedentes" (IX Relatório, de dezembro de 2020, o qual abarca uma avaliação sobre os tipos de decisões monocráticas e formalmente colegiadas, no período de 1988 a 2018).[153] Em conjunto, a nota distintiva dessas publicações correspondeu à aplicação de modelos matemáticos, metodologias estatísticas e *softwares* de extração de dados para detectar informações judiciárias relevantes a respeito do Supremo Tribunal Federal. Segundo os organizadores, Joaquim Falcão, Pablo de Camargo Cerdeira e Diego Werneck Arguelhes (2011:7), a iniciativa foi motivada a partir de boas práticas comparadas[154] e de uma carência de pesquisas com esse perfil no Brasil: "O objetivo do Supremo em Números, em oposição ao modelo de análise qualitativa mais difundido, é fundamentar quantitativa e estatisticamente discussões sobre a natureza, a função e o impacto da atuação do STF na democracia brasileira".

A novidade, frisa-se, se deveu mais ao desenvolvimento de uma iniciativa organizada pela academia brasileira e paralela aos esforços oficiais do Comitê Gestor de Estatística do Supremo Tribunal Federal (Resolução nº 284/2004, do STF), do que propriamente a um ineditismo absoluto no que concerne à divulgação de dados estatísticos sobre o STF. Ainda assim, cabe destacar o aspecto comum a ambas as iniciativas (tanto a oficial do STF quanto a da FGV): trata-se de iniciativas de levantamento e processamentos de dados exclusivamente focadas apenas no órgão de cúpula judicial.

Embora essa característica comum seja extremamente pertinente com o objeto deste livro, vale ressaltar que, de algum modo, essas duas experiências estatísticas não estabeleceram uma conexão mínima com o restante do Poder Judiciário. Afinal, caberia indagar não somente sobre o resultado das deliberações processuais

153 Além dos relatórios, o Projeto Supremo em Números também publicou artigos e *papers*, os quais, segundo o próprio projeto, visaram abordar questões pontuais a respeito dos dados e análises.

154 Além da experiência ianque da "*Supreme Court Database*" (disponível na página http://scdb.wustl.edu/about.php), o Projeto Supremo em Números também se reporta à experiência nacional mexicana dos "*Anuários estadísticos judiciales*" (acessível pelo *site* www.anuariojudicial.mx/html/anuarios) e do programa "*Litigating E. U. Law*", organizado pelo Instituto Universitário Europeu (EUI) para compilar dados judiciários que subsidiem a orientação e a formulação de políticas públicas no âmbito do direito comunitário europeu (dados no portal www.eu-newgov.org/EU-Law).

do Supremo, mas também sobre a escala judicial e institucional do órgão de cúpula em relação aos demais órgãos judiciais do Brasil. Seria a dimensão judicial do Supremo (em termos de recursos humanos, financeiros, administrativos e institucionais) compatível com a complexidade de uma máquina judiciária que envolve, além do próprio CNJ, pelo menos, outros 91 tribunais (além do STF), sendo outros 62 organizados e mantidos pela União Federal; e, ainda, 29 (vinte e nove) órgãos colegiados organizados e mantidos pelos Estados?[155] Como o STF se relaciona com a base do Judiciário?

155 A questão é relativamente complexa e merece um detalhamento introdutório para esclarecer como tais números foram construídos. No campo dos tribunais organizados e mantidos pelos Estados da Federação, a estrutura é menos complexa. São 29 Tribunais de Justiça dos Estados (TJ's), sendo 26 tribunais para cada Estado (sendo, estes, compostos em sua primeira instância, por juízes de direito); e, ainda, 3 Tribunais de Justiça Militar Estaduais (existentes, efetivamente, em apenas 3 Estados – São Paulo, Minas Gerais e Rio Grande do Sul – os quais, por meio de lei estadual, criaram justiça estadual especializada para apreciar e julgar questões relacionadas a situações em que o "efetivo militar seja superior a vinte mil integrantes." (Constituição de 1988, art. 125, § 3º). Já com relação aos tribunais organizados e mantidos pela União, a rigor, há outros 62 tribunais, constitucionalmente previstos e efetivamente implementados, que envolvem competências judiciais federais: a) além do STF; b) há outros quatro tribunais superiores (o Superior Tribunal de Justiça – STJ –, o Tribunal Superior Eleitoral – TSE –, o Tribunal Superior do Trabalho – TST – e o Superior Tribunal Militar – STM); ainda, c) 27 tribunais regionais eleitorais (TRE's – um por unidade da federação de segundo grau – Estados e Distrito Federal); d) 24 tribunais regionais do trabalho (TRT's, sendo um por unidade federativa, com a exceção do Estado São Paulo, que conta com dois TRTs – um na capital paulistana e outro em Campinas – e dos agrupamentos de duas unidades da federação em quatro regiões, a saber: Amazonas e Amapá; Distrito Federal e Tocantins; Pará e Roraima; e, por fim, Rondônia e Acre); e, por último, e) 6 tribunais regionais federais (TRFs), integrados em sua base por juízes federais e organizados por diferentes regiões territoriais e sediadas em Belo Horizonte, Brasília, Rio de Janeiro, São Paulo, Porto Alegre e Pernambuco. Há de se registrar, ainda, que a Emenda Constitucional nº 73, de 06 de junho de 2013, estipulou uma reconfiguração da distribuição territorial da competência dos TRFs enunciados, mediante a criação de outros quatro TRFs (em tese, sediados em Belo Horizonte, Curitiba, Salvador e Manaus), o que levaria o cômputo para 65 tribunais de competência federal e 95 tribunais no Brasil. O sexto TRF foi recentemente implementado a partir da Lei Federal 14.226, de 20 de outubro de 2021, a qual determinou a criação do novo Tribunal Regional Federal a partir do desmembramento territorial da jurisdição do TRF-I, com relação ao Estado de Minas Gerais. Curiosa e ironicamente, há alguns elementos constitucionais que antecedem a criação do TRF-6. A rigor, a mencionada EC 73/2013 foi questionada, durante o recesso judiciário de julho de 2013, por meio da ADI 5.017/DF, distribuída à relatoria originária do Ministro Luiz Fux. Tendo em vista a competência regimental de apreciação de "questões urgentes nos períodos de recesso ou de férias" (Inciso VII do art. 13 do Regimento Interno do Supremo Tribunal Federal – RI/STF, na redação conferida pela Emenda Regimental nº 26, de 22 de outubro de 2008), o então Ministro Presidente Joaquim Barbosa, concedeu medida cautelar para "em caráter excepcional, e sujeito ao referendo do Colegiado, defiro a medida cautelar pleiteada, para suspender os efeitos da EC 73/2013. Solicitem-se, com urgência, informações ao Congresso Nacional, acerca do pedido de medida cautelar, no prazo de cinco dias. Após, abra-se vista dos autos pelo prazo de três dias, sucessivamente, para o advogado-geral e para o procurador-geral da República. Recebidas as informações preliminares, ou certificado o transcurso do prazo assinalado para tanto, a medida cautelar deverá ser submetida ao referendo do Plenário. Publique-se." Apesar da decisão tomada pela "Presidência" já contar com quase dez anos (julho de 2013 até março de 2023), o Ministro Relator Luiz Fux ainda não submeteu o tema ao Plenário (conforme estipulação contida no texto da própria decisão monocrática da presidência). Eventuais considerações críticas, de caráter constitucional e institucional, serão oportunamente desenvolvidas no próximo capítulo (Capítulo Terceiro). Considerada essa situação, apesar da existência de previsão constitucional de 65, há, até o momento 62 tribunais com competências ditas "federais" (aqui, incluído o Supremo e a recente implantação do TRF-VI, sediado em Belo Horizonte). Para além desses tribunais, há de se pontuar, ainda, o caráter excepcional do Tribunal de Justiça do Distrito Federal e Territórios (TJDFT), sediado em Brasília. Apesar de inexistirem, desde 1988, territórios federais no sistema federativo brasileiro, essa hipótese de competência judicial acabou por contribuir para que o Constituinte submetesse a organização e manutenção do TJDFT como uma atribuição administrativa vinculada à União Federal (e não ao Distrito Federal). Desse modo, descontado o STF, os "outros 62" tribunais "organizados e mantidos pela União" seriam os 61 tribunais de competência federal remanescentes, mais o TJDFT. No cômputo final, portanto, são 92 Tribunais atualmente instalados no país, sendo: 62 "organizados e mantidos pela União"; os 29 Tribunais estaduais (os 26 da Justiça Estadual comum e os 3 da Justiça Militar Estadual); e, ainda, o Supremo. Ressalva-se por fim, que o CNJ, enquanto Corte Administrativa e Correicional não é considerada como típico Tribunal (judicial) neste livro – embora, como se destacará durante toda a obra, suas atribuições sejam de extrema relevância e urgência para o aprimoramento não somente das políticas públicas nacionais de prestação jurisdicional, mas, também, para o refinamento, a padronização, a integração e a sistematização das informações judiciárias do país tanto da base do Poder Judiciário, quanto de seu órgão de cúpula, o STF.

O enfrentamento dessas questões precisa ser contextualizado, ainda, com as modificações constitucionais e institucionais promovidas, nesse campo de objetivos específicos, com a promulgação da Emenda Constitucional nº 45, de 30 de dezembro de 2004 (a denominada "Reforma do Poder Judiciário"). Nesse particular, essa reforma constitucional figura como um "divisor de águas", no campo, seja pelas modificações institucionais empreendidas quanto às competências do Supremo, seja pela instituição do Conselho Nacional de Justiça (CNJ, nos termos do art. 92, Inciso I-A, da Constituição). Desse modo, além das informações estatísticas disponibilizadas pelo próprio STF, a partir de 2004, em sua página oficial e do "Projeto Supremo em Números" da FGV, a partir de 2011 (contando com dez anos de produção efetiva sobre o STF), o desenvolvimento de investigações empíricas e estatísticas ganhou ainda maior impulso com a instituição do CNJ (um novo órgão judiciário, mas sem competências processuais ou judiciais em sentido estrito), o qual, logo ao momento de sua criação, passou a contar com as seguintes atribuições:

> VI – elaborar semestralmente relatório estatístico sobre processos e sentenças prolatadas, por unidade da Federação, nos diferentes órgãos do Poder Judiciário;
> VII – elaborar relatório anual, propondo as providências que julgar necessárias, sobre a situação do Poder Judiciário no País e as atividades do Conselho, o qual deve integrar mensagem do Presidente do Supremo Tribunal Federal a ser remetida ao Congresso Nacional, por ocasião da abertura da sessão legislativa.

Nota-se, portanto, que houve a constitucionalização expressa do dever de produção semestral de relatórios estatísticos que auxiliam a produção de subsídios qualificados (o relatório anual) destinados à Presidência do STF (e do CNJ) para embasar a formulação de políticas públicas de organização judiciária junto ao Congresso Nacional. A partir desse marco constitucional e institucional de criação do CNJ, a produção de elementos estatísticos e empíricos deixou de ostentar, ao menos oficialmente, um papel exclusivamente descritivo. Dito de outro modo, o cômputo qualificado de informações e dados judiciais passou a assumir relevância tanto descritiva, quanto programática: de formulação de mudanças nas próprias políticas judiciais implementadas no Poder Judiciário brasileiro.

Premido por esse propósito, por meio de seu Departamento de Pesquisas Judiciárias (DPJ)[156], o CNJ passou a promover, desenvolver e divulgar o Relatório Estatístico Justiça em Números, desde 2004 (ano-base 2003). A série histórica, que já conta com 19 relatórios anuais, apresenta ricos detalhamentos dos mais variados aspectos[157] da complexa estrutura judiciária do país: a qual conta com 92 tribunais (incluído o STF, embora este órgão de cúpula seja excluído dos cômputos oficiais); e, segundo os últimos dados divulgados (Relatório 2023, ano-base 2022, 19ª Edição da Série), mais de 18.035 magistrados, distribuídos, no primeiro grau de jurisdição, em 14.799 unidades judiciárias e, também, nos demais órgãos colegiados do sistema (os 92 Tribunais[158]).[159]

Apesar da multiplicidade de informações disponíveis, diferentemente do que se poderia imaginar, ainda não foi produzido, no Brasil, um relatório estatístico que abarque e consolide, num único documento, os dados de todo o Poder Judiciário brasileiro. A explicação tida como "oficial" é curiosa: o "Justiça em Números" compreende todos os órgãos judicantes do poder judiciário, com duas exceções emblemáticas: i) o STF, órgão de cúpula des-

156 O § 1º do art. 5º da Lei 11.364, de 26 de outubro de 2006 (que "Dispõe sobre as atividades de apoio ao Conselho Nacional de Justiça e dá outras providências") estabelece, dentre outros, os seguintes objetivos do DPJ: "II - desenvolver pesquisas destinadas ao conhecimento da função jurisdicional brasileira; III - realizar análise e diagnóstico dos problemas estruturais e conjunturais dos diversos segmentos do Poder Judiciário; e IV - fornecer subsídios técnicos para a formulação de políticas judiciárias;".

157 Informações agregadas, nos diferentes segmentos federais e estaduais, tais como: despesa total; força de trabalho; tempo médio do processo baixado no Poder Judiciário; e a litigiosidade judicial no país.

158 Duas ressalvas merecem ser realizadas: a) tendo em vista a implantação do TRF-VI somente a partir de outubro de 2022, o Relatório Justiça em Números 2023 (Ano-Base 2022) não abarca, ainda tal tribunal em seus quantitativos; b) os 11 Ministros e Ministras do STF não são computados no montante de 18.035 magistrados – o que projetaria tal quantitativo para 18.046 magistrados no Brasil.

159 No Relatório "Justiça em Números 2023" (Ano-Base 2022), o CNJ (2022:40) registrou o montante de 14.799 unidades judiciárias federativas: O primeiro grau do Poder Judiciário está estruturado em 14.799 unidades judiciárias, número semelhante ao apresentado no ano anterior. Conforme Figuras 8 e 9, esse total se divide da seguinte forma: na Justiça Estadual, são 8.346 varas e 1.206 juizados especiais; na Justiça Federal, são 790 varas e 194 juizados especiais federais; na Justiça Trabalhista, são 1.587 varas do trabalho; na Justiça Eleitoral, são 17,9% zonas eleitorais; na Justiça Militar Estadual, são 13 auditorias militares; na Justiça Militar da União, são 19 auditorias militares".

se mesmo poder; e ii) o próprio CNJ, órgão constitucionalmente responsável pelo "o controle da atuação administrativa e financeira do Poder Judiciário e do cumprimento dos deveres funcionais dos juízes" (art. 103-B, § 4º, da Constituição). O mesmo CNJ tenta justificar tal omissão nos seguintes termos: "O STF, como corte Suprema, não integra o rol de tribunais sujeitos ao controle administrativo do Conselho Nacional de Justiça, e por isso, por determinação da presidência do Conselho Nacional de Justiça e do Supremo Tribunal Federal, é analisado em separado, respeitadas suas especificidades e competências constitucionais."[160]

A primeira consideração a respeito da argumentação se destina à expressão "por determinação da presidência" do CNJ e do STF. Por disposição constitucional expressa (art. 103-B, I e § 1º, da Constituição), é a mesma autoridade pública que titulariza ambas as funções, a saber: o ministro ou a ministra que presida o órgão de cúpula do poder judiciário brasileiro, também, preside o Conselho. Tal situação beira um quadro de esquizofrenia funcional. A segunda observação diz respeito a uma aparente lacuna: se não cabe ao CNJ controlar administrativamente o STF, do ponto de vista das atribuições constitucionais quanto à sistematização de dados estatísticos, caberia ao Supremo, não somente a supervisão das informações relativas a todos os órgãos do judiciário brasileiro (o CNJ, inclusive), como também a integração das informações judiciárias no Brasil.

Essa lacuna somente foi mitigada, recentemente (e de modo ainda parcial), a partir do momento em que o próprio CNJ desdobrou a sua "Série em Números"[161] em outras duas frentes, a saber: "O Supremo em ação" (com a publicação de dois relatórios, nos anos de 2017 e 2018); e o "CNJ em números" (com dois relatórios, também, tendo sido o primeiro divulgado em 2018, ano-base 2017, e o segundo em agosto de 2020, ano-base 2019).

160 Trecho de apresentação do Relatório "Supremo em ação 2018" (ano-base 2017).
161 Todas essas publicações podem ser acessadas no portal oficial do CNJ (https://www.cnj.jus.br/pesquisas-judiciarias/).

Vale agregar que a criação dessas duas publicações temáticas ocorreu durante a gestão da então Ministra Presidente Cármen Lúcia (de setembro de 2016 a setembro de 2018), mas não contaram, pelo menos até o momento de fechamento da redação da edição deste livro (março de 2023), com uma continuidade pelo Departamento de pesquisas do Conselho (DPJ/CNJ). Na iniciativa "Supremo em ação", o CNJ (2018) apresenta, em termos didáticos, os seguintes produtos descritivos:

> São desenvolvidos dois produtos, o primeiro, consiste em relatórios analíticos e estáticos, elaborados a partir de 2017, que detalha dados sobre recursos financeiros, recursos humanos e litigiosidade. Os indicadores guardam analogia com os utilizados no relatório Justiça em Números, anuário que consolida as informações estatísticas dos outros 90 tribunais brasileiros. O relatório integra o rol da "série em números", composta pelo Supremo em Ação, pelo CNJ em Números e pelo Justiça em Números.
>
> O segundo produto é uma ferramenta *online* disponível na internet e também na forma de aplicativo. Pela ferramenta é possível visualizar toda rede de processos de cada Ministro, com o número de ações pendentes, ingressadas e solucionadas, decisões prolatadas e identificação minuciosa do acervo processual de cada um deles segundo a classe processual. Ao clicar na classe, é gerada uma lista dos processos contendo dados relevantes como tempo de tramitação e situação atual, além de um *link* direto para a consulta processual no *site* do próprio Supremo Tribunal Federal.

Apesar de o primeiro produto (os relatórios analíticos estáticos), quanto à temporalidade, estar limitado aos anos-base de 2016 e de 2017, o oferecimento da ferramenta *online* permite, com relação ao STF, pelo menos, um acesso dinâmico das informações com dados judiciários atualizados para o ano de 2020. Tal ferramenta, embora tenha passado a permitir o acesso a dados atualizados sobre o Supremo, não substitui a apresentação dos descritivos analíticos e metodológicos que informam a alimentação desses dados. Vale reiterar a preocupação central de que "dados" não são "apenas dados", mas resultados de uma construção. Isto é, são construídos.

Assim, embora essa quinta agenda de pesquisas tenha se diferenciado por suscitar abordagens estatísticas, ainda perdura um quadro de descontinuidade institucional, de falta de interoperabilidade entre os sistemas de informações de todo o Poder Judiciário e de integralidade e de disponibilidade completa dos dados judiciais correspondentes. É dizer: as informações disponíveis sobre o Supremo, apesar de todo o esforço e do mérito da produção estatística de critérios e indicadores de elementos mais qualificados, ainda não se encontram integrados de maneira global com os dados já disponíveis há mais de 15 (quinze) anos sobre os demais órgãos do Poder Judiciário.

Em conjunto, mesmo consideradas as ressalvas de descontinuidade institucional e falta de interoperabilidade dos sistemas de informações, é inegável que essas iniciativas permitiram exercícios interessantes de circunavegação em torno de um ainda desconhecido continente de dados e informações judiciárias, jurídicas, institucionais, administrativas, documentais, audiovisuais, verbais e não verbais. Apesar dos louváveis avanços, esta Tese parte do postulado declarado de que ainda há muito por explorar.

Essa percepção adotada enquanto ponto de partida, inclusive, sequer corresponde a uma pauta necessariamente original na academia brasileira. Assim, em *Workshop* intitulado "*Mare incognitum*: desafios da pesquisa empírica sobre o Supremo Tribunal Federal", realizado, há pouco mais de cinco anos, em 7 e 8 de agosto de 2017, pela própria FGV Direito Rio, em parceria com a Universidade de São Paulo (USP), os coordenadores do evento (Rogério Arantes e Diego Werneck Arguelhes) sinalizaram para a existência de um "mar incógnito", que precisa ser efetivamente navegado pela pesquisa empírica a respeito do Supremo. Essa iniciativa, além de encarnar o compromisso dos coordenadores (ambos autores citados, em detalhe, neste capítulo) com o aprimoramento das agendas de investigação sobre o STF, revela, sobretudo, que ainda são necessários mergulhos mais profundos para a realização de uma cartografia "além-mar" de outras possibilidades de conhecimento a respeito do "guarda da Constituição" brasileira.

Já na sua primeira edição (2017), o seminário transitou por diversas frentes que nos parecem fundamentais para uma reflexão mais aprofundada, fixando alguns marcos e desafios da análise quantitativa e qualitativa, assim como o levantamento de atores, processos e decisões de referência para uma percepção mais precisa sobre o Supremo. Nos dias 16 e 17 de setembro de 2019, a segunda edição da iniciativa foi organizada pelo *Insper* e envolveu os seguintes painéis: I) "Comportamento judicial: interações e estratégias" (em que se discutiram questões temáticas como: "O Supremo no Presidencialismo de Coalizão"; "Política de nomeações e padrão decisório das Cortes Constitucionais"; "Mulheres em cortes constitucionais"; e "Coalizões Judiciais"); II) "Constrangimentos externos e saliência dos casos" (painel em que se abordaram os assuntos "Ataques ao Supremo"; "Como medir saliência de casos?"; e "Opinião pública sob e sobre o Tribunal"); III) "Atores e Processos" (o qual, por sua vez, contemplou "Movimentos sociais e mobilização social do direito"; "Formas de acionamento do Tribunal e poder de veto"; "Quando a Corte enfrenta o Governo?"); IV) "Políticas públicas e jurisprudência: Impactos das decisões judiciais" (o painel abarcou "*Judicial Policy*: uma literatura para compreender o papel dos tribunais superiores nas políticas públicas"; "Judicialização de políticas públicas e STF: métodos de investigação"; "Dinâmicas jurisprudenciais entre cortes supremas e instâncias inferiores"; e "Controle constitucional das *policy*"); V) "Recrutamento, perfis e relações" (com exploração de temas como "Modelos de nomeação"; "Abordagem relacional e política judicial informal"; "Perfil de uma elite profissional"); e, por fim, VI) "O Supremo na Conjuntura" (painel de fechamento do evento).

Em sua última edição, realizou-se o 5º *Workshop Mare Incognitum*, realizado nos dias 22 e 23 de novembro de 2021, com destaque para questões distribuídas em nove painéis e diversas apresentações, a saber: a) "Estabilidade e mudança no julgamento de políticas públicas no STF"; b) "O federalismo revisitado: novas possibilidades de pesquisa empírica sobre conflitos federativos no STF"; c) "Limites além da conjuntura: revisitando a construção institucional do Supremo Tribunal Federal"; d) "Controle da classe política no STF: competência criminal e comportamento judicial"; e) "Avaliação da Percepção Social sobre o STF: autoridade decisória e presença digital do Tribunal"; f) "Compreendendo a polarização no STF: interpretando dimensões latentes e a direção ideológica dos casos"; g) "Indicações presidenciais: alinhamento ideológico, gratidão ou lealdade"; h) "A psicologia experimental da tomada da decisão judicial"; i) "A ascensão do plenário virtual: nova dinâmica, antigos poderes"; j) "As pautas do Supremo: jogo colegial e determinação individual do tempo decisório nos plenários presencial e virtual"; k) "A formação da pauta de julgamentos no plenário físico do STF"; l) "A fundamentação de decisões no STF: investigando a aplicação de teorias normativas"; m) "O STF é um tribunal de teses?"; n) "O Supremo em ação: sentidos do Direito e práticas judiciárias"; o) "O papel da burocracia interna no processo decisório do STF"; p) "Forças armadas, STM e o STF"; q) "Novos olhares sobre a história do STF"; q) "Muita energia para pouca luz: o papel do PGR nos processos no STF"; e, por fim, r) "Presidência do Supremo Tribunal Federal" (painel de encerramento do evento).

Essa miscelânea de interessantes questões e de enfoques temáticos, que têm sido articulados pelo *Insper* são representativos de que há pontos e mais *pontós* de exploração para cada uma das linhas de investigação às quais este Segundo Capítulo se dedicou. A ampliação da agenda de pesquisas sobre o Supremo não é fruto de um trabalho meramente individual – e, aqui, a título de conclusão parcial a este Capítulo Segundo, já antecipamos a grande tarefa pública e institucional que as Considerações Finais desta Tese endereçarão. Trata-se, antes de tudo, de um esforço coletivo de investigação no qual a presente proposta de qualificação uma Agenda de Pesquisa almeja se inserir. Desse modo, propõe-se um diálogo mais abrangente e detalhado com a reverberação dessas novas frentes de investigação de modo a sugerir – por quê, não? – alternativas e experimentos institucionais disponíveis a partir da realidade e da normatividade do STF. O escopo deste livro, até este ponto, foi no sentido de realizar um mapeamento dos potenciais analíticos a respeito das diferentes agendas de pesquisa neoinstitucionais em pleno aprimoramento no campo de estudos constitucionais e institucionais sobre o STF.

No próximo capítulo, diante da reafirmação da hipótese de aparente esgotamento das possibilidades analíticas da *Judicial Politics*, como uma alternativa à ilusão de eterno retorno, pretende-se, primeiramente, apresentar chaves de percepção que permitam melhor decifrar os segredos dessa obra ainda inacabada: a Arquitetura Constitucional; e a Engenharia Institucional do próprio Supremo (Capítulo Terceiro). Em um segundo momento, como alternativa de estruturação de uma Agenda Suprema de pesquisa, assim como de transformação do próprio Supremo, busca-se o escalonamento de elementos qualitativos e quantitativos que permitam uma definição mais precisa do Tribunal em suas amplas perspectivas e experiências de manifestação de poder (constituído e constituinte): seja como protagonista judicial, seja como um dos atores institucionais estratégicos para a transformação do Estado brasileiro (Considerações Finais deste livro).

CAPÍTULO 3

Arquitetura Constitucional & Engenharia Institucional: "Chaves" & "Segredos" de um inacabado Supremo Tribunal Federal

"O Supremo Tribunal Federal está de vela na cúpula do estado"
(Rui Barbosa)

"O Supremo Tribunal Federal, esse outro desconhecido"
(Aliomar Baleeiro)

"O Supremo é um arquipélago de 11 ilhas"
(José Paulo Sepúlveda Pertence)

O objetivo deste Capítulo é captar, em caráter experimentalista, como o Supremo Tribunal Federal pode ser compreendido em termos analíticos, de maneira inovadora e a um só tempo, em suas dimensões constitucional (leia-se pelo enfoque jurídico-político) e institucional (*v. g.* pelo viés político-jurídico). A tarefa desta terceira parte abarca, inicialmente, o desbravamento das fronteiras das visões hegemônicas sobre o Supremo, tanto no campo do Direito, quanto no da Política, nas diversas frentes, linhas ou agendas de pesquisa em torno da Judicialização da Política (*Judicial Politics*) – seja na vertente do ativismo judicial, seja na da politização da Justiça (temas abordados pelo Segundo Capítulo).

Nesse contexto, inicialmente, o STF é apresentado a partir da perspectiva do construtivismo jurídico-institucional. Ou seja, um objeto representado por visões ainda recorrentes no âmbito do pensamento político-social brasileiro, com destaque para os aspectos jurídicos de sua conformação e sua transformação. Para tanto, a título de premissas teóricas, lança-se mão dessa leitura como apta a apresentar o segredo e a chave para a formulação de alternativas às visões ainda hegemônicas a respeito do Supremo, a saber: o neoinstitucionalismo e o neoconstitucionalismo (Seção 3.A). Em seguida, apresentam-se como premissas historiográficas a relação do Supremo com o processo constituinte do texto de 1988 – aqui, entendido, a um só tempo, enquanto monumento histórico de cultura e de barbárie (Seção 3.B). Após tais contrapontos preliminares, parte-se para a exposição dos elementos constitutivos da Arquitetura Constitucional (Seção 3.C) e da Engenharia Institucional (Seção 3.D), como ferramentas para a transformação da percepção em torno do próprio STF, a partir de experimentos recentes relacionados à estrutura e ao funcionamento do Tribunal. A título de concatenação final, na (Seção 3.E) sustenta-se a complementaridade dessas óticas, reciprocamente imbricadas e informadas pelo fomento ao experimentalismo e à inovação institucional. Nesse cenário, o Supremo passa a ser representado, apenas, como uma instituição constitucional brasileira. Do ponto de vista dos arquétipos, uma edificação institucional – nem divina e muito menos heroica – mas, antes de tudo, uma obra inacabada e constituída por contradições. Eis o enredo básico deste Terceiro Capítulo.

3.A: Premissas teóricas: o Supremo a partir da perspectiva do construtivismo jurídico-institucional

Encarar o Supremo a partir da perspectiva do construtivismo jurídico-institucional, para os fins desta tese, significa explorar de que maneira específica a sua atual conformação se manifesta no Brasil, seja do ponto de vista jurídico-político (Arquitetura Constitucional, vide Seção 3.C), seja da perspectiva político-jurídica (Engenharia Institucional, *cf.* Seção 3.D). Desse modo, a proposta preliminar é a de identificar, sempre que possível, desafios democráticos e riscos autoritários, seja em razão da configuração normativa que o Tribunal recebe do texto constitucional de 1988, seja pelas práticas interpretativas e dinâmicas institucionais que perduram de modo ainda irrefletido.

Essa é a missão desta seção preliminar. É somente a partir da identificação desses ditos, interditos e os "não-ditos" – os silêncios – que pretendemos identificar o segredo e a chave para uma perspectiva que encare o STF a partir da dinâmica do construtivismo jurídico-institucional, tal como proposta pelo pensamento mangabeira-ungeriano. Nesse contexto, o propósito é o de observar os experimentos em torno da prática institucional do Tribunal como um laboratório para repensar e reorganizar o Brasil.

O que propomos, portanto, é que o exercício de reflexão a respeito do órgão de cúpula do Poder Judiciário sirva de mote para uma interpretação mais produtiva em torno da maximização dos potenciais que o país já desempenha e, ademais, que pode vir a ostentar. Para tanto, a primeira tendência de pensamento a ser rompida é a longa tradição do denominado "colonialismo mental". Mangabeira Unger (2018:18/19), na obra "Depois do Colonialismo Mental: Repensar e Reorganizar o Brasil", assim se reporta a esse fenômeno:

> Aponto para um futuro em que o Brasil se livre do colonialismo mental. Sabemos que colonialismo mental não é destino: seu peso, embora nunca anulado, variou muito em diferentes épocas da nossa história e departamentos diversos de nossa vida nacional.
>
> Colonialismo mental é a disposição de interpretar nossa experiência e nossos futuros possíveis pelos olhos de ideias trazidas de outros países – os países de referência. Traço decisivo do colonialismo mental é a ruptura entre a experiência coletiva e sua representação ou explicação. A experiência é vivida. A representação e a explicação são importadas.
>
> A alternativa ao colonialismo mental não é a dependência de ideias meramente locais, como se não houvesse ou devesse existir pensamento universal, poderoso e indispensável na intepretação de realidades locais. É que as ideias que fundam e orientam a interpretação da experiência nacional, importadas dos países de referência, apresentam-se como tudo ou nada, um instrumento que podemos usar, mas nunca reconstruir à luz do que nossa experiência nos revelou. Com isso, quebra-se a relação recíproca entre experiência e reflexão. No máximo, troca-se um prisma emprestado por outro. Não se desenvolvem e se reconstroem as ideias a respeito da sociedade e de seus futuros possíveis.
>
> O resultado da ruptura entre experiência e reflexão é a obscuridade do país a si mesmo. Dessa obscuridade, resultam inibição e apequenamento. Na medida em que o país ou seus quadros dirigentes se rendem ao colonialismo mental, deixam de estar na posse de si mesmos.

Desse modo, primeiramente, conforme salienta Carlos Sávio Gomes Teixeira (2015:71), a invocação da abordagem mangabeira-ungeriana é motivada pela:

> (...) ênfase no estudo das instituições e a discussão sobre a formulação de alternativas institucionais para o Brasil. A importância prática deste foco é evidente: as soluções para os grandes problemas brasileiros passam por inovações institucionais. Não se

pode inferir o conteúdo de tais inovações de abstrações conceituais como democracia, mercado, capitalismo ou socialismo. As opções institucionais decisivas situam-se num nível de concretude que tais abstrações não alcançam. Não menos importante, embora menos evidente, do que o alcance prático deste tema é sua importância teórica. As instituições e o debate sobre as alternativas institucionais ocupam, como sabemos, lugar precário no pensamento social contemporâneo. Tratar das instituições é abordar a organização construída da sociedade – construída, acima de tudo, na forma detalhada e miúda dos arranjos legais – sempre marcados pela presença de variações e contradições que a definem. Em qualquer domínio do pensamento, compreender um conjunto de fenômenos é entender aquilo em que se podem transformar tais fenômenos em determinadas condições. Esse tem sido o *leitmotiv* do pensamento de Unger e sua relação com o Brasil.

Em termos do pensamento político-social brasileiro, neste Terceiro Capítulo, afastamo-nos, confessadamente, portanto, das abordagens do liberalismo culturalista e do estruturalismo sociológico[162], para aderirmos ao construtivismo jurídico-institucional de tal sorte que a originalidade da experiência jurídica e da vivência das instituições brasileiras sirvam de referência para a inovação e o oferecimento de possibilidades de transforma-

162 Teixeira (2015:58-59), no artigo "Modos de explicar o Brasil: o estruturalismo sociológico de Florestan Fernandes e o construtivismo institucional de Mangabeira Unger" pontua que: "O pensamento político-social brasileiro tem três grandes perspectivas de explicação do Brasil. As duas primeiras, predominantes hoje na academia e na mídia, são o liberalismo culturalista e o estruturalismo sociológico, dominado pelo esforço de aplicar os ensinamentos da teoria social – sobretudo a europeia – ao Brasil. O terceiro paradigma é o construtivismo institucional, que marcou o surgimento e o desenvolvimento do trabalhismo histórico brasileiro. Embora cada uma dessas categorias indique uma unidade de elementos capaz de formar um conjunto coerente, deve-se observar também o seu caráter relativo, já que alguns pensadores integrantes de cada uma destas correntes podem frequentar uma espécie de zona fronteiriça dessas categorias. O liberalismo culturalista tem duas versões nativas: a psicossocial, que advoga a tese do personalismo como elemento fundamental de nossa ordem social e a institucional, a qual sustenta que o maior problema do país é o seu patrimonialismo endêmico organizado em torno do estamento burocrático que controla o Estado e através dele mina a capacidade de livre desenvolvimento do mercado entre nós, tal como teria ocorrido, por exemplo, nos Estados Unidos. A base dessa visão é a de que a nossa formação histórica foi dominada por uma herança de ideias, práticas e instituições advindas do mundo ibérico que precisam ser removidas. Na programação político-institucional, a sua inspiração é o federalismo de cepa norte-americana e o constitucionalismo, tendo a questão da representação política e da autonomia da chamada sociedade civil contraposta ao Estado como seus eixos basilares. Já o estruturalismo sociológico tem como sua principal ambição explicar o advento da ordem social capitalista e sua estruturação no Brasil. Ele sempre foi dominado pela tradição marxista e sediado fundamentalmente em São Paulo. A sua principal tarefa analítica centrou-se no esforço de revelação da dinâmica de nossa penosa revolução burguesa. Um de seus desdobramentos tem sido uma sociologia que se ocupa fortemente da denúncia dos processos de exclusão social derivados da forma de organização e funcionamento da sociedade de classes no Brasil. O seu programa político-institucional oscila entre a proposta de revolução e de democracia social sem, contudo, ser capaz, como seus congêneres europeus, de escapar do estatismo e do corporativismo como os arranjos institucionais que, na prática, acabam traduzindo suas ideias abstratas como a de socialismo."

ção das estruturas sociais. Conforme sugere Teixeira (2015:59), o construtivismo institucional apresenta como chave – isto é, como foco de atenção analítica:

> (...) o processo de constituição da nação – partindo da crítica das instituições e práticas transplantadas em uma sociedade oligárquica e insolidária –, propondo a superação do colonialismo mental por meio de um método de compreensão da relação entre ideias e instituições para uma sociedade ainda subdesenvolvida. No programa político institucional, o acento na anterioridade das liberdades civis em face das liberdades políticas e a reorganização do capitalismo brasileiro como meio de construir a nossa civilização foram a sua marca em um primeiro momento, cuja natureza autoritária foi aos poucos sendo suplantada por uma perspectiva baseada na democratização socioeconômica como forma de mudança social

A postura interpretativa sugerida por essa visão nos incita a evitar a leitura dominante de descrever o Supremo Tribunal Federal como mero transplante de ideias e de instituições de outras tradições sociais, jurídicas e políticas. Ao contrário, a abordagem que pretendemos desenvolver, neste Capítulo, é a de apresentar o Supremo brasileiro a partir de suas peculiaridades para, tendo em vista a vivência e a dinâmica do desempenho da jurisdição constitucional, pontuar de que maneira é possível imaginar ferramentas, práticas e modificações que promovam a transformação institucional do Tribunal.

Desse modo, as ferramentas da Arquitetura Constitucional e da Engenharia Institucional emergem como contributos no sentido de que o tema: a) pode ser melhor articulado na literatura especializada e mais profundamente compreendida pelas diferentes linhas de investigação sobre o STF; e b) do ponto de vista institucional, não só pode, como deve ser reconfigurada e radicalmente transformada para uma modelagem inovadora, emancipatória e engrandecedora de sua edificação institucional e constitucional.

Em um campo minado de visões conflitantes sobre o Supremo, hoje, vive-se uma verdadeira guerra entre gregos e troianos – juristas e politicólogos promovem, em cada uma dessas trincheiras de batalha, um debate ensimesmado e pouco articulado entre si. Os enfoques do jurídico e do político são, usualmente, estanques e quase não se entranham. O constitucional e o institucional parecem seres de diferentes planetas a se estranhar. A partir desse pano-de-fundo, vale submeter cada um desses campos a um crivo mais exigente.

No campo do Direito, o Supremo emerge, no cenário jurídico brasileiro, como uma espécie de figura "sacrossanta". A ponto de, não raro, se resgatar a fala do Juiz estadunidense Charles Evan Hughes no sentido de que "*We are under a Constitution but the Constitution is what the judges say it is, and the judiciary is the safeguard of our liberty and of our property under the Constitution*". Numa tradução livre para o português falado no Brasil: "Nós estamos sob uma Constituição, mas Constituição é aquilo que os juízes dizem que ela é, e o Judiciário é a salvaguarda da nossa liberdade e da nossa propriedade sob essa mesma Constituição". [163]

Num passe de mágica – e não são raros os julgados ou os debates em que, em plena Sessão Plenária do Supremo Tribunal Federal –, a ideia acima é invertida e convertida em "A Constituição é aquilo que o Supremo disser que ela é". A frase, tomada isoladamente, pode até parecer compatível com a já aludida noção de "guarda da Constituição". [164] A dúvida constitucional que poderíamos exercitar é: seria o Supremo o intérprete mais autorizado, o único hermeneuta oficial – ou, ainda, como sugere Hans Kelsen – o intérprete autêntico do texto constitucional?

---

163 Esse raciocínio é atribuído ao ex-presidente da Suprema Corte Estadunidense, o *Justice* Charles Evan Hughes (que atuou na *Supreme Court*, de 1910 a 1916). Tal adágio é registrado no clássico "Teoria e Prática do Poder Judiciário" do ex-ministro do Supremo José de Castro Nunes (1943:595), que atuou perante o STF de 10 de dezembro de 1940 a 16 de setembro de 1949. Eis a invocação do raciocínio: "O lema é a frase do *chief-justice* Hughes, tantas vêzes recordada: 'Vivemos sob uma Constituiçao, mas o que seja esta são os juízes que o dizem' – '*We are under a Constitution, but the Constitution is what the judges say it is.*'".

164 José Joaquim Gomes Catotilho (2003:22) registra, a respeito, que: "A repetida fórmula do juiz Hughes sintetiza esta matriz: '*We are under a Constitution, but the Constitution is what the judges say it is*'. Isto explica que muitos manuais e livros de estudo dediquem desenvolvidos capítulos ao papel dos tribunais, especialmente do *Supreme Court*, e à função de fiscalização da constitucionalidade das leis por eles exercida (*judicial review*).'"

Essa afirmação sobre o papel exclusivo do Supremo pode ser amainada por tintas dialéticas mais liberais, como as de John Rawls (2000:288), cuja obra chega, no limite, à seguinte formulação: "A Constituição não é aquilo que a Suprema Corte diz que ela é, e sim aquilo que o povo, agindo constitucionalmente por meio dos outros poderes, permitirá à Corte dizer que ela é". Mesmo assim, parece faltar algo nessa equação institucional. O raciocínio ainda não nos parece pleno porque, primeiramente, o pressuposto da "judicialização do constitucional" acaba por "converter os problemas político-constitucionais em problemas de aplicação judicial da constituição", como alerta José Joaquim Gomes Canotilho (2003:23). Em segundo lugar, falta contemplar, de modo concreto e específico, a dimensão institucional e jurídica (ainda que não necessariamente judicial) da Constituição.

Na seara do pensamento jurídico, portanto (e, ainda mais, o pensamento constitucional), é de se notar a incômoda hegemonia (há décadas) da tendência que Mangabeira Unger (2004) denomina análise jurídica racionalizadora. No artigo *"A constituição do experimentalismo democrático"*, Mangabeira Unger (2011:59) propõe que:

> A prática do direito – inclusive do direito constitucional – trocaria a idealização das normas vigentes (o discurso dos princípios e das políticas públicas) pela imaginação das instituições alternativas. O vínculo entre a ideia da democracia e a prática do direito é claro e simples. Devemos conceber a democracia hoje como, antes de qualquer coisa, processo de descoberta e de aprendizagem coletivas. Ao direito, a começar pelo direito constitucional, cabe organizar este processo e tomar como suas as aspirações do projeto democrático. O aprofundamento do experimentalismo democrático é, ao mesmo tempo, para o direito, assim como para a democracia, método e alvo.

Segundo essa ótica criticada pela obra mangabeira-ungeriana, os caminhos do direito e da política se separariam assim como água e óleo. Essa abordagem prevalecente pode ser ilustrada a partir da obra de autores advindos, inclusive, de duas tradições teóricas contemporâneas e distintas: a américo-estadunidense e a alemã – ambas com considerável ressonância perante o Poder Judiciário e, também, na jurisdição do Supremo Tribunal Federal (STF).[165]

Seja pela proposta ianque de levar a sério o postulado de integridade no direito e na política de Ronald Dworkin (2003), ou ainda a metódica da proporcionalidade advinda da tradição germânica de ponderação de valores constitucionais de Robert Alexy (2011), denota-se como traço comum uma percepção muito rígida ou pouco fluida da relação entre os significantes do "direito" e da "política" – considerados, praticamente, líquidos imiscíveis. Partindo-se do recurso epistemológico da elaboração de genealogias do direito e da política, curiosamente, essas tentativas de separar o jurídico do político acabam por esvaziar as dimensões sociais e imaginativas do constitucional e do institucional a ele relacionado. Esse empobrecimento ocorre não somente em sua dimensão da legitimação pelo procedimento[166], mas também no que diz respeito ao conteúdo da própria autoridade derivada de sua faticidade e de sua validade.[167]

Independentemente da leitura peculiar promovida por essas duas abordagens teórico-jurídicas que resumem o fenômeno constitucional a um embate lógico-operacional e metódico entre regras e princípios, há a permanência de um senso comum teórico dos juristas[168], pouco sensível e quase indiferente às dimensões institucionais e constitutivas do próprio direito e da política. "Entre Têmis e Leviatã"[169], as origens dessa cegueira (deliberada ou não) são tributárias das referências que, inspiradas pelo ímpeto iluminista do paradigma da

---

165 Veja-se, a respeito, a obra: Falcão, Joaquim. *O Supremo*. Edições de Janeiro. Rio de Janeiro: FGV Direito, 2015.

166 Niklas Luhmann (1983 e 1985).

167 Jurgen Habermas (1998).

168 A categoria "*senso comum teórico dos juristas*" é conceituada por Luís Alberto Warat (1994:14) como: "*conjunto de crenças, valores e justificativas por meio de disciplinas específicas, legitimadas mediante discursos produzidos pelos órgãos institucionais, tais como os parlamentos, os tribunais, as escolas de direito, as associações profissionais e a administração pública.*"

169 Destaque, nesse sentido, para a obra de Marcelo Neves (2008): "Entre Thêmis e Leviatã – uma relação difícil: o estado democrático de direito a partir e além de Luhmann e Habermas".

Modernidade, caminham em franco esgotamento de seu potencial. No âmbito da "Teoria da Constituição"[170], esse tipo de pensamento se tornou comum durante os Séculos XIX e XX, numa tentativa – fracassada, diga-se de passagem – de fundar um estatuto autônomo da "Ciência do Direito"[171], que lhe preservasse a identidade diante das demais "Ciências Humanas" e "Ciências da Natureza".

Essa tendência secular é muito bem definida por Caio Rodriguez (2011:31-32), como um "ponto cego intelectual na relação entre problemas sociais e o direito", de tal sorte que:

> A chamada indeterminação do direito – que, intuitivamente, corresponde à percepção quanto à insuficiência do mecanismo dedutivo da subsunção e à convicção de que motivações "subjetivas" são significativamente determinantes na tomada de decisões judiciais — tem encontrado ressonância, em vários teóricos recentemente, no desejo de enfrentamento de problemas sociais, de caráter eminentemente distributivo, por intermédio do direito. A dita indeterminação do direito no contexto da decisão judicial passa a ser, ao mesmo tempo, o pretexto e o veículo para o que se poderia chamar de uma estratégia interpretativista de melhoramento social.
>
> De fato, atualmente, o principal instrumento utilizado por juristas (estudiosos e profissionais do direito) para enfrentar problemas sociais é a elaboração de propostas interpretativas, sobre parcelas do direito estabelecido, que possam ser aproveitadas pelo órgão competente para aplicar o direito, quando este se encontrar diante de um conflito que exija uma decisão particular para um caso que ilustre o problema social geral.

Em tais leituras interpretativistas ainda hegemônicas – as quais podem ser denominadas, aqui, como "Neoconstitucio-

---

170 A título meramente ilustrativo e sem pretensões de caráter exaustivo, apontam-se as concepções da "Constituição" enquanto: i) "soma dos fatores reais de poder" (Ferdinand Lassale); ii) "decisão política fundamental" (Carl Schmitt); iii) "norma jurídica fundamental" (Hans Kelsen); e iv) documento dotado de "força normativa" (Konrad Hesse).

171 A expressão é apresentada entre aspas apenas para enfatizar que, mesmo sob a clássica concepção de Ciência Moderna, dificilmente, o conhecimento jurídico poderia ser enquadrado, a rigor, enquanto exclusivamente científico. A esse respeito, a obra *"A Pureza do Poder: uma análise crítica da teoria jurídica"* de Warat (1983) é emblemática quanto aos limites e possibilidades de uso da "Teoria Pura do Direito", atribuída a Hans Kelsen.

nalismo"[172] –, o direito é reconstruído como um dado objetivo, um discurso abstrato, generalizado e sistematizado, com alguma ancoragem ética a partir da idealização de princípios de caráter universalizante e políticas públicas impessoais. Nesse contexto, a Constituição aparece quase como um inescapável fim da história – quase como se nada de novo pudesse surgir além da defesa intransigente dessa espécie de "Castelo de Princípios entrincheirado por Cláusulas Pétreas".

Para além daquilo que Abraham Lincoln, no notável discurso do Cemitério de *Gettysburg*, a 19 de novembro de 1863 (ou há cerca de 160 anos), nomeou como o "Governo dos Mortos", essa leitura enfadonha da Constituição transforma o "Governo dos Vivos" em mera reprodução ou busca por compensação de um passado injusto, desigual e violento. Sem prejuízo de reconhecer a importância desse marco – sim, o Brasil segue um país de injustiças; também, de desigualdades; e, sobretudo, de violências (veladas e/ou explícitas) –, o que sobra, no presente, para a tarefa da imaginação ou de inovação? Estaríamos todos fadados a repetir, de maneira enfraquecida, os arranjos experimentais já testados (e fracassados) sobre as Supremas Cortes no mundo?

Na seara desses potenciais jurídico-políticos desperdiçados, é comum observar a postura intelectual de juristas que pode ser caricaturalmente exposta quase como um dogma de que a indeterminação estrutural e funcional do direito se resume a questões de ordem semântica que, dada a sua abstratividade, são complacentes com praticamente qualquer derivação de sentido. Note-se, apenas para que fiquemos com uma ilustração, os efeitos de uma leitura "pan-principiológica" da corrente que se autodenomina Neoconstitucionalismo e que ainda continua na

172 Segundo Luís Roberto Barroso (2005:15): "Em suma: o neoconstitucionalismo ou novo direito constitucional, na acepção aqui desenvolvida, identifica um conjunto amplo de transformações ocorridas no Estado e no direito constitucional, em meio às quais podem ser assinalados, (i) como marco histórico, a formação do Estado constitucional de direito, cuja consolidação se deu ao longo das décadas finais do século XX; (ii) como marco filosófico, o pós-positivismo, com a centralidade dos direitos fundamentais e a reaproximação entre Direito e ética; e (iii) como marco teórico, o conjunto de mudanças que incluem a força normativa da Constituição, a expansão da jurisdição constitucional e o desenvolvimento de uma nova dogmática da interpretação constitucional. Desse conjunto de fenômenos resultou um processo extenso e profundo de constitucionalização do Direito."

moda perante a atual composição do Supremo Tribunal Federal (STF)[173]. Noções jurídicas como "dignidade da pessoa humana" (art. 1º, Inciso III, da Constituição), por exemplo, assumem uma abstração melíflua tal que nada lhe escapa. Trata-se de argumento-trunfo que, em tese, pode ser invocado em qualquer caso – a depender do gosto do intérprete de plantão, nas encruzilhadas da Política e do Direito.[174] Apenas para ilustrar, por fim, o tipo de situações a que essa visão de mundo pode dar azo, vale aludir, aqui, a um caso concreto, apreciado pela Suprema Corte, em que a compra de "um pacote de pão de queijo congelado de R$ 5,69, que estava mofado" (*sic*) – sim, isso mesmo! – serviu de base para um pedido de indenização, no valor de R$ 5.000,00 (cinco mil reais), por alegados danos morais à personalidade de consumidora que se sentiu lesada por rede de supermercados no Estado do Rio de Janeiro (Recurso Extraordinário com Agravo – ARE – 729.870/RJ, decisão monocrática de 14.10.2013, Relator Ministro Teori Albino Zavascki).[175]

Em resumo, chega-se à visão de que a interpretação do texto constitucional seria autorreferente – isto é, pode até estar retoricamente aberta aos influxos das novas causas que inundam, no cotidiano, o sistema judicial, mas que, do ponto de vista operacional e institucional, segue fechado. Esse encapsulamento lógico-normativo nubla as possibilidades de compreensão dos aspectos institucionais sobre o direito – o que, por sua vez, bloqueia o potencial transformador do próprio sistema judicial.

---

173 Nesse particular, é ilustrativo o artigo, citado na nota anterior, "*Neoconstitucionalismo e Constitucionalização do Direito: o triunfo tardio do direito constitucional no Brasil*", de autoria de Luís Roberto Barroso (2005), o qual passou a figurar como membro do Supremo a partir de 26 de junho de 2013, nomeado pela então Presidenta Dilma Vana Roussef. Atualmente (desde 25 de maio de 2020), acumula a função de Presidente do Tribunal Superior Eleitoral (TSE) – sendo o 53º ocupante da Presidência do Órgão Eleitoral.

174 Conforme salienta Rodriguez (2011:33): "O problema não é que, ao abandonar o formalismo (se é que o abandonamos de fato), ficamos sujeitos a interpretações 'forçadas', nas quais a retórica de princípios e valores constitucionalmente consagrados institui um 'vale-tudo'; o problema é subscrevermos, sem saber, a determinado pressuposto sobre o papel do direito e sobre sua organização institucional, descritiva e normativamente específico. O aspecto curioso da situação, do ponto de vista intelectual, é que essa limitação tornou-se, para nós, interessados no estudo do direito, praticamente invisível. Temos dificuldades, inclusive, para imaginar outro papel para o jurista, fora do contexto jurisdicional e interpretativo. E essa dificuldade, mesmo quando se chega a expô-la, de qualquer forma, é comumente defendida como natural, a partir de uma oposição abstrata entre direito e política, a legitimar a contenção da atividade do jurista a 'questões jurídicas', em oposição à sua intervenção em 'questões políticas'."

175 Notícia veiculada pelo portal de informações jurídicas "Consultor Jurídico" (endereço eletrônico da página e *link*: http://www.conjur.com.br/2013-out-20/recurso-pao-queijo-teori-zavascki-mudanca-cultural-justica).

Em caráter prospectivo, o direito e as instituições políticas são vistos em consonância com o devir das representações sociais sobre o ser e o dever-ser dos fenômenos constitucionais. Nesse cenário, nada mais resta além de chancelar a faticidade da sucessão dos acordos e das imposições que prevaleçam no curso histórico e, por isso, a Constituição é compreendida como mero reflexo político de diferentes interesses e ideias numa dada quadra histórica (para aludir a uma referência clássica do Direito Constitucional, ela se torna mera folha de papel (*"ein Stück Papier"*), como diria Ferdinand Lassale, em 1864).

Além da perda do "passado" e do "futuro", também são enfraquecidos os papéis do jurista e do politicólogo no presente. Assim, tal qual pressupunha o positivismo jurídico do Século XIX, ainda há algum sentido na fixação de diretrizes normativas impessoais e abstratas, todas elas descoladas das realidades institucionais, políticas e sociais a que se destinam? De outro lado, ainda nas perspectivas funcionalistas e estruturais contemporâneas, será que bastaria ao direito generalizar expectativas normativas[176] a partir de operações de pretensa interpretação imparcial quanto à aplicação de princípios universais?

Tem-se a sensação de que falsas encruzilhadas se descortinam tanto para o direito, quanto para a política. Ora, se assume a senda das leis que não pegam. Ora, se adere ao discurso "neolegislativo" de que "mais leis são necessárias". Nos dizeres de Luigi Ferrajoli (1998:808), vivem-se os efeitos de uma "metástase legislativa" que é uma nova versão do reformismo "de fachada". Não é suficiente a mera mudança formal das instituições e dos diplomas legais. A reconfiguração normativa, institucional e estrutural deve ser pragmaticamente competente para ampliar as oportunidades concretas de engrandecimento e de despertar da humanidade e de ação e de interação institucional

176 A esse respeito, veja-se, a título ilustrativo, as obras de Luhmann (1983 e 1985).

com o mundo.[177] É crucial o resgate teórico-crítico das possibilidades de conhecimento sobre o direito, sobre o poder e sobre a Constituição[178], de modo a superar as leituras ortodoxas que esvaziam olhares passados, presentes e futuros acerca do papel complementar do jurídico e do político do Judiciário na democracia brasileira contemporânea.

Nesse particular, é pertinente levarmos a sério os seguintes problemas suscitados por Diego Arguelhes (2011:88), no sentido de que é necessário reconfigurar os potenciais críticos a respeito do potencial de transformação institucional a partir do Poder Judiciário (em especial do Supremo):

> É certo que, no cenário maior do projeto do experimentalismo democrático, diminuir expectativas em relação ao potencial político transformador do Judiciário é um necessário antídoto contra a influência da análise jurídica racionalizadora. Mas esse antídoto traz dois problemas significativos para a proposta de eleições antecipadas. Primeiro, tendo em vista que há dúvidas quanto à capacidade judicial de resistência a movimentos políticos intensamente organizados, que conquistaram a Presidência e têm o apoio da opinião pública, o Supremo Tribunal Federal só teria chance de ser um "poder-sombra" efetivo em uma comunidade que apoiasse a participação de tribunais no processo decisório político. Ocorre, porém, que esse tipo de discurso judicializante é exatamente um dos elementos que Unger deseja remover do centro do imaginário constitucional contemporâneo.

Como apresentar, então, sob a perspectiva da "Ciência Política", esse aparente impasse?

---

177 A pragmática de Mangabeira Unger (2020:283), na qual esta tese se inspira, propõe que: "Podemos mudar o contexto. Sim, podemos mudar ao longo do tempo – tempo biográfico e tempo histórico – o caráter de nossa relação com todos os contextos. Podemos fazê-lo reformando todas as nossas instituições e práticas de modo que possamos estar mais autenticamente no mundo, no nosso mundo, e fora dele ao mesmo tempo, ou, para usar uma frase consagrada, de modo que possamos estar no mundo sem pertencer a ele".

178 Para os fins da presente, porém, essa discussão perde a sua centralidade diante dos inúmeros indícios do agravamento da crise do saber ocidental, reduzido *quase* exclusivamente à "ciência". De toda sorte, privilegia-se o termo *conhecimento sobre o direito*, o qual é entendido, neste estudo, como conjunto diferenciado de saberes teóricos e técnicos aplicáveis no meio social para a compreensão e solução de conflitos jurídico-políticos e para a construção democrática da cidadania no contexto de emergência dos direitos fundamentais de sede constitucional e humanitária. A respeito da *crise* da Ciência e do Direito na modernidade, *cf.* Boaventura de Sousa Santos (2002).

Do ponto de vista desse campo de batalha, há um entrincheiramento lógico do pensamento político em torno do Supremo: as diferentes abordagens a respeito do fenômeno da judicialização da política (abordadas no Capítulo Segundo). O debate sobre o STF segue acorrentado ao diagnóstico, quando não à falsa questão, da ambivalência entre a judicialização da política (de modo geral, intervenção do judiciário em questões de política legislativa ou de políticas públicas) e a politização da justiça (ou seja, de maneira ampla, da assunção de posturas políticas – diretas e/ou indiretas – e/ou partidárias – explícitas e/ou implícitas – por integrantes do sistema judiciário). Confundem-se, com frequência, os sintomas com a causa. Este livro combate essa aporia porque tal leitura acaba por presumir falsas necessidades.[179] Para entender o Supremo, ainda que se entenda necessário, não é suficiente recorrer aos diagnósticos da judicialização da política, nem da politização da justiça ou, ainda, das suas demais variações.

À direita e à esquerda, o pensamento sobre a atuação do Supremo segue vitimizado pelas leituras, ora mais "ativistas", ora mais "deferentes", a depender do rótulo e/ou do resultado que se pretende, as quais são filtradas, tanto pelo debate social, quanto pela literatura política especializada, como entendimentos "progressistas" e/ou "conservadores", a partir da perspectiva do interesse em questão. O relativismo desse tipo de análise presume a escassez de recursos intelectuais e imaginativos (o que, diga-se de passagem, parece uma estranha proeminência do pensamento econômico sobre o político). Em

179 Segundo pontua Roberto Mangabeira Unger (2001) na obra "*False Necessity: Anti-necessitarian Social Theory in the service of radical democracy*", é fundamental combater a adesão a uma lógica predeterminada de sistemas institucionais indivisíveis (um ponto comum tanto nas teorias sociais "liberais", quanto nas que se autoproclamam "marxistas"). De acordo com Mangabeira Unger (2005:13): "Como teoria explicativa da sociedade, a concepção de necessidade falsa pretende libertar a teoria social de sua dependência da negação da liberdade para resistir e refazer modelos sociais. A teoria das necessidades falsas oferece perspectiva antideterminista radical que, no entanto, suscita amplo espectro de explicações sociais e históricas. Algumas são explanações gerais e abstratas, outras são mais concretas. Leva-se ao extremo a tese de que tudo na sociedade e política, mera política, e em seguida extrai-se dessa aparente ideia negativista e paradoxal uma compreensão detalhada da vida em sociedade."

decorrência disso, não somente a avaliação, mas as próprias possibilidades de argumentação a respeito do Supremo enquanto fenômeno tipicamente político, são restringidas, tanto na perspectiva constitucional quanto na institucional. Essa visão limitadora acaba por aprisionar o pensamento à falta de alternativas para o aprimoramento do Supremo.

Em oposição a essa tendência, para lidar com a tradução do Supremo na política, as principais referências do estudo são as sugestivas noções teóricas de experimentalismo e de imaginação institucional.[180] Segundo Mangabeira Unger (2004), trata-se de recursos teórico-práticos e explicativo-instrumentais que direcionam crítica à suposta imparcialidade das visões dogmáticas mencionadas e ainda hegemônicas no direito e na política. Tal leitura mangabeira-ungeriana é um convite à reflexão e à assertividade e nos auxilia a compreender o fenômeno jurídico, antes de tudo, como instrumento de transformação (e não de "apatia", como supõem as visões liberais) "das" e "nas" sociedades contemporâneas, a ponto de oferecer ao Direito Constitucional possibilidades críticas e concretas de mudança estrutural a partir do experimentalismo democrático e das inovações institucionais. Ao se adotar como horizonte de ação e de especulação as infinitas dimensões da imaginação e da experimentação, os impasses e conflitos sociais e ideológicos colocados na "ordem do dia" não passam de meros "fatos" sujeitos à observação, à avaliação e à interpretação.

No contexto da dimensão política, por meio dos experimentos e do engenho de alternativas institucionais, resgata-se o pensamento sobre o potencial transformador do direito e da política surgido no século XX e se propõem novas perguntas

180 Mangabeira Unger (2020:285), na obra "O Homem Despertado", suscita: "A imaginação acima do dogma, a vulnerabilidade acima da serenidade, a aspiração acima da obrigação, a comédia acima da tragédia, a esperança acima da experiência, a profecia acima da memória, a surpresa acima da repetição, o pessoal acima do impessoal, o tempo acima da eternidade, a vida acima de tudo".

para a sociedade complexa do século XXI.[181] A pesquisa não adota a premissa sistêmica e abstrata de observação contemplativa: abraça a pragmática mangabeira-ungeriana de apresentação de alternativas aos problemas, a partir de interpretações do Brasil e de suas repercussões para o povo brasileiro[182].

Realizados esses apontamentos preliminares, a partir da perspectiva do construtivismo jurídico-institucional, o Supremo emerge, neste Capítulo: i) enquanto órgão judiciário diferenciado (em relação aos demais órgãos e tribunais do Poder Judiciário); ainda, ii) como instância estratégica para a tomada de decisões de âmbito nacional e federativo (com referência aos demais poderes e à estrutura federativa do Brasil); e iii) de configuração constitucional e institucional ambivalente – necessariamente jurídica e política –, tendo em vista o conjunto de atribuições e de competências judiciais, legais e regimentais que o texto constitucional de 1988 outorgou ao Supremo.

3.B: Premissas historiográficas: O STF segundo a Constituinte de 1988

As frases iniciais constantes da epígrafe deste capítulo correspondem a representações emblemáticas a respeito de uma aparente evolução da visão a respeito do STF no decorrer do tempo. Para Rui Barbosa, "O Supremo Tribunal Federal está de vela na cúpula do estado". Aliomar Baleeiro, por sua vez, reporta-se, com os seguintes termos, ao órgão de cúpula do Judiciário nacional: "O Supremo Tribunal Federal, esse outro desconhecido". Sepúlveda Pertence, por fim, suscita que "O Supremo é um arquipélago de 11 ilhas".

---

181 A descontinuidade desses potenciais transformadores, sublinha Mangabeira Unger (2004), contribui para a preservação do compromisso de economia política que, ao menos discursivamente, dominou considerável parte do século passado: a social-democracia. Por meio de uma tentativa de solução conciliatória entre ideais liberais e sociais, no campo da potencialidade da política, a visão ortodoxa busca "requentar" a social-democracia – uma tentativa que, contudo, não conseguiu, mesmo em suas inúmeras reedições nacionais, superar as versões contemporâneas – cada vez mais fragmentadas – do neoliberalismo (projeto liberal conservador), de um lado; e, do outro, do redistributivismo marginal tão típico do projeto de Bem-Estar Social como uma espécie de lenitivo para frustrações decorrentes da experiência do socialismo real.

182 Confessa remissão ao espírito de enfrentamento da "formação e o sentido do Brasil", na obra "Povo Brasileiro", de Darcy Ribeiro (1995). Apesar do escopo institucional reduzido do objeto desta investigação, pretende-se, de alguma forma, contribuir para uma maior reflexividade quanto a linha de pesquisa *Interpretações do Brasil*, do Programa de Pós-Graduação em Ciência Política da Universidade Federal Fluminense (PPGCP/UFF).

A aparência é a de que os sentidos históricos sobre o Supremo deslizaram bastante. Respectivamente, a tônica do discurso de um de seus idealizadores republicanos – Barbosa (2202:55-93) –, proferido em 19 de novembro de 1914[183], ostenta um tom que confere um caráter excelso ao Tribunal. Do título contraintuitivo da obra célebre de Baleeiro (1968), produzida por um de seus ex-ministros (com atuação de 1965 a 1975), à fala atribuída[184] ao, também ex-ministro, Sepúlveda Pertence (que integrou a Corte de 1989 a 2007), há algo de diferente no ar. Afinal de contas, o que teria ocorrido para que o órgão que era apresentado como a "sala de comando" do Estado brasileiro durante a República Velha passasse a ser mais um "anônimo" (ou secundário) departamento do aparato institucional durante a Ditadura Militar? E mais: como explicar que um Tribunal – isto é, em tese, um órgão judicial colegiado – pudesse ser melhor descrito, mesmo após a promulgação do texto constitucional vigente, a partir de suas "ilhas", do comportamento de seus ministros e ministras, do que propriamente do Colegiado?

A respeito da fala mais recente, Felipe Recondo (2018), em artigo intitulado "Das 11 ilhas aos 11 soberanos", sugere um outro desdobramento, a partir de fenômenos mais recentes do cotidiano do Tribunal:

> A metáfora foi cunhada pelo ministro Sepúlveda Pertence, quando ainda estava no Supremo Tribunal Federal. O STF era composto por "11 ilhas incomunicáveis". Os ministros não conversavam sobre julgamentos, não se frequentavam, não eram necessariamente amigos. Mas, acrescentou Pertence posteriormente, o Supremo era um "arquipélago de 11 ilhas". Hoje, o tribunal já não forma um arquipélago. Na geopolítica atual do STF, há 11 estados soberanos. Cada um deles declara guerra contra nações

183 Segundo registram Laura do Carmo, Marta de Senna e Soraia Farias Reolon Pereira (2002:56), em nota de pé de página: "Rui Barbosa pronuncia esse discurso em 19 de novembro de 1914, apenas quatro dias após a posse de Venceslau Brás na presidência da República. Refere-se, portanto, ao governo de Hermes da Fonseca, durante o qual se multiplicaram atos arbitrários como o estado de sítio, a execução sumária de revoltosos, o cerceamento da liberdade de imprensa e as tentativas de solapar o Poder Judiciário".

184 Felipe Recondo (2018) registra o contexto dessa frase no artigo "Das 11 ilhas aos 11 soberanos" (disponível no *link*: https://www.jota.info/stf/do-supremo/das-11-ilhas-aos-11-soberanos-28062018).

> inimigas, negocia alianças diplomáticas, adota programas de governo e estabelece uma política interna própria.
>
> Há fenômenos que evidenciam essa nova conformação do tribunal. As decisões monocráticas são o sinal mais claro dessa desagregação do Supremo. Um ministro concede liberdade para parlamentares do grupo político ao qual o associam. Outro ministro liminarmente trava uma política implementada pelo governo. Um terceiro determina que o Congresso vote ou não vote determinada proposta. Um quarto ministro autoriza a quebra de sigilo do presidente da República. Um quinto anula pontos de uma reforma constitucional votada pelo Legislativo.
>
> Outro ponto é a formação de alianças e a busca estratégica por maiorias, manejando o regimento e escolhendo os pares que julgarão o processo. Num tribunal colegiado, por evidente, sempre houve e haverá maiorias vencedoras e minorias vencidas. O ineditismo deste momento do Supremo é a maneira pela qual as maiorias são formadas e as motivações políticas que servem de amálgama.

A alusão a essas representações não é meramente aleatória ou simplesmente retórica. Muito pelo contrário, sem o compromisso de aderirmos a qualquer uma delas, tem-se por propósito endereçar a ideia inicial de que as percepções a respeito do Supremo Tribunal Federal não são "dadas", mas sim, histórica e institucionalmente construídas. Desse modo, sem a pretensão de resgate de todo o itinerário republicano desse alto tribunal da federação brasileira – uma tarefa que já foi realizada por outros trabalhos de fôlego[185] –, o ponto de partida desta seção é o de sustentar, a um só tempo, a abertura da história, assim como a possibilidade de ressignificação de períodos históricos a partir da fluidez de sentidos possíveis.

No que concerne ao escopo desta seção, qual seja, retratar o Supremo segundo a Constituição de 1988, há de se ter em conta que a presente descrição encontra-se, primeiramente, limitada

185 Menciona-se a título ilustrativo o belíssimo esforço de Lêda Boechat Rodrigues (1965), que encarou, em diversos volumes, o desafio de retratar a "História do Supremo Tribunal Federal" durante os primeiros ventos republicanos.

em termos cronológicos (1988-2023); e, ademais, quanto ao sentido que se atribui ao STF no contexto do advento de um novo texto constitucional que, ao menos discursivamente, se colocava como representativo do "cidadão" e do "democrático" – em especial quando contraposto à experiência constitucional imediatamente anterior (a Ditadura Militar). Por fim, há de se compreender, também, se houve, ou não, no decorrer das mudanças formais desse texto da Constituição, assim como das práticas institucionais de sua materialização, a alteração do papel desempenhado pelo Tribunal com relação aos demais tribunais e juízes do país.

Conforme o Capítulo Primeiro pôde sinalizar, a representação de que o Supremo é um órgão político não historicamente nova, nem na crônica historiográfica[186] e muito menos na academia. Lêda Boechat Rodrigues (1965:8), ao abordar os oito primeiros anos da história republicana do Tribunal (1891-1898), assevera que:

> As crises vêm e vão, mas a instituição permanece. Êstes oito primeiros anos de vida do Supremo Tribunal Federal são extremamente importantes na história da preservação das liberdades civis no Brasil, e para a definição das liberdades de palavra e de reunião, muito antes que a Côrte Suprema dos Estados Unidos enfrentasse êsse problema. Correspondem, como observou Américo Jacobina Lacombe, ao primeiro grande ciclo de *habeas-corpus* impetrados por Rui Barbosa, e nêles paira, eminente, a figura do grande, destemido e audaz advogado, jornalista e senador. **Rui contribuiu decisivamente para que o Supremo Tribunal Federal adquirisse a consciência de ser um verdadeiro Poder**, mas a verdade é que ao usar o Tribunal algumas vêzes com grande desassombro as suas atribuições constitucionais, seja com votos dissidentes, seja à unanimidade, o fêz, a exemplo de cada um de seus juízes, a duras penas e correndo êle próprio os riscos de sua tomada de posição. (...)
>
> Podem-se certamente extrair deste estudo algumas lições de valor permanente. Entre elas avulta a de que a democracia bra-

186 A título de exemplo, veja-se Rodrigues (1965).

> sileira teria funcionado de modo ainda mais defeituoso sem o símbolo do Supremo Tribunal Federal e de sua capacidade de encarnar, em determinados momentos, o que existe de melhor na consciência nacional. Supremo intérprete da Constituição, num sistema de controle jurisdicional dos atos do Congresso e do Executivo, êle mantém viva a esperança de que os abusos de poder, ainda quando não corrigidos nos momentos de ditadura e de grande conturbação política, o poderão ser quanto restaurado o pleno regime legal. E como se verá neste livro, mais de uma vez o Executivo e o Legislativo se autocorrigiram em face de acórdãos do Supremo Tribunal Federal.

Feita essa ressalva, se, de um lado, a faceta política do Supremo não parece ser uma completa desconhecida, como harmonizá-la com a dimensão jurídica? A fórmula explicativa que retrata o STF como um órgão de natureza híbrida não parece ser suficiente, por sua própria enunciação, para detalhar os aspectos analíticos por meio dos quais a Corte seria, a um só tempo, um tribunal indistinto dos demais tribunais; e, de outro, uma instância dotada de funções peculiares que o diferenciam dos demais órgãos judiciários, mas o aproximam dos demais órgãos tipicamente políticos? Afinal, como esperar de um órgão que não opera apenas com o código do "jurídico" que as suas manifestações de poder, suas "decisões", se circunscrevam ao campo do "técnico" e o do "direito posto"?

Sem prejuízo de retornarmos a essas reflexões em um momento futuro, o que nos basta, por ora, é a necessidade de identificação de algumas dessas aparentes contradições institucionais a partir da própria conformação que o Supremo Tribunal Federal recebeu da Constituição da República Federativa do Brasil de 1988. A perspectiva romanceada e ainda dominante da "Carta Cidadã" pode levar à pré-compreensão de que o Poder Judiciário – e o STF, em especial – tenham se tornado, num passe de mágica, em estruturas radicalmente democráticas com a simples promulgação do novo texto constitucional. Será que essa narrativa realmente se sustenta?

Para encarar esse desafio, adotamos como motivação a VII Tese de Walter Benjamin (2008 e 2005), que, em "Sobre o Conceito de História", enunciou: "Nunca houve um monumento da cultura que não fosse também um monumento da barbárie. E, assim como a cultura não é isenta de barbárie, não o é, tampouco, o processo de transmissão da cultura. Por isso, na medida do possível, o materialista histórico se desvia dela. Considera sua tarefa escovar a história a contrapelo."

Nessa tentativa de "escovação", o primeiro ícone que merece ser investigado diz respeito à posição de "sacralidade" a que a Constituição de 1988 ainda é situada pela literatura jurídica e política. Assim, em vez de acolher, automaticamente, a vigente ordem constitucional como típica manifestação do "democrático" e do "cívico", nossa proposta é a de desconfiar dessa leitura.

Aliás, por que não encarar a atual conformação do Poder Judiciário como um dos elementos passíveis de minuciosa crítica, para fins de identificação de permanências autoritárias do regime anterior? Desse modo, parece-nos interessante identificar se, a rigor, o processo constituinte de promulgação da Constituição de 1988 promoveu, ou não, uma mudança estrutural significativa nas competências e atribuições do Poder Judiciário e, no particular, do Supremo; ou se a tendência preponderante foi a de conservação das principais atribuições constitucionais e institucionais da Corte.

Para realizar esse mergulho, são bastante alvissareiras as considerações contidas no artigo de André Koerner e Lígia Barros de Freitas (2013:141-184), sob o título "O Supremo na Constituinte e a Constituinte no Supremo". Nesse *paper*, os autores avaliam as relações entre os Ministros do STF e os demais atores políticos durante o período pré-constituinte (1984 até a instalação da Assembleia Nacional Constituinte em 1987), a fase constituinte propriamente dita (funcionamento da ANC, entre 1987 e 5 de outubro de 1988) e a etapa de judicialização de diversos aspectos relacionados às próprias deliberações da ANC e as competências que poderiam, ou não ser desempenhadas pelo Supremo após a promulgação do texto constitucional.

A dimensão analítica dessa publicação que mais colabora com os propósitos desta tese é a de que, a um só tempo, o Supremo passa a ser visto "como objeto das deliberações constitucionais e como instância normativa da ordem vigente, produtora do significado jurídico dos conflitos políticos sobre o processo constituinte". Nesse particular, pelo seu teor descritivo denso, vale transcrever Koerner e Freitas (2013:178-181) a respeito do alinhamento dos ministros a uma perspectiva mais "conservadora", com orientação político-partidária mais à centro-direita:

> Enfim, a mobilização dos ministros para manter o STF tal como existia e para bloquear outras inovações na Constituinte pode ser entendida, por um lado, como parte da estratégia geral dos conservadores em manter intacta a estrutura institucional existente e, assim, assegurar que a ANC não ultrapassaria os limites de uma revisão constitucional. À medida que não houvesse a reorganização política fundamental dos poderes constituídos, o caráter derivado e limitado da Constituinte seria implicitamente confirmado. A preservação do STF era a da própria ordem constitucional moribunda de que era o intérprete supremo. Assim, a própria insistência dos ministros na manutenção institucional do STF expressava sua aliança com os conservadores. Por outro lado, o apoio dos conservadores à demanda dos ministros pela preservação do STF resultava da intenção destes de frear as mudanças na Constituinte e era a contrapartida ao apoio dos ministros à agenda que defendiam, especialmente no que concernia ao reiterado uso estratégico que faziam do STF para bloquear decisões que consideravam indesejáveis por parte da ANC.
>
> A transição brasileira é marcada pela capacidade dos dirigentes do regime e os militares de limitarem o andamento e o alcance da redemocratização; pela permanência dos quadros do regime em instâncias decisórias cruciais do Estado e pela renovação da aliança entre aqueles, políticos conservadores e empresariado ao longo do processo. A Constituinte é um momento crucial na transição, no que se faz a ruptura simbólica ao se inaugurar uma

nova ordem e ser inovadora em matéria de direitos e organização democrática do Estado, mas também carrega as marcas do conservadorismo e do autoritarismo político. Essa combinação está presente nas instituições judiciais, para a qual os juristas atuaram em aliança com todas as correntes políticas, enquanto os ministros do STF e dirigentes de tribunais aliaram-se com políticos de direita aos de centro.

Na obra "1988: Segredos da Constituinte – Os vinte meses que agitaram e mudaram o Brasil", Luiz Maklouf Carvalho (2017:250-251), em entrevista concedida por Oscar Corrêa Júnior ("OCJ", deputado constituinte pelo então Partido da Frente Liberal – PFL – e Presidente da Comissão de Organização dos Poderes e Sistemas de Governo), reporta o seguinte questionamento a respeito da influência do Supremo durante o processo constituinte:

> **Quais foram [os *lobbies*] que mais o impressionaram?**
>
> OCJ – O das Forças Armadas, com uma competência extraordinária.
>
> **O Supremo Tribunal Federal – onde atuava o ministro Oscar Corrêa, seu pai – também tinha um *lobby* muito forte. O ministro, inclusive, tinha posições teóricas muito consolidadas sobre o que esperar de uma Constituição.**
>
> OCJ – O *lobby* do Supremo era forte...
>
> **O ministro Oscar foi alguma vez à Constituinte, articular?**
>
> OCJ – Nunca foi – e acredito que nenhum outro ministro. Mas lá em casa [a casa do ministro, onde morava o seu filho] recebíamos informalmente alguns constituintes mais próximos. Meu pai, como você disse, era um profundo conhecedor daqueles temas, tinha posições. Era contra, por exemplo, que ministro do Supremo tivesse mandato, como queriam alguns constituintes. Ele gostava de dar os pitacos dele.
>
> **Qual mesa o senhor frequentava, na parte social?**
>
> OCJ – Toda quarta nós íamos na casa do Ézio [Ferreira, deputado milionário do PFL do Amazonas]. Era um jantar muito bem regado. Meu pai também comparecia, sempre. E o Ézio também ia lá em casaa.
>
> **Como eram esses jantares?**

> OCJ – Ia gente de todos os lados. Nós éramos adversários lá dentro [da Constituinte], mas não lá fora.
>
> **Altos conchavos?**
>
> OCJ – Você vai para um canto e conversa. Pega o Nelson Jobim, um Bernardo Cabral, um Luís Eduardo, um Mário Covas, um Lula... Conversa e resolve. Ou não resolve.
>
> **Outra festa famosa, e frequente, era a do empresário Di Gênio, da área da educação, em uma tenda de circo montada no jardim, e muito animada. O senhor ia?**
>
> OCJ – Nós todos íamos a todas as festas. Independentemente do que podia acontecer, era um espaço de conversa da Constituinte. Pode ter certeza que muita coisa relacionada ao capítulo da própria educação saiu da casa do Di Gênio.
>
> **Festas com muita funcionalidade...**
>
> OCJ – Gostei dessa palavra [risos]. A funcionalidade era ampla. Também tinha isso.

Na mesma obra, em entrevista concedida por Carlos Ary Sundfeld ("CAS", na condição de "Jurista Especializado em Direito Administrativo"), Carvalho (2017:281-282) retoma, novamente, o tema do "*lobby*" desempenhado pelo Supremo:

> **Outro *lobby* forte na Constituinte, embora discreto, foi o do Supremo Tribunal Federal, muito avesso a propostas de mudanças**
>
> CAS – Havia muitas ideias, com a de deixar o Supremo só como corte constitucional, deixando as competências mais jurisdicionais para outra corte – como o STJ, também criado pela Constituição. A minha impressão geral daquele processo foi que eles lutaram não só pra manter tudo junto – corte constitucional e até penal –, mas para fazer alguns arranjos que aumentassem o seu poder. Foi um *lobby* muito bem-feito pelos ministros do Supremo e talvez ex-ministros.
>
> **Explica um pouco o que o Supremo é hoje?**
>
> CAS – Explica. É um Supremo totalmente inviável do ponto de vista prático, mas que fica evitando reformas que diminuam a sua competência

Em continuidade à mesma entrevista, Sundfeld articula alguns elementos históricos e normativos que, pela pertinência com a problematização desta tese, merecem a transcrição da entrevista de Carvalho (2017:282-284), por elucidarem o conteúdo das disposições positivadas no texto constitucional, assim como a natureza da profundidade das modificações promovidas (com destaque para a já mencionada criação do STJ e, ademais, para a rejeição da instituição do Conselho Nacional de Justiça – CNJ) e do próprio mérito do epíteto de "Constituição Cidadã":

> **E no capítulo do Poder Judiciário?**
>
> CAS – É razoável que uma Constituição traga alguma ordenação sobre a organização do Judiciário. Mas o que há, na nossa, é uma verdadeira lei de organização judiciária nacional. É imensa, com todas as competências, de cada uma das Justiças, dos tribunais, inclusos os benefícios dos juízes, qual a diferença de remuneração entre cada categoria... tudo foi parar na Constituição.
>
> **A criação do Superior Tribunal de Justiça e dos tribunais regionais federais também. Essas mudanças todas alteraram alguma coisa de essencial no sistema judiciário? A proposta do Conselho Nacional de Justiça, por exemplo, não passou, só foi criado depois.**
>
> CAS – O objetivo de tudo isso foi atender os interesses das organizações que existiam, e de seus ocupantes. Os juízes federais, por exemplo, adorariam se tornar desembargadores federais – e não existia esse cargo. "Opa, seria muito bom se houvesse essa reforma na Justiça federal, criando uma segunda instância, os tribunais regionais federais e o Superior Tribunal de Justiça." A existência do STJ, como terceira instância, lhes dava oportunidade de ascensão profissional. É uma mudança que está muito em linha com as oportunidades da carreira. E foi feita. Mas outras mudanças que colocassem em risco o modelo, como o do Conselho Nacional de Justiça, não foram feitas.
>
> **Por que a proposta de criar o CNJ não foi aprovada?**
>
> CAS – Porque mudava o arranjo, contrariava de fato o modo de ser da Justiça, com seus diversos escaninhos. Isso reforça a tese da Constituição chapa-branca: todas as normas de organização, sejam aquelas que mantiveram benefícios, sejam aquelas que tiveram alguma mudança, foram feitas para estabilizar as estruturas segundo os interesses das organizações existentes e seus

integrantes. Não exatamente para fazer reformas que mexessem profundamente nelas.

Dr. Ulysses a chamou de "Constituição cidadã". Por que o senhor acha que o termo é inadequado?

CAS – Porque o efeito prático da Constituição não foi, na maior parte, o de mudar a condição da cidadania, com a efetiva ou potencial alteração do arranjo organizacional que já existia. Existem normas que com o decorrer do tempo teriam impacto na vida do cidadão – os direitos sociais –, mas sempre passando por uma estrutura de organização estatal, consolidada na Constituição que passou a ser intermediária entre as demandas sociais difusas na sociedade e a conquista efetiva de prestação do Estado. Falar em Constituição cidadã é ocultar sua característica central – a existência de um Estado intermediário.

Sopesadas a densidade dessas descrições e entrevistas contidas nos excertos transcritos até aqui, é possível desdobrar uma série de consectários de que o Supremo segundo a Constituinte, pode ser visto tanto como um monumento de cultura quanto de barbárie. Eis os desdobramentos que serão úteis para o desenvolvimento do restante deste capítulo, os quais são esquematicamente enunciados a seguir:

A) Do ponto de vista do próprio processo constituinte, observamos que, mesmo antes da atual ordem constitucional vigente, a um só tempo, o Tribunal já era acionado como instância estratégica de definição de interesses político-partidários (o que reforça a sintomatologia da judicialização da política); e, por outro lado, os Ministros do STF se capitalizaram dessa oportunidade histórica para, também, influenciarem os rumos da Constituinte, em especial no que diz respeito à conservação das garantias corporativas e estruturais do Poder Judiciário e da modificação seletiva das atribuições constitucionais do Supremo e do fortalecimento institucional do Judiciário como um todo;

B) Quanto ao papel desempenhado pelo texto da Constituição de 1988 – diferentemente da narrativa que a situa como uma espécie "sagrada" de "divisora de águas" entre o período autoritário e o democrático – a transição ocorreu de maneira bastante tímida (para não dizer eminentemente conservadora e, em alguns pontos, confessadamente "profana"), sendo que, talvez, a única modificação que pareça digna de nota tenha sido a instituição de um tribunal superior para uniformização da jurisprudência nacional (seja em termos de competência federal comum, quanto de competência estadual) e da aplicação da legislação federal, a saber: o Superior Tribunal de Justiça (STJ); e

C) Em complemento aos consectários anteriores, percebemos que a posição institucional do Supremo enquanto órgão de cúpula do Poder Judiciário manteve-se inalterada (note-se que, na estrutura recursal brasileira, a instância de uniformização última dos julgados, mesmo com a criação do STJ, continuou a ser o STF), com a rejeição integral de todas as emendas e propostas que visavam a modificar o número de membros do Tribunal (a ampliação do número de vagas chegou a ser cogitada pela Constituinte, registre-se), assim como a forma de composição da Corte (com rejeição, por exemplo, de percentuais mínimos de representantes da carreira judicial e/ou, ainda, de integrantes de carreiras do Ministério Público ou da Advocacia – como ocorre, neste último caso, para a grande maioria dos tribunais brasileiros em razão do instituto do "quinto constitucional"); e

D) Como se não bastasse essa dimensão conservadora/estabilizadora, o texto constitucional promoveu, ademais, uma centralização, ainda maior, de poderes nas mãos do Supremo Tribunal Federal, o qual passou, seja pela via da expansão objetiva (normas de diferentes dimensões federativas e quanto a ambos os demais poderes da República) seja pela subjetiva (ampliação dos legitimados para a propositura das ações de controle concentrado), a ter as suas competências constitucionais amplificadas pela Constituinte, tanto em relação aos demais poderes, quanto com referência à estrutura hierárquica do Poder Judiciário nacional.

Em conjunto, tais premissas nos fornecem sinais e indícios de que é necessário investigar o conjunto de disposições constitucionais relacionadas ao Supremo não como mera emanação de uma vontade normativa racionalmente idealizada, mas, sobretudo, como um artefato dotado de práticas e características documentais que merece investigação quanto a possíveis "entulhos autoritários". A mensagem final desta seção é a de que, para transformar a tessitura constitucional e a musculatura institucional do Supremo, é crucial identificar a permanência de marcos conservadores quanto ao órgão de cúpula do Judiciário brasileiro. Essas as balizas para que apresentemos as ferramentas de compreensão analítica para a transformação do STF.

3.C: Arquitetura Constitucional: o que constitui o Supremo Tribunal Federal no Brasil?

A Arquitetura Constitucional corresponde ao desenho jurídico-político que foi assumido pelo texto constitucional com relação ao Supremo Tribunal Federal. Nesta seção, detalharemos os seguintes *elementos* constituintes dessa concepção arquitetônica, a saber: 1) a sua posição topográfica na estrutura do Poder Judiciário; 2) as peculiaridades de sua forma de composição; 3) as diferentes maneiras pelas quais o Tribunal pode ser acionado, com indicação das diferentes competências e dos principais usos que podem ser desempenhados pela Corte e a sua relação com os demais Poderes da República.

Para facilitar a exposição da maneira pela qual o "conceito" do STF foi idealizado, passaremos a pontuar os elementos arquitetônicos de cada um dos atributos e dos institutos associados ao Tribunal. Mais do que a mera reprodução dos artigos, incisos e alíneas – dentre os quais, alertamos, nos ateremos aos principais – o objetivo é o de descrever o edifício constitucional, com ênfase nas linhas-mestras que definem os seus contornos, assim como o pano-de-fundo ou contexto que permita identificar as suas inspirações valorativas e, ademais, as suas contradições aparentes. Trata-se, portanto, de apresentar a metalinguagem que permite o entendimento em torno da maneira pela qual a Constituinte concebeu originalmente o Supremo e de que maneira o Poder Constituinte Reformador modificou, ou não, as tendências iniciais por meio das reformas constitucionais realizadas.

De uma maneira bastante prosaica, a ideia desta seção (Arquitetura Constitucional) é a de buscar extrair qual o efeito que as palavras, as ideias e os planos que foram colocados no papel desempenham para fins da própria constituição do Tribunal. Afinal, o que constitui o Supremo no Brasil? Na seção seguinte (Engenharia Institucional, Seção 3.D), pretende-se abordar quais foram os instrumentos e ferramentas que foram projetados para materializar tais elementos. Isto é, como o STF pode ser construído e/ou transformado.

Com relação ao *primeiro elemento* (*1. a posição topográfica do STF na estrutura do Poder Judiciário*), no âmbito das disposições gerais do Poder Judiciário, o art. 92 da CRFB/1988 detalha a estrutura dos órgãos singulares (juízes) e colegiados (Tribunais e Conselho Nacional de Justiça):

> CAPÍTULO III
> DO PODER JUDICIÁRIO
> Seção I
> *Disposições Gerais*
>
> Art. 92. São órgãos do Poder Judiciário:
> I – o Supremo Tribunal Federal;
> I-A – o Conselho Nacional de Justiça (incluído pela EC nº 45/2004);
> II – o Superior Tribunal de Justiça;
> II-A – o Tribunal Superior do Trabalho (incluído pela EC nº 96/2016);
> III – os Tribunais Regionais Federais e Juízes Federais;
> IV – os Tribunais e Juízes do Trabalho;
> V – os Tribunais e Juízes Eleitorais;
> VI – os Tribunais e Juízes Militares;
> VII – os Tribunais e Juízes dos Estados e do Distrito Federal e Territórios.
> §1º O Supremo Tribunal Federal, o Conselho Nacional de Justiça e os Tribunais Superiores têm sede na Capital Federal. (incluído pela EC nº 45/2004)

§2º O Supremo Tribunal Federal e os Tribunais Superiores têm jurisdição em todo o território nacional. (incluído pela EC nº 45/2004)

Para fins das linhas-de-base dessa concepção arquitetônica, é necessário detalhar as diferentes dimensões pelas quais se constitui a posição de destaque do Supremo. Assim, há de se abordar, tanto as atividades jurisdicionais propriamente ditas, como também as de natureza corporativa e administrativa.

Do ponto de vista jurisdicional, o fato de a estrutura judiciária se desdobrar entre órgãos singulares e colegiados não pode passar despercebida. É dizer, do ponto de vista dos núcleos operacionais e decisórios do Judiciário brasileiro, a jurisdição desempenhada pelos Tribunais (superiores, ou não), ao menos em tese, apresenta a mesma validade que as sentenças e decisões proferidas por juízes de direito (os quais se vinculam a 26 Tribunais de Justiça dos Estados e ao Tribunal de Justiça do Distrito Federal e Territórios), por juízes militares (vinculados, nos Estados-membros, conforme o caso, a três Tribunais de Justiça Militares Estaduais[187]), por juízes eleitorais (com funções atreladas à jurisdição territorial de 27 Tribunais Regionais Eleitorais – TREs), por juízes federais (atualmente, associados a 6 Tribunais Regionais Federais – TRFs)[188] e, por fim, por juízes do trabalho (conforme a distribuição da jurisdição dos 24 Tribunais Regionais do Trabalho – TRTs[189]).

187 Conforme já salientado nesta tese, há apenas três Tribunais de Justiça Militar Estaduais (São Paulo, Minas Gerais e Rio Grande do Sul). A criação dessa modalidade de tribunal estadual especializado se deve à previsão por lei especial diante da existência de efetivo militar superior a vinte mil integrantes (CRFB/1988, art. 125, § 3º).

188 De maneira efetiva, ao momento da promulgação da Constituição de 1988, foram implementados cinco Tribunais Regionais Federais (TRF's), integrados em sua base por juízes federais e organizados por diferentes regiões territoriais e sediadas em Brasília (Primeira Região), Rio de Janeiro (Segunda Região), São Paulo (Terceira Região), Porto Alegre (Quarta Região) e Pernambuco (Quinta Região). Reitera-se, por fim, a pendência de julgamento (da já aludida ADI nº 5.017/DF) quanto à constitucionalidade da EC 73/2013, a qual imporia uma reconfiguração da distribuição territorial da competência dos TRFs enunciados, mediante a criação de outros 4 (quatro) TRFs (em tese, sediados em Belo Horizonte, Curitiba, Salvador e Manaus). Apesar da pendência dessa ADI, por meio da Lei Federal 14.226, de 20 de outubro de 2021, houve o desmembramento parcial do TRF-I e a criação do sexto Tribunal Regional Federal do Brasil. Em 19 de agosto de 2022, foi realizada a sessão solene de implantação do TRF-VI, sediado em Belo Horizonte e com jurisdição territorial correspondente à área do Estado de Minas Gerais.

189 Os 24 Tribunais Regionais do Trabalho (TRTs) apresentam como regra geral, um Tribunal um por unidade federativa, com a exceção do Estado São Paulo (que conta com dois TRTs – um na capital paulistana e outro em Campinas); e dos agrupamentos de duas unidades da federação em quatro regiões, a saber: Amazonas e Amapá; Distrito Federal e Tocantins; Pará e Roraima; e, por fim, Rondônia e Acre.

Esse aspecto – qual seja: o de que a decisão tomada por um órgão singular ostenta, pelo menos do ponto de vista formal, o mesmo peso que um acórdão ou decisão deliberada pelos órgãos colegiados do país – já oferece uma complexidade federativa e funcional em termos geopolíticos que não é vivenciada por quaisquer dos demais poderes do país. Isto é, quando legitimamente emanada de um órgão judicial singular e colegiado, toda e qualquer decisão judicial deve ser respeitada e cumprida. Nesse particular, a quem compete, em última instância, a estabilização da existência de dissensos decisórios para as situações que extrapolam as competências dos Tribunais Superiores de jurisdição nacional (Superior Tribunal de Justiça, Tribunal Superior Eleitoral, Tribunal Superior do Trabalho e Superior Tribunal Militar)?

Do ponto de vista jurisdicional, a resposta[190] – o STF – aponta para o reconhecimento do desenho de que o órgão desempenha um papel de instância subsidiária de estabilização de um sistema judicial que é assimétrico, tanto em termos territoriais, quanto em termos federativos e das correspondentes matérias apreciadas. Desse modo, note-se que, da perspectiva territorial, cada um dos segmentos da justiça brasileira (a justiça estadual comum, a justiça estadual militar, a justiça federal comum, a justiça eleitoral, a justiça do trabalho e a justiça federal militar) adota uma distribuição diversificada no espaço.

Federativamente falando, por outro lado, dos outros 91[191], há uma diferença numérica expressiva, entre tribunais com competência tipicamente estadual (29, no total) e os 62 tribunais com competências federais, ou ainda, o mantidos e organizados pela União Federal (TJDFT, apesar da competência territorial distrital). Essa configuração acarreta, do ponto de vista administrativo e decisório, independentemente da análise de dados estatísticos, para uma maior complexidade de estabilização da

190 Ainda que não houvesse previsão constitucional específica pela alínea "o" do Inciso I, do art. 102 da CRFB/1988 ("os conflitos de competência entre o Superior Tribunal de Justiça e quaisquer tribunais, entre Tribunais Superiores, ou entre estes e qualquer outro tribunal"), tal atribuição subsidiária seria aplicável.

191 Vide Nota de Rodapé nº 155.

jurisprudência para as matérias federais – isto é, em que existem, de um modo geral, interesses específicos da União em jogo. Percebe-se, portanto, que, em termos de controle e uniformização da litigiosidade e do conteúdo dos julgados, o Supremo representa, para a União, uma instância estratégica ímpar.

Note-se que a mera alusão ao fato de que se trata de tribunal de "cúpula" – o topo da pirâmide da estrutura judicial – não é suficiente, por si só, para descrever a maneira pela qual o edifício constitucional do Judiciário está arquitetado no Brasil. A topografia peculiar, apoiada, jurisdicionalmente, em juízos singulares e colegiados, territorial, federativa e materialmente diferenciados, demanda a constituição de um órgão que, ao menos em tese, apresente uma compleição versátil para lidar com matérias de naturezas jurídicas e institucionais diversificadas.

Mas não é só, há também a dimensão corporativa e administrativa que foi agregada pelas emendas constitucionais posteriores ao art. 93 da Constituição de 1988, com destaque para a "Reforma Administrativa" (EC nº 19/1998) e para a "Reforma do Poder Judiciário" (EC nº 45/2004). A transcrição da íntegra do dispositivo, com seus 15 incisos e alíneas é uma forte evidência de que houve excessivo detalhamento de aspectos administrativos, funcionais e corporativos. Vejamos:

> Art. 93. Lei complementar de iniciativa do Supremo Tribunal Federal, disporá sobre o Estatuto da Magistratura, observados os seguintes princípios:
>
> I – ingresso na carreira, cujo cargo inicial será o de juiz substituto, mediante concurso público de provas e títulos, com a participação da Ordem dos Advogados do Brasil em todas as fases, exigindo-se do bacharel em direito, no mínimo, três anos de atividade jurídica e obedecendo-se, nas nomeações, à ordem de classificação;
>
> II – promoção de entrância para entrância, alternadamente, por antiguidade e merecimento, atendidas as seguintes normas:
>
> a) é obrigatória a promoção do juiz que figure por três vezes consecutivas ou cinco alternadas em lista de merecimento;

b) a promoção por merecimento pressupõe dois anos de exercício na respectiva entrância e integrar o juiz a primeira quinta parte da lista de antiguidade desta, salvo se não houver com tais requisitos quem aceite o lugar vago;
c) a aferição do merecimento conforme o desempenho e pelos critérios objetivos de produtividade e presteza no exercício da jurisdição e pela frequência e aproveitamento em cursos oficiais ou reconhecidos de aperfeiçoamento;
d) na apuração da antiguidade, o tribunal somente poderá recusar o juiz mais antigo pelo voto fundamentado de dois terços de seus membros, conforme procedimento próprio, e assegurada ampla defesa, repetindo-se a votação final até fixar-se a indicação;
e) não será promovido o juiz que, injustificadamente, retiver autos em seu poder além do prazo legal, não podendo devolvê-los ao cartório sem o devido despacho ou decisão;
III – o acesso aos tribunais de segundo grau far-se-á por antiguidade e merecimento, alternadamente, apurados na última ou única entrância;
IV – previsão de cursos oficiais de preparação, aperfeiçoamento e promoção de magistrados, constituindo etapa obrigatória do processo de vitaliciamento a participação em curso oficial ou reconhecido por escola nacional de formação e aperfeiçoamento de magistrados;
V – o subsídio dos Ministros dos Tribunais Superiores corresponderá a noventa e cinco por cento do subsídio mensal fixado para os Ministros do Supremo Tribunal Federal e os subsídios dos demais magistrados serão fixados em lei e escalonados em nível federal e estadual, conforme as respectivas categorias da estrutura judiciária nacional, não podendo a diferença entre uma e outra ser superior a dez por cento ou inferior a cinco por cento, nem exceder a noventa e cinco por cento do subsídio mensal dos Ministros dos Tribunais Superiores, obedecido, em qualquer caso, o disposto nos arts. 37, XI, e 39, § 4º;
VI – a aposentadoria dos magistrados e a pensão de seus dependentes observarão o disposto no art. 40;
VII – o juiz titular residirá na respectiva comarca, salvo autorização do tribunal;
VIII – o ato de remoção, disponibilidade e aposentadoria do magistrado, por interesse público, fundar-se-á em decisão por voto

da maioria absoluta do respectivo tribunal ou do Conselho Nacional de Justiça, assegurada a ampla defesa.

VIII-A – a remoção a pedido ou a permuta de magistrados de comarca de igual entrância, atenderá, no que couber, o disposto nas alíneas "a", "b", "c" e "d' do inciso II;

IX – todos os julgamentos dos órgãos do Poder Judiciário serão públicos, e fundamentadas todas as decisões sob pena de nulidade, podendo a lei limitar a presença, em determinados atos, ás próprias partes e as seus advogados, ou somente a estes, em casos nos quais a preservação do direito à intimidade do interessado no sigilo não prejudique o interesse público às informação;

X – as decisões administrativas dos tribunais serão motivadas e em sessão pública, sendo as disciplinares tomadas pelo voto da maioria absoluta de seus membros;

XI – nos tribunais com número superior a vinte e cinco julgadores, poderá ser constituído órgão especial, com o mínimo de onze e o máximo de vinte e cinco membros, para o exercício das atribuições administrativas e jurisdicionais delegadas da competência do tribunal pleno, provendo-se metade das vagas por antiguidade e a outra metade por eleição pelo tribunal pleno;

XII – a atividade jurisdicional será ininterrupta, sendo vedado férias coletivas nos juízos e tribunais de segundo gral, funcionando, nos dias em que não houver expediente forense normal, juízes em plantão permanente;

XII – o número de juízes na unidade jurisdicional será proporcional à efetiva demanda judicial e à respectiva população;

XIV – os servidores receberão delegação para a prática de atos de administração e atos de mero expediente sem caráter decisório;

XV – a distribuição de processos será imediata, em todos os graus de jurisdição.

Apesar do nível muitas vezes comezinho das disposições acima transcritas, podemos dizer que, do ponto de vista explícito, a denominada Reforma Administrativa foi responsável por esclarecer, ainda mais, o papel do Supremo Tribunal Federal enquanto centro de inteligência estratégica para a modelagem do Estatuto da Magistratura. O que o texto acima transcrito esconde é a existência de uma elite burocrática, dotada de garantias funcionais constitucionalizadas e que a diferenciam das demais categorias de servidores públicos (art. 37 da Constituição de 1988) e dos trabalhadores em geral (art. 7º, do texto constitucional). Ainda que se reconheça o prestígio funcional pelo desempenho da atividade jurisdicional, chama a atenção o aspecto de que o esmiuçamento dos direitos de magistrados ser muito mais detalhado do que os integrantes dos demais poderes da república. Nem mesmo senadores, deputados federais e/ou o presidente da república receberam um tratamento tão minucioso. Aqui, talvez, valha invocarmos, novamente, o *lobby* corporativo que a categoria tenha desempenhado, também em conjunto com o Supremo, para a manutenção de privilégios e benesses corporativas (vide, a respeito a Seção 3.B).

Nesse ponto, observa-se que a ambição constituinte de detalhar cada uma das minúcias da carreira da magistratura acabou por ocasionar, a um só tempo: a.1) a "centralização" no STF, quanto à iniciativa de lei complementar mencionada pelo art. 93 do texto constitucional de uma série de aspectos, desde a definição de critérios de ingresso e promoção, até, por exemplo, questões como a capacitação e o aperfeiçoamento de magistrados; e a.2) a "nacionalização" de padrões de uniformização dos aspectos funcionais da magistratura, de modo a retirar dos segmentos territoriais e federativos qualquer possibilidade de experimentação de outras alternativas para o aprimoramento dos serviços judiciais.

A respeito da "centralização" destaca-se que nem mesmo a criação do Conselho Nacional de Justiça (CNJ), promovida pela EC nº 45/2004, foi suficiente para distribuir as competências legislativas e administrativas do conjunto de questões funcionais e corporativas mencionadas no art. 93. Essa, por exemplo, teria sido uma opção que poderia direcionar demandas administrativas de maior eficiência e performance para o Conselho. O fato de a definição legislativa desses padrões ("*standards*") continuar sujeita à iniciativa do STF é indiciária da dificuldade do Tribunal em abrir mão de suas competências – uma tendência que, conforme assinalamos, deita suas raízes também no processo constituinte de 1987/1988.

Um outro aspecto complementar diz respeito à possibilidade de revisão judicial das decisões de caráter administrativo do Conselho Nacional de Justiça (CNJ), nos termos da alínea "r" do Inciso I, do art. 102.[192] Tal mecanismo de controle jurisdicional-administrativo aponta para a configuração do Supremo como, a um só tempo: órgão independente de quaisquer regramentos do CNJ; e, ademais, uma instância supervisora das atribuições de gestão, administração e uniformização do Conselho. Note-se, portanto, que a "Reforma do Judiciário" instituiu um órgão especializado para a tentativa de racionalização do sistema judicial, mas, na prática, tal Câmara Administrativa especializada ainda fica submetida aos influxos do STF.

Como se não bastasse, esse mesmo tipo de competência também é outorgado ao STF quanto ao Conselho Nacional do Ministério Público (CNMP). Ou seja, a EC nº 45/2004 ainda atribuiu ao Supremo a qualidade de instância de implementação e controle de políticas judiciárias e do Ministério Público, em âmbito nacional.

---

192 A propósito, é interessante o registro da própria evolução da interpretação que o próprio Supremo conferiu a esse dispositivo. Num primeiro momento, dando vazão à denominada "jurisprudência defensiva", o Tribunal restringiu a sua própria competência para apenas ações de caráter mandamental, a saber: mandados de segurança (MS); *habeas data* (HD); *Habeas Corpus* (HC) ou o mandado de Injunção. No julgamento do Agravo Regimental na Ação Originária 1.076, de relatoria do Ministro Celso de Mello, sublinhou-se que na hipótese desses *writs* constitucionais: "(...) o CNJ qualificar-se-á como órgão coator impregnado de legitimação passiva ad causam para figurar na relação processual instaurada com a impetração originária, perante a Suprema Corte, daqueles writs constitucionais. (...) Tratando-se, porém, de demanda diversa (uma ação ordinária, p. ex.), não se configura a competência originária da Suprema Corte, considerado o entendimento prevalecente na jurisprudência do STF, manifestado, inclusive, em julgamentos colegiados, eis que, nas hipóteses não compreendidas no art. 102, I, d e q, da Constituição, a legitimação passiva ad causam referir-se-á, exclusivamente, à União Federal, pelo fato de as deliberações do CNJ serem juridicamente imputáveis à própria União Federal, que é o ente de direito público em cuja estrutura institucional se acha integrado o CNJ. Doutrina" (AO 1.706 AgR, rel. min. Celso de Mello, j. 18-12-2013, P, DJE de 18-2-2014.). Contudo, posteriormente, no julgamento da ADI 4.412/DF, em 18 de novembro de 2020 (acórdão ainda pendente de publicação), o STF revisou o entendimento fixados para estender, ao menos em tese, a sua competência para a supervisão administrativo-judicial de atos emanados do CNJ e do Conselho Nacional do Ministério Público, fixando, por maioria (vencidos os Ministros Nunes Marques, Marco Aurélio e Rosa Weber), a seguinte tese: "Nos termos do artigo 102, inciso I, r, da Constituição Federal, é competência exclusiva do Supremo Tribunal Federal processar e julgar, originariamente, todas as ações ajuizadas contra decisões do Conselho Nacional de Justiça e do Conselho Nacional do Ministério Público". Por meio desse julgamento, o Supremo determinou "a remessa imediata ao STF de todas as ações ordinárias, em trâmite na justiça federal, que impugnem atos do CNJ praticados no âmbito de suas competências constitucionais estabelecidas no art. 103-B, § 4º, da CF, nos termos do voto do Relator", o Ministro Gilmar Mendes. Tal exemplo é uma das inúmeras situações pelas quais, por meio de sua jurisprudência, a Corte constrói e desconstrói as próprias competências enquanto uma estratégia institucional.

Como desdobramento desse elemento "nacionalizante", o Supremo emerge como uma espécie de protagonista judicial no contexto dos diversos juízos e tribunais do país (além de uma importante arena para a definição de interesses do Ministério Público). O poder de influência, ou não, que a atuação judiciária da Corte desempenha em relação aos demais órgãos judiciários, assim como as ferramentas processuais e institucionais disponíveis para que o Supremo possa fazer valer o seu papel de centralidade no universo judicial é um elemento que demanda uma investigação mais detalhada, a título da Agenda de Pesquisa que apresentaremos nas considerações finais.

Acerca do *segundo elemento* (2. *As peculiaridades de sua forma de composição*), é oportuna a transcrição do art. 101 do texto constitucional:

> Seção II
>
> *Do Supremo Tribunal Federal*
>
> Art. 101. O Supremo Tribunal Federal compõe-se de onze Ministros, escolhidos dentre cidadãos com mais de trinta e cinco e menos de setenta anos de idade, de notável saber jurídico e reputação ilibada.
>
> *Parágrafo único.* Os Ministros do Supremo Tribunal Federal serão nomeados pelo Presidente da República, depois de aprovada a escolha pela maioria absoluta do Senado Federal.

O dispositivo fixa que o processo de nomeação para cargo vitalício (art. 95 da Constituição de 1988) de Ministro do Supremo Tribunal Federal, o qual se realizarão a partir de harmonização complexa de vontades de instâncias bastante representativas dos demais Poderes da República. A indicação inicial é realizada pelo Presidente da República (sem a necessidade de formação de listas prévias, como acontece com os demais tribunais do país, nos termos do art. 84, XIV do texto constitucional) e a aprovação pelo Senado Federal (art. 52, III, da Constituição), cuja deliberação é antecedida por uma arguição pública (a sabatina) pela Comissão de Constituição, Justiça e Cidadania da Câmara Alta do

Parlamento brasileiro. Assim que aprovado pelo Senado, o candidato é nomeado pelo Presidente e se torna habilitado a tomar posse no cargo, em sessão solene do Plenário do STF. Caso haja rejeição pelo Senado (uma hipótese de rara incidência na história republicana), o Presidente deve indicar novo nome.

Conforme registra o estudo "Notas sobre o Supremo Tribunal (Império e República)", de autoria do ministro aposentado José Celso de Mello Filho (2014:19), desde a criação do STF, ocorreram apenas cinco rejeições de nomes indicados pelo Presidente da República, a saber: 1) Cândido Barata Ribeiro; 2) Innocêncio Galvão de Queiroz; 3) Ewerton Quadros; 4) Antônio Sève Navarro; e 5) Demosthenes da Silveira Lobo. sDeve-se destacar, ainda, que todas as mencionadas rejeições ocorreram durante o Governo de Floriano Peixoto (1891-1894).

Tal prática institucional de ampla deferência histórica às indicações presidenciais (com exceção do Governo Floriano e das indicações extraordinárias promovidas durante o primeiro Governo de Getúlio Vargas), é indiciária de uma baixa taxa de controle posterior pelo Senado. Esse aspecto, entretanto, não permite descartar a hipótese de que a Câmara Alta não participe das negociações para a aprovação dos nomes que são sugeridos, ainda que informalmente, ao Presidente da República, como os "supremáveis" (pessoas com os atributos para a assunção do cargo de Ministro do Supremo). A ausência de estudos nesse campo, entretanto, é notável; e indica para a necessidade de um maior aprofundamento empírico quanto ao tema.

O fato é que o critério desse "mérito político" da escolha corresponde a uma matéria sujeita a inúmeros influxos e contingências políticas. Por exemplo, durante o segundo Governo Fernando Henrique Cardoso, a narrativa de que era necessário uma maior representatividade feminina no Supremo Tribunal Federal contou com a adesão senatorial. Desse modo, em 2000, Ellen Gracie Northfleet se tornou a primeira mulher da história a desempenhar as funções de Ministra do STF – após, frise-se, mais de uma centena de homens indicados, aprovados e nomeados para tal missão. Em 2006, no primeiro Governo Luís Inácio Lula da Silva, Cármen Lúcia Antunes Rocha se tornou a segunda Ministra do Tribunal. Além dela, que segue em atividade, Rosa Maria Pires Weber (indicada no primeiro mandato de Dilma Roussef) corresponde, em pleno Século XXI, apenas à terceira Ministra da história da Corte.

Diante dessa recente aparente tendência, tais elementos permitem que afirmemos que houve a adoção de uma "cota simbólica" de gênero para o Supremo? Não, absolutamente.

Aliás, vale salientar que, considerado o número de nomeações femininas em cada Governo (FHC, com 3; Lula, com 8; e Dilma, com 5), percebe-se que o percentual mais elevado (33,3%) foi alcançado no Governo FHC – a representatividade das indicações do Governo Lula foi a mais baixa, nesse período (12,5%); e a taxa alcançada pelo Governo Dilma foi de 20%.[193] Quanto ao aspecto racial, por outro lado, foi somente com a indicação de Joaquim Barbosa que o critério foi suscitado pelo então Presidente Lula (2003). Após essa nomeação, os demais presidentes não voltaram a adotar tal fator como um elemento para embasar a indicação.

Outra tendência corriqueira, ao se analisar a arquitetura da composição do Supremo, é a apresentação de "modelos ideais" de indicação e aprovação de seus membros. O problema dessa leitura consiste em que ela presume que a simples positivação de procedimentos de escolha dos ministros e das ministras imunizaria aspectos subjetivos e/ou políticos quanto à indicação presidencial e a aprovação senatorial. Note-se que tal abordagem ignora um aspecto que não é expresso, mas que precisa ser dito: a escolha dos candidatos ocorre mediante um processo eminentemente político.

A aceitação dessa premissa implícita significa, de outra parte, que todo e qualquer nome que seja apontado e confirmado pelos órgãos competentes deve ser automaticamente admitido?

193 O Governo de Michel Temer que indicou para a única vaga Alexandre de Moraes; e o atual de Jair Messias Bolsonaro, cuja primeira indicação foi a de Kássio Nunes Marques, não utilizaram, ainda, tal critério como um aspecto de justificação para as respectivas indicações.

A resposta é negativa. O que vale acentuar, do ponto de vista arquitetônico, é que o texto constitucional ofereceu ampla margem para que as autoridades competentes realizem a sua escolha. Uma das formas que permitiria uma maior reflexividade quanto à "consciência" e a "transparência" de tais opções seria que a Sociedade Civil e as Universidades, por exemplo, passassem a se organizar para propor candidatos. Esse movimento, que jamais ocorreu no país de maneira ampla, contínua e sistematizada, poderia contribuir, por exemplo, para constranger tanto o Presidente da República quanto o Senado a dialogarem com a lista sugerida por essas outras instâncias da sociedade.

Denota-se, ainda, que os únicos critérios estabelecidos pela Constituição foram: (i) o aspecto etário (maiores de 35, e menores de 70 anos[194]); e (ii) o notável saber jurídico e a reputação ilibada. Enquanto o primeiro elemento, aparentemente, oferece balizas bastante objetivas e específicas, o segundo elemento, como podemos perceber, apresenta uma conformação bastante genérica. Afinal, o que significam "notável saber jurídico" e "reputação ilibada".

"Notável saber jurídico" significa titulação acadêmica?

Apenas para que fiquemos na atual composição da Corte, a resposta é negativa. Nem o mestrado, nem o doutorado, a rigor, são títulos mínimos que necessariamente qualifiquem esse atributo. Dias Toffoli e Rosa Weber, por exemplo, correspondem a magistrado que contam, basicamente, com a graduação em direito. Marco Aurélio e Cármen Lúcia, por sua vez, contam apenas com a titulação de Mestres em Direito. [195] O que a prática institucional indica, portanto, é que o requisito básico é o da graduação

---

194 Destaque para a EC 122, de 17 de maio de 2022, a qual elevou para 70 anos "a idade máxima para a escolha e nomeação de membros do Supremo Tribunal Federal, do Superior Tribunal de Justiça, dos Tribunais Regionais Federais, do Tribunal Superior do Trabalho, dos Tribunais Regionais do Trabalho, do Tribunal de Contas da União e dos Ministros civis do Superior Tribunal Militar". Antes dessa mudança constitucional, o marco máximo para a escolha era a idade de 65 anos – consoante redação originária do Constituinte brasileiro de 1988.

195 A página institucional do STF registra que o Ministro Marco Aurélio obteve a capacitação no Curso de Mestrado em Direito Privado pela Universidade Federal do Rio de Janeiro (UFRJ) em 1982. A Ministra Cármen Lúcia, por sua vez, obteve a titulação de Mestra em Direito Constitucional pela Universidade Federal de Minas Gerais (UFMG) em 1982. Há registro, ainda, de que a Ministra chegou a cursar o Programa de Doutorado da Universidade de São Paulo (USP), no ano de 1983, mas tal curso não teria sido concluído, nem tampouco obtida a titulação nesse período.

em direito. Assim, ao menos em tese, o requisito básico para a candidatura é o bacharelado em Direito ou "Ciências Jurídicas".

O exemplo histórico que oferece lastro a esse requisito foi o da rejeição de Cândido Barata Ribeiro. Esse caso é apontado como ilustrativo de alguma densidade do sentido constitucional dessa categoria (presente como "notável saber" desde a primeira Constituição Republicana, a de 1891). Segundo registro do Arquivo do Senado (2015):

> Mentiria a instituição [STF] a seus fins se entendesse que o sentido daquela expressão "notável saber", referindo-se a outros ramos de conhecimentos humanos, independesse dos que dizem respeito à ciência jurídica, pois que isso daria cabimento ao absurdo de compor-se um tribunal judiciário de astrônomos, químicos, arquitetos.[196]

Ainda a respeito do critério "notável saber jurídico", em artigo publicado, sob o título "Mano Brown no Supremo", na edição da Folha de S. Paulo de 10 de abril de 2023, em conjunto com o Professor e Pesquisador Paulo Rená da Silva Santarém (2023), pudemos suscitar, a título de radicalização do argumento a respeito de quais critérios não somente poderiam, como deveriam balizar as próximas indicações presidenciais do Supremo, que: "Como questionar o 'notório saber jurídico' a quem compôs 'Diário de um Detento'?". A propósito, no particular, argumentamos:

> Com Jair Bolsonaro, a discussão se empobreceu na desinstitucionalização geral. Cabe-nos recorrer ao absurdo, não para reduzir, mas para maximizar: queremos animar o horizonte de possibilidades e pensar alternativas enriquecedoras.
>
> Imaginar Mano Brown, no STF seria, no mínimo, curioso e, no máximo, revolucionário. A grande influência social, a liderança comunitária ciente das necessidades do povo e a dedicação de vida à disputa frontal por igualdade o qualificam. Como questionar o "notório saber jurídico" em direito penal e sobre o "estado de coisas inconstitucional" do nosso sistema penitenciário de

196 O registro é realizado pela Página Oficial do Senado (*link* https://www12.senado.leg.br/noticias/materias/2015/06/01/senado-ja-rejeitou-medico-e-general-para-o-supremo-tribunal-federal)

> quem compôs, décadas atrás, a canção "Diário de um Detento"? Crítico e astuto, profundo conhecedor das questões políticas, sociais e humanitárias do país, o qual costuma retratar como injusto, violento e desigual nas letras com descrições complexas de fatos problemáticos, mas em escrita acessível às pessoas leigas em direito. Ao propor respostas materiais para ajudar a população, extrapola a impressão de direitos em "folha de papel". No STF, Brown traria perspectivas valiosas, experiência de vida singular (na corte, mas cheia de pares no Brasil) e conhecimentos densos. Ajudaria a construir mais democracia, com bases inclusivas e plurais.
>
> Nós defendemos a importância de indicar uma mulher negra, e Mano não se lançou ao cargo. Mas aqui elevamos o desafio de Lula, clamando por ouvidos abertos para outras vozes. Pedro Paulo, na condição de *rapper*, leciona que "A mudança acontece onde menos se espera, mas é lá que precisa acontecer". Que lições cantaria Brown no Supremo?
>
> Realizada, a indicação poderia gerar reacionarismo de quem deprecia o Estado laico, a diversidade e a representatividade. Mas já não é essa a monocultura? Quantas abordagens excludentes não fundamentam decisões cuja atecnia jurídica ou inconsistência política se camuflam pela formação acadêmica? O radicalismo de alguém do "outro lado", mas que se assumisse, só transparecia o que costuma estar opaco.
>
> A indicação de Pedro Paulo ao STF seria sensata e racional (com trocadilho): um avanço nunca antes visto na história deste país rumo à promoção dos direitos humanos e da justiça social.

A discussão sobre a aceitabilidade, ou não, da próxima (e primeira) indicação do Presidente Lula no atual mandato tem despertado bastante expectativa e curiosidade. Afinal, a justificativa segundo a qual Cristiano Zanin (apontado, pelos veículos da mídia e pela opinião pública, como o favorito para a indicação presidencial em decorrência da vaga aberta em razão da aposentadoria do Ministro Ricardo Lewandowski) seria o nome ideal se sustenta pelo simples fato de que Zanin atuou como advogado pessoal de Lula, quando ele estava encarcerado? Ou haveria alguns outros critérios de representatividade (por exemplo, o aspecto racial e/ou de gênero, combinados ou não) e de visão de Estado e de Judiciário que devem importar?

Na pendência da próxima indicação presidencial e na expectativa de que o tema voltará ao debate público e acadêmico por abertura da segunda indicação prevista (a da Ministra Rosa Weber, atual Presidente da Corte, em decorrência de projeção de aposentadoria compulsória pelo fato de vir a completar 75 anos, no dia 3 de outubro de 2023), deixamos essas questões em aberto como tentativa confessa de buscar qualificar o debate, tanto da perspectiva constitucional (jurídico-política), quanto da institucional (político-jurídica). A esperança é a de que possamos evoluir quanto aos procedimentos de debate social a respeito do "notável saber jurídico" para além de uma visão meramente tecno-burocrática. A incorporação de elementos carismáticos e/ou de visão de mundo, em complemento, nos parece iniciativa interessante para o enriquecimento desse diálogo, com o fito de priorizar o melhor desempenho de uma função estratégica para o órgão de cúpula do Poder Judiciário. Tal dimensão, a exemplo do que, no plano sociológico e teórico, a própria obra weberiana chegou a sugerir como um ideal de atuação representativa do aparato administrativo-estatal, não pode ser descartada, de plano.

A categoria "reputação ilibada", por seu turno, já foi definida em 29 de setembro de 1999, em Consulta nº 1/1999[197] à Comissão de Constituição, Justiça e Cidadania (CCJ) do Senado, por meio do Parecer 812/1999, cuja conclusão foi lavrada nos seguintes termos: "(...) para efeito da prerrogativa outorgada a esta Casa, pelo art. 52, III, da Constituição da República, considera-se detentor de reputação ilibada o candidato que desfruta, no âmbito da sociedade, de reconhecida idoneidade moral, que é a qualidade da pessoa íntegra, sem mancha incorrupta." O relator da consulta

197 Parecer publicado no Diário do Senado Federal nº 161, sessão de 14 de outubro de 1999 (publicação em 15/10/1999): https://legis.senado.leg.br/diarios/ver/12709?sequencia=158

formulada pelo então Presidente do Senado Antônio Carlos Magalhães, recebeu a relatoria do então Senador Ramez Tebet, que ressalvou que "a análise de eventuais laços profissionais ou de amizade do indicado afeta tão-somente o juízo político de conveniência e oportunidade a cargo do Senado Federal.

A definição, contudo, deve se reconhecer segue bastante abrangente. O mesmo parecer, em trecho do voto escrito proferido pelo Senador Antônio Carlos Valadares, reconhece a possibilidade de invocação dos princípios gerais da administração previstos pelo *caput* do art. 37 da Constituição: "Ao lado da avaliação genérica de seu caráter e idoneidade, cabe ao Senado analisar seus antecedentes para o fim de considerar se o indicado poderá ir ao encontro dos princípios da legalidade, impessoalidade, moralidade e publicidade que devem nortear a administração pública." Realça-se que, ainda assim, os requisitos são demasiado abertos e, exatamente, por isso, permitem ampla conformação.

Em conjunto, a avaliação que podemos realizar, a título de concepção arquitetônica, é a de que os marcos estabelecidos pelo texto constitucional são bastante abrangentes (para não dizer genéricos). Tal conceito é complacente com uma margem muito reduzida de controle a ser desempenhada de um modo global sobre as indicações presidenciais e as aprovações pelo Senado – o que dá ensejo a um modelo bastante permeável ao arbítrio. Ainda assim, há um espaço considerável para que o escrutínio senatorial possa ser mais rigoroso. A ausência desse rigor, porém, é indicativo que a prática de deferência às escolhas presidenciais também conte com a articulação dos Senadores, ou ainda, com uma menor relevância política no contexto das coalizões e negociações do Executivo com o Parlamento.

Quanto ao aspecto etário, a vitaliciedade estipulada pode dar a impressão de que, a rigor, os mandatos dos Ministros e das Ministras sejam longos. Conforme registram Gilmar Ferreira Mendes e Lênio Luiz Streck (2013:1350), na prática constitucional brasileira:

> Embora não exista mandato para o exercício da função de Ministro do Supremo Tribunal Federal, o prazo médio de permanência no cargo, no período 1946-1987, não tem sido superior a oito anos. No período 1989-2006, essa média foi elevada para onze anos. A diferença entre os períodos de exercício efetivo é bastante acentuada, como demonstra pesquisa relativa ao período 1946-2006. Alguns Ministros permaneceram no cargo por mais de vinte anos; outros, não mais que dez meses. O curto período de exercício permitiu que um mesmo Presidente da República, durante seu mandato, nomeasse até dois Ministros para a mesma vaga. O estabelecimento da idade-limite (65 anos) para designação de magistrado acabou por restringir essa possibilidade.

A partir de 7 de maio de 2015, outra componente desse critério etário, foi a aprovação da Emenda Constitucional nº 88 (proveniente da denominada "PEC da Bengala")[198], a qual estabeleceu como limite etário ("até a entrada em vigor da lei complementar de que trata o inciso II do § 1º do art. 40 da Constituição Federal"), a idade de 75 anos, como marco para a aposentadoria compulsória. Desse modo, enquanto perdurarem esses limites etários, a expectativa de mandato de cada indicado ou indicada é de 5 a 40 anos (observando-se, no ponto, a nova idade máxima de 65 anos para a escolha, nos termos em que fixada pela EC 122, de 17 de maio de 2022).

Perceba-se que a duração de tais mandatos, ao menos em tese, é superior ao mandato eletivo correspondente ao máximo de tempo que um mesmo Presidente da República pode ocupar o cargo (computada a ocorrência de reeleição, 8 – oito – anos), assim como o mais longo mandato do Parlamento (o do Senado, com 8 – oito – anos). Aqui, vale realçar um aspecto que normalmente não é acionado pela esfera pública: o fato de o cargo não ser propriamente "eletivo" (definido por escolha popular direta)

---

198 A PEC (Proposta de Emenda Constitucional) foi aprovada com a inserção do art. 100 no ADCT (Ato das Disposições Constitucionais Transitórias), com o seguinte teor: "Art. 100 – Até que entre em vigor a lei complementar de que trata o inciso II do § 1º do art. 40 da Constituição Federal, os Ministros do Supremo Tribunal Federal, dos Tribunais Superiores e do Tribunal de Contas da União aposentar-se-ão, compulsoriamente, aos 75 (setenta e cinco) anos de idade, nas condições do art. 52 da Constituição Federal."

não o imuniza da necessidade de um escrutínio público mais alentado. Os impactos que a atuação de um Ministro ou uma Ministra podem desempenhar no país, perceba-se, não raro, é superior a uma década. Daí a relevância de que, em vez de focar unicamente em aspectos externo quanto ao perfil das indicações, tais elementos possam ser associados, de maneira mais intensiva, com a trajetória profissional, as opiniões e as visões a respeito da Constituição do país.

Há de se destacar, ainda – e sem a pretensão de encerramento desse debate – a tramitação da Proposta de Emenda Constitucional 16 de 2019, a qual "Altera o art. 101 da Constituição Federal para dispor sobre o processo de escolha dos Ministros do Supremo Tribunal Federal e fixar os respectivos mandatos em oito anos." Tal PEC foi retomada no início da atual legislatura (2023-2026) pelo Senador Plínio Valério (PSDB/AM). Segundo registro de matéria da Agência Senado datada de 14 de fevereiro de 2023[199], a proposta de fixar em oito anos o mandato dos ministros do STF, sem direito à recondução, foi assim justificada pelo mencionado parlamentar: "Para ele, o mandato vitalício com aposentadoria compulsória aos 75 anos — conforme a regra atual — dá muito poder aos ministros. 'Quando apresentei a PEC, em 2019, eu queria a mesma coisa que quero hoje: dar celeridade ao andamento da nomeação dos ministros e fixar o mandato em oito anos para que eles não se sintam semideuses, como alguns se sentem, para que eles tenham que decidir sabendo que são mortais' – disse o senador à Agência Senado."

Essa tensão latente a respeito da necessidade de reconfiguração arquitetônica do formato de indicação presidencial, sabatina senatorial e escolha das Ministras e dos Ministros do Supremo indica uma tendência de intensificação do debate sobre o tema – uma situação que, ainda que não resolvida durante a atual legislatura (2023-2026), aponta para uma possível mudança do concei-

199 A íntegra da matéria da Agência Senado pode ser acessada no "*link*" (último acesso em 24 de março de 2023): https://www12.senado.leg.br/noticias/materias/2023/02/14/pec-estipula-mandatos-de-oito-anos-para-ministros-do-stf.

to da Arquitetura fundacional do STF. O que parece em disputa é o ônus e bônus políticos e institucionais da concessão de poderes vitalícios aos integrantes da Suprema Corte brasileira.

À primeira vista – e sem o intuito de um exercício leviano de futurologia –, os crescentes entrechoques institucionais entre o STF e os demais Poderes apontam para um cenário em que, cada vez mais, a postura das Ministras e dos Ministros passará a ser submetida a um maior escrutínio, para além dos perfis individuais que eventualmente ostentem. Tentativas como essas capitaneadas pela PEC 16/2019 manifestam, pelo menos do ponto de vista simbólico, um quadro mais poroso e suscetível a limitações de ordem constitucional e a restrições institucionais e constrangimentos políticos em relação aos poderes e atribuições da Corte, tanto em sua dimensão colegiada, como também no desempenho individual de seus integrantes.

O *terceiro elemento* (3. *as diferentes maneiras pela qual o Tribunal pode ser acionado*) tem como objetivo expor, de maneira sistemática, as principais competências e os usos que podem ser desempenhados pela Corte e a sua relação com os demais Poderes, as quais são enunciadas, primeiramente, pelo art. 102 da Constituição:

> Art. 102. Compete ao Supremo Tribunal Federal, precipuamente, a guarda da Constituição, cabendo-lhe:
> I – processar e julgar, originariamente:
> a) a ação direta de inconstitucionalidade de lei ou ato normativo federal ou estadual e a ação declaratória de constitucionalidade de lei ou ato normativo federal; (Redação dada pela Emenda Constitucional nº 3, de 1993)
> b) nas infrações penais comuns, o Presidente da República, o Vice-Presidente, os membros do Congresso Nacional, seus próprios Ministros e o Procurador-Geral da República;
> c) nas infrações penais comuns e nos crimes de responsabilidade, os Ministros de Estado e os Comandantes da Marinha, do Exército e da Aeronáutica, ressalvado o disposto no art. 52, I, os membros dos Tribunais Superiores, os do Tribunal de Contas da União e os chefes de missão diplomática de caráter permanente; (Redação dada pela Emenda Constitucional nº 23, de 1999)

d) o *habeas corpus*, sendo paciente qualquer das pessoas referidas nas alíneas anteriores; o mandado de segurança e o *habeas data* contra atos do Presidente da República, das Mesas da Câmara dos Deputados e do Senado Federal, do Tribunal de Contas da União, do Procurador-Geral da República e do próprio Supremo Tribunal Federal;

e) o litígio entre Estado estrangeiro ou organismo internacional e a União, o Estado, o Distrito Federal ou o Território;

f) as causas e os conflitos entre a União e os Estados, a União e o Distrito Federal, ou entre uns e outros, inclusive as respectivas entidades da administração indireta;

g) a extradição solicitada por Estado estrangeiro;

h) ~~a homologação das sentenças estrangeiras e a concessão do "*exequatur*" às cartas rogatórias, que podem ser conferidas pelo regimento interno a seu Presidente~~; (Revogado pela Emenda Constitucional nº 45, de 2004)

i) o *habeas corpus*, quando o coator for Tribunal Superior ou quando o coator ou o paciente for autoridade ou funcionário cujos atos estejam sujeitos diretamente à jurisdição do Supremo Tribunal Federal, ou se trate de crime sujeito à mesma jurisdição em uma única instância; (Redação dada pela Emenda Constitucional nº 22, de 1999)

j) a revisão criminal e a ação rescisória de seus julgados;

l) a reclamação para a preservação de sua competência e garantia da autoridade de suas decisões;

m) a execução de sentença nas causas de sua competência originária, facultada a delegação de atribuições para a prática de atos processuais;

n) a ação em que todos os membros da magistratura sejam direta ou indiretamente interessados, e aquela em que mais da metade dos membros do tribunal de origem estejam impedidos ou sejam direta ou indiretamente interessados;

o) os conflitos de competência entre o Superior Tribunal de Justiça e quaisquer tribunais, entre Tribunais Superiores, ou entre estes e qualquer outro tribunal;

p) o pedido de medida cautelar das ações diretas de inconstitucionalidade;

q) o mandado de injunção, quando a elaboração da norma regulamentadora for atribuição do Presidente da República, do Congresso Nacional, da Câmara dos Deputados, do Senado Federal, das

Mesas de uma dessas Casas Legislativas, do Tribunal de Contas da União, de um dos Tribunais Superiores, ou do próprio Supremo Tribunal Federal;

r) as ações contra o Conselho Nacional de Justiça e contra o Conselho Nacional do Ministério Público; (Incluída pela Emenda Constitucional nº 45, de 2004)

II – julgar, em recurso ordinário:

a) o *habeas corpus*, o mandado de segurança, o *habeas data* e o mandado de injunção decididos em única instância pelos Tribunais Superiores, se denegatória a decisão;

b) o crime político;

III – julgar, mediante recurso extraordinário, as causas decididas em única ou última instância, quando a decisão recorrida:

a) contrariar dispositivo desta Constituição;

b) declarar a inconstitucionalidade de tratado ou lei federal;

c) julgar válida lei ou ato de governo local contestado em face desta Constituição.

d) julgar válida lei local contestada em face de lei federal. (Incluída pela Emenda Constitucional nº 45, de 2004)

Parágrafo único. A arguição de descumprimento de preceito fundamental, decorrente desta Constituição, será apreciada pelo Supremo Tribunal Federal, na forma da lei.

§ 1º A arguição de descumprimento de preceito fundamental, decorrente desta Constituição, será apreciada pelo Supremo Tribunal Federal, na forma da lei. (Transformado em § 1º pela Emenda Constitucional nº 3, de 17/03/93)

§ 2º As decisões definitivas de mérito, proferidas pelo Supremo Tribunal Federal, nas ações diretas de inconstitucionalidade e nas ações declaratórias de constitucionalidade produzirão eficácia contra todos e efeito vinculante, relativamente aos demais órgãos do Poder Judiciário e à administração pública direta e indireta, nas esferas federal, estadual e municipal. (Redação dada pela Emenda Constitucional nº 45, de 2004)

§ 3º No recurso extraordinário o recorrente deverá demonstrar a repercussão geral das questões constitucionais discutidas no caso, nos termos da lei, a fim de que o Tribunal examine a admissão do recurso, somente podendo recusá-lo pela manifestação de dois terços de seus membros. (Incluída pela Emenda Constitucional nº 45, de 2004).

Em vez de comentar, inciso por inciso, o objetivo desta parte do livro é o de apontar os diferentes perfis da atuação do Tribunal. De modo bastante geral, destacamos que há uma marcada diferença da atuação contida nos agrupamentos dos incisos. É possível agrupar as competências detalhadas nas duas alíneas do Inciso II e, também, nas quatro alíneas do Inciso III como atribuições tipicamente judiciárias.

Dito de outro modo, em ambos os incisos a atuação do Supremo é especificamente relacionada a pronunciamentos anteriores de outros órgãos do sistema judiciário. Desse modo, no Inciso II, o STF atua como uma típica "Corte de Revisão" (ou da apelação) em relação aos demais tribunais superiores (alínea "a") ou, ainda, dos juízes federais no julgamento de crimes políticos nos termos do art. 109, Inciso IV[200] – frisa-se que, do ponto de vista operacional, essa atuação pouco se diferencia do tipo de análise que os demais tribunais de segundo grau (ou de segunda instância) realizam. No Inciso III, por sua vez, a atuação do Supremo é de caráter extraordinário. Nas hipóteses contempladas por este último inciso, a função do STF é a de atuar enquanto instância de uniformização recursal das interpretações judiciais quanto à aplicação do texto constitucional. Essa categoria de competência abarca apenas três classes processuais (a saber: o Recurso Extraordinário, sigla "RE"; o Recurso Extraordinário com Agravo, classe "ARE"; e, residualmente, o Agravo de Instrumento, AI). Segundo relatório de informações disponibilizado pelo STF e atualizado em 04 de janeiro de 2021[201], os 13.062 recursos correspondiam à praticamente a metade (49,71%) do total de 26.277 processos em tramitação no acervo do tribunal no ano de 2020.

200 "Art. 109. Aos juízes federais compete processar e julgar: (...) IV - os crimes políticos e as infrações penais praticadas em detrimento de bens, serviços ou interesse da União ou de suas entidades autárquicas ou empresas públicas, excluídas as contravenções e ressalvada a competência da Justiça Militar e da Justiça Eleitoral;"
201 Acervo disponível pela página oficial do STF no *link*: https://transparencia.stf.jus.br/.

Diagrama 1 - Acervo do Supremo Tribunal Federal (Data de Referência: 4 de janeiro de 2021)

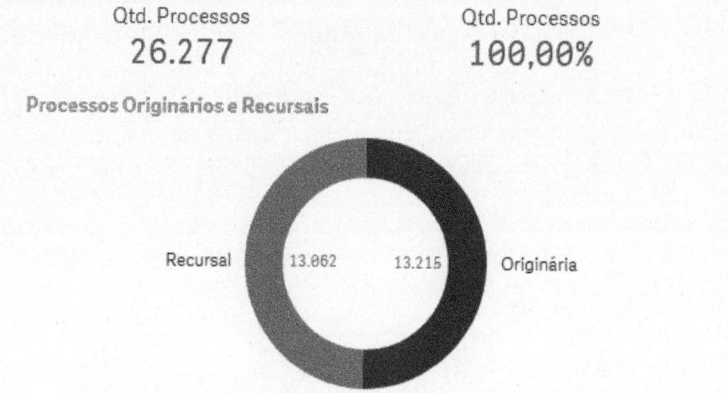

Acervo Atual	Eletrônico	Físico	**Soma:**
Originária	12.444	771	**13.215**
Recursal	12.665	397	**13.062**
Soma:	**25.109**	**1.168**	**26.277**

Fonte: STF (Dados Estatísticos).

A informação (acima) de que cerca de metade do volume de processos relacionavam-se com os recursos pode até parecer razoável, à primeira vista. A proporção de mais originários que recursais, contudo, entre originários e recursais é digna de destaque.

Primeiramente, essas tendências constatadas quanto às informações consolidadas ao final do exercício de 2020 (dados de 4 de janeiro de 2021) ainda parecem fazer sentido (ao menos enquanto hipótese de investigação e de monitoramento para os anos que se seguirem a esse comportamento diferente). Em levantamento complementar realizado para fins de atualização da pesquisa realizada por ocasião da defesa da Tese de Doutoramento que deu origem a este livro, observa-se que, em 03 de maio de 2023, o acervo de 23.016 processos (redução de cerca de 12,4% em relação aos dados do início de 2021) poderia ser assim descrito: 13.788 recursos (sutil aumento de 5,6%); e 9.228 processos originários (redução substancial da ordem de 30,2%).

Diagrama 2 - Acervo do Supremo Tribunal Federal (Data de Referência: 4 de maio de 2023)

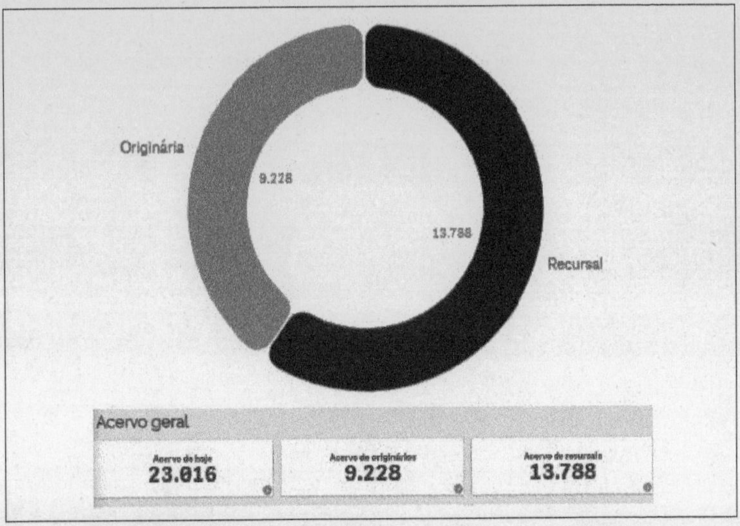

Fonte: STF (Dados Estatísticos/Corte Aberta/Acervo Geral)

Em razão do retrato desse novo momento (realizado três anos após a consolidação inicial), o achado histórico de um número absoluto superior de processos originários não se manteve para os exercícios seguintes (2021, 2022 e, até o momento, 2023). Desse modo, de acordo com os dados atualizados do sistema "Corte Aberta" para 03 de maio de 2023, do acervo de 23.016 processos, 59,91% (13.788) são recursos; e 40,09% (9.228) são processos originários. Tal proporção atual foi gradualmente sendo moldada. No ano de 2021, foi de 57,22% de recursos (13.781) e 42,78% (10.301) de originários num acervo de 24.082 processos. No exercício de 2022, 56,12% do acervo foi recursal (12.491 recursos) e 43,88%, derivado de competências originárias (9.766 processos),

Ao se analisar a série histórica (disponibilizada pelo próprio Supremo), dos anos de 2006 a 2023, percebe-se que houve uma modificação do perfil da distribuição e da tramitação de processos na Corte. Ressalta-se que os dados a seguir reproduzidos não contemplam os processos de caráter sigiloso.

Tabela 10 - Evolução do Acervo do Supremo (Data de Referência: 3 de maio de 2023)

Ano	Originários	Recursais	Acervo total
2006	15.386	134.615	150.001
2007	10.901	118.722	129.623
2008	12.542	99.538	112.080
2009	14.979	85.655	100.634
2010	16.997	73.298	90.295
2011	18.212	49.183	67.395
2012	19.659	47.172	66.831
2013	18.489	48.563	67.052
2014	15.608	40.833	56.441
2015	15.072	38.818	53.890
2016	15.416	42.579	57.995
2017	16.377	29.048	45.425
2018	15.700	22.975	38.675
2019	14.946	16.333	31.279
2020	13.062	13.225	26.287
2021	10.301	13.781	24.082
2022	9.766	12.491	22.257
2023*	9.228	13.788	23.016
Total	262.641	900.617	1.163.258
Média	14.591,2	50.034,3	64.625,4

No período de 2006 a 2023 (3 de maio), quatro comportamentos merecem ser destacados. Primeiramente, nota-se a grande ênfase na redução do estoque do acervo recursal (a qual foi reduzida em cerca de 90%, nesses 18 anos da série – mais precisamente 89,8%). Com relação ao processos originários, embora os números tenham se mantido relativamente estáveis, a máxima redução do acervo relativo foi da ordem de 53,1% (quando se compara, por exemplo, o menor acervo do período, 9.228, neste 2023, com o maior montante 19.659 dessa série histórica, em 2012). Também merece atenção o acervo de originários em 2022 em que, pela primeira vez desde 2006, o número de processos originários limitou-se a quatro dígitos. Por fim, o quadro excepcional de maior equilíbrio entre os dois acervos (o recursal e o originário) parece ter se limitado aos anos de 2019 e de 2020.

Maiores considerações, contudo, merecem um acompanhamento detalhado da evolução desses dados. Para facilitar a visualização dessas informações, os dados acima foram organizados no Gráfico 2, a seguir, o qual apresenta, em formato de barras, a percepção de redução do acervo total do Tribunal.

Gráfico 2 - Evolução do Acervo do STF (2006-2023*)

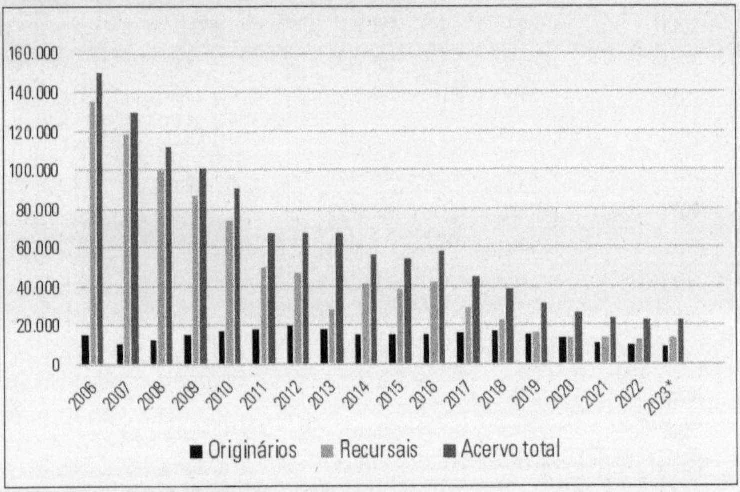

Uma curiosa observação inicial é a de que, no atual momento (03 de maio de 2023), os processos originários alcançam a menor marca histórica da consolidação dos últimos 18 anos (9.228). O que vale para o mundo dos originários, desde 2021, porém, não pode ser dito quanto ao universo dos processos recursais – a atual marca de 13.788 supera os quantitativos do último triênio, a saber: 12.491 (2022); 13.781 (2022); e 13.225 (2021).

Em uma avaliação mais aprofundada, observa-se que a inserção do instituto da repercussão geral enquanto uma espécie de "filtro recursal" (uma das inovações proporcionadas pela EC 45/2004), portanto, parece ter surtido efeito quanto ao acervo do

Supremo Tribunal Federal. A hipótese, contudo, ainda precisa de maiores pesquisas e investigações. Conforme detalharemos na próxima sessão, há a possibilidade de que a instituição e a ampliação regimental das sessões de julgamento virtual (no Plenário e em ambas as Turmas) também desempenhe um importante papel quanto aos números excepcionais observáveis quanto ao ano de 2020. A tendência para os anos seguintes a esse ponto de inflexão (2021, 2022 e 2023), porém, ainda merece atenção e cautela.

O que podemos antecipar, de outro lado, é que, no mesmo período, essa mesma tendência de redução, curiosamente, não se verificou necessariamente e, na mesma proporção, quanto ao restante do Poder Judiciário. Segundo registra o Discurso de Abertura do ano judiciário de 2020[202], proferido pelo então Presidente Ministro Dias Toffoli, somente em 2018, é que ocorreu uma redução no acervo geral de casos (na ordem de cerca de 1 milhão de processos): "Segundo o relatório Justiça em Números 2019, o número de processos em tramitação em todo o País, em 2018 – dados que foram consolidados em 2019 –, foi reduzido em 1 milhão, rompendo com uma série histórica de quinze anos de contínuo aumento do acervo."

Do ponto de vista qualitativo, chamamos a atenção para um aspecto que não pode ser ignorado. O Supremo não possui – nem jamais possuiu – competência exclusiva para analisar a constitucionalidade da aplicação leis e demais atos normativos a casos concretos. Ao entabular a possibilidade de um recurso extraordinário para enfocar questões constitucionais (art. 102, III, da Constituição de 1988), a Constituição brasileira sacramentou a adoção de um sistema híbrido ou sincrético de controle de constitucionalidade – o qual apresenta idiossincrasias e que não se confunde com qualquer modelo europeu ou com o perfil de competências judiciárias da *Supreme Court* estadunidense. A

202 Inteiro teor de todos os discursos de abertura (de 2004 a 2020) disponível no *link*: www.stf.jus.br, na aba "Publicações".

rigor, no Brasil, o controle de constitucionalidade pode ser exercido tanto pela via difusa, ou seja, por quaisquer juízes e/ou tribunais (art. 97 da Constituição), quanto pela via concentrada (art. 102, I, "a", do texto constitucional) – neste último caso, pelo Supremo Tribunal Federal quando a Constituição Federal é a referência, sem prejuízo de que os Tribunais de Justiça dos Estados desempenhem o controle estadual concentrado tomando-se por base as respectivas Constituições Estaduais.

O inciso I, por sua vez, corresponde a um conjunto mais complexo e diversificado de funções jurisdicionais originárias. Isto é, trata-se de competências que são desempenhadas de maneira direta e sem supervisão de qualquer outra instância judicial. De tais atribuições – as quais, segundo os mesmos dados indicados acima, chegaram a corresponder, ao final do ano de 2020 e início de 2021 (4 de janeiro), a pouco mais da metade (13.215 processos ou 50,29%) do total do acervo (26.277), faremos alguns destaques.

O primeiro conjunto de competências a receberem realce dizem respeito às modalidades de ações da denominada "fiscalização abstrata de constitucionalidade" (art. 102, alíneas "a", "p" e §§ 1º e 2º, da Constituição de 1988). Esse plexo de competências abstratas abarca (as medidas liminares e as discussões de fundo): a Ação Direta de Inconstitucionalidade (voltada a examinar a omissão – ADO[203] – ou a efetiva edição de atos normativos federais e estaduais – ADI); a Ação Declaratória de Constitucionalidade (ADC, destinada à avaliação da legitimidade de atos normativos federais de aplicação controvertida perante os órgãos judiciários); e a Arguição de Descumprimento de Preceito Fundamental (ADPF, medida subsidiária destinada à análise de compatibilidade, ao menos em tese, de quaisquer atos

203 Embora seja uma medida típica do controle difuso (realizado em concreto), uma outra competência bem específica que permite o controle da omissão legislativa é a prevista para o mandado de injunção. Nessa hipótese, o Supremo pode atuar quanto a omissões dos três poderes: Executivo (Presidente da República); Legislativo (Congresso Nacional, ou, isoladamente, da Câmara dos Deputados ou do Senado Federal, além do Tribunal de Contas da União); e do Judiciário (qualquer dos Tribunais Superiores e, inclusive, do próprio STF).

normativos não contemplados pelas categorias anteriores). Em 4 de janeiro de 2021 (momento de consolidação da Tese de Doutorado que deu origem a este livro), havia 1.763 processos, nessa categoria (o controle concentrado) – os quais representavam, à época, 6,71% do total de processos.

Diagrama 3 - Acervo do Controle Concentrado do STF (Data de Referência: 4 de janeiro de 2021)

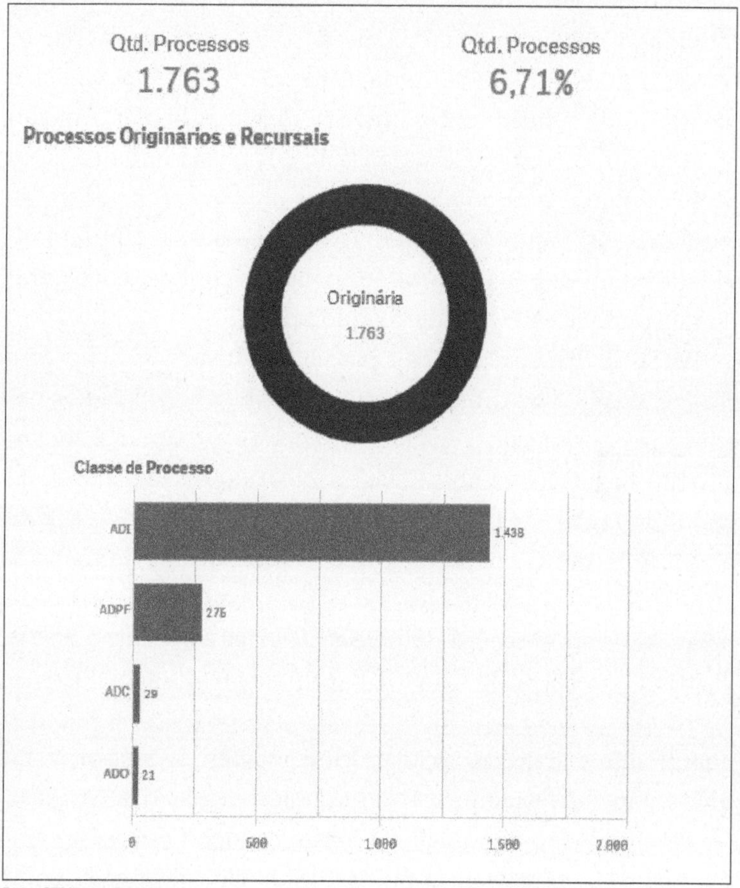

Fonte: STF (Dados Estatísticos)

Apesar da representatividade numérica dessa categoria específica ("controle concentrado") ser, em janeiro de 2021, inferior (6,71%), por exemplo, à da então competência recursal extraordinária (49,71%), aspecto que merece especial atenção, aqui, consiste na relevância institucional dessa modalidade de competência. Em 3 de maio de 2023, o quantitativo de 1.382 de processos de controle concentrado representam 14,97% dos processos originários (9.228) e 6,01% do acervo total atualizado da Corte (23.016 processos). Essa sutil mudança de representatividade (oscilação de 6,71%, para 6,01%) mantém válidas as considerações que, passados pouco cerca de dois anos e quatro meses, ainda seguem como uma referência para o argumento condutor desta vertente estatística. Logo, apesar de, em termos proporcionais, a população recursal alcançar o patamar de 59,91% (13.788 recursos) do acervo de processos, a representatividade quase dez vezes menor de ações de controle concentrado não pode ser simplesmente ignorada.

Por meio de tais ações, há a possibilidade de que o Supremo realize, de maneira direta, a análise da legitimidade de normas editadas por quaisquer instâncias federativas (União, Estados, Distrito Federal e, também, Municípios), sejam tais atos emanados do Poder Legislativo, ou ainda do Poder Executivo. Esse bloco de ferramentas permite que a Corte avalie, de maneira ampla, todas as normas editadas pelo Congresso Nacional, pelas 26 (vinte e seis) Assembleias Legislativas, pela Câmara Distrital e pelos 5.570 (cinco mil quinhentas e setenta) Câmaras Municipais de Vereadores do país. Perceba-se, no ponto, o quanto que a materialização dessa competência concentra, no STF, o papel de estabilização da produção legislativa nacional, em caráter de monitoramento e controle federativo.

Apenas para que se compreenda a relevância estratégica do exercício dessa função, ao declarar, em abstrato, a inconstitucionalidade de uma norma (federal, estadual, distrital ou municipal, conforme o caso), o Supremo está a se investir na sua clássica função contramajoritária. Isto é, a de invalidar, em linhas gerais, a vontade da maioria legislativa que foi positivada. No caso em que essa declaração de nulidade é integral, o STF funcionaria como uma espécie de "legislador negativo". Contudo, da análise do conjunto de julgamentos do Tribunal, a adoção de posturas intermediárias com a propositura de soluções alternativas às formuladas pelos respectivos legisladores passou a dar ensejo, também, à concepção da Corte como um excepcional "legislador positivo".[204]

O segundo conjunto de competências originárias envolvem as associadas a questões típica e necessariamente penais (alíneas "b", "c", "d", "g", "i" e "j"). Neste plexo, reúnem-se as incumbências de apreciar crimes comuns e, em alguns casos, de responsabilidade das principais autoridades federais de cada um dos poderes, a saber: do Executivo (o Presidente, o Vice, os respectivos Ministros de Estado, os Comandantes da Marinha, do Exército e da Aeronáutica, e os chefes de missão diplomática de caráter permanente); do Legislativo Federal (os senadores e os deputados, assim como os Ministros Conselheiros do Tribunal de Contas da União – TCU); e do próprio Judiciário (os Ministros do Supremo e dos Tribunais Superiores), além do Procurador-Geral da República.

204 Maiores reflexões a respeito do tema serão realizadas na próxima seção.

Diagrama 4 - Acervo da Matéria Penal Originária Típica do STF (Referência: 4 de janeiro de 2021)

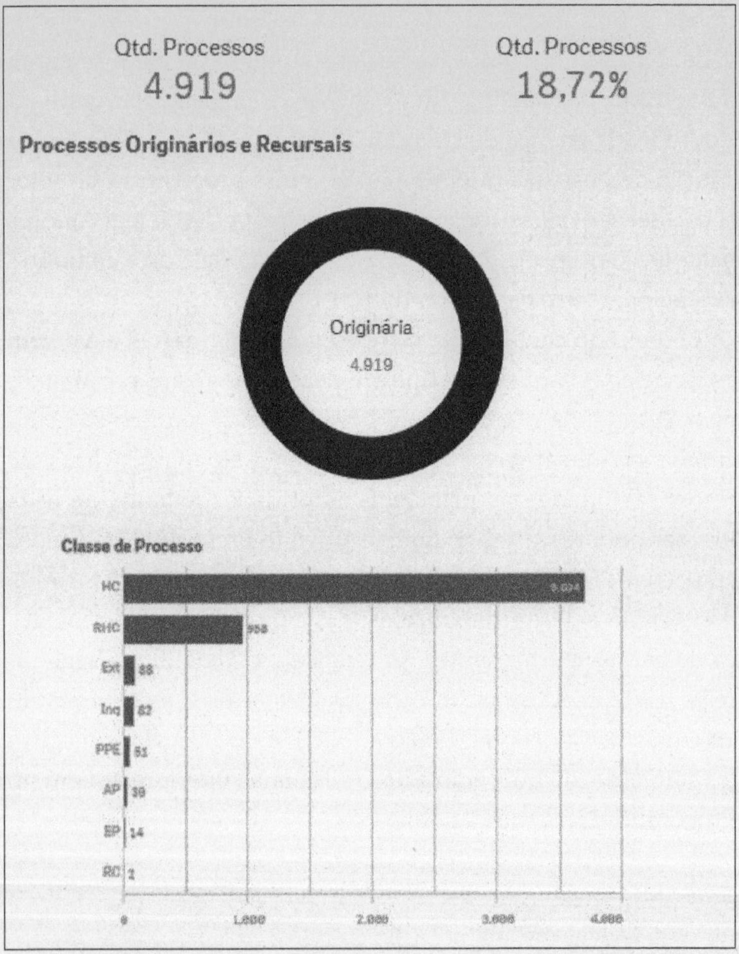

Fonte: STF (Dados Estatísticos)

O fator que extrapola a mera competência judiciária exclusiva diz respeito ao Supremo se tornar o epicentro das principais questões criminais que envolvam os ocupantes dos principais cargos de direção do país, nos diversos poderes. Tal peculiaridade (incomum nas demais cortes tipicamente constitucionais pelo mundo afora) atrai para o Tribunal uma relevância institucional que transborda os aspectos meramente jurídicos. Ademais, todo e qualquer ato dessas mesmas autoridades que envolva lesão ou ameaça à liberdade de locomoção de qualquer cidadã ou cidadão, também permite que o mesmo STF efetue o controle judicial quanto à ocorrência de abuso de poder (excesso na dimensão política) ou ilegalidade (excesso na dimensão jurídica).

A seguir, em complementação à consolidação realizada por ocasião do depósito da Tese de Doutorado que deu origem a esta publicação (data de referência 04 de janeiro de 2021), o novo levantamento atualizado buscou sistematizar os quantitativos do acervo de processos em matéria penal originária típica do STF, por meio da seguinte tabela e correspondente gráfico:

Tabela 11 - Acervo da Matéria Penal Originária Típica do STF (Referência: 3 de maio de 2023)

Classe (Processos de Típica Matéria Penal Originária do STF)	Número de Originários
Ação Penal – AP	24
Execução Penal – EP	11
Extradição – EXT	104
Habeas Corpus – HC	2.073
Inquérito – INQ	65
Prisão Preventiva para Extradição – PPE	26
Recurso Ordinário em Habeas Corpus – RHC	599
Revisão Criminal – RvC	11
Acervo Matéria Penal Originária (STF)	2.913

Gráfico 3 - Acervo em Matéria Originária Típica do STF (Referência: 3 de maio de 2023)

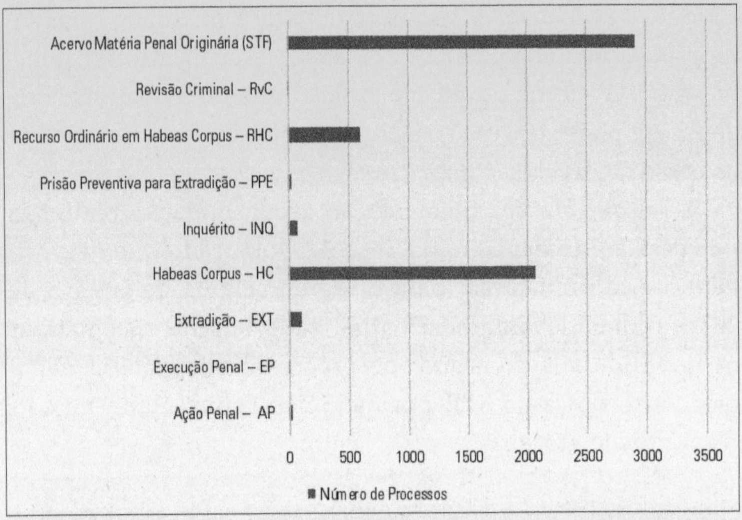

Fonte: STF (Dados Estatísticos/Corte Aberta/Acervo Geral: Gráfico produzido pelo autor, a partir de tabela de consolidação de dados brutos).

Como se não bastasse, a competência prevista pela alínea "i" projeta, no Supremo, a posição de garante último de quaisquer medidas investigativas, penais e penitenciárias que tenham sido negadas pelos demais Tribunais Superiores. Tal arquitetura, por exemplo, permite explicar o porquê há um estímulo para a obtenção de salvos-condutos e ordens de soltura perante o Tribunal. A Corte se torna, assim, na última trincheira (praticamente necessária) do país que ocupa o terceiro lugar, em termos absolutos, e a segunda maior população carcerária, em termos relativos.[205] Desse modo, diante dessa configuração específica, não é de se estranhar que a classe processual "*habeas corpus*" – HC – corresponda à categoria mais numerosa dentre as competências penais

205 Segundo informações disponibilizadas pelo Infopen, do Departamento Penitenciário Nacional, para o período de julho a dezembro de 2019, o total de presos no Brasil foi de 748.009 presos. Com esse montante, a população carcerária brasileira somente seria inferior, em termos absolutos, à estadunidense (2.094.000) e à chinesa (1.710.000). Consideradas as populações dos 3 (três) países, o Brasil supera, proporcionalmente, a taxa de encarceramento da China. Para esses e outros dados comparados, veja-se o índice dos "Estudos Prisionais", produzidos pelo *World Prison Brief*. Trata-se de levantamento.o mundial sobre dados prisionais realizado pela ICPR (*Institute for Crime & Justice Research*) e pela *Birkbeck University of London* (*link*: https://www.prisonstudies.org/highest-to-lowest/prison-population-total?field_region_taxonomy_tid=All).

originárias típicas da corte (em 4 janeiro de 2021, 3.694 processos, num universo de, então, 4.919 – ou 75,09% dos processos desse segmento criminal; 14,05% do acervo total de 26.287 processos, no Exercício de 2021; e, ainda 28,28% do acervo originário). Em 03 de maio de 2023, registram-se 2.073 *Habeas Corpus*, num universo de 2.913 do acervo originário (típica e necessariamente) criminal – uma representatividade de 71,16% nessa população criminal (2.913), sendo de 22,46% dentre os processos originários (9.228) e 12,65% do total de processos do acervo (23.016).

Essa dominância do HC foi também reconhecida no detalhado levantamento do já mencionado VI Relatório Justiça em Números da FGV/Rio, intitulado "A realidade do Supremo Criminal" (publicado em junho de 2019). A partir de um detalhado levantamento dos processos criminais no período de 1988 a 2017, uma das conclusões do VI Relatório (2019:155) foi no sentido de que:

> É possível afirmar, portanto, que o Supremo Criminal é um Supremo de HC. Como tal, ocupa-se, predominantemente, de questões individuais.
> No Supremo Criminal, a tendência é de uma certa privatização de suas atividades. Das 12 classes processuais de matéria penal, são os HC que despontam como classe dominante. Em 2017, assumem a taxa de 32,22% desse universo, representando um crescimento de 20% em relação ao ano anterior (gráfico 1.3.2).

A defasagem dos dados referidos no excerto acima transcrito, os quais compreendem um intervalo de mais de seis anos (2017 a 2023), demandam um esforço coletivo para a mineração de dados estatísticos de modo a contemplar, a um só tempo, a) a detecção da evolução de processos originários que podem veicular matéria criminal (embora não se limitem necessariamente a esse assunto), como, por exemplo, as classes da Reclamação Constitucional (RCL) e a da Petição (PET) – por esse motivo, inclusive, em tal levantamento estatístico utilizaram-se 12 classes processuais e não as mesmas oito, típica e necessariamente, penais abordadas neste Terceiro Capítulo; e b) uma análise qualitativa sobre o impacto de processos tipicamente criminais no que concerne à antecipação e prevenção de questões coletivas (em especial em matéria penitenciária) que sejam endereçadas à Corte, por exemplo, por meio de classes processuais que detenham uma maior abrangência (veja-se, para fins de mera ilustração, as hipóteses dos HCs coletivos; e, ainda, a da ADPF 357/DF em que, não obstante se trate de ação do controle concentrado, foram submetidas ao STF questões que envolvem milhares de pessoas – a exemplo da obrigatoriedade, ou não, da realização de audiências de custódia). Enfim, o enfoque do denominado "Supremo Criminal" segue a merecer um acompanhamento contínuo do perfil das demandas que são diariamente apresentadas ao STF. Essa é uma tarefa que seguirá em aberto como um desafio à implementação mais intensiva dos propósitos investigativos da Agenda de Pesquisa que se anuncia ao final deste livro.

Realizadas essas pinceladas expressionistas (e sem prejuízo dos exercícios e desdobramentos do restante deste Capítulo Terceiro), cabe indagarmos, afinal, o que constitui o Supremo?

A partir dos elementos identificados e explorados em cada um dos tópicos de argumentação desta sessão, percebe-se que o STF é uma Corte, constitutivamente, desenhada para desempenhar funções jurídicas e, ademais, políticas. Destacamos, em primeiro lugar, que o funcionamento desse Tribunal envolve competência para matérias diversificadas – mas não necessariamente "constitucionais" (em sua acepção típica, ou mais estrita, *stricto sensu*). Logo, a identificação, pura e simples, do Supremo enquanto típica Corte Constitucional é, de certa forma, falaciosa.

Além do exemplo da atuação do Supremo em matéria penal (algo que, em termos mundiais, corresponde a um dos aspectos *sui generis* do STF), o Tribunal também ostenta competência para matérias que não possuem, a rigor, sequer mérito constitucional. Uma situação emblemática da assunção de matérias de cunho "ordinário" é o do julgamento de ações em que todos os membros da magistratura sejam, direta ou indiretamente, interessados, e aquela em que mais da metade dos membros do tribunal de origem estejam impedidos ou sejam direta ou indiretamente interessados (ambas as hipóteses previstas pela alínea "n" do Inciso I do art. 102 da Constituição de 1988). Esse elemento corresponde a um daqueles que poderiam ter sido deslocados para outros órgãos judiciários. A opção da EC 45/2004 pela preservação dessa atribuição judicial é característica do perfil "concentrador" que a Constituição de 1988 (ainda) adota em relação ao Supremo.

A segunda observação geral para fins de fechamento dessa argumentação diz respeito aos indícios empíricos que pudemos assinalar quanto à emergência de uma "Corte Originária" em contraposição à histórica "Corte Recursal" que, desde a sua formulação originária, ainda durante a Primeira República ou "República Velha" (1890-1934), se via enredada numa aparente – e infindável – "Crise do RE".

A terceira consideração conclusiva relevante, para fins desta seção, é refletir sobre a hipótese de que o Tribunal se desnaturaria ao ingressar em searas de cunho institucional ou político-jurídica. Tal pré-compreensão nubla, de plano, a percepção de que o exercício da jurisdição corresponde a uma dimensão jurídica e política, necessariamente. Isto é, independentemente do resultado "decisório" a que o Tribunal chegue, como pontua Canotilho (2003:679-680), ambas as dimensões são constitutivas a qualquer Corte Constitucional:

> Os problemas constitucionais, num Estado de direito democrático, são irredutíveis a questões jurídicas puras ou a questões políticas juridicamente disfarçadas. A dimensão política e a dimensão jurídica são as duas dimensões necessárias e incindíveis das questões constitucionais (Ridder), sendo tão unilateral classificar as funções exercidas por um tribunal constitucional como funções políticas em forma jurisdicional, como qualificá-las de funções jurisdicionais sobre matérias políticas. O que caracteriza decisivamente a função de um tribunal constitucional é a sua jurisdicionalidade (*Gerichtsformigkeit*) e a sua vinculação a uma medida constitucional material de controlo (*Schlaich*).

A esse propósito, o próprio termo "decisão judicial", considerada a posição topográfica do Tribunal, a sua forma de composição e as suas competências originárias e recursais, apresenta sentido constitucional dúplice de: "decisão jurídica" e "decisão política", a um só tempo. Como qualificar ainda mais, portanto, a análise constitucional e institucional a respeito, para fins de compreensão mais aprofundada e transformação estrutural do Supremo? Essa a missão descritiva e analítica da próxima seção deste capítulo.

3.D: Engenharia Institucional: como o Supremo pode ser construído e/ou transformado?

Enquanto a Arquitetura Constitucional corresponde ao delineamento das principais referências jurídico-políticas do Supremo, a Engenharia Institucional inverte a perspectiva da abordagem anterior para, do ponto de vista político-jurídico, enfocar a maneira pela qual o Tribunal densifica (ou não), material e formalmente, as competências para as quais foi desenhado. No âmbito da Engenharia Institucional, enfatiza-se a maneira pela qual a Corte constrói, ou desconstrói, as próprias atribuições, considerando a forma pela qual o poder está distribuído entre os seus diferentes órgãos. Ademais, entra em cena a possibilidade de experimentação de modelos para o enfrentamento de questões associadas às suas competências judiciais.

Neste ponto, adotamos especificamente a sugestão de Mangabeira Unger (2011:61), no já aludido artigo *"A Constituição do Experimentalismo Democrático"*, no sentido de que: "Temos de organizar todas as instituições, em particular as instituições constitucionais, para que a transformação se torne impulso endógeno, interno, e deixe de depender das crises como sua circunstância favorecedora."

Independente de julgamentos de valor acerca da utilidade, da beleza e/ou da sustentabilidade, ou não, do edifício constitucional que foi projetado para o Supremo, a investigação proposta por essa Engenharia adota como referência a utilização de recursos institucionais próprios (ou endógenos) para a imaginação e a experimentação de novos atributos que complementam o *design* inicialmente concebido. Passam a importar para essa perspectiva, de um lado, como a memória institucional da Corte é acionada (ou ignorada); e, de outro lado, as práticas e alterações (formais e informais) da estrutura e do funcionamento interno do Tribunal que sinalizam para a vivência de arranjos institucionais diferentes e, também, para os impactos que eles podem ocasionar. A memória institucional do Tribunal apresenta íntima relação com a maneira pela qual a jurisprudência ou jurisdição constitucional é acionada pela Corte.

Com referência aos recursos endógenos, vale acentuar que o atual Regimento Interno do Supremo corresponde à quinta versão do documento desde a Proclamação da República.[206] A atual versão do RI/STF foi aprovada em 15 de outubro de 1980 e, desde então, sofreu 57 emendas. Um achado que merece nosso destaque é o de que, durante a sua primeira década de existência e até a promulgação da Constituição de 1988, o Regimento só havia sido modificado duas vezes: i) a Emenda Regimental nº 1 foi editada em 25 de novembro de 1981; e ii) a Emenda Regimental nº 2 teve edição em 4 de dezembro de 1985. Da promulgação da Constituição até a já mencionada Reforma do Poder Judiciário (EC 45/2004), foram editadas dez alterações regimentais nesse intervalo de pouco mais de 16 anos, sendo: a) 5 Emendas até o final da década de 1990[207]; b) e outras 5 modificações até o ano de 2003.

O marco da Reforma do Poder Judiciário, com a concentração de poderes no Supremo e a implementação de novos institutos, tais como: a repercussão geral; e a súmula vinculante, por exemplo, trouxe como uma de suas consequências a necessidade de

---

206 As versões anteriores foram editadas nos anos de: i) 1890; ii) 1909; iii) 1970; iv) 1980. Tais documentos podem ser acessados no *link*: http://portal.stf.jus.br/textos/verTexto.asp?servico=bibliotecaConsultaProdutoBibliotecaRI.

207 Eis as Emendas: 1) nº 3, de 18 de abril de 1989; 2) nº 4, de 28 de setembro de 1992; 3) nº 5, de 4 de maio de 1995; 4) nº 6, de 14 de junho de 1996; e, por fim, 5) a Emenda Regimental nº 7, de 6 de abril de 1998

que o Tribunal experimentasse e testasse a calibragem institucional adequada para a complementação regimental das alterações promovidas quanto à então nova arquitetura constitucional da Corte. O efeito numérico desses ajustes de percurso pode ser percebido pelo fato de que, enquanto nos primeiros 24 anos de vigência, o Regimento foi modificado 17 vezes; nos últimos 19 anos, o RI/STF foi modificado outras 40 (quarenta) vezes. Em termos de média simples, para o primeiro período (1980-2003), o ritmo anual de mudanças regimentais foi inferior a 1 (uma) Emenda por ano (0,71 ER/ano); no segundo período (2004-2020), foi de mais de 2 (duas) Emendas por exercício (2,1, a cada ano).

A necessidade de que os efeitos práticos dessas modificações sejam apurados é um dos desdobramentos de Agenda de Pesquisa que apontaremos a título de Considerações Finais. O que nos basta, por ora, é aventar a hipótese de que, a partir dessas premissas de engenharia institucional, a avaliação dessas modificações internas – esses engenhos e soluções institucionais – podem, por vezes, promover alterações qualitativas mais significativas do que a simples mudança do conceito arquitetônico de determinadas competências.

Para ilustrar o potencial de tal ganho metodológico, utilizaremos como referência dois exemplos emblemáticos de como o Supremo pode ser construído e/ou reformado. Essas ilustrações, mais do que meras abstrações teóricas, correspondem a avaliações concretas acerca da maneira pela qual o Tribunal desenvolveu, articulou e buscou aprimorar as inovações institucionais quanto à sua performance: 1) o primeiro experimento corresponde às modificações regimentais e outros atos internos ocorridas quanto à evolução da dinâmica de julgamentos do Tribunal, a qual foi sensivelmente modificada também (mas não somente) em razão da Pandemia do Coronavírus (*Corona Virus Disease* – Covid-19); e 2) o segundo engenho, a ser investigado, apresenta pontos de contato com o aprendizado anterior e corresponde ao desenvolvimento da dinâmica decisória da

Corte para lidar com o instituto da repercussão geral; e, por fim, 3) o terceiro implemento institucional abarcará a experiência da reclamação constitucional

Há de se ressaltar, a propósito, que ambos os experimentos se situam, exatamente, no âmbito daquilo que recente desdobramento do Projeto "Supremo em Números" da Fundação Getúlio Vargas do Rio de Janeiro, mais especificamente o Relatório VIII da mencionada Série intitulado *"Quem decide no Supremo? Tipos de decisão colegiada no Tribunal"*, publicada em setembro de 2020[208]. Tal estudo, sob a coordenação de Thomas Pereira (2020), Diego Arguelhes e Guilherme da Franca Couto Fernandes de Almeida, mapeou e consolidou dados gerais e aplicados quanto aos 30 (trinta) primeiros anos da jurisdição constitucional aplicada do Supremo sob a égide da atual Constituição (1988-2018). É dizer, ambas as ilustrações que apontamos como marco de referência se estendem para os anos que se seguiram, em especial 2019 e 2020, sem abrir mão dos dados disponíveis quanto a ambos os experimentos para os períodos anteriores. Suscitam os autores (2020:140), a título de "Conclusões", que:

> Essas considerações pretendem servir de pontos de partida para novos estudos empíricos, e os dados e interpretações deste relatório não esgotam as perguntas relevantes sobre a complexa dinâmica de decisões colegiadas e individuais, presenciais e virtuais, em lote e individualizadas que caracterizam o funcionamento do STF. Ainda assim, nossos resultados já colocam em dúvida o que podemos de fato aprender sobre o tribunal apenas contabilizando decisões formalmente "colegiadas". Sem atentar para os diferentes tipos de engajamento dos ministros nos variados contextos decisórios que integram esse rótulo formal, e cuja variação este relatório permite visualizar, continuaremos com uma visão incompleta e, em alguns pontos, potencialmente enganosa de como o STF funciona e de quais são os efeitos e limites das reformas desenhadas para aprimorar a instituição.

208 Uma vez mais cabe o registro de que esta publicação ocorreu em momento posterior ao adotado como referência para o levantamento bibliográfico realizado no Capítulo Primeiro.

Com relação ao *primeiro experimento* (1. *Modificações regimentais ocorridas quanto à evolução da dinâmica de julgamentos do Tribunal*), tradicionalmente, nos termos do Regimento Interno do Supremo (desde a sua versão originária de 1980), a forma de julgamento, por excelência, é a da manifestação colegiada de seus membros por meio de seus órgãos: o Plenário; as suas duas Turmas (com competências idênticas); e o Presidente. Eis a disciplina original do RI/STF (em redação que jamais sofreu emendas):

> Art. 2º O Tribunal compõe-se de onze Ministros, tem sede na Capital da República e jurisdição em todo território nacional.
>
> *Parágrafo único*. O Presidente e Vice-Presidente são eleitos pelo Tribunal, dentre os Ministros.
>
> Art. 3º São órgãos do Tribunal o Plenário, as Turmas e o Presidente.
>
> Art. 4º As Turmas são constituídas de cinco Ministros.

A primeira consideração que é digna de nota quanto a essa configuração básica é a de que, a rigor, é possível agrupar esses 4 (quatro) órgãos em 2 (duas) categorias: a) órgãos colegiados propriamente ditos (sendo o Plenário o colegiado que agrupa a totalidade dos membros da Corte; e a Primeira Turma e a Segunda Turma, os órgãos colegiados fracionários – isto é, que abarcam parcelas dos integrantes da Corte, excluída a função da Presidência do STF); e b) órgão individual representativo do Colegiado (a Presidência do Tribunal).

Na configuração inicial do RI/STF (1980), a dinâmica decisória era desempenhada, em regra, de modo presencial (inclusive com expressa ordenação da forma de ocupação dos assentos disponíveis), por seus órgãos colegiados, por meio das respectivas sessões de julgamento[209]. Excepcionalmente, na redação regimental originária, a Presidência estaria autorizada para desempenhar,

209 Vale a transcrição dos seguintes dispositivos regimentais (RI/STF, art. 143 e 144, todos os dispositivos em sua redação originária):
"Art. 143. O Plenário, que se reúne com a presença mínima de seis Ministros, é dirigido pelo Presidente do Tribunal.
Parágrafo único. O quórum para votação de matéria constitucional e para a eleição do Presidente e do Vice-Presidente, dos membros do Conselho Nacional da Magistratura e do Tribunal Superior Eleitoral é de oito Ministros.
Art. 144. Nas sessões do Plenário, o Presidente tem assento à mesa, na parte central, ficando o Procurador-Geral à sua direita. Os demais Ministros sentar-se-ão, pela ordem decrescente de antiguidade, alternadamente, nos lugares laterais, a começar pela direita."

em nome do Colegiado, atos decisórios para 2 (dois) casos principais apenas, ambas contidas nos seguintes incisos do art. 13 do RI/STF: a) "VII – decidir questões de ordem, ou submetê-las ao Tribunal, quando entender necessário"; e "VIII – decidir, nos períodos de recesso ou de férias, pedido de medida cautelar".

A competência presidencial para a decisão sobre questões de ordem, prevista pelo Inciso VII (acima transcrito), jamais sofreu modificações regimentais diz respeito à estabilização da tramitação processual, assim como o planejamento e transparência quanto à ordenação dos julgamentos. Tal competência é relevante porque está diretamente associada com o tempo e o modo pelo qual as decisões são encaminhadas no âmbito do Tribunal. Deve-se destacar que o poder de não-decidir também envolve uma dimensão decisória relevante.

A outra competência presidencial, a partir de 22 de outubro de 2008, com a edição da Emenda Regimental nº 26 (gestão do então Presidente Ministro Gilmar Mendes), passou a conferir ao presidente, por ato próprio, o poder de decisão de questões urgentes (não apenas medidas cautelares) nos períodos de férias e de recesso do Tribunal. Chamamos a atenção de que a justificativa operacional para o desempenho dessa competência devia-se à necessidade de continuidade da jurisdição nos períodos em que, coletivamente, a Corte não pudesse se reunir.

Essa engenharia institucional inicial, contudo, foi radicalmente modificada em razão da ocorrência quase que paralela entre dois processos: a) a ampliação dos poderes monocráticos dos demais ministros (alteração significativa das atribuições contidas no art. 21 do RI/STF, com acréscimos de novas atribuições, maiores poderes de pauta; e, inclusive, hipóteses de delegação aos juízos instrutores, nos termos dos arts. 21-A e 21-B, a partir da ER nº 36/2009); e b) a implementação de formas colegiadas alternativas para o julgamento (com a criação das modalidades de julgamento por videoconferência e pelo formato "virtual").

Quanto aos poderes monocráticos (item "a", acima), a modificação da atribuição contida no Inciso II do art. 21 do Regimento é exemplificativa desse processo. Na redação originária desse dispositivo, competia ao Relator "determinar às autoridades judiciárias e administrativas providências relativas ao andamento e à instrução do processo, bem como à execução de seus despachos, exceto se forem da competência do Plenário, da Turma ou de seus Presidentes;". Destacamos, no ponto, que, além da reserva de colegiado (ressalva das competências do Plenário, da Turma e de seus Presidentes), as atribuições da relatoria se limitavam a aspectos meramente formais e/ou administrativos. A própria explicitação da atribuição de execução de "despachos" (atos não dotados de conteúdo decisório propriamente dito) é icônica quanto ao espectro limitado dos poderes do Relator no início dos anos 1980.

A edição da Emenda Regimental nº 41, de 16 de setembro de 2010 (uma modificação ocorrida durante a gestão do então Ministro Presidente Cezar Peluso), encarna tal ampliação:

> II – executar e fazer cumprir os seus despachos, suas decisões monocráticas, suas ordens e seus acórdãos transitados em julgado, bem como determinar às autoridades judiciárias e administrativas providências relativas ao andamento e à instrução dos processos de sua competência, facultada a delegação de atribuições para a prática de atos processuais não decisórios a outros Tribunais e a juízos de primeiro grau de jurisdição;

É possível observar que o maior empoderamento do papel dos Relatores e das Relatoras pode ser descrito pelo incremento das seguintes atribuições: a) o desempenho de poderes monocráticos de modo direto (isto é, sem a intermediação pelos órgãos colegiados); e b) a possibilidade de cumprimento de tais decisões pelos demais órgãos do sistema judicial. Tais modificações geram, como uma consequência operacional, uma redução dos poderes dos órgãos colegiados (Plenário e Turmas), os quais passam a ser provocados somente mediante a interposição de recurso; e, ainda assim, em consonância com a conveniência e a oportunidade de encaminhamento do julgamento da questão pela respectiva relatoria.

Com referência à implementação de formas colegiadas alternativas para o julgamento (item "b" acima), é oportuna uma contextualização a respeito das recentes modificações ocorridas.

Primeiramente, deve-se destacar que o julgamento por videoconferência, não corresponde ao julgamento virtual. Explicamos: as sessões telepresenciais, ou por videoconferência, ocorrem em tempo real, mediante a utilização de tecnologia da informação que permitem a simulação da realização das sessões presenciais, por meio de acesso remoto, a partir das residências dos julgadores e a todos os demais serviços auxiliares e essenciais à prestação jurisdicional, tais como: Ministério Público, Defensoria Pública, Advogados e demais colaboradores.

A modalidade telepresencial foi regulamentada pela Resolução nº 672, de 26 de março de 2020. Assim, no contexto de decretação da situação de emergência sanitária (Covid-19), o Tribunal passou a admitir a possibilidade de que as sessões de julgamento do Plenário e de ambas as Turmas passassem a ser integralmente realizadas integralmente por videoconferência. A implementação dessa medida permitiu, por exemplo, o enfrentamento do quadro de paralisia decisória dos órgãos colegiados tendo em vista a necessidade premente de adoção de práticas que favoreçam o isolamento e o distanciamento social, em especial com as medidas de limitação ao deslocamento das pessoas e a restrição do atendimento presencial nos órgãos judiciários (o qual deve se ater aos serviços essenciais e urgentes). Trata-se, portanto, de ferramenta institucional que permitiu o equacionamento de uma solução para a continuidade da prestação jurisdicional.

A prática dos julgamentos virtuais, por sua vez, se tornou possível com a Emenda Regimental nº 21, de 30 de abril de 2007 (medida adotada durante a gestão da então Ministra Presidenta Ellen Gracie). Essa experiência específica – que já conta com quase 14 (quatorze) anos de duração – iniciou-se exclusivamente para a análise da questão processual preliminar referente ao reconhecimento, ou não, da repercussão geral do recurso extraordinário, tal como estipulada pelo § 3º do art. 102 do texto constitucional ("No recurso extraordinário, o recorrente deverá demonstrar a repercussão geral das questões constitucionais discutidas no caso, nos termos da lei, a fim de que o Tribunal examine a admissão do recurso, somente podendo recusá-lo pela manifestação de dois terços de seus membros").

Em seguida, por meio de atos normativos e internos sucessivos, o Supremo promoveu a ampliação gradual da abrangência do dinâmica do julgamento virtual: a) a Emenda Regimental nº 51, de 22 de junho de 2016, estendeu o uso da ferramenta também para o agravo interno e os embargos de declaração (recursos internos do tribunal); b) a Resolução nº 642, de 14 de junho de 2019, por sua vez, expandiu a modalidade virtual, também, para o julgamento de mérito dos recursos extraordinários e de outras classes processuais (inclusive originárias), que já contassem com assuntos consolidados pela jurisprudência dominante do Tribunal; e c) por fim, no contexto de emergência da pandemia, a Emenda Regimental nº 53, de 18 de março de 2020 e a Resolução nº 669, de 19 de março de 2020, possibilitaram o julgamento do mérito de quaisquer e recursos e processos originários independente do requisito jurisprudencial, desde que assim encaminhado pelo relator, ou, conforme o caso, pelo Ministro Vistor (ou revisor), com a anuência do relator originário, nos termos do atual art. 21-B do RI/STF (todos os dispositivos na redação conferida pela ER nº53/2020):

> Art. 21-B. Todos os processos de competência do Tribunal poderão, a critério do relator ou do ministro vistor com a concordância do relator, ser submetidos a julgamento em listas de processos em ambiente presencial ou eletrônico, observadas as respectivas competências das Turmas ou do Plenário.
> § 1º. Serão julgados preferencialmente em ambiente eletrônico os seguintes processos:

I. Agravos internos, agravos regimentais e embargos de declaração;
II. Medidas cautelares em ações de controle concentrado;
III. Referendo de medidas cautelares e de tutela provisórias;
IV. Demais classes processuais, inclusive recursos com repercussão geral reconhecida cuja matéria discutida tenha jurisprudência dominante no âmbito do STF.

§ 2º Nas hipóteses de cabimento de sustentação oral previstas neste regimento interno, fica facultado à Procuradoria-Geral da República, à Advocacia-Geral da União, à Defensoria Pública da União, aos advogados e demais habilitados nos autos encaminhar as respectivas sustentações por meio eletrônico após a publicação da pauta e até 48 horas antes de iniciado o julgamento em ambiente virtual.

§ 3º. No caso de pedido de destaque feito por qualquer ministro, o relator encaminhará o processo ao órgão colegiado competente para julgamento presencial, com publicação de nova pauta.

§ 4º Em caso de excepcional urgência, o Presidente do Supremo Tribunal Federal e os Presidentes das Turmas poderão convocar sessão virtual extraordinária, com prazos fixados no respectivo ato convocatório.

§ 5º Ato do Presidente do Tribunal regulamentará os procedimentos das sessões virtuais."

A partir da leitura atenta desse atual dispositivo, é possível identificar (e reforçar) a tendência institucional de maior protagonismo dos Ministros (relator e vistor) para fins de inclusão de processos em pauta no ambiente virtual, do Plenário e de ambas as turmas. A perda de centralidade da figura do Ministro Presidente ocorre, por outro lado, quanto à seletividade de temas que passam, ou não, a ser encaminhados aos respectivos colegiados.

Na sistemática anterior, por exemplo, a inclusão de um processo em pauta e a viabilização da inserção desse feito no calendário de julgamentos era resultado de uma combinação de vontades entre o Relator e o Ministro Presidente. Ainda assim, é de se registrar a permanência de um poder de agenda do Presidente do Supremo, tanto para a convocação de sessões virtuais extraordinárias (§4º), como para a regulamentação do próprio procedimento de tais sessões (§5º), sem a necessidade de prévia consulta ao colegiado.

Outra tendência é a de que há o estabelecimento de um regime de "preferência" pelas sessões virtuais para as classes processuais indicadas o § 1º do art. 21-B. Tal dinâmica não estabelece, portanto, exclusividade quanto a esses processos. Assim, ao menos em tese, o que se percebe é que, independentemente dos desdobramentos da pandemia da Covid-19, a engenharia institucional "presencial" se torna cada vez mais "virtual".

Assim, com base nos dados estatísticos oferecidos pelo próprio Tribunal, é possível detectar que, de 2010 a 2018 (mesmo após a ER nº 51/2016), o uso do ambiente virtual: a) concentrou-se nos casos da repercussão geral (a qual será ainda mais detalhada adiante – *Experimento nº* 2); e b) teve uma utilização inicial bastante comedida, sendo, no ano de 2018 (o primeiro em que os Colegiados passaram a colocar a ampliação em prática), até mais frequente no Plenário (89 julgamentos além dos relacionados ao reconhecimento da repercussão geral) do que em ambas as Turmas (44 julgamentos combinados).

Diagrama 5 - Julgamentos colegiados em ambiente virtual (2010-2018)

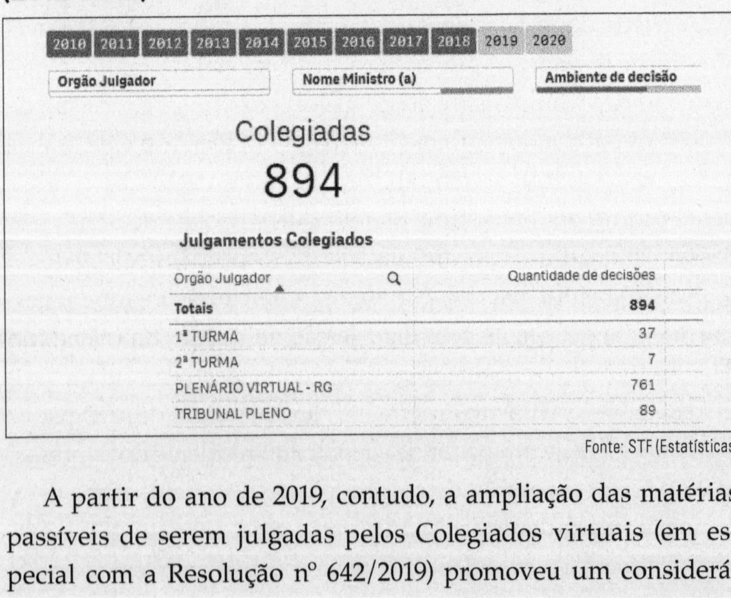

Fonte: STF (Estatísticas)

A partir do ano de 2019, contudo, a ampliação das matérias passíveis de serem julgadas pelos Colegiados virtuais (em especial com a Resolução nº 642/2019) promoveu um considerável incremento nesses julgamentos – o qual foi correspondente a quase oito vezes e meia (+742%) o total de julgamentos ocorridos nos 8 (oito) anos anteriores dessa série (2010-2018). Esse montante (7.578) representou 42,78% do total de julgamentos colegiados ocorridos no ano de 2019, como ilustram os diagramas abaixo:

Diagrama 6 - Julgamentos colegiados em ambiente virtual (2019)

2010 2011 2012 2013 2014 2015 2016 2017 2018 **2019** 2020

Orgão Julgador | Nome Ministro (a) | Ambiente de decisão

Colegiadas

7.578

Julgamentos Colegiados

Orgão Julgador	Quantidade de decisões
Totais	**7.578**
1ª TURMA	2.316
2ª TURMA	3.128
PLENÁRIO VIRTUAL - RG	49
TRIBUNAL PLENO	2.085

Fonte: STF (Estatísticas)

Diagrama 7 - Total de Julgamentos colegiados (2019)

2010 2011 2012 2013 2014 2015 2016 2017 2018 **2019** 2020

Orgão Julgador | Nome Ministro (a) | Ambiente de decisão

Colegiadas

17.711

Julgamentos Colegiados

Orgão Julgador	Quantidade de decisões
Totais	**17.711**
1ª TURMA	7.518
2ª TURMA	6.223
PLENÁRIO VIRTUAL - RG	49
TRIBUNAL PLENO	3.921

Fonte: STF (Estatísticas)

Diante singularidades do ano de 2020 e das respectivas regulamentações para a situação de emergência sanitária (ER nº 53/2020; e Resolução 669/2020), no ano de 2020, a ampliação dessa nova dinâmica de julgamentos consagrou uma situação inédita. Pela primeira vez na história do Tribunal, o número total de julgamentos virtuais correspondeu à principal modalidade de julgamento (84,47%), com 16.292 julgados e outros 1.916 (ou 10,52%), proferidos no ambiente presencial, de um total de 18.208 decisões colegiadas – a maior marca registrada desde o ano de 2010.

Tabela 12 - Evolução dos Julgamentos Colegiados do Supremo (2010-2023)

Ano	Presencial	Virtual	Total
2010	11.230	112	11.342
2011	12.948	147	13.095
2012	11.980	111	12.091
2013	14.033	70	14.103
2014	16.983	91	17.074
2015	17.633	82	17.715
2016	14.478*/9.464**	55*/5.068**	14.533*/14.532**
2017	12.844*/2.748**	50*/10.146**	12.894
2018	14.354*/2.803**	176*/11.726**	14.530*/14.529**
2019	10.133*/3.210**	7.578*/14.525**	17.711*/17.735**
2020	1.916*/813**	16.292*/17.400**	18.208/18.213**
2021	227	15.189	15.416
2022	147	12.819	12.966
2023****	31	4.179	4.210
Total	138.937*/ 137.834**/ 104.251*** (*Dado registrado em abril de 2021|||**Dado Bruto Registrado em 08/05/2023|||***Dado Refinado de 33.583 colegiadas presenciais a menos em 33.583)	56.951*/ 58.059**/ 91.665*** (Dado registrado em abril de 2021*|||**Dado Bruto Registrado em 08/05/2023|||Dado Refinado de 33.606 colegiadas virtuais a mais)	163.296*/ 163.301**/ 195.916*** (Dado registrado em abril de 2021*|||**Dado Bruto Registrado em 08/05/2023|||***Dado Refinado de 32.615 colegiadas a mais)
Média	9.924,07*/ 9.845,28**/ 7.446,5***	4.067,92*/ 4.147,07**/ 6.547***	11.664*/ 11.664,35**/ 13.944***

Ao momento da consolidação das informações processuais até então disponíveis na Página Oficial do Supremo Tribunal Federal (www.stf.jus.br), por ocasião do depósito da Tese de Doutorado perante o PPGCP/ICHF/UFF em 30 de abril de 2021, os dados publicados e acessíveis para o público em geral eram os indicados com apenas um asterisco (*). Por ocasião da atualização dos dados da publicação deste livro, fomos surpreendidos com a modificação dos dados brutos (dois asteriscos, **) e refinados (três asteriscos, ***) constantes da Tabela 12, acima.

Após consulta ao setor do STF responsável pela sistematização e tratamento dos dados para fins de alimentação do atual "Painel Estatístico" do Supremo, denominado "Corte Aberto", foi possível identificar a motivação para a alteração dos quantitativos anuais dos julgamentos colegiados (geral, presencial e virtual), assim como dos subtotais por categoria e o número total de decisões colegiados e da média correspondente no período de 2016 a 2020 em patamares que chegaram a alcançar, em alguns casos, a espantosa variância de um processo apenas (vide, na tabela, por exemplo, o total de julgamentos de 2016 e de 2018), para, inclusive, mais de 33.606 em termos absolutos (como ocorrido no caso do subtotal de julgamentos virtuais em toda a série histórica de 2010 a 2023).

Tais cifras não são desprezíveis. A exemplo do ocorrido para julgamentos virtuais (diferença, para menos, de 33.606 decisões colegiadas na modalidade virtual), o impacto desses novos dados lançados equivale a um montante superior ao total de decisões colegiadas (em ambas as modalidades) para os anos de 2021, 2022 e 2023**** (até 8 de maio de 2023), as quais totalizam 32.592.

A justificativa apresentada pelo Tribunal foi no sentido de que a inconsistência estatística foi detectada na base de dados do "Corte Aberta" e que, por meio de Processo Administrativo especificamente voltado para esse fim, novos critérios de interpretação dos dados foram implementados. A notícia dessa modificação, assim como do impacto substancial dessas novas informações para fins de sistematização e acompanhamento da evolução da série histórica, contudo, ainda se encontram indisponíveis no Portal Oficial do STF. Por medida de transparência e de justificativa pública dessa incongruência, seria recomendável a adoção expressa de alguma medida ou aviso (*disclaimer*) na plataforma de dados do Supremo.

Enquanto isso não ocorre, do ponto de vista da performance, os indicadores de produção dos órgãos colegiados, no ambiente virtual, mesmo com os acréscimos significativos apontados, ainda sinalizam para um singelo – e curioso – aumento do número total de julgamentos. Em termos absolutos, no ano em que aconteceu o maior número de julgamentos colegiados virtuais (17.400) a diferença do total da produção colegiada da Corte (18.230) foi de apenas 515 julgamentos a mais, em relação ao ano de 2015 (o que registra a terceira melhor marca nesta série, com 17.715 julgados colegiados). E, mais, mesmo se considerado o ano de 2019 (o segundo, em números totais, com 17.735 julgados colegiados) – e, frise-se, cujo ano judiciário foi isento de intercorrências sanitárias –, a produção foi praticamente a mesma do ano de 2015 (o qual contou com apenas 82 julgamentos em ambiente virtual, todos associados à preliminar de reconhecimento da repercussão geral). Em termos proporcionais, o crescimento da produção do Tribunal no singular ano de 2020 foi da ordem de 2,69% (em 2019) e de 2,91% (em 2015). De maneira isolada, a produção dos colegiados presenciais nos ano de 2015 (17.633) foi superior à dos colegiados virtuais em 2020 (17.400).

No gráfico a seguir (do qual foram suprimidos os dados referentes ao ano de 2023, assim como os subtotais e as médias para evitar a influência de vieses, seja pelas linhas de tendência, seja pela existência de, salvo pronunciamento oficial da Corte, dados discrepantes), é possível observar uma relevante mudança de perfil do padrão decisório colegiado do Tribunal: o deslizamento inequívoco da modalidade presencial para a virtual – ocorrida a partir do ano de 2016, com transição marcada no período até o ano de 2020 (inclusive), conforme atesta o "X" entre as linhas gráficas a seguir verificáveis:

Gráfico 4 - Evolução dos Julgamentos Colegiados do STF (2010-2022)

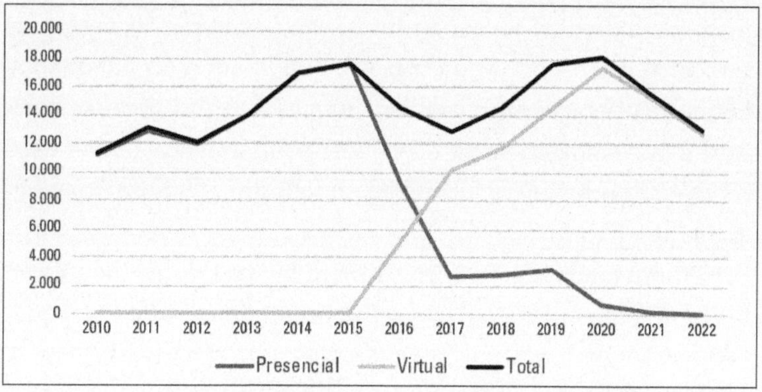

A respeito do instigante gráfico acima, primeiramente, retomamos a linha geral de argumentação até aqui desenvolvida. Isto é, embora os efeitos aparentes sejam ainda recentes, o Gráfico 4, acima, ilustra o comportamento geral segundo o qual ainda não é possível afirmar, em condições normais, que o modelo digital, por si só, proporcione maior eficiência decisória ao Colegiado.

Desde o início dos anos 2010, por exemplo, a Corte sempre ficou na faixa colegiada decisória acima dos 10 mil julgados e abaixo da marca dos 20 mil julgados colegiados anuais. O que se percebe, de uma maneira geral, é que houve um deslizamento da produção (do presencial para o virtual), a qual compartilha praticamente os mesmos recursos materiais e humanos, e da carga decisória, de um ambiente para o outro.

Ademais, conforme pôde pontuar em artigo datado de 27 de março de 2020[210], Miguel Gualano de Godoy e Eduardo Borges Espínola de Araújo, em publicação jurídica sob o título "Coronavírus e a ampliação do Plenário Virtual", alertam para o risco de que a "crise sanitária" tenha servido de mero pretexto para a adoção de mecanismos decisórios automatizantes e de pouca

210 Publicação ocorrida em momento posterior ao marco de levantamento bibliográfico adotado pelo Capítulo Primeiro (10 de março de 2020).

reflexividade quanto ao conteúdo decisório. Segundo os autores: "A pandemia do coronavírus parece ter sido apenas o álibi que faltava para o STF expandir de vez o Plenário Virtual, mas sem considerar modos de utilizá-lo que sejam mais adequados do que as operações binárias que têm caracterizado essas decisões. E que em nada se parecem com o julgamento deliberativo e colegiado que deveria prevalecer no Supremo, ainda que em ambiente virtual".

Embora concordemos com a preocupação quanto à adoção de ferramentas que, além de reforçarem (em vez de enfraquecerem) a engenharia institucional típica de órgãos colegiados, permitam maior visibilidade e ampla reflexividade quanto à produção de julgados e à construção da jurisprudência, não endossamos, de plano, a hipótese de que tenha havido alguma inclinação "premeditada" da Corte para a assunção de um formato decisório mais autoritário. Ao revés, ainda que a premissa ainda careça de maior reflexão (note-se que ela sequer se deparou com os achados que passaremos a expor no segundo experimento), há de se verificar se o risco decorrente dessa reforma institucional corresponde, ou não, a um elemento de uso criativo de imaginação institucional.

Conforme pontua Arguelhes (2011:83), no artigo "*Entre ideias e instituições: considerações sobre Mangabeira Unger e a 'situação constitucional' no Brasil*", tais observações empíricas e dados estatísticos nos oferecem o substrato de que: "nem toda proposta de reforma institucional é um exercício de imaginação institucional nos termos de Unger." Para o autor, seria necessário o atendimento de algumas condições básicas, a saber:

> Não se trata simplesmente de propor alterações no desenho institucional vigente, atribuir um valor positivo à mudança e/ou reconhecer que é sempre possível mudar nossas instituições. A prática da imaginação institucional deve se caracterizar pela atenção a algumas condições, entre as quais já destaquei duas.

> Primeiro, cada proposta de reforma deve ser apresentada como um passo em uma direção que, de alguma forma, já pode ser vislumbrada nos ideais e nas instituições vigentes. A direção pode apontar para um estado de coisas futuro radicalmente diferente do cenário institucional atual, mas o caminho até lá precisa ser um desdobramento de passos já indicados nas aspirações de hoje e já viabilizados pelas instituições que temos. Aliás, a contribuição fundamental do jurista nesse projeto é precisamente a de perceber e explicitar esses caminhos alternativos já contidos, ao menos em parte, nas instituições existentes. Segundo, toda proposta do gênero deve explicitar sua própria compatibilidade com a necessidade de garantir um mínimo de segurança individual, nos termos descritos acima. Por fim, há um terceiro elemento a ser enfatizado. Toda proposta que se pretenda um exercício de 'imaginação institucional' deve manter aberta — não apenas conceitualmente, mas sobretudo em termos práticos — a possibilidade de sua própria revisão como uma tarefa possível no curto prazo e a qualquer momento.

Em atenção a cada uma das 3 (três) condições acima suscitadas (a saber: i) o aspecto contingente das reformas pretendidas; ii) o respeito a um regime de garantias individuais já estabelecidas; e iii) a abertura das alternativas de modo que se permita a sua revisão e o seu aperfeiçoamento) é que passamos à apresentação do *segundo experimento* (2. *Desenvolvimento da dinâmica decisória da Corte para lidar com o instituto da repercussão geral*). Trata-se de um engenho que apresenta boa conexão com as ferramentas institucionais descritas quanto à experiência anterior. Assim, ainda que a prática do colegiado virtual tenha se iniciado com a instituição do Plenário Virtual para a admissão ou rejeição de questões constitucionais ou temas dotados de repercussão geral, o desenvolvimento da dinâmica decisória da Corte para lidar com o instituto apresenta interessantes achados.

Aqui, para fins de realização de um contraste com as afirmações conclusivas do já mencionado Relatório Supremo em

Números VIII, sob o título "Quem decide no Supremo? Tipos de decisão colegiada no Tribunal (1988-2018)", Pereira, Arguelhes e Fernandes de Almeida (2020:140) chegaram a enunciar que:

> Os dados deste relatório sugerem que tentativas legislativas e administrativas internas do tribunal de criar barreiras à entrada de processos nas pautas do plenário e das turmas parecem encontrar limites na própria capacidade de o STF julgar processos de maneira presencial e individualizada, que aparenta ter permanecido pouco alterada ao longo do tempo. Este ponto é significativo para pensarmos reformas do funcionamento do tribunal. Não parece haver relação necessária entre aprimorar filtros de entrada nos colegiados, de um lado, e a capacidade de o tribunal de julgar colegiadamente mais processos. Como já observado, a estabilidade desta capacidade de decisão colegiada em três décadas de processos analisados pode ser explicada por certos aspectos e limitações do processo decisório do STF que não são alterados por flutuações no volume total de casos que ingressam no tribunal, e que já vêm sendo objeto de estudos específicos.

Note-se que, diferentemente da hipótese dos autores de que haveria uma tendência à criação de "barreiras à entrada de processos nas pautas do plenário e das turmas", a evolução das modificações regimentais realizadas quanto ao tema – como se descreverá a seguir – apontam que não seriam relevantes apenas os limites da própria capacidade do Tribunal em julgar processos de maneira presencial e individualizada. Muito pelo contrário. Primeiramente, há de se consignar que também foram realizadas modificações endógenas (de caráter regimental ou de prática administrativa e decisória) que ampliaram e/ou flexibilizaram a possibilidade de ingresso de processos nas pautas dos respectivos colegiados. Em segundo lugar, a própria ampliação e intensificação do uso das ferramentas ditas "virtuais" não necessariamente modificam a dimensão da denominada "atenção decisória" da Corte. Em terceiro lugar, há de se fazer uma avaliação não apenas da disponibilidade das Ministras e dos Ministros para a apreciação e julgamento sob as novas modalidades e práticas de deliberação colegiada (aqui, incluídas as dinâmicas do julgamento por videoconferência; e, também, o julgamento virtual do mérito de processos).

Para que se compreenda a relevância das modificações regimentais, a partir do marco definido pela Emenda Regimental 21/2007 (já mencionada quanto ao experimento anterior), nos termos do art. 324 do RI/STF, seriam necessários, pelo menos, 8 (oito) votos dos Ministros para a inadmissão do recurso extraordinário, sendo que após a apresentação do voto do Relator ou da Relatora, os demais componentes da Corte teriam o prazo de 20 (vinte) dias para se manifestar. A peculiaridade para a qual chamamos a atenção do leitor e da leitora diz respeito ao parágrafo primeiro ("§ 1º Decorrido o prazo sem manifestações suficientes para recusa do recurso, reputar-se-á existente a repercussão geral.").

Os efeitos dessa nova sistemática já se fizeram sentir logo nos primeiros anos seguintes à sua instituição. Em documento estatístico do próprio Supremo intitulado "Relatório da Repercussão Geral"[211] produzido em março de 2010 (e atualizado em 19 de abril de 2010), registrou-se (2010:3) que: "O instituto encontra-se em franca utilização, tendo o Supremo Tribunal Federal reconhecido repercussão geral em 192 matérias e recusado em outras 73." Note-se que, numa proporção, a cada 3 (três) recursos extraordinários submetidos à sistemática, em média, menos de 1 (um) era rejeitado. Em termos percentuais, a taxa de reconhecimento nesse primeiro período foi de 69,8%:

211 Inteiro teor do documento disponível em: http://www.stf.jus.br/arquivo/cms/jurisprudenciaRepercussaoGeral-Relatorio/anexo/RelatorioRG_Mar2010.pdf.

Diagrama 8 - Análise de Existência da Repercussão Geral (Data de Referência: Março de 2010)

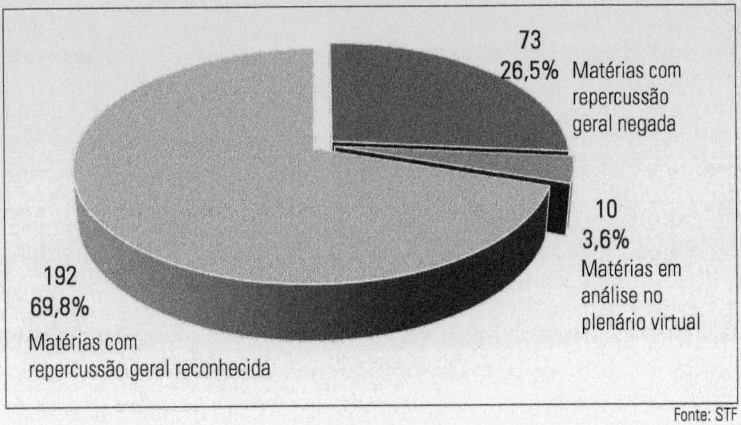

Fonte: STF

O mesmo ritmo de análise (seja para reconhecer, seja para negar a repercussão geral), contudo, não se verificou quanto à apreciação do mérito dos recursos extraordinários. O mesmo Relatório (2010:4) pontua: "Dentre as matérias que tiveram a repercussão geral reconhecida, 40 já tiveram o mérito julgado, e outras 17 reafirmaram a jurisprudência dominante na Corte, totalizando 57 matérias." Embora o documento não tenha realizado essa análise, percebe-se que, dos processos (ou temas) que foram selecionados pelo Tribunal, mediante a sistemática do Plenário Virtual como dotados de repercussão geral, menos de 1/3 (um terço, ou, mais precisamente, 29,7%) havia sido efetivamente julgado pela Corte quanto ao mérito do recurso extraordinário.

Diagrama 9 - Julgamento dos Temas da Repercussão Geral (Data de Referência: Março de 2010)

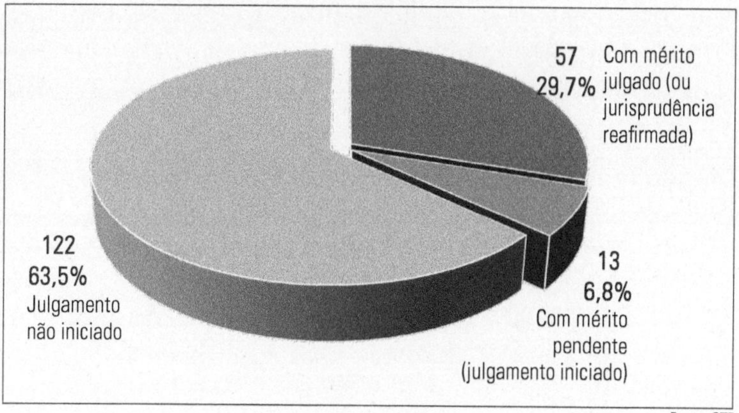

Fonte: STF

Essa engenharia peculiar, acabou por proporcionar, portanto, 5 (cinco) consequências principais: a) a mais imediata foi a de que o reconhecimento da Repercussão Geral (RG) passou a se tornar possível com a mera abstenção dos ministros (ainda que o voto do relator tivesse sido proferido pela inexistência de repercussão); b) a segunda consequência que deriva da anterior é que esse formato de implementação do instituto acabou por promover um viés oposto à ideia de "filtragem" ou de "seleção" de temas (é dizer, tal engenho estimulava a tendência de omissão qualificada dos Ministros e o efeito adverso foi o de que, em regra, mais temas fossem admitidos como dotados de repercussão geral); c) a terceira é a de que houve um amplo descompasso decisório entre o ritmo de reconhecimento das repercussões gerais e o julgamento definitivo dos recursos extraordinários associados ao tema constitucional de referência; d) a quarta derivação que se pode fazer é de caráter normativo e instrumental: a rigor, se o tema é dotado de repercussão geral, o ideal seria que a Corte priorizasse o julgamento de mérito de tais processos (os números acima consolidados davam conta de que a velocidade de julgamento dos recursos esvaziavam o senso de relevância sinalizado pelo Tribunal); e) a quinta, ilustrada pelo diagrama a seguir, é a de que a prática de adesão ao formato do plenário virtual foi consideravelmente assimétrica entre os Ministros do Tribunal.

Diagrama 10 - Números de temas de RG por Relator (Data de Referência: 5 de janeiro de 2021)

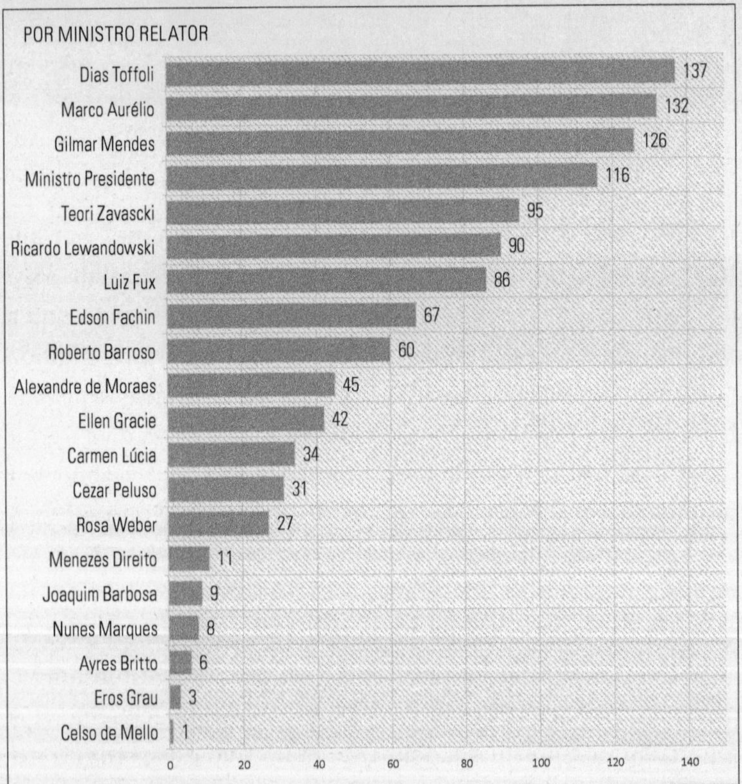

Fonte: STF (Estatísticas)

Os dados contidos no diagrama acima cobriam, até então, todo o período de implementação do instituto no Supremo (2007 até 5 de janeiro de 2021), com a indicação da adesão de cada Ministra ou Ministro à sistemática do Plenário Virtual no período em que desempenhou ou desempenha suas atividades no Tribunal. A assimetria do comportamento dos integrantes da Corte é perceptível.

Um exemplo emblemático é o do Ministro Celso de Mello, o qual desempenhou suas funções de 13 de agosto de 1989 (ou seja, menos de um ano após a promulgação da CRFB/1988) até 13 de outubro de 2020. Mesmo já figurando na condição de decano desde o mesmo ano de 2007 (marco inicial dos dados acima), durante toda essa atuação de 14 anos, o mencionado Ministro somente submeteu 1 (um) caso ao Plenário Virtual, para fins de julgamento da repercussão geral. O sucessor de Celso de Mello (o Ministro Nunes Marques), que tomou posse em 5 de novembro de 2020, no primeiro bimestre de atuação, já conta com 8 (oito) casos submetidos a essa sistemática de filtragem recursal.

Essa assimetria exemplificada e datada, mais do que um mero achado estatístico, aponta para preocupações quanto à própria isonomia dos recorrentes, sensivelmente afetada pela diferença significativa do comportamento decisório de adesão, ou não, à nova ferramenta institucional. Em outras palavras, diante da maior probabilidade de reconhecimento da repercussão geral de temas em determinados gabinetes, em detrimento de outros, seria necessário um mecanismo de equalização, para fins de busca de maior igualdade de oportunidades entre os destinatários do sistema de justiça – algo que, até o presente momento, ainda não foi implementado pelo Tribunal.

Dentre as consequências que listamos, o descompasso decisório entre o reconhecimento da repercussão geral e o julgamento do mérito ganhou um realce especial pelo seu efeito gerencial após decorrida a primeira década de implementação do instituto (2007-2017). O cenário que se observava no ano de 2017 era de um passivo tendencialmente crescente.

A esse propósito, Luís Roberto Barroso e Frederico Montedonio Rego (2018), publicaram artigo conjunto em 21 de fevereiro de 2018, intitulado: "Como salvar a repercussão geral: Ideias simples para reverter um fracasso".[212] Como o próprio título já sugere, os autores realizaram breve análise dos dados oficiais então disponíveis:

> Atente-se, agora, especificamente, para as estatísticas atinentes à repercussão geral, com dados que vêm desde o início de sua implementação até o final de 2017:
>
> (i) 974 questões foram afetadas ao regime de repercussão geral;
>
> (ii) em 317 temas ela foi negada, significando que recursos versando aquelas matérias não subirão mais;
>
> (iii) das 657 questões remanescentes, 359 haviam sido julgadas;
>
> (iv) 298 ainda estavam pendentes; e
>
> (v) a média de julgamento ao longo do período foi de aproximadamente 34 temas com repercussão geral por ano (359 em dez anos e meio).
>
> Veja-se, então: mantida esta média, o Tribunal demoraria mais de oito anos para esgotar um estoque de 298 temas. E isso apenas se nenhum novo caso vier a ter repercussão geral reconhecida. Além disso, criou-se um novo problema: há no mínimo 1,4 milhão de processos sobrestados nas instâncias de origem aguardando as decisões a serem tomadas pelo STF nos cerca de 300 feitos pendentes afetados ao regime da repercussão geral. É bem de ver que, na sistemática anterior à criação do filtro, estes casos estariam tramitando. Considerando que as decisões tomadas em regime de repercussão geral até 22.05.2017 haviam solucionado "apenas" 400.625 processos nas instâncias de origem, o saldo é bastante negativo: há ao menos três processos sobrestados para cada um resolvido por julgamento de mérito de repercussão geral.

A fotografia estatística que podemos extrair dos dados reportados no trecho transcrito reforçam que houve a permanência das tendências que já haviam sido pontuadas pelo Relatório da Repercussão Geral de Março de 2010 (conforme ilustram os diagramas 8 e 9). Se, em 2010, o Supremo ostentava a taxa de

212 Artigo opinativo publicado no *Site* jurídico Migalhas (*link*: https://migalhas.uol.com.br/depeso/274826/como-salvar-a-repercussao-geral-ideias-simples-para-reverter-um-fracasso).

"seleção" de 69,8% e, por consequência, a de "descarte" na ordem de 30,2% dos casos (192 reconhecimentos e 73 rejeições); em 2017, a mesmas taxas seriam, respectivamente, de 67,5% e 32,5% (657 reconhecimentos e 317 negativas).

Do cotejo dessas informações, verifica-se, portanto, o efeito crônico de que, a cada 3 (três) recursos extraordinários submetidos à sistemática, em média, menos de 1 (um) era rejeitado. Ou seja, se a lógica do instituto seria a de "filtrar" os casos dotados com questões dotadas de maior relevância, o impacto alcançado era indesejado e oposto a finalidade da ferramenta: a presunção de que os temas que chegam ao tribunal são importantes continuava para 2 (dois), de 3 (três) recursos extraordinários submetidos à sistemática.

Com relação ao julgamento do mérito, houve uma evolução que passou despercebida pela avaliação de Barroso e Rego (2018): apesar do ritmo de julgamento de mérito continuar insuficiente para reduzir, de modo sustentável, o passivo, enquanto em 2010 o julgamento de mérito abarcava menos de 1/3 dos casos reconhecidos (29,7%, sendo 57 julgamentos de 192 reconhecimentos), em 2017, a Corte já julgava mais da metade dos processos submetidos à sistemática (54,6%, sendo 359 julgados em 657 casos de repercussão reconhecida). Ainda assim, os mencionados autores projetaram um diagnóstico de desalento quanto ao futuro do instituto no Tribunal. Para Barroso e Rego (2018):

> Como se nota, a repercussão geral é um filtro de relevância que não tem impedido a chegada de 100 mil casos por ano ao STF, nem desobrigado a Corte de proferir aproximadamente o mesmo número de decisões no mesmo intervalo. O alívio de processos verificado até 2011 foi temporário e ilusório: a diminuição dos feitos remetidos ao STF não significa que eles tenham deixado de existir, mas apenas que continuam aguardando julgamento em algum escaninho, ainda que virtual, longe da Praça dos Três Poderes. É inegável, portanto, que a sistemática, tal como praticada até hoje, fracassou.

Conforme se observa nos diagramas abaixo, nos anos de 2018 e 2019, o mesmo quadro geral se manteve quanto à repercussão geral, sendo alcançados, respectivamente, 27 e 32 julgamentos de mérito. Contudo, o advento da Emenda Regimental nº 53/2020 e a Resolução nº 669/2020 (as quais, em conjunto, possibilitaram o julgamento do mérito de quaisquer e recursos e processos originários independente do requisito de que os assuntos já contassem com jurisprudência dominante do tribunal – requisito da Resolução 642/2019), a dinâmica decisória do mérito da repercussão geral se intensificou, conforme ilustram os 2 (dois) diagramas abaixo (ambos produzidos pelo próprio STF):

Diagrama 11 - Evolução anual do julgamento do mérito de Repercussão Geral (2008-2020)

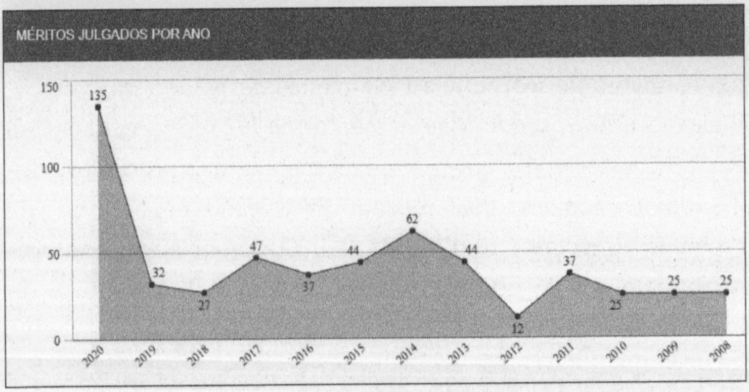

Diagrama 12 - Evolução da Forma de Julgamento do Mérito da Repercussão Geral (2008-2020)

	Julgado mérito de tema com repercussão geral	Reconhecida a repercussão geral e julgado o mérito com reafirmação de jurisprudência no PV	Soma:
2008	25		**25**
2009	26		**26**
2010	20	5	**25**
2011	21	17	**38**
2012	7	5	**12**
2013	36	8	**44**
2014	47	13	**60**
2015	33	11	**44**
2016	28	9	**37**
2017	38	9	**47**
2018	23	4	**27**
2019	26	7	**33**
2020	126	9	**135**
Soma:	**456**	**97**	**553**

Embora o incremento da produção do Tribunal não tenha se verificado de maneira significativa quanto aos números gerais (conforme pudemos sinalizar quanto ao experimento anterior), com referência específica ao julgamento de mérito da repercussão geral, as mudanças institucionais realizadas acarretaram um impacto diferenciado. Assim, no ano de 2020, alcançou-se a marca de 135 (cento e trinta e cinco) recursos extraordinários julgados, em caráter definitivo. Essa marca histórica é superior ao dobro da segunda maior marca alcançada quanto a esse quesito – o ano de 2014, com 62 (sessenta e dois) julgamentos de mérito.

Para que se tenha uma percepção do salto ocorrido, a marca alcançada em 2020 (135) é superior ao número total de julgamentos ao primeiro quinquênio da série (2008-2012) e bastante próxima do total de julgamentos registrado no quadriênio imediatamente anterior (2016-2019), o qual registrou, por sua vez 144 (cento e quarenta e quatro) apreciações de mérito, no total.

A primeira observação conclusiva dessa segunda experiência é que, diferentemente do perfil observado para o conjunto de julgamentos colegiados no Tribunal, a sistemática do julgamento virtual permitiu a alteração do ritmo da avaliação de mérito dos recursos extraordinários. Segundo informações disponíveis na página oficial do Supremo, dos 135 (cento e trinta e cinco) temas julgados, 117 (cento e dezessete) foram analisados por meio de ambiente virtual (86,6% do total de julgamentos anuais), sendo, desse segundo universo, 108 (cento e oito) temas novos (92,3% dos virtuais) e 9 (nove) processos mediante reafirmação da jurisprudência (7,7%, em ambiente virtual).

Em segundo lugar, essa performance aponta para um índice de 86,66% de julgamentos realizado pelo ambiente virtual. A rigor, esse número é, curiosamente, ainda inferior aos impressionantes índices gerais de 95,53% (tal como demonstrado quanto ao primeiro experimento de engenharia institucional) quanto ao número total de julgamentos

Aqui, ademais, caberia inclusive confrontar a afirmação de Godoy (2020) e de Espínola Araújo, no sentido de que:

> A ampliação do Plenário Virtual para "todos os processos de competência do tribunal" reforça a tendência do Tribunal em insistir em mecanismos decisórios e decisões que, em nome da rapidez, privilegiam a atuação individual e individualista dos ministros. Mais do que isso, representa a aposta do STF em apresentar o Plenário Virtual como a única solução possível de seus gargalos, ignorando diversas alternativas possíveis, a exemplo de um uso mais engajado e deliberativo da ferramenta, ou mesmo uma reformulação das competências do STF diante do conhecido "risco de estrangulamento da máquina judiciária", como já afirmava o Ministro Sepúlveda Pertence no longínquo ano de 1993.

Embora estejamos alinhados quanto à preocupação de que é possível projetar outras alternativas institucionais para o enfrentamento das diferentes questões derivadas das complexas atribuições administrativas e competências judiciais da Suprema Corte brasileira, os elementos colhidos quanto ao julgamento de mérito da repercussão geral no ano de 2020 não reforçam a tese de que se ampliaria o famigerado "risco de estrangulamento da máquina judiciária". O segundo aprendizado institucional que esse experimento proporcionou foi justamente o de que o instituto da repercussão geral apresentou um comportamento decisório diferenciado (em relação aso demais processos de competência do tribunal), justamente porque, ao potencializar a possibilidade de atuação individual para "pautar" novos temas, o volume de julgamentos colegiados foi estimulado.

Diante dessa segunda percepção conclusiva, como explicar a causa que permitiu essa diferença de produção?

A inovação institucional que nos parece digna de realce é a da ferramenta proporcionada pela ER nº 53/2020 quanto ao *caput* do art. 21-B ("Todos os processos de competência do Tribunal poderão, a critério do relator ou do ministro vistor com a concordância do relator, ser submetidos a julgamento em listas de processos em ambiente presencial ou eletrônico, observadas as respectivas competências das Turmas ou do Plenário"). Nota-se que esse dispositivo promoveu efetiva ampliação do poder de pauta do julgamento de mérito da repercussão geral para os ministros e as ministras em geral, com o correspondente esvaziamento da prerrogativa de fixação da agenda de julgamentos pelo Ministro Presidente. Tal modificação do poder de agenda do Supremo, ao capilarizar o encaminhamento de repercussões gerais diretamente ao plenário, pluralizou o enfrentamento do tema por todo o colegiado – e não mais como uma tendência individual (ou monocrática) da Presidência. Para ilustrar a situação atual quanto ao passivo de temas de repercussão geral, veja-se o seguinte diagrama:

Diagrama 13 - Acervo do julgamento de mérito da RG (Referência: 8 de janeiro de 2021)

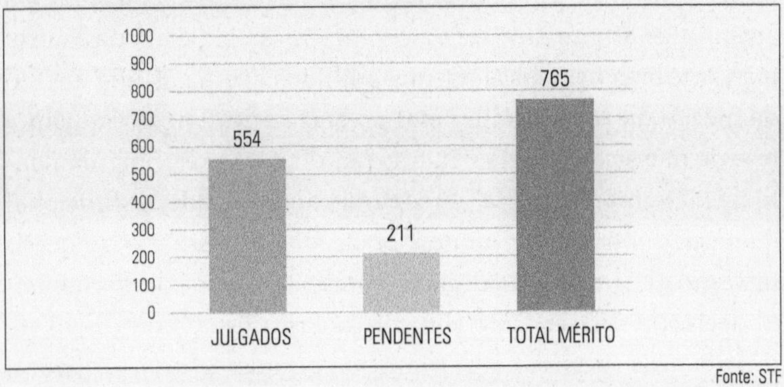

Fonte: STF

Em termos comparativos, considerados os dados reportados quanto aos anos de 2010 (29,7%, sendo 57 julgamentos de 192 reconhecimentos), de 2017 (54,6%, sendo 359 julgados em 657 casos de repercussão reconhecida) e, ainda, os referentes à produção ao final do ano de 2020, as mudanças institucionais realizadas surtiram efeito quanto à realidade do Tribunal ao lidar com a repercussão geral. O que podemos suscitar como terceira consideração conclusiva a este segundo experimento, portanto, é que os engenhos institucionais que modificaram o poder de pauta para o julgamento em ambiente virtual, permitiram, enfim, que o Tribunal começasse a superar o gargalo entre o ritmo de reconhecimento das repercussões gerais e a velocidade da apreciação do correspondente mérito. Desse modo a ampliação da "porta-de-entrada" para o julgamento dos temas de fundo dos recursos extraordinários permitiu que, atualmente, conforme atesta o diagrama acima, o Supremo tenha alcançado a marca de 554 julgamentos (72,41%), em um universo de 765 casos de repercussão geral reconhecida.

Os dados acima, pelo menos na forma como se apresentam, permitem que afirmemos, em absoluto, o fracasso do instituto? Pelo menos no âmbito do Supremo, a impressão é a de que há elementos para a superação desse fatalismo inicial. Além da abertura da história, o que ambas as experiências revelam, em conjunto, é a que a adoção de inovações e/ou de alternativas institucionais pode promover a transformação de realidades.

Mesmo assim, seguem válidas as preocupações de Godoy (2020) e de Espínola Araújo no ponto específico em que alertam para a necessidade de maior multiplicidade de arranjos "virtuais" e "colegiados" que promovam, de modo efetivo, maior deliberação e um engajamento mais qualificado dos diferentes componentes dos respectivos órgãos colegiados. Em um outro nível adicional, poderíamos agregar, é fundamental observar e analisar a própria forma pela qual os recursos humanos e o denominado "capital humano" do Tribunal (além dos Ministros e das Ministras, os servidores, os juízes auxiliares e os demais colaboradores) estão alocados quanto à percepção dos fluxos comunicativos e decisórios pelos quais se desdobram as dinâmicas deliberativas desses colegiados.

Ante todo o exposto, caberia, em um nível ainda mais aprofundado, a pergunta: qual é o impacto numérico para o restante do Poder Judiciário e do jurisdicionado?

Apenas para que se tenha uma estimativa inicial, segundo informações gerais extraídas do Banco Nacional de Dados de Demandas Repetitivas e Precedentes Obrigatórios (BNPR)[213],

213 O Banco pode ser acessado por meio do *link*: https://www.cnj.jus.br/bnpr-web/.

gerido pelo Conselho Nacional de Justiça (CNJ), há um montante (mínimo) estimado de pouco mais de 3 (três) milhões de processos[214] sobrestados desde a edição da Resolução nº 235, de 13 de julho de 2016, que instituiu o banco. Ainda que se considere que esse impacto tenha sido proporcional a cada um dos anos do último quinquênio (2016-2020), a média anual corresponderia a cerca de 600.000 (seiscentos mil) processos anuais.

Apenas para que se tenha uma estimativa da grandeza desse número, quando comparada à distribuição do próprio STF (órgão judicial que seria o destinatário desses recursos), tal montante anual aproxima-se da distribuição (efetiva) dos últimos 7 (sete) anos do Tribunal. É dizer, de 2014 a 2020, o Supremo recebeu 630.720 (seiscentos e trinta mil setecentos e vinte processos). Caso consideremos apenas as classes relacionadas ao incidente da repercussão geral, os mesmos 600.000 (seiscentos mil) processos equivalem a, aproximadamente, 9 (nove) anos dos recursos interpostos, entre 2012 e 2020 – nesse período, foram distribuídos ao órgão de cúpula do Poder Judiciário 636.044 (seiscentos e trinta e seis mil e quarenta e quatro) recursos associados à sistemática.

Quando comparado ao poder judiciário, contudo, o quantitativo anual de 600.000 (seiscentos mil) processos corresponde ao acervo do Tribunal de Justiça do Estado de Rondônia (TJRO) no ano de 2019 – um órgão judiciário qualificado, pelo CNJ, como de "pequeno porte", e que contou com a distribuição de 262.930 (duzentos e sessenta e dois mil novecentos e trinta) casos novos, além do quantitativo de 334.374 (trezentos e trinta e quatro mil trezentos e setenta e quatro) casos pendentes no mencionado exercício.

Diante da ausência de interoperabilidade ampla entre os sistemas de informações dos 92 tribunais do país (incluído o STF), e, ademais, da pluralidade de sistemas eletrônicos em utilização

214 O número consolidado, a partir de planilha do Excel gerada pelo próprio BNPR, é 3.019.056 (três milhões dezenove mil e cinquenta e seis) processos afetados.

no país[215], sequer há o registro estruturado ou detalhado, do número de sobrestamentos por ano, ou ainda de aplicação do entendimento do Supremo quanto aos julgamentos de mérito da repercussão geral pelos demais tribunais do país. A resposta, como se percebe, ainda é bastante imprecisa, mas, em nossa avaliação, sem prejuízo das Considerações Finais apresentadas ao final desta obra, corresponde a uma das fronteiras para o aprimoramento das informações disponíveis e da engenharia institucional quanto ao instituto da repercussão geral.

Foi exatamente com o parágrafo acima que, em janeiro de 2021 (data do fechamento da redação da Defesa da Tese de Doutoramento que deu origem a este livro), encerrávamos a última parte analítica do trabalho acadêmico (submetido à análise da Banca de Avaliação de 24 de fevereiro de 1891, data de Aniversário da Primeira Constituição Republicana do Brasil). Tal registro de cunho cronológico pode parecer mera insignificância. Não o é.

Passados pouco mais de dois anos, as preocupações republicanas com o "Supremo Tribunal Federal" órgão que surgiu, oficial e exatamente com essa designação constitucional, há mais de 131 anos. O tema da integração – jurídica, judicial, administrativa, normativa, institucional e estatística –

entre a cúpula e a base segue uma esperança não-materializada. Daí a necessidade de uma meditação sobre a urgência e relevância do tema. Na Gestão do Ministro Luiz Fux (2020-2022), por exemplo, houve preocupação – louvável, diga-se de passagem – de integração dos assuntos submetidos ao STF e a ***Agenda 2030***, da Organização das Nações Unidas (ONU), com a priorização de 17 *Objetivos de Desenvolvimento Sustentável* (os ODS) e, ainda, "169 metas para erradicar a pobreza e promover a vida digna para todos, dentro dos limites do planeta". A pauta, repita-se, pertinente do ponto de vista de reforço dos

215 Apenas para que se tenha uma dimensão da diversidade de sistemas eletrônicos: a) no âmbito do CNJ e da maioria dos tribunais brasileiros, utiliza-se, desde 2011 o *Sistema PJe*; b) o maior tribunal em número de processos no país (o TJSP) utiliza o *Sistema SAJ* (também utilizado pelo TJMG e pelo TJSC); por fim, há ainda o módulo que é utilizado pelos Tribunais Regionais Federais (Sistema *E-Proc*).

aspectos de apoio institucional da Corte para questões associadas à resiliência* (ver página 337), à sustentabilidade e, em última instância, à Justiça Social, não toma, nem deve tomar o espaço das iniciativas de fortalecimento nacional das políticas judiciárias. Na atual Gestão (Presidência da Ministra Rosa Weber), apesar de sua menor duração (12 de setembro de 2022 a 2 de outubro de 2023), o silêncio sobre tal aspecto é eloquente. A falta de percepção dessas prioridades acaba por tornar nebulosa a relação entre o Supremo e os demais juízes e Tribunais: a permanência desse afastamento é o que se espera do protagonista judicial brasileiro?

3.E: "Chaves" & "Segredos" - a relação constitucional e institucional do STF com o Poder Judiciário

Sem o compromisso de uma resposta definitiva quanto ao questionamento realizado ao final da última sessão, a partir das chaves analíticas proporcionadas por este Capítulo Terceiro, a título de sistematização, destacam-se as seguintes considerações conclusivas parciais:

A) Do ponto de vista teórico, o construtivismo jurídico-institucional permite abordar, primeiramente, a vivência institucional do Supremo Tribunal Federal brasileiro enquanto uma experiência nacional de interpretação do Brasil. Ao encarar o STF a partir dos usos e dos experimentos institucionais por meio dos quais as suas competências e funções foram, são e podem vir a ser desempenhadas, permite-se uma abertura analítica para que o Supremo possa ser descrito a partir de sua própria institucionalidade, sem estar acorrentado às tendências do "colonialismo mental" (Seção 3.A);

B) Da perspectiva historiográfica, ao libertar da leitura que associa, de modo automático, o texto constitucional de 1988 com a democracia, propusemos uma leitura por meio da qual o Supremo também é enxergado como um monumento de cultura e de barbárie – ainda ostentando elementos autoritários e progressistas (Seção 3.B). A partir da descrição de sinais e situações por meio das quais o próprio tribunal articulou, de um modo geral, a preservação de suas competências pretéritas chegando a, inclusive, ampliar os seus poderes e concentrar ainda mais, em termos nacionais, a sua dominância em relação ao restante do Poder Judiciário por ocasião da Reforma promovida pela EC nº 45/2004;

C) A partir da perspectiva da Arquitetura Constitucional (Seção 3.C), foi possível ilustrar que, por uma questão do *design* (ou desenho) conferido pelo texto constitucional, o Supremo é, necessariamente, edificado a partir de elementos jurídicos e políticos. Essa compreensão torna a noção básica da "judicialização da política", em suas múltiplas variantes, como uma premissa, um ponto-de-partida (e não como um "ponto-de-chegada") da análise a respeito da atuação do STF, a qual passa a ser articulada tanto em relação ao restante do Poder Judiciário (Perspectiva Interna), como também quanto aos demais Poderes (Perspectiva Externa);

D) Tendo como referência a abordagem da Engenharia Institucional (Seção 3.D), foi possível abordar as peculiaridades dos efeitos institucionais de dois experimentos sucessivos de modificação das competências do Supremo, ou de sua forma de funcionamento, adotando-se como horizonte uma percepção abrangente do Tribunal a partir de seus elementos endógenos (com destaque para a Jurisprudência e para os atos normativos internos, tais como: Emendas Regimentais e Resoluções); e

E) Da combinação de ambos as ferramentas sugeridas, torna-se possível interpretar o Supremo brasileiro como uma obra institucional inacabada que, para sua compreensão e transformação, demanda o desenvolvimento de um campo de estudos dedicado à atuação da Corte (a Supremologia), assim como da correspondente agenda de pesquisa que seja hábil para qualificar a análise quantitativa e qualitativa a respeito desse Tribunal singular da estrutura judiciária e de poderes no Brasil (Considerações Finais).

Esse aspecto da complementaridade e imbricação entre Arquitetura Constitucional e Engenharia Institucional mais do que mero truísmo, ou ainda petição de princípio precisa ser demonstrada. Para tanto, uma vez sistematizadas as principais conclusões parciais deste Terceiro Capítulo, passa-se à breve exposição de dois exemplos emblemáticos – e que, a nosso sentir, muito bem ilustram o potencial do desenvolvimento de uma visão que articule ambas ferramentas analíticas (Arquitetura e Engenharia).

O propósito desta parte final do Capítulo, portanto, consiste em demonstrar o como tais referências analíticas podem ser empregadas para uma compreensão mais detalhada e aprofundada do STF. Mais do que oferecer um diagnóstico integral dessas ilustrações, pretende-se indicar o seu potencial explicativo a título de construção de um mapeamento metodológico e experimental dos recortes realizados quanto a duas classes (ou institutos constitucionais) brasileiros de competência originária do Supremo, a saber: **(*Mapeamento I*)** a Reclamação Constitucional (RCL), enquanto elemento, a um só tempo, de dinamização e hierarquização da Arquitetura Constitucional e de engenho institucional que tem modificado a relação de supervisão judiciária e política entre o órgão judicial de cúpula (o Supremo) e a base do Judiciário (tribunais e juízes singulares); e **(*Mapeamento II*)** a Arguição de Descumprimento de Preceito Fundamental (ADPF) – um elemento constitucional arquitetônico que, conforme se sinalizará adiante modifica não somente a dinâmica do controle concentrado, mas a própria Engenharia Institucional da relação do STF com os demais órgãos do Poder Judiciário e com a Federação brasileira.

Com relação ao ***Primeiro Mapeamento*** (Reclamação Constitucional perante o STF[216], ou RCL), nos termos do texto constitucional (alínea *"l"* do Inciso I do art. 102 da Constituição de 1988), essa medida é cabível "para a preservação da competência [do Supremo]", e, também, para a "garantia da autoridade de suas decisões". Para fins de uma percepção quantitativa acerca da representatividade dessa classe processual no universo dos demais processos originários do Supremo (matéria tipicamente "não-penal), veja-se o seguinte diagrama, elaborado ainda por ocasião da consolidação que deu origem à pesquisa apresentada na oportunidade da defesa da Tese de Doutorado da qual este livro derivou (dados disponíveis na página oficial do Supremo, em 04 de janeiro de 2021):

---

216 A cartografia empreendida nesta parte do trabalho limita-se à competência originária do Supremo, nos termos da alínea "l", do Inciso I, do art. 102, do texto constitucional. Não obstante isso, reconhece-se a importância de que estudos mais ampliados sobre a "Reclamação Constitucional" também sejam realizados com relação às competências originárias do Superior Tribunal de Justiça (STJ) – órgão judiciário que, curiosamente, foi criado a partir de uma espécie de "desmembramento" das competências constitucionais que, até 1988, também eram concentradas pelo STF (a exemplo da configuração do "Recurso Extraordinário", pré-1988, o qual também abarcava um controle judicial no que concerne à integralidade do ordenamento infraconstitucional). Esse aspecto, aliás, há de merecer maiores desdobramentos pelas futuras agendas a respeito da Jurisdição Constitucional Aplicada (JCA) no Brasil também porque, à primeira vista, surge a impressão de uma espécie de "suprematização" das competências do STJ. Embora a ideia – aqui, meramente seminal – demande maiores esclarecimentos e aprofundamentos, a hipótese que se lança é no sentido de observar em que medida as recentes modificações constitucionais e institucionais das competências do STJ também estejam a se espelhar nessa concentração de poderes que o Supremo tem desempenhado quanto aos temas de ordem constitucional. A título de exemplo, destaca-se que, após a defesa da Tese de Doutorado que deu origem a este livro, o Congresso Nacional aprovou uma espécie de "filtro recursal" quase que à imagem e à semelhança do instituto da "repercussão geral das questões constitucionais" implementadas quanto ao Recurso Extraordinário de competência do STF (modificação inserida, como já pudemos registrar, pela EC 45/2004). Desse modo, com a Emenda Constitucional 125, de 14 de julho de 2022, realizou as seguintes modificações no texto da Constituição: Art. 1º O art. 105 da Constituição Federal passa a vigorar com as seguintes alterações: "Art. 1º O art. 105 da Constituição Federal passa a vigorar com as seguintes alterações:
'Art. 105. (...)
§2º No recurso especial, o recorrente deve demonstrar a relevância das questões de direito federal infraconstitucional discutidas no caso, nos termos da lei, a fim de que a admissão do recurso seja examinada pelo Tribunal, o qual somente pode dele não conhecer com base nesse motivo pela manifestação de 2/3 (dois terços) dos membros do órgão competente para o julgamento.
§3º Haverá a relevância de que trata o § 2º deste artigo nos seguintes casos:
I – ações penais;
II – ações de improbidade administrativa;
III – ações cujo valor da causa ultrapasse 500 (quinhentos) salários mínimos;
IV – ações que possam gerar inelegibilidade;
V – hipóteses em que o acórdão recorrido contrariar jurisprudência dominante do Superior Tribunal de Justiça;
VI – outras hipóteses previstas em lei.'
Art. 2º A relevância de que trata o § 2º do art. 105 da Constituição Federal será exigida nos recursos especiais interpostos após a entrada em vigor desta Emenda Constitucional, ocasião em que a parte poderá atualizar o valor da causa para os fins de que trata o inciso III do § 3º do referido artigo."

Diagrama 14 - Acervo dos Demais Originários do STF (Referência: 4 de janeiro de 2021)

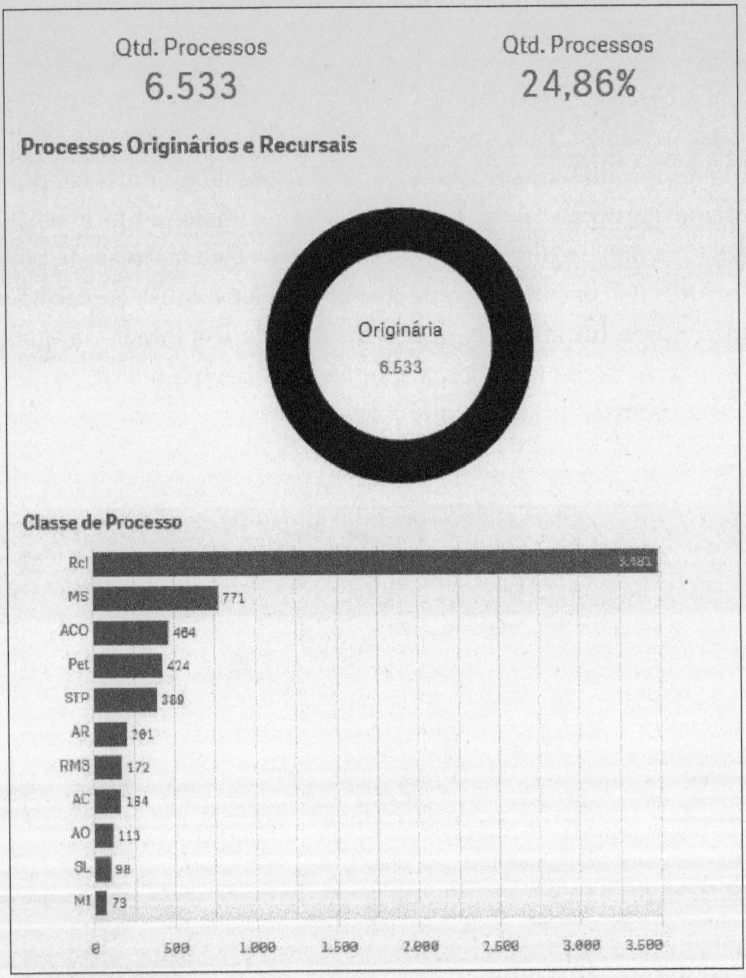

Fonte: STF (Dados Estatísticos)

Segundo os dados do acervo processual ao momento da consolidação da pesquisa que deu origem a este livro (4 de janeiro de 2021, conforme gráfico acima), a Reclamação tratava-se da segunda classe processual mais numerosa (quase tão representativa, em termos absolutos, como a do HC). Em 03 de maio de 2023, o Acervo corrente da Reclamação superou (3.051), em números absolutos, não somente o *Habeas Corpus* (2.073), mas, também, todo o montante de processos originários tipicamente criminais (2.913). Há de se ressalvar, aqui, que, a rigor, a Reclamação Constitucional pode veicular qualquer matéria (inclusive a penal). Contudo, via de regra, são mais recorrentes os temas de caráter não tipicamente penais.

Em consolidação complementar à pesquisa desenvolvida por ocasião do depósito da Tese de Doutorado que deu origem a este livro (04 de janeiro de 2021), o novo levantamento atualizado buscou sistematizar os quantitativos do acervo de processos em matéria não-penal originária típica do STF ("demais originários"), por meio da seguinte tabela e correspondente gráfico:

Tabela 13 - Acervo da Matéria Penal Originária Típica do STF (Referência: 3 de maio de 2023)

Classe (Demais Originários do STF)	Número de Originários
Ação Cautelar – AC	66
Ação Cível Originária – ACO	291
Ação Originária – AO	102
Ação Originária Especial – AOE	2
Ação Rescisória – AR	127
Mandado de Segurança – MS	396
Petição – PET	517
Reclamação Constitucional	3.051
Recurso Ordinário em Mandado de Segurança – RMS	127
Suspensão de Liminar – SL	62
Suspensão de Tutela Provisória – STP	37
Acervo Matéria Originária "Não-Penal" – Demais Originários (Processos não-tipicamente penais – STF)	4.778

Gráfico 5 - Acervo da Matéria Penal Originária "Não-Penal" STF (Referência: 3 de maio de 2023)

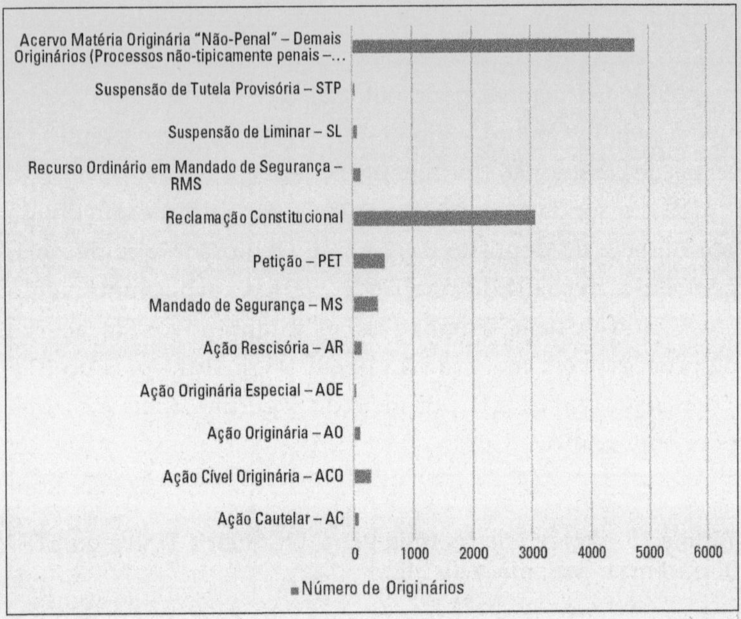

Fonte: STF (Dados Estatísticos/Corte Aberta/Acervo Geral: Produzido pelo autor, a partir de consolidação de dados brutos).

Em 03 de maio de 2023, o acervo processual do STF registra 3.051 reclamações. Apesar da considerável diminuição, da ordem de mais de um quarto do volume (cerca de 26,86%) de processos no comparativo entre 04 de janeiro de 2021 (6.533 processos) e 03 de maio de 2023 (4.778), a RCL corresponde, atualmente, à classe processual originária que ostenta o maior quantitativo de processos (3.051) – sendo seguida, no Exercício corrente de 2023, pelo HC (2.073 processos). Em termos proporcionais, a Reclamação Constitucional (RCL) representa, atualmente, a praticamente um terço (33,06%) do acervo total de originários. Para a população específica de processos originários não-penais (recorte destacado acima), a RCL corresponde a cerca de dois terços desse universo originário especificado (63,85%).

Esse recorte (o do Acervo Processual do STF em 03 de maio de 2023), contudo, ao mesmo tempo que revela algo de diferente, pode estar a encobrir algo de substancial. Nesse particular, vale dimensionar ainda que, apesar desse "estoque processual corrente" (*v. g.* "Acervo"), ao se analisar os dados referentes à distribuição ocorrida durante os quatro primeiros meses deste ano (2023), nota-se que a relevância do HC ainda precisa ser assinalada (conforme diagrama abaixo):

Diagrama 15 - Distribuição Total dos Originários do STF (Referência: 3 de maio de 2021)

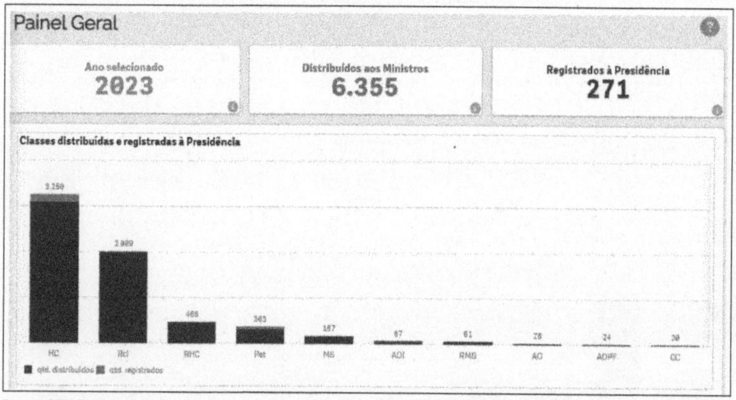

Fonte: STF (Dados Estatísticos/Corte Aberta/Distribuição total dos processos originários – tipicamente penais e "não-penais" durante o ano de 2023).

Observado o universo total dos processos originários (tipicamente penais e "não-penais", durante o ano de 2023), verifica-se um fluxo de 6.355 distribuições, das quais 3.250 (aqui, computados processos distribuídos e registrados junto ao Tribunal), ou seja, mais da metade, ainda correspondem a pedidos de *Habeas Corpus* (51,14%). A Reclamação Constitucional, por seu turno, é a segunda classe com maior número de distribuições (2.009), o que equivale a 31,61% do total distribuído. Em conjunto (5.259 processos), note-se, essas duas classes correspondem a mais de quatro quintos da distribuição corrente do total de matérias originárias endereçadas ao STF neste ano de 2023 (6.355) – mais precisamente 82,75% do montante distribuído. Esses quantitativos, por seu caráter emblemático, hão de merecer um acompanhamento detalhado, nos próximos exercícios administrativos.

Ainda sob essa perspectiva de consolidação das informações trabalhadas no decorrer desta seção, quando se considera o cômputo da distribuição de processos de caráter recursal extraordinário (isto é, não integrantes da dimensão dos processos originários típicos e/ou ainda das situações ordinárias de recorribilidade), percebe-se que o peso numérico dos HCs e RHCs (3.716) é superior ao de Recursos Extraordinários (REs) distribuídos em 2023. Nesse particular, vide o seguinte diagrama:

Diagrama 16 - Painel Geral dos Processos do STF (Recursais e Originários - 3 de maio de 2021)

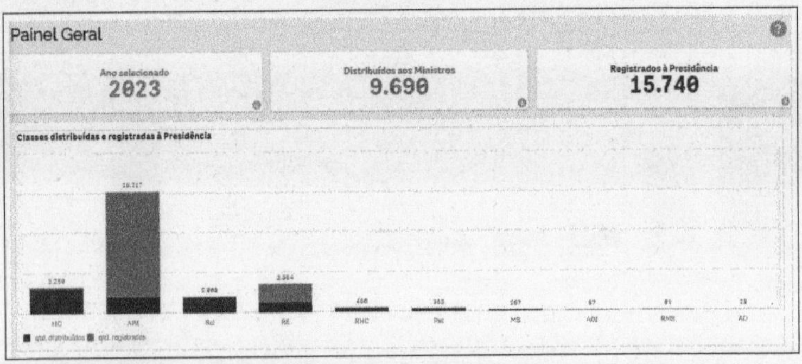

Dentre as 5 classes mais numerosas a título de registro à Presidência e distribuição aos Gabinetes, nos quatro primeiros meses de 2023 (nesta ordem: ARE, 15.217; RE, 3.564; HC, 3.250; RCL, 2.009; e RHC, 466), algumas considerações de caráter conclusivo parcial: i) juntas (24.506 registros/distribuições), tais classes representam impressionantes 97,40% dos registros e distribuições totais (25.160); ii) esse quinteto, em termos volumétricos, portanto, reúne boa parte da pressão quantitativa, a título de carga de trabalho da Presidência e dos Gabinetes; iii) apesar disso, quando se destrincham os dados dos registros à Presidência e as distribuições aos demais Gabinetes, denota-se que, a rigor, a alegada "pressão numérica" dos recursos do STF (o chamado, pelo "Supremo em Números" da FGV/Rio, "Supremo Recursal") parece ser bem suportada pelo Gabinete da Presidência – do total de registros/distribuições (25.160), 15.740 (62,55%) já são endereçados à Presidência da Corte; e iv) isto é, pouco mais de um terço dos processos (9.690, 38,51%) são efetivamente distribuídos aos demais Ministros e Ministras.

Para além das quatro observações ressaltadas no parágrafo anterior, há, por fim, um elemento interessante a ser pontuado: quando verificadas as distribuições efetivamente realizadas aos Gabinetes dos demais Ministros e Ministras, verifica-se que o HC se torna a classe "mais distribuída" na Corte. E, mais, que a RCL se encontra em patamares muito equivalentes da mais numerosa classe recursal extraordinária (ARE).

O que sugerimos ao leitor, à leitora e ao queride que nos lê, é que, apesar do Acervo Processual do Tribunal ainda ser majoritariamente recursal, as duas classes originárias mais representativas no universo das competências originárias da Corte também são as classes com maior volume na distribuição da Corte. Em conclusão, uma vez que o bloco originário (HC e RCL) reúne mais distribuições que o bloco recursal (ARE, RE – e, inclusive, para fins de radicalização do argumento, o RHC), ainda faz sentido vaticinar o STF, atualmente, como uma "Corte Recursal", propriamente dita, do ponto de vista do volume de processos efetivamente distribuídos aos Gabinetes?

Os dados atualizados nos permitem pontuar essa ambivalência: embora o estoque processual corrente (Acervo) ainda sinalize para uma considerável carga de trabalho recursal (ARE e RE, nesta ordem), da perspectiva do fluxo de recebimento de novos casos (registro à Presidência e distribuições aos Gabinetes), as duas classes originárias (HC e RCL) já ocupam papel cardeal na dinâmica das atividades jurisdicionais do tribunal.

No que concerne ao caso específico da Reclamação Constitucional (maior acervo processual do STF e segunda maior distribuição dentre os processos originários), vale sublinhar um argumento final quanto à relevância – não apenas numérica, mas também estrutural – dessa classe processual. A RCL desempenha papel estratégico e hierárquico, tanto para a correção de decisões que sejam proferidas em sentido diverso do precedente fixado pelo Supremo, ou ainda, para preservar a própria competência do STF.

A reclamação consiste em ferramenta da Jurisdição Constitucional Aplicada (JCA) que é institucionalmente estratégica para que o Tribunal possa avocar, em caráter de exclusividade com relação aos demais órgãos judiciários do país, quaisquer questões jurídico-políticas que, no entender de seus integrantes, usurpem as competências constitucionais da Corte. Ademais, na hipótese de existência de decisão divergente da orientação definida pelo Supremo, a reclamação emerge como uma espécie de "via paralela" ao arcabouço recursal existente que pode ser acionada para a impugnação independente de decisões. Trata-se, a um só tempo, de um portal de unificação entre os sistemas difuso e concentrado de fiscalização de normas, e, de igual modo, de um ponto de inflexão federativa que conecta a base e o topo do aparato administrativo e judicial-burocrático do Estado brasileiro. Tal mapeamento é indicativo, portanto, da relevância crescente do potencial descritivo dessa classe processual no âmbito do Supremo Tribunal Federal. Daí a pertinência, para fins de aprofundamento deste mapeamento, que sejam analisadas, em detalhe, as modificações regimentais e os ajustes jurisprudenciais que o Supremo tem desempenhado desde a promulgação da Constituição nestes 35 anos de construção do instituto.

Quanto ao ***Segundo Mapeamento*** (ADPF), a mera invocação da singularidade da conformação *"sui generis"* da arguição constitucional não se sustenta, por si só, enquanto opção metodológica justificável para fins da ilustração que se pretende realizar neste tópico. Assim, antes mesmo de partir para o esmiuçamento das singularidades dessa experimentação constitucional e institucional da Jurisdição Constitucional Aplicada (JCA), será oportuno apresentar os motivos que legitimam a opção por essa espécie do controle judicial de constitucionalidade, conforme o processo de construção da fiscalização de constitucionalidade no Brasil.

A ADPF (ou, simplesmente, "arguição") corresponde à modalidade-básica de ação constitucional mais recente (enquanto operação interpretativa) do controle de constitucionalidade abstrato brasileiro. Instituída pelo Poder Constituinte Derivado com a Edição da Emenda Constitucional 03, de 17 de março de 1993, foi somente com a promulgação da Lei Federal 9.882, de 03 de dezembro de 1999 (doravante, "LADPF"), que o processo e julgamento da ADPF foi minudenciado quanto às suas normas de organização e procedimento, consoante o § 10 do art. 102 da Constituição.

A prática institucional e decisória em torno desse instituto é, portanto, relativamente recente (pouco mais de 23 anos), exclusivamente inserida no contexto posterior à promulgação da "Carta Cidadã" de Ulisses Guimarães e, conforme se detalhará adiante, bastante considerável, não somente em termos quantitativos desde a sua implementação no âmbito da jurisdição da Suprema Corte brasileira, mas também pelos efeitos institucionais que ostenta.

A ADPF, por força do denominado princípio da subsidiariedade (LADPF, art. 4º, I), permite o fechamento operacional a partir do ferramental da fiscalização constitucional abstrata de normas pelo Judiciário de tal modo que, quanto mais arguições forem admitidas e julgadas, em tese, maior a tendência de esvaziamento da Jurisdição Constitucional Aplicada no âmbito judicial difuso.

Note-se. por exemplo, a diferença da ADPF em relação à sistemática tradicional do controle difuso no Brasil, ainda quando informada pela RG no RE e no ARE (ou, "repercussão geral").

Conforme pudemos assinalar na Seção Anterior, a repercussão geral consiste em mudança constitucional e institucional que alterou a estrutura de seleção e filtragem da medida judicial mais longeva do controle de constitucionalidade difuso no Brasil: o recurso extraordinário.

Nesse contexto, é oportuna a exploração da hipótese da "arguição" (ADPF) enquanto matriz subsidiária concentrada e suplementar na Jurisdição Constitucional Aplicada brasileira. O experimento da JCA desempenhada pelo Supremo Tribunal Federal envolve múltiplos e incessantes exercícios de memória e de imaginação.

Neste tópico final, apresentam-se algumas das principais peculiaridades do instituto da arguição de descumprimento de preceito fundamental (ADPF). A literatura constitucionalista e processual civil considera a "arguição" como uma medida processual subsidiária, uma espécie de ação constitucional própria que, no âmbito da fiscalização abstrata de normas, torna-se cabível quando as demais espécies de ações concentradas não são admitidas (ADI, em suas diversas variantes; e a ADC, basicamente).

Uma primeira observação importante é de ordem quantitativa. Com base em elementos empíricos e estatísticos oficiais, observa-se o crescimento do volume, em termos absolutos e relativos, da representatividade da ADPF no âmbito do controle concentrado de constitucionalidade.

Sob a perspectiva quantitativa, portanto dados estatísticos levantados a partir da base de dados oficiais disponíveis na própria página eletrônica do Supremo Tribunal Federal (www.stf.jus.br) permitem o levantamento do número total de ADPFs distribuídas desde a edição da Lei Federal 9.882, de 03 de dezembro de 1999 (a "Lei da ADPF" – LADPF). Nesse período de 23 anos desde a positivação infraconstitucional do instituto, foram protocoladas, nesse recorte cronológico, 1.033 arguições.[217] Sendo

217 Adota-se como referência a data de 02 de dezembro de 2022 (véspera do 22º Aniversário da criação infraconstitucional da ADPF, nos termos da Lei Federal 9.882, de 03 de dezembro de 2021).

que, no quinquênio de 3 de dezembro 2016 a 3 de dezembro de 2022, foram ajuizadas mais ADPFs – isto é, mais precisamente, 597 – do que nos primeiros 16 anos desde a implementação do instituto na jurisdição da Corte (período compreendido entre 3 de dezembro de 1999 e 2 de dezembro de 2016, em que foram ajuizadas, no total, cerca de 436 arguições). Isso significa que, nesses últimos anos da implementação infraconstitucional do instituto, houve um incremento da ordem de 36,9% em relação à série histórica verificável no período de 1999 a 2016 (primeiros 16 anos de vigência da LADPF).

Em um simples exercício exploratório, utilizou-se a seguinte metodologia: a partir de informações constantes do portal institucional do STF, foram consideradas as decisões finais, as proferidas em recurso interno e as decisões liminares proferidas (tanto as deferidas, quanto as indeferidas) pelo Tribunal e seus Ministros, no período compreendido de dezembro de 1999 a 04 de maio de 2023. Essa data é a referência cronológica adotada por este livro, para fins de atualização da publicação, tendo em vista a distribuição da então mais recente arguição do espaço amostral selecionado – a ADPF 1.061/DF, de relatoria do Ministro Dias Toffoli – constava como a última ADPF protocolada (autuação e protocolo em 27 de abril de 2023). Nota-se, por conseguinte, que tal levantamento de dados abrangeu, até então, todo o histórico da mencionada classe processual perante o STF.

Exatamente com base nessas referências concretas, documentais estatísticas indicadas (todas disponíveis na base de dados processuais da Página Oficial do próprio Supremo), foi possível detectar uma evolução cronológica do perfil de judicialização e de julgamento desse tipo específico de medida do controle concentrado, a qual pode ser visualizada a partir da tabela descritiva abaixo reproduzida, em que se indica o número de ADPFs por ano:

Tabela 14 - ADPFs distribuídas por ano (2000-2023*)

	ADPFs por ano
2000	9
2001	16
2002	12
2003	10
2004	12
2005	25
2006	22
2007	20
2008	30
2009	47
2010	20
2011	23
2012	26
2013	38
2014	21
2015	49
2016	59
2017	65
2018	55
2019	80
2020	131
2021	164
2022	109
2023*	21
Total	1061

À primeira vista, os dados acima permitiriam a inferência inicial de que o aumento do ajuizamento desse tipo de ação (em especial no último septênio* – 1º de janeiro de 2016 a 04 de maio de 2023) poderia estar associado a uma maior densidade jurisprudencial dela decorrente. Em outras palavras, a partir do momento que os precedentes pioneiros ("casos líderes", ou *leading cases*) do STF passaram a fixar as balizas quanto aos requisitos de conhecimento e os limites do provimento judicial cabível em sede de

ADPF, haveria, ao menos em tese, uma sinalização acerca dos critérios jurisprudenciais que lastreariam a apreciação e o julgamento das futuras arguições.

Outra leitura complementar é a de que, à medida que as arguições passaram a ser acionadas e resultados jurisdicionais favoráveis tenham sido obtidos, cada vez mais o instituto passou a se tornar mais e mais estimulado. Essa hipótese parece obter alguma confirmação no gráfico abaixo (do qual, foram excluídas as 21 ADPFs distribuídas neste ano de 2023, para evitar vieses de errônea representação estatística quanto à percepção das linhas de tendência):

Gráfico 6 - ADPF's por ano (2000 a 2022)

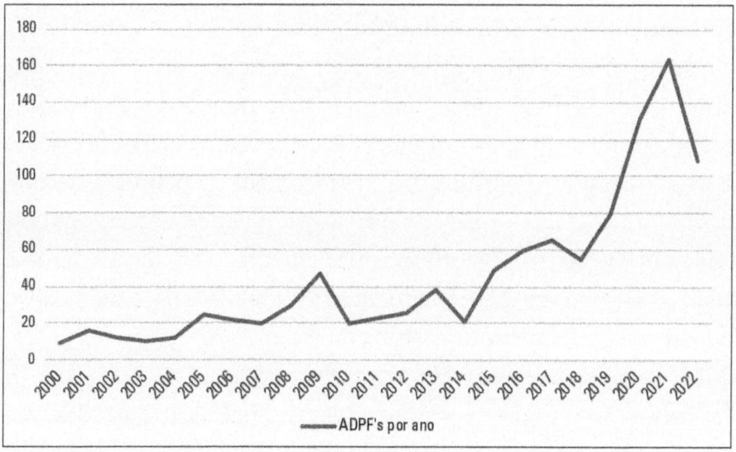

Conforme o gráfico acima ilustra, é notável perceber que, enquanto transcorreu quase uma década (1999-2009) para que as primeiras 202 (duzentas e duas) arguições fossem acionadas pelo conjunto de pretensos legitimados (art. 102, § 1º, da Constituição, conforme regulamentação pelo art. 2º da LADPF), as 234 (duzentas e trinta e quatro) arguições seguintes já foram ajuizadas em pouco menos de 7 (sete) anos (2009-2016).[218] No triênio

218 Acerca da inspiração inicial de algumas das percepções quantitativas desdobradas neste artigo, vale mencionar que, em 02 de dezembro de 2016, por ocasião dos então 17 (dezessete) anos do instrumento da ADPF, o autor

imediatamente seguinte (2017-2019), por exemplo, a marca de 200 (duzentas) foi alcançada em apenas 3 (três) exercícios.

A intensificação desse crescimento, em termos absolutos, é verificável, em especial, no quinquênio de 2017 a 2021, em que as 498 novas ADPFs superam a soma do total de pedidos dos períodos anteriores. Observa-se, ainda que, no biênio 2021-2022 (o qual foi impactado pelos efeitos das sessões virtuais em razão da pandemia do *Coronavírus Disease* – Covid-19 –), foram distribuídas 273 arguições. Isso equivale a mais do que a distribuição de toda a primeira década do instituto (1999-2009, 202), assim como montante superior às 236 arguições nos sete anos seguintes à primeira década (2010-2016) e a pouco mais da metade da distribuição do quinquênio 2018-2022 em que se inserem (sendo 276 ajuizamentos, de 539 distribuições, ou aproximadamente 51,2%).

Por fim, somente no ano de 2021 (período com maior valor absoluto na série histórica), foram distribuídas 164 (cento e quarenta e uma) arguições – em termos comparativos, o equivalente a mais que quatro quintos das distribuições da primeira década do instituto (mais precisamente 80,8% das 203 arguições ajuizadas na primeira década); e, isoladamente, o correspondente a 15,57% de todas as ADPFs ajuizadas desde o advento dessa ação constitucional. O último triênio com valores consolidados (2020-2022), corresponde aos três anos com maiores números absolutos (os únicos com registros na casa dos três dígitos, por ano), sendo 404 arguições e mais de um terço de todo o montante distribuídos (ou 38,08% do total de 1061 ADPFs) – o que indica um comportamento médio de pelo menos 134 arguições por ano.

Esse incremento, contudo, não é apenas em termos absolutos. Ele é também perceptível em termos da série histórica e, ademais, do ponto de vista comparativo com as demais espécies básicas do sistema de fiscalização abstrata de constitucionalidade (ADI, ADO, ADC). Assim, utilizando das ferramentas de visualização

---

(Daniel Augusto Vila-Nova Gomes) e Abhner Youssef Mota Arabi, então na condição de assessores jurídicos do Ministro do STF Luiz Fux publicamos, no Portal Jota, artigo intitulado "Intermitências da Arguição e Jurisdição Constitucional", https://www.jota.info/especiais/intermitencias-da-arguicao-e-jurisdicao-constitucional-02122016.

dinâmica de dados, as quais, atualmente, compreendem os dados a partir do ano de 2010 (inclusive), é possível constatar uma verdadeira mudança do perfil de uso e de incidência da ADPF.

Conforme dados extraíveis, mediante customização, a partir de informações disponibilizadas na aba "Estatística" da página oficial do Supremo Tribunal Federal (http://portal.stf.jus.br/estatistica/), veja-se o quantitativo de processos da fiscalização abstrata de constitucionalidade recebidos no Ano de 2010:

Diagrama 17 - Processos recebidos por classe do controle concentrado (Ano de 2010)

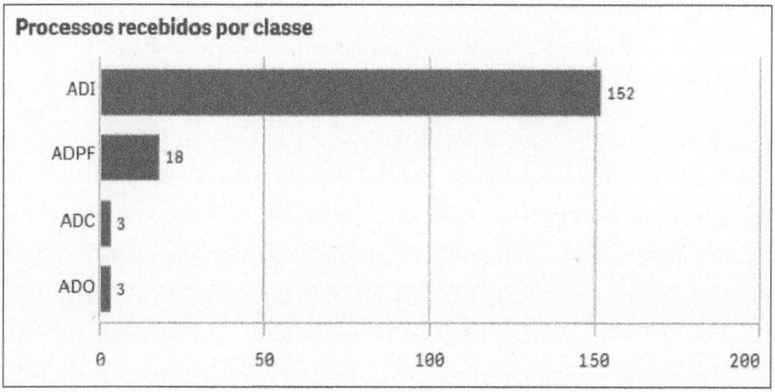

Nota-se que já no Ano de 2010, a ADPF figurava como a segunda classe processual mais expressiva em termos quantitativos (18 arguições), mas era relativamente pouco representativa – correspondia a pouco mais de 10% do total de 176 ações de controle concentrado distribuídas no mencionado ano; ou ainda a 11,84% da classe mais expressiva dessa modalidade de fiscalização (a ADI).

Utilizando-se a mesma metodologia de adaptação de dados dinâmicos ("customização") pela mesma página oficial do STF, denota-se o quanto que, no último biênio pandêmico, modificou-se a representatividade da ADPF. Veja-se:

Diagrama 18 - Processos recebidos por classe do controle concentrado (Anos de 2020 e 2021)

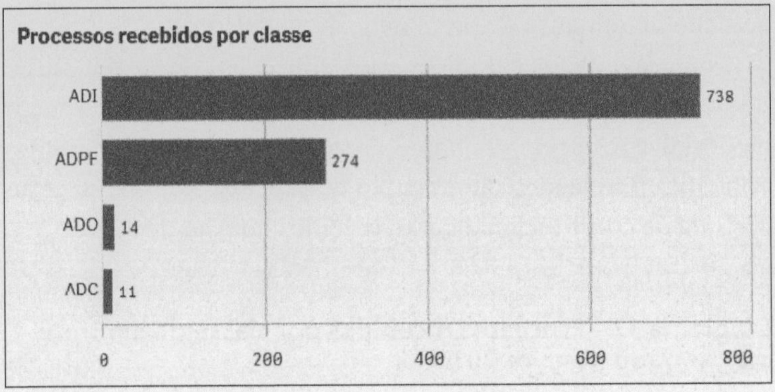

Num universo de 1.037 (mil e trinta e sete) processos de fiscalização abstrata de normas (distribuídos nas classes ADI, ADPF, ADO e ADC), mais de um quarto (26,42%) das ações de controle concentrado são arguições. Verifica-se que a representatividade dessa classe processual mais que dobrou após transcorrida a segunda década de existência do instituto. Ademais, o número de ADPFs no último biênio (2020-2021) equivaleu a mais de um terço das ADI's ajuizadas no mesmo período – mais precisamente 37,12%, o que significa que a representatividade comparativa da ADPF mais que triplicou em relação à ADI.

Ainda que se atribua essa modificação considerável às excepcionalidades do funcionamento do Tribunal Constitucional durante a pandemia, vale registrar, ainda, o apanhado da série histórica nos últimos 11 anos (conforme o conjunto de dados disponibilizados, para visualização dinâmica, em seu Portal de Transparência e Estatística). Eis os dados consolidados para a fiscalização abstrata de 2010 (inclusive) a 2021 (dados atualizados na data do 21º aniversário da LADPF, Lei Federal 9.882/1999):

Diagrama 19 - Processos recebidos por classe do controle concentrado (Anos de 2010 a 2021)

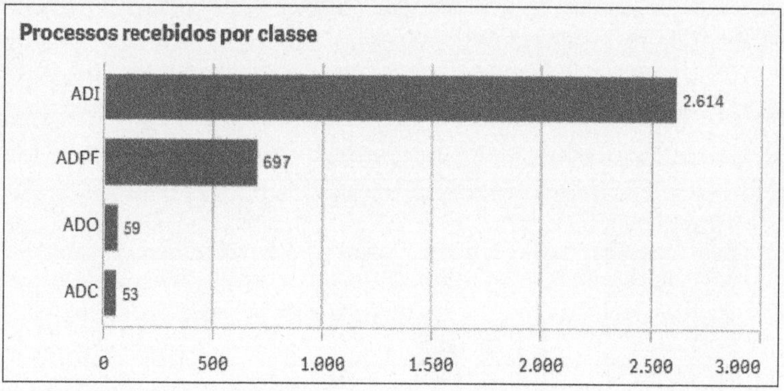

Desse universo de 3.423 ações de controle concentrado, no agregado, as 697 ADPFs correspondem a mais de um quinto (20,36%) do total de processos do controle concentrado (mais que o dobro da representatividade verificável no ano de 2010, por exemplo); e, ademais, a mais que um quarto (26,67%) do total de ações diretas (ADIs) no mesmo período (2.614).

Tendências similares são verificáveis quando, a partir dessa mesma base dinâmica e oficial de dados, extrai-se um retrato estatístico atualizado do controle concentrado perante o Supremo Tribunal Federal. Assim, tomando-se por referência informações disponíveis em 04 de maio de 2023 (Data de Referência: 03 de maio), observa-se o seguinte comportamento das espécies da fiscalização abstrata perante o STF:

Diagrama 20 - Processos recebidos por classe do controle concentrado (Ano de 2023 - 4 de maio)

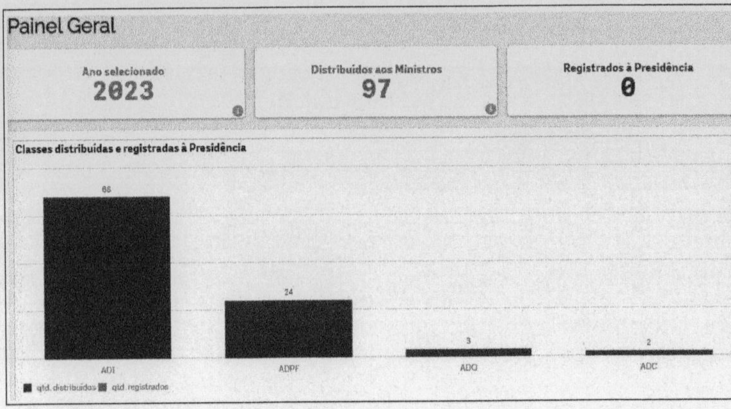

Neste ano de 2023, portanto, ainda que em caráter parcial, o primeiro quadrimestre é indicativo de que a ADPF representa cerca de um quarto das distribuições no controle concentrado (24,74% do total); e, comparativamente ao volume das ADIs (ainda a classe mais numerosa desse universo), já corresponde a mais de um terço da distribuição das ações diretas (35,29% das ADIs). Tais dados, em conjunto com os demais apresentados neste mapeamento, são indiciários de que, no âmbito da fiscalização abstrata, há uma mudança em curso. O ganho de importância quantitativa da ADPF, contudo, carecerá, para fins de um estudo mais abrangente, de uma análise qualitativa mais apurada.

Como o objetivo do levantamento deste primeiro experimento é o de destacar o aspecto da denominada "subsidiariedade" da arguição enquanto ação concentrada de caráter residual, chamamos a atenção de quem lê no sentido de que a Jurisdição Constitucional Aplicada (JCA) do STF tem sido mais acionada para se pronunciar acerca dos "resíduos" da produção normativa nacional. Essa tendência é, a um só tempo, exemplificativa de que a Corte Constitucional brasileira: **a)** tem expandido a sua jurisdição para espécies normativas anteriores a 1988; ou, ainda, mesmo que posteriores a promulgação da Carta Cidadã, para a legislação municipal e, por fim, também para as normas federais infralegais e práticas que ostentem a natureza de "ato do Poder Público" (LADPF, Lei Federal 9.882/1999, art. 1°); e **b)** que a ampliação da representatividade da ADPF acontece não apenas no âmbito das ações do controle concentrado, mas do próprio complexo sistema de JCA do Brasil (sistema difuso-concentrado), uma vez que a admissão do cabimento de arguições encarna não somente a possibilidade de exame direto e concentrado pelo STF, mas também, nos termos do §1° do art. 4° da LADPF, da ausência de "qualquer outro meio eficaz de sanar a lesividade").

Mais do que a descrição de uma realidade institucional, a pretexto de uma suposta reforma do processo constitucional brasileiro, há de se ter em conta que, a ampliação do cabimento ou do objeto da ADPF envolverá, necessariamente, um esvaziamento da jurisdição a ser originariamente desempenhada pelos demais órgãos do Poder Judiciário. Trata-se de uma dimensão "hierarquizante" quanto aos conteúdos sujeitos à apreciação originária pelo "juízo natural" para a apreciação de tais preceitos fundamentais.

Nesse particular, sem o compromisso de oferecer, neste agora, uma resposta definitiva, mas com a coragem de pontuar as preocupações democráticas e estratégicas de tal opção, pergunta-se: diante das recorrentes críticas de "inchaço da pauta" ou de suposta excessiva "judicialização da política" ou, ainda, de "ativismo judicial", seria desejável que o Congresso Nacional legisle no sentido de que o Supremo concentre ainda mais poderes?

Ainda que assim se decida, há uma pergunta preliminar: os sujeitos institucionais responsáveis pela Jurisdição Constitucional Aplicada no Brasil são os juízes singulares e os Tribunais em Geral, ou apenas o STF? A legitimidade e conveniência da pauta de uma reforma do processo constitucional é algo de exclusivo interesse do Supremo, ou o restante do Poder Judiciário também terá um papel de protagonismo relevante?

A depender das respostas acima, o pêndulo do balanceamento entre controle difuso e/ou do controle concentrado será melhor ajustado. Independente das escolhas legislativas, há de se ter em mente, portanto, que a modificação do escopo da ADPF não modifica apenas a dinâmica decisória da fiscalização abstrata de normas (a qual tem efeitos, inclusive, para o sistema federativo e para a autonomia da legislação dos entes subnacionais), mas o próprio equilíbrio da distribuição de competências da JCA também na modalidade difusa de fiscalização.

Compreendida essa sofisticada relação de implicação entre a concepção arquitetônica do experimento constitucional da arguição e o "espaço" do controle difuso e das demais espécies do controle concentrado, é importante acenar, no próximo experimento institucional, para possibilidades e limites aplicáveis à reclamação constitucional, assim como para oportunidades, alternativas e engenhos que permitam o aperfeiçoamento do atual processo constitucional também no âmbito da fiscalização dita "difusa". Afinal, para além do STF, há, ou não, algum papel dos demais órgãos judiciais em termos da interpretação e da garantia dos direitos e deveres previstos pela Constituição de 1988?

A partir dos dois ***Mapeamentos*** empreendidos neste Terceiro Capítulo, pretendeu-se ilustrar a relação de complementaridade entre as ferramentas de compreensão, análise e transformação a respeito do Supremo Tribunal Federal: a Arquitetura Constitucional; e a Engenharia Institucional. Mais do que a justaposição de leituras estanques e/ou compartimentadas entre o Direito e a Política, o que se buscou oferecer à comunidade acadêmica, jurídica e cívica do país foi a concepção de instrumentos de avaliação mais adaptados para o diagnóstico do conjunto de atributos constitucionais e institucionais do Órgão de Cúpula do Poder Judiciário e Tribunal da Federação, o Supremo.

A relação entre a abordagem jurídico-política (ARQUITETURA CONSTITUCIONAL) e a político-jurídica (ENGENHARIA INSTITUCIONAL) se submete a uma lógica de imbricação e polaridade recíproca. Ao mesmo tempo em que a gramática arquitetônica há de se preocupar com a concepção, o desenho dos institutos constitucionais, a partir das atribuições, das competências, dos direitos constitucionais e das garantias fundamentais; a semântica da engenharia institucional terá como foco os usos e implementos da gramática anterior, no que concerne ao funcionamento institucional do STF com relação aos demais âmbitos institucionais tradicionais que a literatura da Ciência Política já consagrou: a separação de Poderes; a Federação; a cidadania e a democracia. Em conjunto, o emprego desse arcabouço de diagnose permite aplicações práticas de imaginação institucional e de experimentalismo democrático que lançam olhares com potencial de transformação (e não apenas da mera observação) da atuação do Supremo; e das possibilidades cívicas e democráticas de controle quanto à Esfinge jurídico-política e político-jurídica que, nos termos da Carta Cidadã recebeu a "função precípua" de "guarda da Constituição" (art. 102, "*caput*", do texto constitucional brasileiro de 1988).

"Decifra-me ou te devoro".

Esse, o alerta com o qual o nosso Édipo constitucional há de se deparar – e levar a sério – quando for se dedicar a compreender as equações e os enigmas do Poder e do Direito no Brasil. Com a formulação dessa dimensão dinâmica e analítica complementar da Arquitetura Constitucional e da Engenharia Institucional, temos a expectativa de que seja possível seguir a decifrar as "chaves" e decodificar os "segredos" que permitam a continuidade da caminhada democrática do engrandecimento cívico do nosso brasileiro povo.

A luta continua, continua...

Supremologia: Por uma Agenda Suprema de Pesquisa

"'Stamos em pleno mar... Doudo no espaço
Brinca o luar — dourada borboleta;
E as vagas após ele correm... cansam
Como turba de infantes inquieta.

'Stamos em pleno mar... Do firmamento
Os astros saltam como espumas de ouro...
O mar em troca acende as ardentias,
— Constelações do líquido tesouro...

'Stamos em pleno mar... Dois infinitos
Ali se estreitam num abraço insano,
Azuis, dourados, plácidos, sublimes...
Qual dos dous é o céu? qual o oceano?...

'Stamos em pleno mar... Abrindo as velas
Ao quente arfar das virações marinhas,
Veleiro brigue corre à flor dos mares,
Como roçam na vaga as andorinhas...

Donde vem? onde vai? Das naus errantes
Quem sabe o rumo se é tão grande o espaço?
Neste saara os corcéis o pó levantam,
Galopam, voam, mas não deixam traço.

(*Navio Negreiro*, na travessia de
Castro Alves, "Poeta dos Escravos")

Ultimados, até qui, os esforços de pesquisa, esta obra realizou uma avaliação a respeito do conhecido e do desconhecido a respeito do Supremo Tribunal Federal (STF). O Capítulo Primeiro desenvolve um estudo de caso, tomando por referência 318 publicações relacionadas ao Supremo e disponibilizadas pela Plataforma *SciELO*, durante os anos de 2004 (1° de junho) a 2023 (19 de maio) – um período de quase 19 ciclos anuais de publicações. O Capítulo Segundo, por sua vez, desdobrou as principais linhas, assim como os limites e possibilidades de investigação neoinstitucionais em torno do Tribunal – uma literatura que, de modo geral, ainda é dominada pela narrativa que situa o fenômeno da judicialização da política como causa e não propriamente como elemento constitutivo da conformação do STF no Brasil, em especial a partir da Constituição de 1988.

Desse modo, em contraponto a essas visões ainda hegemônicas no campo da Ciência Política, este livro elabora a noção de Supremologia. Trata-se da construção coletiva de um campo interdisciplinar, que supere os enfoques disciplinares e tradicionais da política e do direito e que permita, a um só tempo: a) o estudo, de modo inovador e estruturante, do órgão de cúpula do Poder Judiciário no Brasil; e b) assim como sugerir o aprimoramento de uma agenda de pesquisa em torno do Supremo. Essa perspectiva transindisciplinada é baseada na noção de construtivismo jurídico-institucional, a partir do pensamento de Roberto Mangabeira Unger, e se qualifica por meio do uso de duas ferramentas analíticas que permitem maior abrangência, profundidade e avaliação de alternativas institucionais quanto ao tema, a saber: a Arquitetura Constitucional e a Engenharia Institucional.

A Arquitetura Constitucional consiste em uma abordagem jurídico-política dos elementos que constituem o desenho constitucional assumido pelo STF, isto é: i) a sua posição estratégica com relação ao restante do Poder Judiciário, assim como em relação aos demais poderes; ii) a sua forma de composição; e iii) as suas competências judiciárias e demais funções desempenhadas a partir das atribuições que lhe foram conferidas pelo texto da Constituição. A Engenharia Institucional, por sua vez, realiza uma inversão da abordagem anterior para enfocar, do ponto de vista político-jurídico, o modo pelo qual o Tribunal concretiza (ou não) as competências para as quais foi desenhado, a partir do uso de mecanismos e modificações institucionais internas (recursos endógenos). Em conjunto, enfatizam-se aspectos relacionados às maneiras pelas quais a Corte constrói, ou desconstrói, as próprias atribuições, assim como que possibilitem o experimentalismo institucional de modelos constitucionais e o enfrentamento aos desafios lançados aos múltiplos papeis jurídicos e políticos desempenhados pelo Supremo, no Brasil.

Para além das análises específicas e das conclusões parciais que foram apresentadas em cada um dos 3 Capítulos, nestas Considerações Finais, enunciamos a *Supremologia* como campo *transindisciplinado* de investigações que permitam a compreensão mais aprofundada a respeito dos principais papeis que o STF pode desempenhar. Com base na identificação das principais agendas operacionais e estratégicas para o mais poderoso tribunal do Poder Judiciário e da Federação brasileira, a tese sugere premissas investigativas que constranjam esse Tribunal a desempenhar, na prática, uma função ainda mais compatível com a envergadura constitucional de suas funções institucionais. Eis a utilidade e a relevância da emergência desse novo campo de saberes que se entrecruzam e se integram reciprocamente de tal modo a romper com as barreiras disciplinares ortodoxas do Direito e da Ciência Política.

Hão de se imaginar, portanto, novas formas institucionais e constitucionais pelas quais seja possível transformar as estruturas e o funcionamento do poder efetivamente desempenhado pelo Supremo no Brasil. Esta tese propõe, como alternativa, a ideia de que ambos os fenômenos (de forma ampla, a judicialização da política e a politização da justiça) correspondem a efeitos e não as causas explicativas do desenho e da funcionalidade que esse órgão ostenta e pode vir a desempenhar no país. Daí, a proposta da *Supremologia* enquanto construção coletiva e pública de um campo interdisciplinar de conhecimentos quantitativos e qualitativos, de acesso gratuito, sobre o que o Supremo Tribunal Federal é e o que pode vir a ser. Em outras palavras, este livro empreende o esforço de levantar possibilidades analíticas e desafios institucionais e oferecer alternativas e oportunidades de transformação do próprio STF na condição de experimento institucional e constitucional qualificado a serviço do povo brasileiro.[219]

Nesta parte final, a tese pincela algumas ideias gerais, como provocação (mas sem a pretensão de definitividade), quanto a novos rumos possíveis para a reconfiguração dos estudos e investigações a respeito da instituição que, em certa medida, para extrapolar a alegoria empregada por Diego Werneck Arguelhes e Leandro Molhano Ribeiro (2016:405-440), pode ser interpretada, simultaneamente, como Criador e/ou como Criatura. A tarefa da reflexão global ora proposta é a de que a Academia brasileira possa apresentar e desenvolver elementos de análise constitucional e institucional, assim como a lapidação de instrumentos de pesquisa e de transformação que permitam o aperfeiçoamento institucional e serviços judiciários com maior e melhor qualidade, em prol do fortalecimento da cidadania e da democracia no Brasil.

Para fins de construção de uma Agenda de Pesquisa sobre o Supremo (uma "Agenda Suprema"), sugerimos, preliminarmente, dois grupos complementares e sucessivos de reflexão para, ao final, apresentar contribuições para o aprimoramento estatístico

219 Articula-se, aqui, de modo concreto, a inspiração de Mangabeira Unger (2004:11): "Oportunidade transformadora é a chave para a investigação científica do mundo natural: entendemos como as coisas funcionam ao descobrir sob que condições, em que direções e dentro de que limites elas podem mudar. A inclusão de fenômenos reais em um campo maior de oportunidades não aproveitadas não é, para a ciência, uma conjectura metafísica; é um pressuposto operativo indispensável. O que vale para a ciência natural vale com grande força para toda a gama de estudos sociais e históricos. Juízos de possibilidade contrafática, em grande medida implícitos, informam nossa percepção acerca de sequências reais de mudança histórica e de forças reais na vida em sociedade. Uma expressão sumária da nossa condição perturbadora no estudo social e histórico é o fato de não termos mais à mão uma explicação verossímil da mudança estrutural – quer dizer, de mudança nas estruturas institucionais e nas crenças reconhecidas a elas associadas que moldam os procedimentos práticos e de debate numa sociedade."

e empírico a respeito do Tribunal. Em vez de responder diretamente a tais questões, pretendemos percorrer o itinerário de indagações por elas traçado.

Do ponto de vista qualitativo, o primeiro grupo de reflexões enfoca o aspecto democrático e cívico. Teria o Supremo algum papel relevante para a democracia e para a cidadania, para além do que preconiza a lógica liberal? Como tal missão institucional é traduzida em termos das diferentes formas de estruturação do poder? O STF interfere, de maneira distinta dos demais poderes, na denominada divisão funcional de poderes? E, ainda, essa corte judicial desempenha algum papel diferenciado a respeito da federação brasileira?

Nesse primeiro grupo, conforme pudemos abordar no Capítulo Terceiro, a configuração constitucional e institucional que o Supremo ostenta é indicativa da sua relevância para a democracia e a cidadania no Brasil. Essa missão institucional, contudo, precisa ser melhor traduzida a partir das diferentes formas de estruturação do Poder no Estado brasileiro.

Assim, tendo em vista a divisão horizontal dos poderes, as interferências e/ou validações que o Supremo desempenha em relação ao Executivo e ao Legislativo não podem ser vistas como figuras anômalas, ou excepcionais, mas, diferentemente, como experimentos constitutivos do papel desse Tribunal. Do ponto de vista federativo, de outro lado, a postura do Tribunal da Federação precisa ser geográfica e institucionalmente desdobrada para que se verifique se a atuação da Corte tem contribuído para a centralização ou descentralização do poder no país. Desse modo, ao invés de condenar o desempenho da Corte simplesmente porque ela seria "política", a premissa inicial é a de buscar observar, com mais profundidade, qual a qualidade e a coerência dessa atuação. O STF estaria a usurpar a função dos demais poderes? Em caso afirmativo, quais seriam os instrumentos para refrear os eventuais excessos do Tribunal? Quanto à dimensão vertical dos poderes, é preciso esmiuçar como se manifesta, em termos políticos, hierárquicos e federativos, a prática decisória do Supremo em relação aos outros 91 tribunais do país, assim como em relação ao desempenho da jurisdição de mais de 18.000 (dezoito mil) magistrados?[220]

O que pretendemos assentar como premissa inicial é que as investigações sobre o Supremo envolvem, diretamente, a percepção a respeito de aspectos relacionados à qualidade da democracia e da cidadania no Brasil – e não uma dimensão apartada da vida política nacional, como se o "jurídico" fosse uma questão meramente técnica e apolítica. A adoção dessa perspectiva é interessante porque permite a "dessacralização" da atuação da Corte. As decisões judiciais tomadas por seus Ministros e suas Ministras, assim como pelos seus órgãos colegiados também correspondem a posturas políticas e que, exatamente por isso, devem se submeter ao crivo da crítica pública e das referências institucionais do próprio tribunal, como, por exemplo, a sua jurisprudência e o seu Regimento Interno.

Desse modo, tendo em vista a forma pela qual o Supremo foi concebido, arquitetado e estruturado, esse órgão de cúpula de um dos Poderes da República desempenha, de fato, espécies diversificadas de funções que diferem, em alguma medida, dos poderes manifestados pelos demais Poderes. Nesse contexto, o Tribunal Supremo pode desempenhar, a depender do caso ou do tipo de competência acionada, funções representativas dos interesses majoritários, ou ainda, a defesa judiciária de minorias (postura contramajoritária da Corte).

O político, portanto, não é estranho ao ("desconhecido") Supremo. Dito de outro modo, o Supremo está imerso no fenômeno do poder político; e, exatamente por isso, o desempenho de

220 O Relatório Analítico Justiça em Números 2022 (Ano-Base 2021), documento oficial produzido pelo Conselho Nacional de Justiça (CNJ), indica um total de 18.035 magistrados no Brasil (curiosamente, pelos motivos expostos neste livro, não computados os onze integrantes do STF. O Relatório Analítico do CNJ (2022:94), em razão do Ano-Base de referência (2021) não considerou especificamente, também, os magistrados do TRF-VI (tribunal com implantação prevista por legislação federal de 2021 e implementado em 2022, por meio de desmembramento parcial do TRF-I, em relação à jurisdição federal comum desempenhada quanto à área do território do Estado de Minas Gerais). Para maiores informações, eis o *link* com a íntegra: https://www.cnj.jus.br/wp-content/uploads/2022/09/justica-em-numeros-2022-1.pdf.

poder, pelo órgão de cúpula do Judiciário brasileiro, em vez de desnaturar, pode permitir a reafirmação do papel constitucional delineado para a Suprema Corte brasileira. Trata-se de uma vocação constitutiva do Tribunal, assim como sua faceta jurídica: essas duas "máscaras" permitem compreendem o Direito e a Política como dimensões ordinárias – e, não, extraordinárias do Órgão Judicial de Cúpula do Poder Judiciário no Brasil.

Em um segundo nível de reflexões mais específicas, cabe desdobrar outras questões de caráter epistemológico. Há como qualificar esse debate a partir de outras dimensões analíticas? Qual seria o potencial do desenvolvimento complementar das visões jurídico-políticas (ARQUITETURA CONSTITUCIONAL) e das perspectivas político-jurídicas (ENGENHARIA INSTITUCIONAL)?

Seja do ponto de vista da análise jurídica de cunho jurisprudencial, seja do da avaliação institucional de aspectos exógenos e endógenos (isolada ou cumulativamente entre si), a visão articulada e complementar das duas dimensões de análise sugeridas pelo Capítulo Terceiro permitem uma compreensão mais elaborada e útil ao detalhamento desses diferentes perfis do Tribunal. Assim, de um lado, tais perspectivas rejeitam a tendência do enfoque casuísta ou de julgados isolados (e não, propriamente, investigação sistematizada acerca da jurisprudência produzida pelo Tribunal, quando existente, ou do padrão decisório em casos similares). Ainda que o estudo de casos judiciais seja entendido como fundamental para o tratamento do tema investigado, a análise de jurisprudência precisa se desdobrar de modo a se acoplar, de maneira mais entrelaçada, intensiva e completa, com a análise institucional a respeito de como o Supremo se estrutura e funciona.

Ao se deparar com determinados assuntos, por exemplo, será pertinente questionar qual é a importância que os precedentes recebem. Afinal, o Tribunal é seletivo quanto à ativação de precedentes, ou abrangente? Como descrever, de maneira adequada, a evolução dos modelos de deliberação adotados pela

Corte (tal como fizemos no Capítulo Terceiro)? Mais do que um roteiro pré-definido, o que a Arquitetura Constitucional e a Engenharia Institucional suscitam com esses questionamentos é a preocupação com a profundidade da análise dos precedentes invocados não necessariamente para invalidar uma ou outra interpretação que seja considerada como possível ou vedada, mas, pelo contrário, para que não se perca a dimensão da institucionalidade de que situações semelhantes já tenham sido enfrentadas pela Corte anteriormente.

Não é suficiente, portanto, que tal avaliação se limite ao resumo ou ementa dos julgados, nem tampouco à parte dispositiva de decisões monocráticas. Nesse particular, este livro apresenta resistência à tendência - muito comum em votos, em peças jurídicas e em análises jurídicas - do denominado "Ementismo". O Ementismo corresponde à utilização de sínteses das deliberações (quando para não dizer sumários de decisões monocráticas) como o limite último da interpretação de precedentes judiciais. Esse modelo condensado de registro das decisões judiciais, embora ostente típico efeito prático de resumir o pretenso conteúdo de um acórdão, por exemplo; com ele, não se confunde. Tal perspectiva, portanto, promove um estreitamento da identificação das peculiaridades do caso sob apreciação, assim como dos argumentos que foram utilizados para embasar uma perspectiva que seja tida por unânime, por majoritária e por minoritária, por exemplo. Vale acentuar que, apenas raramente, os acórdãos fazem menção, por exemplo, aos votos ou perspectivas vencidas. Tal preocupação, por si só, já promoveria uma inovação institucional, afinal um precedente não se faz apenas do entendimento prevalecente ou da mera soma ou justaposição de entendimentos monocráticos isolados. Esse "lapso" quanto ao registro dos julgados, se não for acompanhado de investigações mais aprofundadas a respeito, acaba por erodir as referências de memória institucional para decisões futuras, num apagamento seletivo do passado.

Realizadas essas considerações preliminares, passamos à apresentação dos principais desafios e possibilidades para o estudo empírico e estatístico do STF.

Desse modo, por mais acertadas que sejam as leituras específicas realizadas em cada publicação analisada no Capítulo Primeiro, a representação geral em torno da Corte tende a ser particularista, enviesada ou, quando muito, incompleta quanto ao conteúdo das decisões produzidas. Esse *déficit* verificado na amostra observada sinaliza para desafios e possibilidades que o estudo do Supremo ainda precisa experimentar.

Conforme pudemos abordar no Capítulo Segundo, já há números e estatísticas – um pouco mais qualificados e aprofundados – para abordar o papel desse tribunal distinto de todos os demais tribunais brasileiros. Diferentemente do que se poderia esperar, o aumento de abordagens quantitativas sobre o Supremo pode causar mais nevoeiro que entendimento.

Os números também mentem e para que não tropecemos nesses fechamentos de contas, de antemão, esta investigação destina incisivas críticas à ditatística. Dito de outro modo, rejeita-se a ditadura dos números, pelos meros números – sem espaço para a interpretação e o levantamento de dúvidas.

Dados são sempre construídos – jamais, simplesmente, dados. Daí o papel que a vigilância cívica e, também, o crivo democrático, podem desempenhar para a construção de novos saberes. Assim, ainda que haja estudos respeitáveis e adequados para iniciar a reflexão empírica sobre o Supremo Tribunal Federal, há letras e mais letras a serem metabolizadas para além de matrizes numéricas e a concepção de equações matemáticas complexas.

Há de se compreender o Supremo além dos números – também. Os relatórios quantitativos são ponto de partida (e não de chegada) do desafio sugerido por esta proposta de investigação. A interpretação qualificada dessas informações sofisticadas, contudo, é o que interessa mais. Identifica-se um horizonte promissor a quem deseje se aventurar por esse aparente mundo desconhecido que é feito por experiências e experimentos nem (só) quanti-, nem (só) quali-.

É preciso imaginar alternativas que apontem para novos horizontes. Estas breves considerações invocam, desde já, o modelo científico dos *quanta* – derivada do emblemático princípio da incerteza de Werner Heisenberg –, o qual acentua a dimensão das descrições e análises probabilísticas. Ou seja, do universo combinatório de interpretações possíveis – não alcançadas *a priori*, mas construídas, empiricamente, a partir de um conjunto de visões que se sobrepõem –, não há, sob hipótese alguma, única resposta correta acerca do perfil institucional e constitucional do Supremo, no tempo e/ou no espaço.

Para uma compreensão mais aprofundada e adequada em torno do STF, os principais desafios dizem respeito a percepções sobre quatro questões fundamentais, interdependentes entre si (e que foram transversais à problematização exposta, desenvolvida e articulada por esta tese), que passamos a enunciar a seguir:

Questão 1 – Como identificar e localizar dados, documentos e informações (verbais, ou não) que representem a estrutura, o funcionamento e as práticas institucionais e judiciárias do Supremo?;

Questão 2 – Como selecionar adequadamente elementos jurídicos e institucionais que importam, significativamente, para a análise das matérias submetidas à Corte?;

Questão 3 – Como quantificar, de maneira precisa, os múltiplos comportamentos decisórios do Tribunal (contabilização de decisões – liminares ou mérito, monocráticas ou colegiadas, majoritárias e unânimes)?; e

Questão 4 – Como qualificar, por fim, os comportamentos decisórios dos ministros e dos demais órgãos do tribunal de modo compatível com o desenho institucional e judiciário que o STF ocupa, a um só tempo, enquanto órgão de cúpula do Poder Judiciário, e um dos atores da separação de poderes no país?

Exatamente por isso, para detalhar os aspectos metodológicos, quantitativos e qualitativos, de cada uma das questões acima suscitadas (como identificar, selecionar, quantificar e qualificar), desenvolve-se, de modo sucinto, para fins da construção de uma Agenda de Pesquisa a respeito do Supremo, as principais fronteiras relacionadas a como acessar as informações (jurídicas e institucionais) sobre a Corte.

Importa identificar o tipo de disponibilidade das informações jurídicas e institucionais sobre o Tribunal. Ou seja, localizar a existência, ou não, de bancos de dados oficiais e/ou confiáveis sobre o STF, assim como sobre sua acessibilidade, consistência e organização. Para que se tenha uma referência comparada de excelência[221], esse tipo de adensamento das informações para os mais diversos tipos de julgamento já corresponde a uma prática na experiência "*Supreme Court Data Base*" (SCDB), uma iniciativa implementada em meados da década de 1980. Trata-se de uma experiência promovida pela *Washington University Law School*, coordenada por Harold Spaeth, em caráter colaborativo com os usuários, que busca reunir e aprimorar a análise da atuação da Suprema Corte americana desde a primeira decisão (1791). Para cada caso é possível observar dados quanto a 60 variáveis e 2.633 elementos e componentes. Cada caso gera cerca de 157.980 pontos de dados.[222]

No Brasil, a referência básica oficial a respeito desse tema é, atualmente, organizada pela própria página oficial do Supremo

---

221 Além da experiência estadunidense da SCDB, Joaquim Falcão (2011:10), Pablo de Carmargo Cerdeira e Diego Werneck Arguelhes: "Na Europa, a iniciativa *Litigating E.U. Law*, criada e mantida pela União Europeia e organizada pelo Instituto Universitário Europeu (EUI), reuniu especialistas de várias universidades para compilar, em um banco de dados abrangente, os mais importantes *inputs* e *outputs* do sistema judicial comunitário, de forma a melhor orientar a formulação de políticas públicas. No México existe uma grande pluralidade de iniciativas nesse sentido, tanto por parte de atores governamentais quanto de universidades, sempre com dados judiciais oficiais: o *Instituto Nacional de Estadística y Geografía* (Ineg) compila, analisa e publica anualmente os padrões processuais e decisórios dos tribunais em matéria criminal. A *Associación Nacional de Impartidores de Justicia* (Amij), associação de juízes mexicanos de abrangência nacional, se associou ao *Centro de Investigación y Docencia Económicas* (Cide), instituição de ponta na pesquisa em ciências sociais aplicadas, para produzir os *Anuários estadísticos judiciales*. Por fim, o Cide mantém estatísticas sobre a movimentação processual na justiça mexicana em seu *Banco de Información para la Investigación Aplicada en Ciencias Sociales*, disponibilizando esses dados para a produção de relatórios e artigos acadêmicos."

222 Para maiores informações, acesse o Portal de dados da "*Supreme Court Database*": http://scdb.wustl.edu/.

Tribunal Federal na *Internet* (www.stf.jus.br).[223] Tal preocupação estatística somente foi formalizada há pouco mais de 19 anos (ou seja, mais de 15 anos após a promulgação da Constituição de 1988). Com a edição da Resolução nº 284, de 02 de março de 2004, o então Presidente do STF (Ministro Maurício Corrêa) instituiu o Comitê Gestor da Estatística do Supremo Tribunal Federal (CGE/STF), com o objetivo de desenvolver instrumentos capazes para subsidiar a detecção, a transparência, o planejamento e a gestão da atividade jurisdicional não apenas do Tribunal, mas do próprio Judiciário.

Após aprimoramentos relacionados à simplificação, padronização, correção de registros e, ainda, seleção de parâmetros e índices que permitam maior profundidade de pesquisas e análises sobre a Corte, atualmente, sob aba denominada "Estatística", o próprio tribunal disponibiliza informações sobre diversas categorias: "Acervo Processual"; "Decisões"; "Pauta do Plenário"; "AI, ARE e RE", "Glossário/Entenda"; "Movimento Processual"; "Pesquisa por Classe"; "Proc. Competência Presidência"; "Controle Concentrado (ADI, ADO, ADC, ADPF)", "HC", "Pesquisa por Ramo do Direito'.

Mesmo com tais aperfeiçoamentos e sem prejuízo de outras considerações que poderiam ser realizadas a respeito da confiabilidade de tais informações (como, por exemplo, o nível de isenção e de transparência dos dados), quanto aos dados mais abrangentes, quatro categorias merecem destaque: "Acervo Processual"; "Decisões"; "Pauta do Plenário"; e "Movimentação Processual".[224]

Sobre a primeira categoria (Acervo Processual), uma consideração relevante é a de que os dados dizem respeito ao conjunto de processos atualmente em tramitação no STF. Ou seja, caso um

223 A menção ao "Projeto Supremo em Números", desenvolvido pela FGV Rio a partir de 2011, é igualmente relevante como uma iniciativa da academia brasileira que buscou enfocar o Supremo a partir de uma dimensão analítica quantitativa e qualitativa. As considerações mais consolidadas e detalhadas produzidas pela FGV foram discutidas no Segundo Capítulo – na "Seção 2.E: Linha 5) Investigações empíricas e estatísticas:.*Mare Incognitum*, Além-Mar e *Póntos*".

224 As demais categorias envolvem ou a explicação dos principais termos utilizados para a catalogação das informações ("Glossário/Entenda"), ou ainda relatórios estatísticos para cada classe processual ou, ainda, por grupo de competências do Tribunal (Processos da Presidência, Controle Concentrado, *Habeas Corpus*) ou ramo do direito envolvido ("Pesquisa por Ramo do Direito"). Tais informações, por se relacionarem a populações mais específicas, tornam-se importantes conforme o objeto do estudo em questão.

processo já tenha sido "baixado" (com decisão definitiva e não mais suscetível a revisão – trânsito em julgado), em anos anteriores, os dados não necessariamente ficam disponíveis.

As informações sobre o acervo são organizadas seja em termos gerais (competências originárias ou recursais do Tribunal), seja por distribuição a cada um dos gabinetes dos ministros relatores (incluído o caso das competências específicas do Ministro Presidente do Tribunal). Nesse acervo, há processos mais antigos e recém distribuídos. Para cada feito, é possível identificar as seguintes informações: classe; número; *link* (da tramitação processual na página do STF); Número Único do Processo; Partes (Polos Ativos e Polos Passivos, assim como os respectivos advogados); Meio Processo (categorizados em físico ou eletrônico); Ano da Data de Autuação; Relator Atual; Andamento e Localização Atuais (com especificação da data de tal lançamento); Legislação; e uma série de descrições de situações processuais, definidas em termos binários (sim ou não) para descrever cada processo (ausência de qualquer decisão, existência de medida liminar ou cautelar pendente, ocorrência de pedido de tutela antecipada ou provisória, inocorrência de decisão final, recurso interno pendente, sigla do último recurso, sobrestamento, em mesa ou pautado, acórdão pendente de publicação, existência de pedido de vista ou de preferência criminal); e ainda informações gerais sobre o órgão de origem, o ramo do direito e os assuntos envolvidos.

Assim, se adotada a data de referência de 22 de março de 2020 (contemporânea à data de referência para a literatura abordada no Capítulo Primeiro, por exemplo, ao momento do fechamento da pesquisa que deu ensejo à Tese de Doutorado defendida, em 2021, perante a UFF), ainda se identificava um processo distribuído no ano de 1969 (ou seja, até então, há mais de meio século). Tratava-se da Ação Cível Originária (ACO) 158, proveniente do Estado de São Paulo, e julgada em sessão de 12 de março (Ata de Julgamento 7/2020, *DJe* 65, divulgado em 19 de março de 2020), e com acórdão pulicado em 23 de junho de 2020 (Ata 94/2020, *DJe* 156, divulgado em 22/06/2020). Embora a decisão colegiada já tenha sido tomada, ainda continuaram pendentes perante o Tribunal, por exemplo, a definição de honorários advocatícios em sede de embargos de declaração (recurso voltado a sanar omissões, contradições e obscuridades no julgado questionado). Tal situação somente foi, definitivamente, superada, com a baixa definitiva da mencionada ACO 158 há cerca de 1 ano, a 18 de abril de 2022, conforme registra a movimentação do processo, disponível na página oficial do STF.[225]

Quanto à segunda categoria (Decisões) que, por sua abrangência, merece destaque, a página oficial do STF reúne os atos decisórios individuais (de cada ministro ou ministra, além das decisões tomadas, monocraticamente, pela Presidência) e/ou colegiados (Plenário, Primeira e Segunda Turmas). Tais informações, contudo, só se encontram contabilizadas a partir do ano de 2010. Isto é, adotado apenas o marco da promulgação do atual texto constitucional, há um intervalo de, pelo menos, 21 anos, sem que esses dados estejam numericamente sistematizados.

Outra referência relevante diz respeito à terceira categoria ora ressaltada (Pauta do Plenário). Essa informação engloba aqueles processos que foram submetidos, pelo respectivo Relator ou Relatora, a julgamento perante o Tribunal Pleno do STF e, de igual modo, incluídos pela Presidência da Corte na pauta de julgamentos. Essa informação auxilia para a identificação da agenda decisória do órgão mais abrangente do Tribunal – único a reunir os atuais onze magistrados e magistradas da Corte.

Ainda assim, mesmo ressalvando-se que essa categoria sequer abarca os demais órgãos colegiados do STF (a Primeira e a Segunda Turma, por exemplo), a informação só se encontra

225 Para simples conferência, vide: https://portal.stf.jus.br/processos/detalhe.asp?incidente=1432955 (último acesso em 04.05.2023).

disponível enquanto o processo está pautado perante o Plenário. Isto é, caso haja a retirada, a reinclusão ou adiamento de pauta, ou ainda, na hipótese em que o caso seja efetivamente julgado pelo Pleno, por exemplo, a informação não mais é disponibilizada pela página. Tais circunstâncias impedem, por exemplo, que se perceba a relação entre a evolução do fluxo de julgamentos e os temas que foram selecionados ou não-priorizados para cada período analisado.

A quarta categoria geral relevante é "Movimento Processual". Sob esse critério, o portal eletrônico do Supremo reúne dados sobre a movimentação dos processos (recebimento, distribuição e julgamento e número de acórdãos publicados) a partir do ano de 1940. Apesar dessa maior amplitude cronológica, os dados somente se encontram em maior nível de detalhamento a partir de 2008 (inclusive) – ou seja, apenas nos últimos 16 anos, é possível esmiuçar informações sobre os tipos de decisões (monocráticas e/ou colegiadas, por exemplo). De um modo geral, os dados disponíveis, sob essa categoria, não permitem a visualização integral sobre o fluxo de tramitação processual para esse universo de processos.

Não é preciso muito esforço, portanto, para que se perceba, de imediato, a ausência de acesso integral das informações jurídicas e/ou institucionais relacionadas ao Supremo. Nem sempre as informações recebem tratamento estatístico detalhado e, ainda quando isso ocorre, não há acesso direto ao conjunto de informações documentais, em especial para períodos históricos mais abrangentes.

Nota-se, inclusive, quanto às quatro categorias estatísticas ora detalhadas, que não há sequer convergência quanto à disponibilidade histórica das informações, ou ainda quanto às variáveis básicas de detalhamento das informações. A tabela, a seguir, a título meramente ilustrativo, sumariza algumas dessas assimetrias, a partir das peculiaridades de cada categoria estatística:

Tabela 15 - Assimetrias quanto às informações estatísticas disponibilizadas pelo STF

Categoria	Peculiaridades da Categoria Estatística
Acervo Processual	Informações oscilam conforme a antiguidade do acervo atual (isto é, enquanto não baixado o processo, dados ficam disponíveis. Após isso, não mais). Ou seja, pelo menos quanto às informações disponibilizadas, há o apagamento da memória institucional da Corte.
Decisões	Informações consolidadas somente a partir de 2010 (anteriormente ao ano de 2010, os dados não receberam tratamento estatístico detalhado). Em resumo, apenas pouco mais de uma década de registro estatístico consolidado acerca dos documentos monocráticos.
Pauta do Plenário	Dados variam conforme os processos efetivamente inseridos na pauta (isto é, enquanto não retirado de pauta ou efetivamente julgado o processo correspondente). Não há registro do histórico das pautas, diante da ausência de registro documental e/ou ferramental estatístico dedicado à evolução histórica desse aspecto.
Movimento Processual	Informações gerais consolidadas a partir de 1940, sendo que, apenas a partir de 2008, há maior detalhamento quanto aos dados sobre o tipo de julgamento realizado (monocrático ou colegiado). Note-se que, de 1890 a 1940, os dados são inexistentes; de 1940 a 2007, as informações são genéricas; e, que somente de 2008 até o presente, há o maior detalhamento deste aspecto.

A partir das assimetrias acima indicadas, o desafio coletivo e institucional, portanto, é o de intensificar a padronização, a quantidade e a qualidade das informações a respeito do acervo, da pauta e das decisões (e movimentações processuais) no Tribunal, para além das informações produzidas única ou oficialmente pela Corte.

Desse modo, conforme pudemos assinalar ao final do Capítulo Segundo, a partir das experiências empíricas e estatísticas do "Supremo em Números" e do "Supremo em ação", foi possível identificar, em conjunto, dificuldades em pelo menos quatro patamares sobre as tentativas de representação do "Supremo por meio de números". Tais dificuldades a seguir enumeradas, frisa-se, devem-se ao fato de que ambas as consolidações partem da base de dados do STF. Eis os principais níveis de obstáculos identificados: i) falta de ampla integração e interoperabilidade de dados com o restante do poder judiciário; ii) quadro de patente "subnotificação" de dados sobre a atuação do Supremo e as repercussões de seu comportamento institucional; iii) necessidade de reconfiguração metodológica da forma de construção dos dados a respeito do STF; e, por fim, iv) problemas quanto à qualidade, a consistência e a integralidade das informações disponibilizadas.

O primeiro patamar de dificuldades corresponde à ausência de integração efetiva entre as informações administrativas, gerenciais, processuais, institucionais e judiciárias de todos os órgãos do judiciário nacional. A rigor, sem entrar em discussão quanto ao mérito do nível de detalhamento e da qualidade das informações publicizadas, passados pouco mais de dois séculos de um país independente e de 133 anos da República proclamada, nem o Estado, nem a Academia brasileira conseguiram organizar (ainda) uma base de dados transparente e disponível que contemple uma visão padronizada de todos os 92 tribunais do país (incluído o Supremo).[226]

Até quando?

O segundo patamar diz respeito a uma certa "subnotificação" de dados a respeito do Supremo. Essa apresentação parcial e/ou segmentada de informações se dá em duas faces: a interna ao próprio STF (não necessariamente toda a base de dados está disponível ao público em geral, ou mesmo aos especialistas); e a externa ao STF, seja quanto aos demais órgãos do Poder Judiciário (uma vez que não há cruzamento de dados entre a base e a cúpula judicial), seja quanto aos demais poderes e agências de controle (não há instância formal para a prestação de contas – *accountability* – quanto às informações judiciais e administrativas não disponibilizadas). É claro, quanto a esse grupo de desafios, que há informações de caráter sensível, como por exemplo, processos sigilosos ou até mesmo a proteção de dados pessoais.

Apenas para que se pontue um caso ilustrativo, em dezembro de 2019, a Corte enfrentou constrangimento na tentativa de justificar a legalidade e a legitimidade da inclusão, em pregão eletrônico realizado para a aquisição de insumos destinados ao

226 Veja-se o teor da Nota de Rodapé 155, a respeito da descrição do quantitativo geral dos 92 Tribunais brasileiros.

preparo de "refeições institucionais" servidas em eventos e cerimônias oficiais promovidos pelo Tribunal, de iguarias como: medalhões de lagosta, queijo de cabra e até mesmo de vinhos e de espumantes internacionalmente premiados em lista de compras.[227] Mais recentemente, às vésperas dos 21 anos desde a criação da TV Justiça, a *Folha de S. Paulo* noticiou em 23 de março de 2023: "Produtora da TV Justiça é suspeita de desviar R$ 3,5 mi com empresa laranja"[228].

Independentemente do mérito[229] quanto a ambas situações pitorescas, o ponto que se enfatiza é o de que, apesar da crescente

---

227 Sem prejuízo da oportuna discussão das consequências constitucionais e institucionais desse segundo nível de problemas, chama-se a atenção para a repercussão social e midiática em torno da divulgação da lista de compras prevista em licitação promovida pelo STF para a aquisição de insumos alimentícios. A título meramente exemplificativo, veja-se a matéria, assinada por Filipe Matoso e Fábio Amato, veiculada em 05 de dezembro de 2019, sob o título "TCU dá aval a licitação do Supremo que prevê lagostas e vinhos" (disponível no *link* https://g1.globo.com/politica/noticia/2019/12/05/tcu-da-aval-a-licitacao-do-supremo-que-preve-refeicoes-com-lagostas-e-vinhos.ghtml). Segundo registra a matéria: "O pregão foi orçado em R$ 1.134.893,32, com lance mínimo de R$ 463.319,30. A proposta vencedora foi de R$ 481.720,88. Conforme o texto do pregão previa, quando houver 'refeições institucionais' do STF serão servidos de entrada, por exemplo, queijo de cabra, figos, *carpaccio*, ceviche, medalhões de lagosta e risoto; no prato principal, medalhões de lagosta, carré de cordeiro, arroz de pato; e na sobremesa, musses e sorvetes. O texto também especificava que os vinhos deveriam ser de safra igual ou posterior a 2010 com 'pelo menos' quatro premiações internacionais. No caso dos espumantes, deveriam ser do tipo *brut*, também com ao menos quatro premiações internacionais. 'O espumante deve ter amadurecido, em contato com leveduras, por período mínimo de 12 meses. A safra ou vindima do espumante deve ser posterior a 2013', especificou o pregão."

228 Na matéria, integrante da Série "*FolhaJus+*", sublinha-se que: "(...), entre maio de 2021 e março de 2023, a Fundac pagou R$ 3,5 milhões por supostos serviços prestados por Souza [Bruno Meireles de Souza Serviços Administrativos e de Informática Ltda., que pertence a suposto funcionário da fundação ligado a Leonardo Goes Castilho, 27, membro do Conselho Curador, e filho do presidente]. A empresa foi criada no mesmo mês em que começou a emitir notas, tem capital declarado de R$ 5.000 e tem como sede o apartamento de Souza, na região central da capital. O pedido de intervenção feito pelo Conselho Curador à Promotoria ocorreu no início de março, assinado por Mayriques [Danilo Alexandre Mayriques, advogado] e também pelos professores da USP Mário Carlos Beni e Luiz Fernando Santoro, ambos do conselho, O principal motivo era a suposta falta de transparência da presidência."

229 No âmbito do Plenário do TCU, o voto do relator, Ministro Benjamin Zymler, avalizou o pregão com algumas ressalvas. Isto é, com a indicação de uma série de irregularidades (Acórdão TCU 2.924/2019-Plenário) que, por seu aspecto emblemático, merecem transcrição: "3) em caso de necessidade de nova prestação do mesmo tipo de serviço, deflagre novo certame licitatório, escoimado das irregularidades apontadas na instrução da unidade técnica, a saber:

a) indicação exemplificativa de pratos sofisticados constante do Anexo C do Termo de Referência, sem a devida justificativa técnica, induzindo à oferta de propostas com valores mais elevados, em afronta aos princípios da economicidade, previsto no caput do art. 37 da Constituição Federal, e da motivação dos atos administrativos;

b) exigência de vinhos e espumantes de safras e processo produtivo específicos, com quatro premiações internacionais, sem a demonstração de sua pertinência e sem a realização de estudo com vistas ao levantamento das opções disponíveis no mercado, induzindo à oferta de propostas mais onerosas para a Administração Pública, caracterizando inobservância ao princípio da economicidade, previsto no *caput* do art. 37 da Constituição Federal e ao inciso IX do art. 6° da Lei 8.666/1993 e da motivação dos atos administrativos;

c) exigência de comprovação de qualificação técnica mediante apresentação de atestado de capacidade técnica que comprovasse realização de eventos com a presença de duas 'altas autoridades' sem a devida justificativa, em afronta ao inciso XXI do art. 37 da Constituição Federal e ao inciso I do § 1° do art. 3° da Lei 8.666/1993; e

d) ausência de estudos técnicos que justificassem o dimensionamento do objeto, contrariando o inciso IX do art. 6° da Lei 8.666/1993;

e) omissão no instrumento convocatório quanto às hipóteses em que cada um dos itens licitados poderia ser demandado, em prejuízo à objetividade e clareza do objeto e ao princípio da transparência." – O acesso ao inteiro teor do acórdão do TCU no *link* (último acesso em 26 de março de 2023): https://pesquisa.apps.tcu.gov.br/#/documento/acordao-completo/lagostas%2520e%2520STF/%2520/DTRELEVANCIA%2520desc%252C%2520NUMACORDAOINT%2520desc/0/%2520?uuid=e3a5ad70-8a64-11ea-9736-e3c1563a6458.

visibilidade social, midiática e científica sobre o Supremo, o nível de acesso a informações oficiais da corte ainda pode (e deve) ser consideravelmente ampliado e detalhado por esta quinta linha de investigações empíricas e estatísticas. Como constranger a Corte a se tornar mais pública e transparente?

O terceiro patamar de obstáculos é de caráter metodológico e corresponde a uma derivação operacional dos níveis anteriores. Tendo em vista a falta de integração das informações judiciais quanto ao STF em relação ao restante Poder Judiciário (conforme pudemos assinalar ao final do Capítulo Terceiro), assim como o próprio quadro de subnotificação a respeito dos dados (não somente processuais, realça-se!) disponíveis acerca do Supremo, qualquer análise estatística sobre a Corte precisa levar em consideração a existência de indícios e elementos empíricos não-detectados pela forma segundo a qual os dados tenham sido construídos, coletados e processados. Há, mesmo numa dimensão quantitativa, a preocupação com aspectos relevantes que não são computados.

Numa análise que se auto-intitula "em números" (independente da entidade responsável pela realização do levantamento), deve-se supor a existência de omissões significativas. Os números também mentem e, exatamente por isso, não estão imunes às críticas sobre o "como se diz", e o "para quê", assim como sobre elementos "não-ditos" e até mesmo que correspondam a interditos institucionais. O que a academia brasileira tem a dizer a esse respeito?

O quarto patamar, por fim, diz respeito à qualidade e confiabilidade dos próprios dados produzidos e materialmente disponibilizados pelo Tribunal ou a respeito do Supremo. Nesse particular, destacam-se, primeiramente, as mesmas assimetrias quanto às diferentes categorias de informações disponibilizadas pelo STF (Tabela 14). Ademais, a partir das mesmas questões fundamentais já enunciadas no início destas Considerações Finais, estabelece-se uma correlação específica com cada um dos patamares de dificuldades verificáveis a partir dos bancos de dados oferecidos, tanto pelo STF quanto pela FGV. Nesse particular, veja-se a seguinte tabela esquemática:

Tabela 16 - Insuficiências das informações contidas nos bancos de dados sobre o STF

Questões Fundamentais	Dificuldades Verificadas a partir dos Bancos de Dados Disponíveis (STF e FGV)
Questão 1 – Como identificar e localizar dados, documentos e informações (verbais ou não) que representem a estrutura, o funcionamento e as práticas institucionais e judiciárias do Supremo?	• Necessidade de maior Sistematização das Informações: falta de ampla integração e interoperabilidade de dados do Supremo com o restante do Poder Judiciário
Questão 2 – Como selecionar adequadamente elementos jurídicos e institucionais que importam, significativamente, para a análise das matérias submetidas à Corte?	• Dificuldade de visibilidade quanto aos dados não-disponíveis: quadro de "subnotificação" de dados sobre a atuação e as repercussões do comportamento institucional da Corte
Questão 3 – Como quantificar, de maneira precisa, os múltiplos comportamentos decisórios do Tribunal (contabilização de decisões – liminares ou mérito, monocráticas ou colegiadas, majoritárias e unânimes)?	• Demanda de aperfeiçoamento metodológico: a partir das dificuldades indicadas nas questões precedentes, necessidade de reconfiguração metodológica da forma de construção dos dados a respeito do Tribunal, sob o risco de uma inadequada representação da Corte
Questão 4 – Como qualificar, por fim, os comportamentos decisórios dos ministros e dos demais órgãos do tribunal de modo compatível com o desenho institucional e judiciário que o STF ocupa, a um só tempo, enquanto órgão de cúpula do Poder Judiciário, e um dos atores da separação de poderes no país?	• Óbices à integridade dos Bancos de Dados: na hipótese de não-superação das dificuldades anteriores, permanência de uma situação de comprometimento da qualidade, da confiabilidade e da consistência das informações disponibilizadas enquanto representativas das múltiplas dimensões do Supremo.

Em conclusão, o esforço coletivo de superação dessas dificuldades (baixa sistematicidade, quadro de subnotificação, adequação metodológica e baixa integridade dos bancos de dados) correspondem a guias para o aprimoramento, quantitativo e qualitativo, dos focos estatístico e empírico em torno dos aspectos constitucionais e institucionais que edificam o Supremo Tribunal Federal. A superação dessas dificuldades corresponde a matrizes para o aperfeiçoamento de uma Agenda Suprema de pesquisa – uma demanda institucional necessária para uma compreensão mais adequada que nos permita identificar e transformar aspectos autoritários e/ou abusivos da performance do Supremo.

Conforme já pudemos salientar, a ampliação desse campo de investigações sobre o Supremo não é fruto de um trabalho meramente individual. Temos consciência, por conseguinte, das próprias limitações do presente estudo. Esta Tese se insere nesse esforço coletivo de investigação para contribuir com alternativas e experimentos institucionais de observações e análises, tendo em vista as informações disponíveis e os dados ainda por prospectar.

Ao articular tais olhares complementares e reciprocamente imbricados da Arquitetura Constitucional & da Engenharia Institucional, foi possível perceber outras minúcias dessa instituição a que chamamos, em nossa língua, de "Supremo" – nosso "Objecto-Quase"[230].

Sustentamos, por fim, a utilidade analítica da articulação de ferramentas que permitam aprimorar a forma de detecção das – efetivas e ausentes – práticas administrativas, judiciais, jurídicas, políticas e institucionais desse órgão do Estado brasileiro. Diante dos poderes cada vez mais concentrados, passa a ser cada vez mais relevante, para os inúmeros recortes temáticos de investigação, a forma como se comportam e decidem os seus integrantes, individualmente e nos diferentes arranjos colegiados da Corte.

Afastando a ideia de que o STF seria uma espécie de portador das "Luzes" para o progresso nacional, nem tampouco uma trincheira inabalável de resiliência republicana[231], asseveramos que, em uma democracia que se pretende de natureza constitucional,

230 Saramago (1994).

231 A respeito da categoria "Resiliência Constitucional", merece registro, pela atualidade e relevância, a Tese de "Pós-Doutoramento" de Saul Tourinho Leal (2023), sob a forma do "paper" intitulado "Jurisdição Constitucional Resiliente: a experiência brasileira" em que o autor busca articular elementos (passivos, comunicativos e reativos) que demonstrariam, a princípio, um considerável potencial de "resistência" da Jurisdição Constitucional do STF, em especial quanto aos atos antidemocráticos de 8 de janeiro de 2023. Embora a hipótese nos pareça simpática, a título de imaginação de novos caminhos e alternativas, é necessário, a nosso sentir, agregar aspectos empíricos e abrangentes quanto a esse recente fenômeno. De outra parte, há larga literatura da Ciência Política que poderia ser aproximada desse tipo de reflexão. Nesse particular, as já mencionadas abordagens de Luís Felipe Miguel e Daniel Bogéa (2020) podem contribuir para um diálogo mais aprofundado entre esses dois relevantes campos da #Supremologia. Ambas as tarefas, contudo, seguem irrealizadas e devem ser encaradas na perspectiva que só a abertura dos horizontes históricos e institucionais nos permitem antever.

é preciso vigiar o vigia da Constituição. Uma forma interessante de constranger o Supremo a desempenhar as suas funções de maneira mais democrática e condizente com as suas missões institucionais e constitucionais é mediante o aprimoramento das formas de sua compreensão e das possibilidades de transformação de sua estrutura e de seu funcionamento.

O Supremo, levado a sério, enquanto protagonista judicial; e, também, um dos atores institucionais estratégicos dos diálogos constitucionais que encarnam as lutas interpretativas de Brasílias & Brasílios. Daí, a necessidade, a urgência, e, – para que não digam que não falamos de flores – a "pertinência temática" do desenvolvimento de uma Agenda Suprema de Pesquisa que aponte para essa promissora direção.

A travessia nos atravessa...

"'Stamos em pleno mar".

EPÍLOGO

Catábase & Crepúsculo do Amanhã

(POSFÁCIO DO AUTOR À PRESENTE EDIÇÃO)

"Sou do tempo do Distrito Federal, Federal.
Quando o Rio de Janeiro era a Capital.
Mostrando a minha identidade
Eu posso provar a verdade, a essa Gente...
Como eu sou da Mocidade Independente.

Boa noite meus senhores, sambistas e compositores
E até mesmo bacharel, bacharel
Sambar é o meu ideal
Sou natural lá de Padre Miguel,
de Padre Miguel.
Sou do tempo do Distrito Federal
Quando o Rio de Janeiro era capital
Sou carioca da gema nascido
em berço de bamba,
Na Capital do Samba."

(*Cartão de Identidade,*
Paulinho Mocidade)

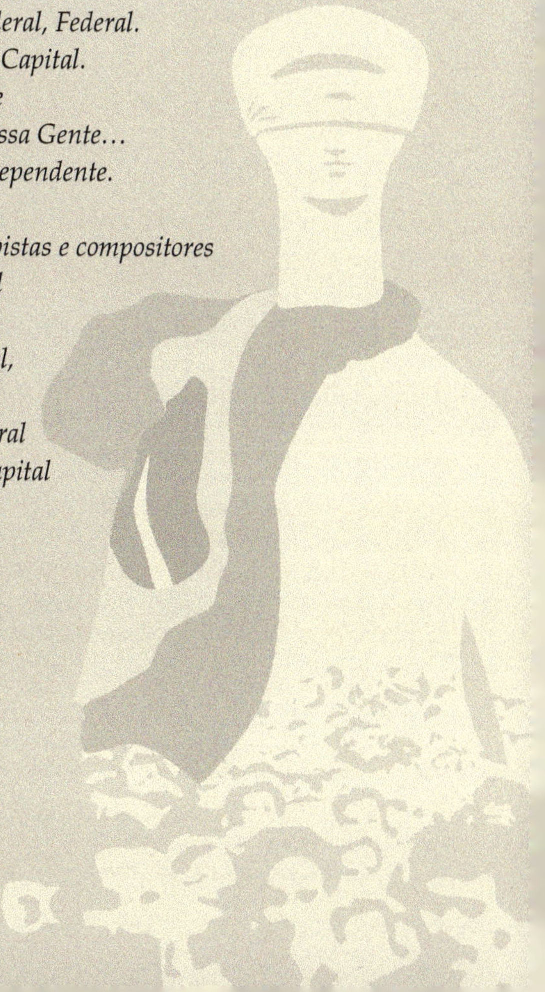

Bestializados, em 8 de janeiro de 2023, presenciamos aquilo que a Presidência do Supremo chamou de "Dia da Infâmia". Sob a ameaça dos "Tanques e Togas" de que, um dia, Felipe Recondo nos contou, nem foram necessários "um cabo e um soldado". Bastou um "capitão" cair de paraquedas na Presidência da República, para muito de nossas instituições desabarem.

Juscelino Kubitscheck construiu Brasília sob o adágio do "Plano de Metas". A "Capital da Esperança" nasceu do sonho de Dom Bosco e sob os auspícios fordistas de "50 anos em 5". Hoje, as velocidades são outras. Nos últimos 7 anos, período em que as pesquisas que deram origem a este livro foram realizadas, a sensação é de algum regresso – e de muita preocupação.

No dia 28 de março deste 2023, recebi o resultado do pedido administrativo de publicação desta obra na Biblioteca Victor Nunes Leal. Em decisão da chefia de Gabinete da Presidência, que, em respeito à última Flor do Lácio, recuso-me a transcrever na íntegra, duas premissas lastrearam a negativa do pleito.

Primeiramente, ao que parece, segundo a visão externada pela atual Chefia de Gabinete da Casa, o tema desta publicação "não guarda pertinência temática com as atribuições constitucionais do Supremo". Em segundo lugar, alegadamente, as publicações de livros na Biblioteca da Corte estariam suspensas em razão dos atos de 8 de janeiro.

Curiosamente, em 17 de junho de 2021, fui convidado pelo mesmo STF a proferir palestra no Programa "Sextas Inteligentes" sob o título: "SUPREMOLOGIA: Oportunidades e Desafios à noção de repercussão geral".

No dia seguinte à negativa (29 de março de 2023), compareci, junto com meu Editor, Rodrigo Haidar, ao lançamento de dois volumes sobre "Federações Partidárias" no Brasil – tema recente e muito relevante para a dinâmica eleitoral nacional. O local era a Biblioteca situada no Primeiro Andar do Anexo II do STF.

No dia 4 de abril de 2023 (na terça seguinte à dita negativa), fui agraciado com o prefácio que, com muita Gentileza, apresenta esta obra, da lavra do Professor Gilmar Ferreira Mendes, também "*Alumnus*" da Faculdade de Direito da Universidade de Brasília – nossa "*Alma Mater*", sob as bênçãos de Darcy, de Victor & de Lyra.

A 18 de abril, na semana em que, neste ano de 2023, se celebra a luta milenar dos Povos Originários do Brasil (que seguem independentes há muito mais de dois séculos, desde os tempos imemoriais), compareci ao Gabinete da Presidência do STF. Na companhia de Sebastião e Lélia Salgado, assim como do Cacique Yawanawá Biraci Nixiwaká e da jovem liderança Daiara Tukano, fomos recebidos pela Ministra Presidente Rosa Weber, pelo Decano da Corte, Gilmar Mendes, e pelo Ministro Alexandre de Moraes. Após as fotos oficiais, descemos ao Salão Branco e ao Plenário da Corte.

Como se estivéramos no "Pireu" (uma questão Homérica ou Platônica?), pudemos ser alunos de Sebastião Salgado, o qual expôs em detalhes as fotografias de povos indígenas e da natureza brasileira, em exposição no Edifício Sede da Corte. Em paralelo, após receber um broche amarelo com o logotipo do STF e os dizeres "#DemocraciaInabalada", pude ouvir, com a calma e a atenção devida, a peroração da Ministra Presidenta sobre a data que marcava o "Centésimo Dia após a Infâmia".

Ao final do evento, recebemos, a família de Lélia e Sebastião, assim como Bira, Daiara & Eu, exemplares encadernados, com capa dura e couro preto, da "Constituição da República

Federativa do Brasil". Atualizadíssima: neste amanhecer de 6 de maio de 2023, "Graças ao Texto Constitucional do Brasil", seguimos com 134 emendas – nunca perca as contas (são 128 de "Reforma", nessas quase 35 voltas em torno do Sol; e mais seis de "Revisão", em 1994). Autógrafos registrados.

No 28 de abril, a convite do Professor Dr. João Carlos Souto, Diretor da Escola Superior da AGU e do Professor Dr. Thiago Aguiar de Pádua, fui confirmado como integrante do Corpo Docente do "Curso Democracia e Combate à Desinformação" oferecido pela Escola Virtual da AGU (EVA) destinado a "membros e servidores da AGU, membros da Magistratura, do Ministério Público, das Funções Essenciais à Justiça e alunos de universidades públicas", com aulas síncronas e assíncronas, para tratar do tema "Disciplina 15 – Democracia e Liberdade de Expressão. Direito Comparado: EUA, Alemanha e OEA". O Curso teve como motivação, justamente, a tentativa de reação institucional do Estado Brasileiro aos lamentáveis atos ocorridos há quase quatro meses, a de 8 de janeiro.

No próximo 31 de maio, há notícia de publicação do Terceiro Volume de importante, justa e necessária Coletânea sobre "Constitucionalismo Feminista", também na mesma Biblioteca. Hoje, na iminência nascer do Sol deste Sábado, 6 de maio de 2023, somente posso agradecer a todos os aprendizados, vivências e desafios que o Supremo me lançou.

Melhor catábase, se houver? Pode fotografar. Não conheço (ainda).

Estudar, mais profundamente e melhor, o STF, a mais poderosa Suprema Corte do Mundo, mais do que um tema pessoal, é um sonho cívico de engrandecimento do espírito do Nosso Brasileiro Povo.

"Eu tenho um sonho". Essa frase já foi dita em inglês.

Em "brasileirês", na condição de Brasiliense e de Brasileiro-Brasilianista, esse é o singelo Sonho que lanço em prol de uma Agenda Pública (ainda que não Estatal), Coletiva & Transparente sobre o Supremo. Por quê, não?

"Sonhar não custa nada", diz o poeta da minha Escola-de-Samba "Mocidade Independente de Padre Miguel".

Agradeço ao Crepúsculo desta madrugada. O canto do Galo, às 4h da manhã, anunciou, com o laureado pelo Prêmio Camões, nosso "Chico das Artes", que: "Amanhã, vai ser outro dia..."

Eis-me aqui: autor do Posfácio, nada fácil, desta obra, a título de Epílogo.

Que Amanhã seja, de fato e de direito, outro Dia.

Alto Paraíso de Goiás,
Aurora do Sábado (6h da manhã),
Outono Brasileiro de 2023,
primeiro dia após o encerramento
oficial da Pandemia do Covid-19,
segundo a Organização Mundial da Saúde.

Até & Axé!

DANIEL A. VILA-NOVA G.
Jurista
Advogado (OAB/DF 56.175 & OAB/SP 404.281) na #OficinaHífen
Professor (Voluntário, na FD/UnB, e na Graduação de Relações internacionais no IDP)
Pesquisador da #Supremologia e nos Campos do Direito e da Ciência Política
Árbitro de Direito Público (Área de Concentração: Direito Administrativo) junto à Cames
Contato: professorvilanova@gmail.com; e vila.nova.advc@gmail.com

REFERÊNCIAS

Referências Bibliográficas (Incluídos os Artigos da Plataforma *Scielo*, no período de 1° de junho de 2004 a 19 de maio de 2023, que serviram de base para o Estudo de Caso apresentado no Capítulo Primeiro)

Abramo, Claudio Weber. *Tempos de espera no Supremo Tribunal Federal.* Revista Direito GV; 6(2); pp. 423-442; 2010-12.

Abranches, Sérgio Henrique Hudson de. *Presidencialismo de coalizão: o dilema institucional brasileiro.* Dados, vol. 31, n. 1. Rio de Janeiro (RJ): IUPERJ, pp. 5-34, 1988.

Abreu, Ivy de Souza; Gonçalves, Luísa Cortat Simonetti. *O estado de exceção e as decisões do supremo tribunal federal nas questões morais: uma análise das teorias de Agamben e Dworkin.* Revista de derecho (Valparaíso); (41); pp. 395-407; 2013-12.

Acunha, Fernando José Gonçalves; 'Arafa, Mohamed A.; Benvindo, Juliano Zaiden. *The Brazilian Constitution of 1988 and its ancient ghosts: comparison, history and the ever-present need to fight authoritarianism.* Revista de Investigações Constitucionais; 5(3); pp. 17-41; 2018-12.

Albuquerque, Antonio Armando Ulian do Lago. *Análise empírico-retórica do discurso (AERD) da sentença do caso terra indígena Raposa Serra do Sol (TIRSS).* Sequência (Florianópolis); 43(90); 2022.

Almeida, Carla; DalCol, Franciane Lovati; Massarani, Luisa. *Controvérsia científica no telejornalismo brasileiro: um estudo sobre a cobertura das células-tronco no Jornal Nacional.* História, Ciências, Saúde-Manguinhos; 20; pp. 1.203-1.223; 2013-11-30.

Almeida, Eloísa Machado de. *Capacidades institucionais dos amici curiae no Supremo Tribunal Federal: acessibilidade, admissibilidade e influência.* Revista Direito e Práxis; 10(1); pp. 678-707; 2019-03.

Almeida, Guilherme da Franca Couto Fernandes de; Chrismann, Pedro Henrique Veiga. *Os paradoxos da deliberação judicial colegiada.* Revista de Investigações Constitucionais; 6(1); pp. 165-188; 2019-10-21.

Alves, Felipe Laurêncio de Freitas; Jesus, Thiago Allisson Cardoso de. *Linguagem (não) estigmatizante em julgados no Judiciário Brasileiro.* Revista Direito e Práxis; 13(2); 752-780; 2022-06.

Alves, Luís Carlos Martins. O ativismo judicial da "República Togada"; e o princípio da legalidade na "democracia parlamentar". *International Law*; (27); pp. 167-198; 2015-12.

Alves, Pedro de Oliveira; Krell, Andreas Joachim. *Zonas de Autarquia na Argumentação Jurídica do STF.* Revista Direito e Práxis; 13(4); 2444-2470; 2022-12.

Ames, Maria Clara Figueiredo Dalla Costa; Serafim, Maurício Custódio; Zappellini, Marcello Beckert; Colonetti, Andrei Costa. *Dinâmicas da agenda do aborto no Senado Federal: de 1988 a outubro de 2020* - Cadernos EBAPE.BR; 19(spe); 656-674; 2021-11.

Arantes, Rogério. *Judiciário e política no Brasil.* São Paulo: IDESP/Editora Sumaré/FAPESP/Educ, 1997.

______. *Judiciário: entre a Justiça e a Política. In*: Avelar, Lúcia.; Cintra, Antonio. O. (Org.). *Sistema político brasileiro*: uma introdução. 2. ed. São Paulo: Konrad Adenauer / Unesp, p. 81-115, 2007.

______, Rogério; Martins, Rodrigo. *Does the Before Influence the After? Career Paths, Nominations, and Votes of the STF Justices. Brazilian Political Science Review*; 16(3); 2022.

Araújo, Eduardo Borges Espíndola; Ximenes, Júlia Maurmann. *Contencioso eleitoral em tempos de judicialização da política: a disputa no Supremo e o Supremo na disputa.* Revista de Investigações Constitucionais; 6(2); pp. 423-448; 2020-01-31.

Araújo, Luiz Alberto David. *O Supremo Tribunal Federal e o dever de incluir: um vetor claro e inequívoco do direito à educação superior no Brasil.* Educar em Revista; (spe.3); pp. 43-53; 2017.

Araújo, Luiz Henrique Diniz. *O ativismo judicial e constrangimentos a posteriori.* Revista de Investigações Constitucionais; 5(1); pp. 129-150; 2018-04.

______. *Does Brazil need a notwithstanding clause?* Revista de Investigações Constitucionais; 9(2); 329-345; 2022-08.

Araújo, Mateus Morais. *Comportamento estratégico no Supremo Tribunal Federal.* Tese de Doutorado apresentada junto ao Departamento de Ciência Política da FAFICH-UFMG. Belo Horizonte: UFMG, 2017.

Arguelhes, Diego Werneck. *Entre ideias e instituições: considerações sobre Mangabeira Unger e a "situação constitucional" no Brasil.* Revista de Direito Administrativo (RDA), Volume 257, 2011. Disponível em: https://doi.org/10.12660/rda.v257.2011.8586. pp. 73-89.

______. *Ellwanger e as transformações do Supremo Tribunal Federal: um novo começo?* Revista Direito e Práxis; 13(3); 1530-1584; 2022-07.

______. *Old Courts, New Beginnings: Judicial continuity and constitutional transformation in Argentina and Brazil.* Tese de Doutorado apresentada à Faculdade de Direito da Universidade Yale (EUA), 2014a.

______. *Poder não é querer: preferências restritivas e redesenho institucional no Supremo Tribunal Federal pós-democratização. Universitas Jus* (UniCEUB *Law Journal*), Volume 25, n. 2, 2014b. pp. 25-45.

Arguelhes, Diego Werneck; Hartmann, Ivar A. *Timing Control without Docket Control: How individual Justices shape the Brazilian Supreme Court's agenda.* Trabalho apresentado no *Stanford International Junior Faculty Forum*, Stanford Law School, EUA, 10-11 de outubro de 2014.

Arguelhes, Diego Werneck; e Ribeiro, Leandro Molhano. *Criatura e/ou Criatura: Transformações do Supremo sob a Constituição de 1988. Revista Direito GV*, v.12, n.2, maio/agosto 2016.

______. *O Supremo Individual: Mecanismos de atuação direta dos ministros sobre o processo político. Direito, Estado e Sociedade*, n. 46, 2015. pp. 121-155.

______. *Ministrocracia: O Supremo Tribunal individual e o processo democrático brasileiro.* Novos estudos Cebrap; 37(1); pp. 13-32; 2018-04.

Apolinário, Marcelo Nunes; Costa, Victor Ribeiro da. *Entre o "faça o que eu digo" e o "faça o que eu faço": uma análise da coerência entre o ensinado e o decidido pelos Ministros do STF.* Revista de Investigações Constitucionais; 9(1); 201-227; 2022-04.

Arley, Patrick; e Ricci, Rudá. *Nas ruas – a outra política que emergiu em junho de 2013.* Belo Horizonte: Livramento, 2014.

Ávila, Ana Paula Oliveira; Melo, Karen Cristina Correa de. *Separação de poderes e diálogos institucionais nos litígios envolvendo o direito à saúde.* Revista de Investigações Constitucionais; 5(1); pp. 83-108; 2018-04.

Ávila, Ana Paula Oliveira; Woloszyn, André Luís. *A tutela jurídica da privacidade e do sigilo na era digital: doutrina, legislação e jurisprudência.* Revista de Investigações Constitucionais; 4(3); pp. 167-200; 2019-04-15.

Bahia, Alexandre Gustavo Melo Franco; Vecchiatti, Paulo Roberto Iotti. *ADI N. 4.277 - Constitucionalidade e relevância da decisão sobre união homoafetiva: o STF como instituição contramajoritária no reconhecimento de uma concepção plural de família.* Revista Direito GV; 9(1); pp. 65-92; 2013-06.

Banco Interamericano de Desenvolvimento (BID). *A política das políticas públicas: progresso econômico e social na América Latina: Relatório 2006.* Banco Interamericano de Desenvolvimento e David Rockefeller Center for Latin America Studies, Harvard University. Tradução de "*The politics of policies: economic and social progress in latin America, 2006 Report*" pelo BID. Rio de Janeiro: Elsevier; Washington, DC: BID, 2007. Disponível em www.iadb.org/pub. 284 pp.

BAPTISTA, Patricia Ferreira; DIAS, Pedro Augusto Setta. *O Direito da Metrópole no Brasil: a Metropolização e a Construção do Regime Jurídico das Metrópoles Brasileiras.* Revista de Direito da Cidade; 13(4); 1888-1924; 2021-12.

BARBOSA, Antonio Ezequiel Inácio; LIMA, Martonio Mont'Alverne Barreto. *Influência das teorias dos diálogos institucionais e da última palavra provisória no pensamento constitucional brasileiro contemporâneo.* Revista de Investigações Constitucionais; 5(1); pp. 109-128; 2018-04.

BARBOSA, Gabriella Sousa da Silva; LOSURDO, Federico. *Eutanásia no Brasil: entre o Código Penal e a dignidade da pessoa humana.* Revista de Investigações Constitucionais; 5(2); pp. 165-186; 2018-08.

BARBOSA, Leon Victor de Queiroz, Carvalho, Ernani. *The Supreme Federal Court as Queen of Chess: Partisan Fragmentation and Judicial Empowerment in Brazil.* Revista de Sociologia e Política, 28 (73), 2020. http://www.scielo.br/scielo.

BARBOSA, Rui. *Discursos no Instituto dos Advogados Brasileiros.* Edição e notas de Laura do Carmo, Marta de Senna e Soraia Farias Reolon Pereira. Rio de Janeiro: Edições Casa de Rui Barbosa, 2002, pp. 55-91.

BARBOSA-FOHRMANN, Ana Paula. *Mercosul e direitos humanos no quadro do conflito entre a constituição brasileira e os tratados internacionais. Estudios constitucionales*; 8(1); pp. 355-366; 2010.

BARBOZA, Estefânia Maria de Queiroz; DEMETRIO, André. *Quando o gênero bate à porta do STF: a busca por um constitucionalismo feminista.* Revista Direito GV; 15(3); 2019-10-28 (e1930).

BARBOZA, Estefânia Maria de Queiroz; KOZICKI, Katya. *Judicialização da política e controle judicial de políticas públicas.* Revista Direito GV; 8(1); pp. 59-85; 2012-06.

BARCELLOS, Ana Paula de. *O STF e os parâmetros para o controle dos atos do poder legislativo: limitações do argumento das questões 'interna corporis'.* Revista de Investigações Constitucionais; 8(2); 435-456; 2021-08.

BARROS, Antonio Teixeira de; LEMOS, Cláudia Regina Fonseca. *Política, pânico moral e mídia: controvérsias sobre os embargos infringentes do escândalo do Mensalão.* Opinião Pública; 24(2); pp. 291-327; 2018-08.

BARROSO, Luís Roberto. *Neoconstitucionalismo e Constitucionalização do Direito: o triunfo tardio do direito constitucional no Brasil.* Rio de Janeiro, 2005. Disponível em (*link*): http://www.luisrobertobarroso.com.br/wp-content/themes/LRB/pdf/neoconstitucionalismo_e_constitucionalizacao_do_direito_pt.pdf. Acesso em: 06.01.2015.

_______. *O direito constitucional e a efetividade de suas normas*: limites e possibilidades da Constituição brasileira. 9 ed. São Paulo: Renovar, 2009.

_______. Judicialização da política, ativismo judicial e legitimidade democrática. *Revista Jurídica da Presidência*, v. 12, n. 96, p. 3-41, fev.-mai. 2010.

BARROSO, Luís Roberto; e REGO, Frederico Montedonio. *Como salvar a repercussão geral: Ideias simples para reverter um fracasso.* Migalhas. 21 de fevereiro de 2018. Disponível em (*link*): https://migalhas.uol.com.br/depeso/274826/como-salvar-a-repercussao-geral-ideias-simples-para-reverter-um-fracasso.

BASTOS JÚNIOR, Luiz Magno Pinto; SANTOS, Rodrigo Mioto dos. *Levando a sério os direitos políticos fundamentais: inelegibilidade e controle de convencionalidade.* Revista Direito GV; 11(1); pp. 223-256; 2015-06.

BASTOS JÚNIOR, Luiz Magno Pinto; SANTOS, Rodrigo Mioto dos. *Los estándares interpretativos de la corte interamericana de derechos humanos en materia de derechos políticos y la inconvencionalidad de la ley brasileña de inelegibilidades. Estudios constitucionales*; 13(1); pp. 163-202; 2015.

BATISTA, Waleska Miguel; MASTRODI, Josué. *Materialização da ação afirmativa para negros em concursos públicos (Lei n. 12.990/2014).* Revista Direito e Práxis; 11(4); 2480-2501; 2020-12.

BAYMA, Fátima. *Reflexões sobre a constitucionalidade das cotas raciais em Universidades Públicas no Brasil: referências internacionais e os desafios pós-julgamento das cotas.* Ensaio: Avaliação e Políticas Públicas em Educação; 20(75); pp. 325-346; 2012-06.

BECKER, Howard S. *Segredos e Truques da Pesquisa.* Rio de Janeiro: Zahar, 2007.

______. *Truques da escrita: Para começar e terminar teses, livros e artigos.* Tradução de Denise Bottman. Revisão técnica de Karina Kuschnir. 1ª Edição. Rio de Janeiro: Zahar, 2015.

BELLO, Enzo; BERCOVICI, Gilberto; LIMA, Martonio Mont'Alverne Barreto. *O Fim das Ilusões Constitucionais de 1988?.* Revista Direito e Práxis; 10(3); pp. 1.769-1.811; 2019-09-16.

BENENTE, Mauro; NOHARA, Irene Patricia; ALMEIDA, Silvio Luiz. *Transitional Law and Democracy: late responsibility for torture and other atrocities that ocurred in brazilian Military Coup.* Sequência (Florianópolis); (85); 10-29; 2020-08.

BENJAMIN, Walter. *Sobre el concepto de Historia. In: Obras.* Livro 1. Volume 2. Madrid: Abada, 2008.

______. "Sobre o conceito de história". Trad. J. M. Gagnebin e M. L. Müller. *In*: LOWY, Michael. Walter Benjamin: aviso de incêndio: uma leitura das teses "Sobre o conceito de história". São Paulo: Boitempo, 2005.

BENVINDO, Juliano Zaiden; ACUNHA, Fernando José Gonçalves. O papel da política na atuação das cortes supremas: uma comparação entre Brasil e México. *Novos estudos CEBRAP*; 37(1); pp. 57-79; 2018-04.

BERNARDI, Bruno Boti. *O Sistema Interamericano de Direitos Humanos e o caso da guerrilha do Araguaia: impactos no Brasil.* Revista Brasileira de Ciência Política; (22); pp. 49-92; 2017-04.

BERNARDO, Rosangela Souza; MORAES, Filomeno. *A Interpretação do Supremo Tribunal Federal para as Anistias Políticas Concedidas ao Longo do Período Republicano Brasileiro.* Sequência (Florianópolis); (81); pp. 77-104; 2019-06-03.

BIROLI, Flávia. *Autonomia, preferências e assimetria de recursos.* Revista Brasileira de Ciências Sociais; 31(90); pp. 39-56; 2016-02.

BLOOM, Harold. *O Cânone Ocidental: Os Livros e a Escola do Tempo.* Tradução de Marcos Santarrita. Rio de Janeiro: Editora Objetiva, 2001.

BONAVIDES, Paulo. *Jurisdição constitucional e legitimidade (algumas observações sobre o Brasil).* Estudos Avançados; 18(51); pp. 127-150; 2004-08.

BORGES, Daniel Damásio. *Sobre o controle jurisdicional da política externa: notas acerca do caso Battisti no STF.* Revista Direito GV; 10(1); 221-244; 2014-06.

BORGES, Heloísa Bot; FERNANDES, Valdir. *O uso do amianto no Brasil: o embate entre duas racionalidades no Supremo Tribunal Federal.* Ambiente & Sociedade; 17(2); pp. 175-194; 2014-06.

BOURDIEU, Pierre. *Os usos sociais da ciência: por uma sociologia clínica do campo científico.* Texto revisto pelo autos coma a colaboração de Patrick Champagne e Etienne Landais. Tradução de "*Les usages sociaux de la Science: por une sociologie du cham scientifique*", por Denice Barbara Catani. "Conferência e debate organizados pelo grupo *Sciences en Questions*", Paris, INRA, 11 de março de 1997. São Paulo: Editora UNESP, 2004.

BRAGATO, Fernanda Frizzo; COLARES, Virginia. *Indícios de descolonialidade na Análise Crítica do Discurso na ADPF 186/DF.* Revista Direito GV; 13(3); pp. 949-980; 2017-12.

BRASIL. Decreto 510, de 22 de junho de 1890. *Publica a Constituição dos Estados Unidos do Brazil.*

______. *Constituição dos Estados Unidos do Brazil*, de 24 de fevereiro de 1891.

______. Decreto 1, de 26 de fevereiro de 1891. *Providencia sobre a installação do Supremo Tribunal Federal e mais funccionarios da justiça federal.*

BRANDÃO, Rodrigo; FARAH, André. *Consequencialismo no Supremo Tribunal Federal: uma solução pela não surpresa.* Revista de Investigações Constitucionais; 7(3); 831-858; 2020-09.

Brígida, Yasmim Salgado Sanda; Verbicaro, Loiane Prado. *The battle of narratives between the powers: party hyperfragmentation, judicialization of politics and supremocracy in the Brazilian political-institutional system.* Revista de Investigações Constitucionais; 7(1); 137-159; 2020-04.

Brinks, Daniel M. *"Faithful Servants of the Regime": The Brazilian Constitutional Court's Role under the 1988 Constitution. In*: Helmke, Gretchen; Ríos-Figueroa, Julio (Ed.). *Courts in Latin America. Chapter 5.* Cambridge University Press, 2011. pp. 128-153.

Bruschi Silva, Carolina; Diniz, Nilza Maria; Lovato Neto, Renato. *O aborto no anteprojeto do novo código penal brasileiro: reflexões jurídicas e bioéticas.* Revista de Bioética y Derecho; (29); pp. 35-50; 2013-09.

Brust, Leo. *A interpretação conforme a constituição e as sentenças manipulativas.* Revista Direito GV; 5(2); pp. 507-526; 2009-12.

Bunchaft, Maria Eugenia. *A temática das uniões homoafetivas no Supremo Tribunal Federal à luz do debate Honneth-Fraser.* Revista Direito GV; 8(1); 133-156; 2012-06

______. *O julgamento da ADPF n. 54: uma reflexão à luz de Ronald Dworkin.* Sequência (Florianópolis); (65); pp. 155-188; 2012-12.

Burg, Amanda Karolini; Gomes, Nestor Castilho; Stelzer, Joana; Gonçalves, Everton das Neves. *Refúgio, fechamento de fronteira e Estado de Coisas Inconstitucional (ECI): um estudo a partir da Ação Civil Originária (ACO) n. 3.121.* Revista Direito GV; 18(1); 2022.

Buzolin, Lívia Gonçalves. *Pluralismo político: o Poder Judiciário e os direitos LGBT.* Revista Direito GV; 18(1); 2022.

Caetano, Cristiana Ropelatto; Matheus, Filipe Carvalho; Diehl, Eliana Elisabeth. *Organização dos entes públicos para atender a judicialização do acesso a medicamentos no estado de Santa Catarina, Brasil.* Ciência & Saúde Coletiva; 26(11); 5561-5575; 2021-11.

Caldeira, Marcus Flávio Horta. *Concentrated judicial review in Brazil and Colombia: which (or whose) rights are protected?* Revista de Investigações Constitucionais; 7(1); 161-187; 2020-04.

Camerini, João Carlos Bemerguy. - Os quilombos perante o STF: a emergência de uma jurisprudência dos direitos étnicos (ADIN 3.239-9) - Revista Direito GV; 8(1); 157-182; 2012-06

Campos, Carmen Hein de. *A CPMI da Violência contra a Mulher e a implementação da Lei Maria da Penha.* Revista Estudos Feministas; 23(2); pp. 519-531; 2015-05.

Campos, Ligia Fabris. *Litígio estratégico para igualdade de gênero: O caso das verbas de campanha para mulheres candidatas.* Revista Direito e Práxis; 10(1); pp. 593-629; 2019-03.

Cancelier, Mikhail Vieira de Lorenzi. *O Direito à Privacidade hoje: perspectiva histórica e o cenário brasileiro.* Sequência (Florianópolis); (76); pp. 213-239; 2017-05.

Canotilho, José Joaquim Gomes; Mendes, Gilmar Ferreira; Sarlet, Ingo Wolfgang; e Streck, Lenio Luiz (Coord.). São Paulo: Saraiva/Almedina, 2013.

Cardoso, Gustavo Vitorino. *O direito comparado na jurisdição constitucional.* Revista Direito GV; 6(2); pp. 469-492; 2010-12.

Cardoso, Lucila Moraes; Zanini, Daniela Sacramento. *O que aprender com a Decisão do STF sobre os Testes Psicológicos*? Psicologia: Ciência e Profissão; 41(spe1); 2021.

Carvalhaes, Rafael Bitencourt; Miranda Netto, Fernando Gama de. *Questioning our faith in the Judiciary: from institutional entrenchment to the monopoly of constitution.* Revista de Investigações Constitucionais; 9(2); 347-370; 2022-08.

Cavalcante, Sávio; Marcelino, Paula. *Revisitando uma definição de Terceirização.* Caderno CRH; 34; 2021.

Carvalho, Alexandre Douglas Zaidan de. *Entre o dever da toga e o apoio à farda: independência judicial e imparcialidade no STF durante o regime militar.* Revista Brasileira de Ciências Sociais; 32(94); -; 2017-07-13 (e329415).

Carvalho, Ernani. *Judicialização da política no Brasil: controlo de constitucionalidade e racionalidade política*. Análise Social; (191); pp. 315-335; 2009-04.

_____. *Trajetória da revisão judicial no desenho constitucional brasileiro: tutela, autonomia e judicialização. Sociologias*, Volume 12, n. 23, pp. 176-207, 2010.

Carvalho, Ernani; Barbosa, Luis Felipe Andrade; Gomes Neto, José Mário Wanderley. *OAB e as prerrogativas atípicas na arena política da revisão judicial*. Revista Direito GV; 10(1); pp. 69-98; 2014-06.

Carvalho, Ernani; Leitão, Natália. *O poder dos juízes: Supremo Tribunal Federal e o desenho institucional do Conselho Nacional de Justiça*. Revista de Sociologia e Política; 21(45); pp. 13-27; 2013-03.

Carvalho, Ernani; Santos, Manoel Leonardo; Gomes Neto, José Mário Wanderley, Barbosa, Leon Victor de Queiroz. *Judicialización de la política y grupos de presión en Brasil: intereses, estrategias y resultados*. América Latina Hoy, Salamanca, v. 72, pp. 59-88, abr. 2016. ISSN 2340-4396. Disponível em: <https://revistas.usal.es/index.php/1130-2887/article/view/alh2016725988/15136>. Data de Acesso: 09 abr. 2020 doi:10.14201/alh2016725988.

Castro, Marcus Faro de. "O Supremo Tribunal Federal e a Judicialização da Política". Revista Brasileira de Ciências Sociais, vol. 12, no 34, p. 147-156, 1997.

Castro Nunes, José de. Teoria e Prática do Poder Judiciário. Rio de Janeiro: Edição Revista Forense, 1943. 698 pp.

Cattoni de Oliveira, Marcelo. *Poder constituinte e patriotismo constitucional*. BH: Mandamentos, 2006.

Cavalcante, Thiago Leandro Vieira. *"Terra indígena": aspectos históricos da construção e aplicação de um conceito jurídico"*. História (São Paulo); 35; 2016-07-21.

Cavalcanti, Bianor Scelza; Marques, Guilherme R. Garcia. *Recursos hídricos e gestão de conflitos: A bacia hidrográfica do rio Paraíba do Sul a partir da crise hídrica de 2014-2015*. Revista de Gestão dos Países de Língua Portuguesa; 15(1); pp. 04-16; 2016-03.

Ceia, Eleonora Mesquita. *Constitución y tratados internacionales de derechos humanos: una relación ambivalente en el derecho brasileño. Revista de la Facultad de Derecho y Ciencias Políticas*; 46(125); 357-383; 2016-12.

Chueiri, Vera Karam de; Sampaio, Joanna Maria de Araújo. *Como levar o Supremo Tribunal Federal a sério: sobre a Suspensão de Tutela Antecipada n. 91*. Revista Direito GV; 5(1); pp. 45-66; 2009-06.

Coacci, Thiago. *Do homossexualismo à homoafetividade: discursos judiciais brasileiros sobre homossexualidades (1989 – 2012)*. Sexualidad, Salud y Sociedad (Rio de Janeiro); (21); pp. 53-84; 2015-12.

_____. *A queima dos laudos: controvérsias e reconfigurações dos saberes e direitos trans na ADI 4275*. Revista Direito e Práxis; 11(2); 1188-1210; 2020-04.

Coelho, Tiago Lopes; Lopes, Luciana de Melo Nunes; Campos Neto, Orozimbo Henriques; Figueiredo, Thales Pimenta de; Andrade, Eli Iola Gurgel. *A propriedade intelectual na judicialização da assistência farmacêutica: uma demanda estrutural em defesa do Sistema Único de Saúde*. Saúde e Sociedade; 30(1); 2021.

Coitinho Filho, Ricardo Andrade; Rinaldi, Alessandra de Andrade. *O Supremo Tribunal Federal e a "união homoafetiva" Onde os direitos e as moralidades se cruzam*. Civitas - Revista de Ciências Sociais; 18(1); pp. 26-42; 2018-04.

Comella, Victor Ferreres. *The Consequences of Centralizing Constitutional Review in a Special Court: Some Thoughts on Judicial Activism. Texas Law Review*, v. 82, 2004.

Corrêa, Oscar Dias. *O Supremo Tribunal Federal, corte constitucional do Brasil*. Rio de Janeiro: Forense, 1987.

Côrtes, Ana de Mello. *Discriminação judicial por identidade de gênero: um diagnóstico*. Revista Direito e Práxis; 10(1); pp. 101-128; 2019-03.

Costa, Alexandre Araújo; Carvalho, Alexandre Douglas Zaidan de; Farias, Felipe Justino de. *Controle de constitucionalidade no Brasil: eficácia das políticas de con-*

centração e seletividade. Revista Direito GV; 12(1); pp. 155-187; 2016-04.

COSTA, Thales Morais da. *Conteúdo e alcance da decisão do STF sobre a lei de imprensa na ADPF 130*. Revista Direito GV; 10(1); pp. 119-154; 2014-06.

COSTA JÚNIOR, Paulo Alkmin. *O Continente e as 11 Ilhas: A mudança institucional endógena e o lugar do Supremo Tribunal Federal na arena política*. Tese de Doutorado apresentada junto ao Departamento de Ciência Política da FAFICH-UFMG. Belo Horizonte: UFMG, 2018. 222 p.

COUTINHO, Diogo R.; MESQUITA, Clarissa Ferreira de Melo; NASSER, Maria Virginia Nabuco do Amaral Mesquita. *Empresas estatais entre serviços públicos e atividades econômicas*. Revista Direito GV; 15(1); -; 2019-04-18 (e1902).

CUNHA, Luiz Antônio. *Três décadas de conflitos em torno do ensino público: laico ou religioso?* Educação & Sociedade; 39(145); pp. 890-907; 2018-11-14.

DANTAS, Andrea de Quadros. *O STF como árbitro da federação: uma análise empírica dos conflitos federativos em sede de ACO*. Revista Direito GV, 16 (2), 2020. http://www.scielo.br/scielo.

DARNTON, Robert. *Os dentes falsos de George Washington - Um guia não convencional para o século XVIII*. Tradução de José Geraldo Couto. São Paulo: Companhia das Letras, 2005.

DELDUQUE, Maria Célia; ALVES, Sandra Mara Campos; MONTAGNER, Maria Inez; MONTAGNER, Miguel Ângelo. *As medidas de obrigatoriedade da vacina contra a Covid-19 no Brasil são razoáveis e proporcionais*? Saúde em Debate; 46(134); 870-876; 2022.

DESPOSATO, Scott; INGRAM, Matthew.; LANNES JUNIOR, Osmar. *Power, Composition, and Decision Making: The Behavioral Consequences of Institutional Reform on Brazil's Supremo Tribunal Federal. The Journal of Law, Economics and Organization*, v. 31, n. 3, 2015.

DA ROS, Luciano. *Difícil hierarquia: a avaliação do Supremo Tribunal Federal pelos magistrados da base do Poder Judiciário no Brasil*. Revista Direito GV; 9(1); pp. 47-64; 2013-06.

______. *Poder de decreto e accountability horizontal: dinâmica institucional dos três poderes e medidas provisórias no Brasil pós-1988*. Revista de Sociologia e Política; 16(31); pp. 143-160; 2008-11.

DE GIORGI, Raffaele; VASCONCELOS, Diego de Paiva. *Os fatos e as declarações: reflexões sobre o Estado de Ilegalidade Difusa*. Revista Direito e Práxis; 9(1); pp. 480-503; 2018-03.

DEFOSSEZ, Delphine Aurelie Laurence. *Consumer law in Constitution: a big mistake? The specific case of aviation in Brazil*. Revista de Investigações Constitucionais; 4(3); pp. 61-83; 2019-04-15.

DÍAZ, Ricardo Antonio Méndez. *La valoración constitucional de la prueba ilícita e ilegal en la República Federal de Brasil. Justicia Juris*; 9(2); pp. 74-84; 2013-07.

DINIZ, Débora. *Aborto e inviabilidad fetal: el debate brasileño*. Cadernos de Saúde Pública; 21(2); pp. 634-639; 2005-04.

DINIZ, Débora; PENALVA, Janaína; FAÚNDES, Aníbal; ROSAS, Cristião. *A magnitude do aborto por anencefalia: um estudo com médicos*. Ciência & Saúde Coletiva; 14; pp. 1.619-1.624; 2009-10.

DINIZ, Débora; VÉLEZ, Ana Cristina Gonzalez. *Aborto na Suprema Corte: o caso da anencefalia no Brasil*. Revista Estudos Feministas; 16(2); 647-652; 2008-08.

DINIZ, Débora; VÉLEZ, Ana Cristina Gonzalez; CAMARGO, Regina. *Abortion at the Supreme Court: the anencephaly case in Brazil*. Estudos Feministas; 4(se); *Translation from* Revista Estudos Feministas, Florianópolis, v.16, n.2, p. 647-652, May/Aug. 2008.

DOMINGUES, José Marcos. *O Supremo Tribunal e a compensação SNUC: A ADI 3.378-DF*. Revista Direito GV; 5(1); pp. 125-146; 2009-06.

DOMINGUES, José Marcos; CARNEIRO, Júlia Silva Araújo. *A compensação ambiental prevista pelo Sistema Nacional de Unidades de Conservação (SNUC): a ADI nº 3.378 e o decreto nº 6.848/09*. Revista Direito GV; 6(2); pp. 493-502; 2010-12.

Druck, Graça. *A terceirização na saúde pública: formas diversas de precarização do trabalho.* Trabalho, Educação e Saúde; 14; pp. 15-43; 2016-11.

Duran-Ferreira, Camila. *O STF e a construção institucional das autoridades reguladoras do financeiro: um estudo de caso das ADIns.* Revista Direito GV; 5(1); pp. 67-94; 2009-06.

Efrem Filho, Roberto. *"Um Paraíso de Homicidas, Estupradores, Corruptos": sexualidade e gênero no julgamento do Habeas Corpus de Lula no STF.* Revista Direito e Práxis; 9(3); pp. 1.871-1.896; 2018-09.

______. *Os ciúmes do direito: o desejo pelas uniões homoafetivas e a repulsa a Amor Divino e Paixão Luz.* Sexualidad, Salud y Sociedad (Rio de Janeiro); (16); 10-30; 2014-04.

Engelmann, Fabiano; Cunha Filho, Marcio Camargo. *Ações judiciais, conteúdos políticos: uma proposta de análise para o caso brasileiro.* Revista de Sociologia e Política; 21(45); pp. 57-72; 2013-03.

Epstein, Lee; Knight, Jack; Martin, Andrew. *The Supreme Court as National Strategic Policymaker. Emory Law Journal*, v. 50, 2001.

Estellita, Heloisa; Bastos, Frederico Silva. *Tax exchange of information and international cooperation in brazil.* Revista Direito GV; 11(1); pp. 13-35; 2015-06.

Falcão, Joaquim. *O Supremo.* Rio de Janeiro: Edições de Janeiro, FGV, 2015.

Falcão, Joaquim; Cerdeira, Pablo Camargo; Arguelhes, Diego Werneck. *I Relatório Supremo em Números: O Múltiplo Supremo.* FGV Direito Rio, 2011. Disponível em: <http://supremoemnumeros.fgv.br/sites/supremoemnumeros.fgv.br/>. Acesso em: 26.11.2017.

______. *O Supremo Tribunal Federal Processual. In*: Martins, Ives Gandra S.; Rosset, Patricia; Amaral, Antonio Carlos R. (Orgs.). *Estudos*: Direito Público. Homenagem ao Ministro Carlos Mário da Silva Velloso. São Paulo: Lex Magister, p. 299-308, 2013.

Falcão, Joaquim et al. *II Relatório Supremo em Números: O Supremo e a Federação entre 2010 e 2012.* FGV Direito Rio, 2013. Disponível em: <http://supremoemnumeros.fgv.br/sites/supremoemnumeros.fgv.br/files/attachment/ii_relatorio_supremo_em_numeros_-_o_supremo_e_a_federacao_entre_2010_e_2012.pdf>. Acesso em: 26.11.2017.

Falcão, Joaquim; Oliveira, Fabiana Luci de. *O STF e a agenda pública nacional: de outro desconhecido a supremo protagonista?* Lua Nova: Revista de Cultura e Política; (88); pp. 429-469; 2013.

Faria, Maristela Medina, BAGGIO, Roberta Camineiro. *O Supremo Tribunal Federal entre o Direito e a Tecnocracia Científica: o caso do amianto. Sequência* (Florianópolis), (-) 83, 193-219, 2019.

Faria, Rodrigo Arthuso Arantes. - *'They all here call me índio': Indigenous identification and the criminal justice system in Northern Minas Gerais* - Vibrant: *Virtual Brazilian Anthropology*; 18; 2021.

Faro, Júlio Pinheiro; Pessanha, Jackelline Fraga. *O casamento civil homoafetivo e sua regulamentação no Brasil.* Revista de Bioética y Derecho; (32); pp. 72-81; 2014.

Feital, Thiago Álvares. *Hipóstase e estagnação: uma leitura crítica do Recurso Extraordinário n. 134.509.* Revista Direito GV; 17(2); 2021.

Ferejohn, John A.; Kramer, Larry D. *Independent judges, dependent judiciary: Institutionalizing judicial restraint. New York University Law Review*, v. 77, 2002.

Feres Júnior, João; Campos, Luiz Augusto. *Ação afirmativa no brasil: multiculturalismo ou justiça social?* Lua Nova: Revista de Cultura e Política; (99); pp. 257-293; 2016-12.

Fernandes, Fernando Manuel Bessa; Ouverney, Assis Luiz Mafort. *Decisões do Supremo Tribunal Federal no início da pandemia de Covid-19: impactos no federalismo brasileiro?* - Saúde em Debate; 46(spe1); 48-61; 2022.

Fernandes Neto, Raimundo Augusto; Cunha, Jânio Pereira da. *A nova cláusula de barreira e a sobrevivência das minorias.* Revista de Investigações Constitucionais; 6(1); pp. 189-219; 2019-10-2.

FERRAJOLI, Luigi. *Derecho y Razón: teoria del garantismo penal.* Trad. Perfecto Ibáñez *et al.*Madrid: Trotta, 1995.

______. *Diritto e ragione: teoria del garantismo penale.* 5. ed. Bari: Laterza, 1998.

FERRAZ, Octávio Luiz Motta. *Para equacionar a judicialização da saúde no Brasil.* Revista Direito GV; 15(3); 2019-11-14 (e1934).

FERREIRA, Siddharta Legale; FERNANDES, Eric Baracho Dore. *O STF nas 'Cortes'; Victor Nunes Leal, Moreira Alves e Gilmar Mendes.* Revista Direito GV; 9(1); pp. 23-45; 2013-06.

FERREIRA, Vivian Maria Pereira. *O dolo da improbidade administrativa: uma busca racional pelo elemento subjetivo na violação aos princípios da Administração Pública.* Revista Direito GV; 15(3); 2019-12-02 (e1937).

______. *When Institutional Multiplicity Backfires: The Battle Over the Jurisdiction to Prosecute Politicians for Administrative Improbity in Brazil.* Revista Direito GV; 17(2); 2021.

FERREIRA JÚNIOR, José Carlos Macedo de Pinto. *A responsabilidade do Brasil pelos crimes contra humanidade: análise do julgamento "Gomes Lund e outros".* Prolegómenos; 16(32); pp. 69-85; 2013-07.

FICO, Bernardo de Souza Dantas; NOBREGA, Henrique Meng. *The Brazilian Data Protection Law for LGBTQIA+ People: Gender identity and sexual orientation as sensitive personal data.* Revista Direito e Práxis; 13(2); 1262-1288; 2022-06.

FIGUEIREDO, Ivanilda. *A Conquista do direito ao casamento LGBTI+: da Assembleia Constituinte à Resolução do CNJ.* Revista Direito e Práxis; 12(4); 2490-2517; 2021-12.

FLAUZINA, Ana; PIRES, Thula. *Supremo Tribunal Federal e a naturalização da barbárie.* Revista Direito e Práxis; 11(2); 1211-1237; 2020-04.

FOUCAULT, Michel, A Arqueologia do Saber. Rio de Janeiro: Forense Universitária, 2009.

______. *"Nietzsche, la généalogie, l'histoire" In: Dits et* ***Écrits***, vol. 2: 1970-1975, Paris, Gallimard, 1994 (Tradução brasileira de Elisa Monteiro, Rio de Janeiro, Forense Universitária, 2015. 3ªed.).

FRANCO, Maria Laura Puglisi Barbosa. *Análise de Conteúdo.* Brasília: 3ª Edição: Liber Livro Editora, 2008.

FREITAS, Lúcia Gonçalves de. *A decisão do STF sobre aborto de fetos anencéfalos: uma análise feminista de discurso.* Alfa: Revista de Linguística (São José do Rio Preto); 62(1); pp. 11-34; 2018-03.

GALIL, Gabriel Coutinho; LELIS, Rafael Carrano. "CARDINALI, Daniel Carvalho. 2018. A Judicialização dos Direitos LGBT no STF: limites, possibilidades e consequências. 1ª ed. Belo Horizonte: Arraes. 228 p." Sexualidad, Salud y Sociedad (Rio de Janeiro); (30); pp. 305-312; 2018-12.

GALLO, Carlos Artur. "Felipe Recondo. Tanques e togas: O STF durante a ditadura". Tempo Social; 31(2); pp. 295-302; 2019-08-29.

______. *O Brasil entre a memória, o esquecimento e a (in)justiça: uma análise do julgamento da ADPF nº 153 pelo Supremo Tribunal Federal.* Revista Brasileira de Ciência Política; (24); pp. 81-114; 2017-12.

GARBACCIO, Grace Ladeira; LIMA, Flávia Danielle Santiago; CYR-MOREAU, Sophie. *Cartographie d'une Super Cour: approches institutionnelles de la Cour Fédérale Suprême brésilienne - Comprendre la Judiciarisation de la Politique au Brésil: une approche institutionnelle de la Cour Fédérale Suprême.* Sequência (Florianópolis); (78); pp. 37-62; 2018-04.

GARGARELA, Roberto. *El derecho a la protesta: El primer derecho.* Buenos Aires: *Ad Hoc*, 2009.

GARLICKI, Lech. *Constitutional courts* versus *supreme courts. International Journal of Constitutional Law*, v. 5, n. 1, p.44-68, 2007.

GAZZOLA, Luciana de Paula Lima; MELO, Frederico Henrique Corrêa de. *Anencefalia e anomalias congênitas: contribuição do patologista ao Poder Judiciário.* Revista Bioética; 23(3); pp. 495-504; 2015-12.

GEDIEL, José Antônio Peres; MELLO, Lawrence Estivalet de. *Autonomia Con-*

tratual e Razão Sacrificial: Neoliberalismo e Apagamento das Fronteiras do Jurídico. Revista Direito e Práxis; 11(4); 2238-2259; 2020-12.

Gediel, José Antônio Peres; Mello, Lawrence Estivalet de. *Autonomia Contratual e Razão Sacrificial: Neoliberalismo e Apagamento das Fronteiras do Jurídico.* Revista Direito e Práxis; 11(4); 2238-2259; 2020-12.

Ghisleni, Pâmela Copetti; Lucas, Doglas Cesar. *Identidades que (trans)bordam nos espaços burocráticos: a OC 24/2017 da Corte Interamericana de Direitos Humanos e sua repercussão nos autos da ADI 4.275/DF.* Sequência (Florianópolis); 42(88); 2021.

Giannetti, Leonardo Varella. *Judicial review: podemos tirar algum proveito da PEC 33/2011?* Revista Direito GV; 12(1); pp. 125-154; 2016-04.

Ginzburg, Carlo. *Medo, reverência, terror.* Quatro ensaios de iconografia política. Trad. Federico Carotti *et al.* São Paulo: Companhia das Letras, 2014.

______. *Sinais: Mitos, Emblemas e Sinais.* Morfologia e História. Trad. Federico Corotti. SP: Cia. das Letras, 1989.

______. *Olhos de Madeira.* Nove reflexões sobre a distância. Trad. Eduardo Brandão. SP: Cia das Letras, 2001.

______. *O queijo e os vermes: o cotidiano e as ideias de um moleiro perseguido pela Inquisição.* Tradução de Maria Betânia Amoroso. SP: Cia. das Letras, 1987.

Godoy, Miguel Gualano de. *O Supremo contra o processo constitucional: decisões monocráticas, transação da constitucionalidade e o silêncio do Plenário.* Revista Direito e Práxis; 12(2); 1034-1069; 2021-04.

Godoy, Miguel Gualano de; e Espínola Araújo, Eduardo Borges. *Coronavírus e a ampliação do Plenário Virtual do STF.* Jota: Supra. Publicado em 27 de março de 2020. Disponível em: https://www.jota.info/stf/supra/coronavirus-e-a-ampliacao-do-plenario-virtual-do-stf-27032020.

Godoy, Miguel Gualano de; Santana, Carolina Ribeiro; Oliveira, Lucas Cravo de. *STF, povos indígenas e Sala de Situação: diálogo ilusório.* Revista Direito e Práxis; 12(3); 2174-2205; 2021-07.

Godoy, Miguel Gualano de; Tranjan, Renata Naomi. *Supremo Tribunal Federal e federalismo: antes e durante a pandemia.* Revista Direito GV; 19(); -; 2023.

Gomes, Camilla de Magalhães. *Qual o gênero no STF? Uma análise do discurso de gênero presente nos votos das(os) ministras(os) do Supremo Tribunal Federal.* Revista Direito e Práxis; 13(4); 2225-2262; 2022-12.

Gomes, Dalila F.; Souza, Camila Rufino; Silva, Felipe Luiz da; Pôrto, Julianna Alves; Morais, Indyara de Araújo; Ramos, Maíra Catharina; Silva, Everton Nunes da. *Judicialização da saúde e a audiência pública convocada pelo Supremo Tribunal Federal em 2009: o que mudou de lá para cá?* Saúde em Debate; 38(100); pp. 139-156; 2014-03.

Gomes, Magno Federici; Pighini, Bráulio Chagas. *Sustentabilidade para Governança, Supremo Tribunal Federal e Conflito de Interesses.* Sequência (Florianópolis); (73); pp. 165-192; 2016-08.

Gomes, Mário Soares Caymmi; York, Sara Wagner; Colling, Leandro. *Sistema ou CIS-tema de justiça: Quando a ideia de unicidade dos corpos trans dita as regras para o acesso aos direitos fundamentais.* Revista Direito e Práxis; 13(2); 1097-1135; 2022-06.

Gomes Neto, José Mário Wanderley; Lima, Flávia Danielle Santiago; Oliveira, Tassiana Moura de. *Between Individual Decisions and Collegiate Deliberations: Deciding How To Decide, Influencing the Outcome.* Sequência (Florianópolis); (81); pp. 10-31; 2019-06-03.

Gonçalves, Ricardo Juozepavicius. *O conceito de esfera pública jurídica e a audiência pública sobre cotas raciais no Supremo Tribunal Federal.* Lua Nova: Revista de Cultura e Política; (103); pp. 135-166; 2018-04.

Grillo, Sayonara; Carelli, Rodrigo. *Respostas Judiciais à Terceirização: debates e tendências recentes.* Caderno CRH; 34; 2021.

GUIMARÃES, Lívia Gil. *Participação Social no STF: repensando o papel das audiências públicas*. Revista Direito e Práxis; 11(1); 236-271; 2020-03.

GUEDES, Íris Pereira; SCHÄFER, Gilberto; LARA, Leonardo Severo de. *Territórios Indígenas: Repercussões do SIDH no Direito Brasileiro*. Revista Direito e Práxis; 11(1); 179-206; 2020-03.

GUSSOLI, Felipe Klein. *Hierarquia supraconstitucional relativa dos tratados internacionais de direitos humanos*. Revista de Investigações Constitucionais, 6 (3), 703-747, 2019. http://www.scielo.br/scielo.

HABERMAS, Jürgen. *Between facts and norms*. Berlin: MIT Press edition, 1998.

_______. *The Structural Transformation of the Public Sphere: An Inquiry into a Category of Burgeois Society*. Translated by Thomas Burger with the assistance of Frederick Lawrence.Massachusetts Institute of Technology – MIT – Press: Cambridge, 1991.

HACHEM, Daniel Wunder; PETHECHUST, Eloi. *A superação das decisões do STF pelo Congresso Nacional via emendas constitucionais: diálogo forçado ou monólogos sobrepostos*? Revista de Investigações Constitucionais; 8(1); 209-236; 2021.

HADDAD, Carlos Henrique Borlido; QUARESMA, Lucas Bacelette Otto. Dois lados da mesma moeda: o tempo no STF. Revista Direito GV; 10(2); pp. 639-654; 2014-12.

HALL, Peter A.; TAYLOR, Rosemary CR. *As três versões do neo-institucionalismo*. Lua Nova: Revista de Cultura e Política, n. 58, pp. 193-223, 2003.

HENKES, Silviana L. *A política, o direito e o desenvolvimento: um estudo sobre a transposição do Rio São Francisco*. Revista Direito GV; 10(2); pp. 497-534; 2014-12.

HENNIG LEAL, Mônica Clarissa. *Considerações acerca da decisão do Supremo Tribunal Federal brasileiro sobre a interrupção da gravidez em casos de anencefalia (ADPF 54). Estudios constitucionales*; 6(2); pp. 529-547; 2008

HERANI, Renato Gugliano. La prueba de la inconstitucionalidad. *Estudios constitucionales*; 13(1); pp. 13-72; 2015.

HERNANDES, Luiz Eduardo Camargo Outeiro; PIOVESAN, Flávia. *Desafios judiciais em tempos de pandemia: fortalecendo o diálogo entre a Comissão Interamericana de Direitos Humanos e o Supremo Tribunal Brasileiro para a proteção dos direitos humanos*. Revista de Investigações Constitucionais; 9(2); 371-388; 2022-08.

HORBACH, Carlos Bastide. *El derecho comparado en la jurisdicción constitucional brasileña. Boletín mexicano de derecho comparado*; 50(149); pp. 581-612; 2017-08.

HOSHINO, Thiago de Azevedo Pinheiro; CHUEIRI, Vera Karam de. *As cores das/os cortes: uma leitura do RE 494.601 a partir do racismo religioso*. Revista Direito e Práxis; 10(3); pp. 2.214-2.238; 2019-09-16.

HÜBNER MENDES, Conrado. *Magistocracia*: a "*gran famiglia*" judicial brasileira. Época. Coluna atualizada em 02 de abril de 2018. Disponível em: https://epoca.globo.com/politica/Conrado-Hubner/noticia/2018/04/magistocracia-gran-famiglia-judicial-brasileira.html.

_______. *Direitos fundamentais, separação de poderes e deliberação*. São Paulo: Saraiva, 2011.

HUXLEY, Aldous. *Admirável Mundo Novo*. Rio de Janeiro: Biblioteca Azul (Globo), 2014. 312 pp.

_______. *Regresso ao Admirável Mundo Novo*. Belo Horizonte: Itatiaia, 2015.

JAYME, Fernando Gonzaga; Leroy, Guilherme Costa; Silveira, Thamiris D'Lazzari da. - Reclamação ao STJ de decisões proferidas pelos Juizados Especiais Cíveis estaduais: quis custodiet ipsos custodes? - Revista Direito GV; 12(2); 461-483; 2016-08.

JORDÃO, Eduardo; CABRAL JÚNIOR, Renato Toledo; BRUMATI, Luiza. O STF e o controle das leis sobre o regime jurídico das agências reguladoras federais - Revista de Investigações Constitucionais; 7(2); 549-600; 2020-08.

KAPISZEWSKI, Diana. *How Courts Work: Institutions, Culture, and the Brazilian Supremo Tribunal Federal*. *In*: COUSO, Javier A.; HUNEEUS, Alexandra; SIEDER, Rachel. *Cultures of legality. Judicialization and Po-*

litical Activism in Latin America, Cambrigde University Press, 2010, pp. 51-77.

______. *Power Broker, Policy Maker, or Rights Protector. In*: Helmke, Gretchen; Ríos-Figueroa, Julio (Ed.). *Courts in Latin America. Chapter 6.* Cambridge University Press, 2011. pp. 154-186.

Koerner, Andrei; Freitas, Lígia Barros de. *O Supremo na Constituinte e a Constituinte no Supremo. Lua Nova*, n. 88, pp. 141-184, 2013.

Koerner, Andrei. *Ativismo Judicial?: Jurisprudência constitucional e política no STF pós-88.* Novos estudos Cebrap; (96); pp. 69-85; 2013-07.

_______. *Um Supremo coadjuvante: A reforma judiciária da distensão ao Pacote de Abril de 1977.* Novos estudos Cebrap; 37(1); pp. 81-97; 2018-04.

Kozicki, Katya; Araújo, Eduardo Borges. *Um Contraponto Fraco a um Modelo Forte: o Supremo Tribunal Federal, a última palavra e o diálogo.* Sequência (Florianópolis); (71); pp. 107-132; 2015-12.

Kozicki, Katya; Chueiri, Vera Karam de. *Impeachment*: a arma nuclear constitucional. Lua Nova: Revista de Cultura e Política; (108); pp. 157-176; 2019-11-28.

Lacombe, Andrea. *Negociaciones posibles: visibilidad, vejez y parentesco entre mujeres que mantienen relaciones sexo-afectivas con otras mujeres.* Vibrant: Virtual Brazilian Anthropology; 13(1); pp. 102-114; 2016-06.

Laffitte Fernandes, Rafael; Rosso Nelson, Rocco Antonio Rangel. *Da capacidade de inovação normativa do poder judiciário: uma análise a partir do sistema jurídico brasileiro.* Prolegómenos; 20(39); pp. 11-28; 2017-01.

Laurindo, Marcel Mangili; Heinen, Luana Renostro. *A verdade do mercado e os juros na Constituição de 1988.* Revista Direito GV; 17(2); 2021.

Leal, Fernando Ribeiro. *Todos os casos jurídicos são difíceis? Sobre as relações entre efetividade, estabilidade e teorias da decisão constitucional. Revista de Direito do Estado*, v. 16, 2010.

_______. Fernando Ribeiro; Herdy, Rachel; Massadas, Júlia. *Uma década de audiências públicas no Supremo Tribunal Federal (2007-2017).* Revista de Investigações Constitucionais; 5(1); pp. 331-372; 2018-04.

Leal, Mônica Clarissa Hennig; Moraes, Maria Valentina de. *"Diálogo" entre Poderes no Brasil? Da inconstitucionalidade da regulação da vaquejada à vaquejada como patrimônio cultural imaterial brasileiro: uma análise crítica.* Revista de Investigações Constitucionais; 5(1); pp. 63-81; 2018-04.

_______. Mônica Clarissa Hennig; Vargas, Eliziane Fardin de. *Ius Constitutionale Commune: a potencial expansão da proteção das minorias sexuais na jurisprudência do Supremo Tribunal Federal a partir do reconhecimento do status de "categoria suspeita" e da incorporação dos precedentes da Corte Interamericana de Direitos Humanos.* Revista Direito e Práxis; 13(2); 1319-1354; 2022-06.

Leal, Saul Tourinho. *Jurisdição Constitucional Resiliente: a experiência brasileira.* Humboldt-Univerzität zu Berlin. Orientação por Dieter Grimm e Ingo Wolfgang Sarlet. 2023. No prelo.

Leão, Martha Toribio. *Interpretative skepticism and constitutional interpretation: a criticism of Brazilian constitutional court decision.* Revista de Investigações Constitucionais; 8(1); 135-160; 2021.

Leite, Fábio Carvalho. *Ação declaratória de constitucionalidade: expectativa, realidade e algumas propostas.* Sequência (Florianópolis); (69); pp. 109-131; 2014-12.

Lewandowski, Andressa. *Entre a política e a técnica: prática jurídica no Supremo Tribunal Federal brasileiro.* Etnográfica; 23(2); pp. 299-322; 2019-06.

Lima, Fernando Rister de Sousa. *Excesso de autorreferência e falta de heterorreferência: o simbolismo da atuação do STF em direito à saúde.* Revista Direito GV; 12(3); pp. 691-717; 2016-12.

Lima, Flávia Danielle Santiago; Gomes Neto, José Mário Wanderley. *Autocontenção à brasileira? Uma taxonomia dos argumentos jurídicos (e estratégias políticas?) explicativo(a)s do comportamento do STF nas relações com os poderes majoritários*. Revista de Investigações Constitucionais; 5(1); pp. 221-247; 2018-04.

Lima, João Marcelo da Costa e Silva; Arguelhes, Diego Werneck. *Políticas públicas, interpretação judicial e as intenções do legislador: o ProUni e o "cripto-ativismo" do Supremo Tribunal Federal*. Revista de Investigações Constitucionais; 4(2); pp. 163-192; 2019-04-15.

Lima, Sabrina Santos; Leal, Mônica Clarissa Hennig. *O controle de constitucionalidade e a atuação do Supremo Tribunal Federal na proteção das minorias: análise crítica da ADC nº 41 (cotas raciais em concursos públicos)*. Revista de Investigações Constitucionais; 8(2); 507-528; 2021-08.

Lorenzetto, Bruno Meneses; Kozicki, Katya. *Constituindo a constituição: entre paradoxos, razões e resultados*. Revista Direito GV; 11(2); pp. 623-648; 2015-12.

________. Bruno Meneses; Pereira, Ricardo dos Reis. *O Supremo Soberano no Estado de Exceção: a (des)aplicação do direito pelo STF no âmbito do Inquérito das "Fake News" (Inquérito n. 4.781)*. Sequência (Florianópolis); (85); 173-203; 2020-08.

Loureiro, Violeta Refkalefsky. *Desenvolvimento, meio ambiente e direitos dos índios: da necessidade de um novo ethos jurídico*. Revista Direito GV; 6(2); pp. 503-526; 2010-12.

Luci de Oliveira, Fabiana. *Judiciário e Política no Brasil Contemporâneo: Um Retrato do Supremo Tribunal Federal a partir da Cobertura do Jornal Folha de S. Paulo*. Dados; 60(4); pp. 937-975; 2017-12 (2017a).

_______. *Quando a corte se divide: coalizões majoritárias mínimas no Supremo Tribunal Federal*. Revista Direito e Práxis; 8(3); pp. 1.863-1.908; 2017-07 (2017b).

_______. *Agenda suprema: interesses em disputa no controle de constitucionalidade das leis no Brasil*. Tempo Social; 28(1); pp. 105-133; 2016-04.

_______. *Justiça em foco: estudos empíricos*. Org. Fabiana Luci de Oliveira. Rio de Janeiro: Editora FGV, 2012a. 208pp.

_______. *Processo decisório no Supremo Tribunal Federal: coalizões e "panelinhas"*. Revista de Sociologia e Política; 20(44); pp. 139-153; 2012-11 (2012b).

_______. *Supremo relator: processo decisório e mudanças na composição do STF nos governos FHC e Lula*. Revista Brasileira de Ciências Sociais; 27(80); pp. 89-115; 2012-10 (2012c).

_______. *Justiça, profissionalismo e política: o STF e o controle da constitucionalidade das leis no Brasil*. Rio de Janeiro: Editora FGV, 2011a. 260 p.

_______. *STF: do autoritarismo à democracial*. 1ª Edição. Rio de Janeiro: Elsevier, 2011b. 200 p.

_______. *O Supremo Tribunal Federal no processo de transição democrática: uma análise de conteúdo dos jornais Folha de S. Paulo e O Estado de S. Paulo*. Revista de Sociologia e Política; (22); 101-118; 2004-06.

_______. Fabiana Luci de; Arguelhes, Diego Werneck. *O Supremo Tribunal Federal e a Mudança Constitucional*. Revista Brasileira de Ciências Sociais; 36(105); 2021.

Luhmann, Niklas. *Sociologia do Direito I e II*. Tradução de Gustavo Bayer. Rio de Janeiro: Tempo Brasileiro, 1983 e 1985 (respectivamente).

Luna, Naara. *From abortion to embryonic stem cell research: Biossociality and the constitution of subjects in the debate over human rights*. Vibrant: Virtual Brazilian Anthropology; 12(1); pp. 167-203; 2015-06.

_______. *O direito ao aborto em caso de anencefalia: uma análise antropológica do julgamento da ADPF 54 pelo Supremo Tribunal Federal*. Mana; 27(3); 2021.

_______. *O debate sobre aborto na câmara de deputados no Brasil entre 2015 e 2017: Agenda conservadora e resistência*. Sexualidad, Salud y Sociedad (Rio de Janeiro); (33); pp. 207-272; 2020-02-10.

_______. *O direito à vida no contexto do aborto e da pesquisa com células-tronco embrionárias: disputas de agentes e valores religiosos em um estado laico.* Religião & Sociedade; 33(1); pp. 71-97; 2013.

______. *O julgamento no Supremo do aborto de anencéfalo - ADPF 54: uma etnografia da religião no espaço público.* Horizontes Antropológicos; 24(52); pp. 165-197; 2018-12.

Luna, Naara, Porto, Rozeli. *Aborto, valores religiosos e políticas públicas: a controvérsia sobre a interrupção voluntária da gravidez na audiência pública da ADPF 442 no Supremo Tribunal Federal,* Religião & Sociedade, 43 (1), 151-180, 2023. http://www.scielo.br/scielo.php?

Luna, Rafael de Oliveira. "GOLIN, Célio; LEIVAS, Paulo Gilberto Cogo; RIOS, Roger Raupp (Org.). *Homossexualidade e direitos sexuais: reflexões a partir da decisão do STF.* Porto Alegre: Sulina, 2011. 198 p." Horizontes Antropológicos; 24(50); pp. 497-500; 2018-04.

Lunardi, Fabrício Castagna. *Os poderes hipertróficos do relator no STF, o desmembramento constitucional e o golpe de Estado jurídico.* Revista de Investigações Constitucionais; 7(3); 877-899; 2020-09.

______. *Supremo voto do relator ou onze votos Supremos? Uma análise do comportamento dos Ministros do STF nos julgamentos colegiados.* Revista de Investigações Constitucionais; 9(1); 229-250; 2022-04.

Macedo Junior, Ronaldo Porto. *Freedom of Expression: what lessons should we learn from US experience?* Revista Direito GV; 13(1); pp. 274-302; 2017-04.

Machado, Felipe Rangel de Souza; Dain, Sulamis. *A Audiência Pública da Saúde: questões para a judicialização e para a gestão de saúde no Brasil.* Revista de Administração Pública; 46(4); pp. 1.017-1.036; 2012-08.

Machado, Marta Rodriguez de Assis; Cook, Rebeca J. *Constitutionalizing abortion in Brazil.* Revista de Investigações Constitucionais; 5(3); pp. 185-231; 2018-12.

Machado, Teresa Robichez de Carvalho. *Judicialização da saúde: analisando a audiência pública no Supremo Tribunal Federal.* Revista Bioética; 22(3); pp. 561-568; 2014-12.

Magalhães, Breno Baía. *O Estado de Coisas Inconstitucional na ADPF 347 e a sedução do Direito: o impacto da medida cautelar e a resposta dos poderes políticos.* Revista Direito GV; 15(2); -; 2019-07-15 (e1916).

Maklouf Carvalho, Luiz. *1988: Segredos da Constituinte* (os vinte meses que agitaram e mudaram o Brasil). 1ª Edição: Editora Record, 2017.

Mamede, Juliana Maria Borges; Leitão Neto, Helio das Chagas; Rodrigues, Francisco Luciano Lima. *O estado de coisas inconstitucional e o compromisso significativo enquanto instrumentos do constitucionalismo dialógico no Brasil: virtudes e limites.* Revista de Investigações Constitucionais; 8(3); 807-835; 2021-12.

Mangabeira Unger, Roberto. *Depois do Colonialismo Mental: repensar e reorganizar o Brasil.* São Paulo: Autonomia Literária, 2018.

________. *A Constituição do Experimentalismo Democrático.* Revista de Direito Administrativo (RDA), Volume 257, 2011. Disponível em: https://doi.org/10.12660/rda.v257.2011.8584. pp. 57-72.

________. *O que a esquerda deve propor.* Tradução de Antônio Risério Leite Filho. Rio de Janeiro: Civilização Brasileira, 2008.

________. *Necessidades falsas.* São Paulo: Boitempo, 2005.

________. *O Direito e o Futuro da Democracia.* Tradução de Caio Farah Rodriguez e Marcio Soares Grandchamp. São Paulo: Boitempo, 2004.

________. *False Necessity: Anti-Necessitarian Social Theory in the service of radical democracy.* London: Verso, 2001.

________. *Democracia realizada: a alternativa progressista.* São Paulo: Boitempo, 1999.

________. *Paixão: Um ensaio sobre a personalidade.* 2ª Edição. São Paulo: Boitempo, 1998.

Maria de Souza, Celina. *Federalismo. In:* Horizontes das Ciências Sociais no Brasil: Ciência Política. Coordenador-Geral Carlos Benedito Martins. Coordenador de área Renato Lessa. São Paulo: ANPOCS, 2010.

MARONA, Marjorie; MAGALHÃES, Lucas Fernandes de; ARAÚJO, Mateus Morais. *Por que são convocadas as Audiências Públicas no Supremo Tribunal Federal*? Revista de Sociologia e Política; 30; 2022.

MARONA, Marjorie Corrêa; ROCHA, Marta Mendes da. *Democratizar a jurisdição constitucional? O caso das audiências públicas no Supremo Tribunal Federal*. Revista de Sociologia e Política; 25(62); pp. 131-156; 2017-06.

MARTINI, Sandra Regina; CHAVES, André Santos. *Necessidade de confiança na jurisdição constitucional para efetivação do direito à saúde*. Interações (Campo Grande); 19(1); pp. 77-91; 2018-01.

MARTINS, Rodrigo. *Pontos de Divergência: Supremo Tribunal Federal e Comportamento Judicial*. Tese de Doutorado apresentada junto ao Departamento de Ciência Política da FAFILCH-USP. São Paulo: USP, 2018.

MARUO, Ivan Toshio; COLUCCI, Maria da Glória; VIEIRA, Sérgio; TANAKA, Orlando; CAMARGO, Elisa Souza; MARUO, Hiroshi. *Estudo da legalidade do exercício profissional da Ortodontia por cirurgião-dentista não-especialista*. Revista Dental Press de Ortodontia e Ortopedia Facial; 14(6); pp. 42e1-42e10; 2009-12.

MAUÉS, Antonio Moreira. *Capítulos de uma História: a decisão do STF sobre união homoafetiva à luz do direito como integridade*. Sequência (Florianópolis); (70); pp. 135-162; 2015-06.

______. *Constituição e Desigualdade: Direito de Propriedade e Reforma Agrária no Brasil*. Lua Nova: Revista de Cultura e Política; (115); 191-224; 2022-01.

______. *Jogando com os precedentes: regras, analogias, princípios*. Revista Direito GV; 8(2); pp. 587-624; 2012-12.

______. *O efeito vinculante na jurisprudência do Supremo Tribunal Federal:análise das reclamações constitucionais n. 11.000 a 13.000*. Revista Direito GV; 12(2); pp. 441-460; 2016-08.

MAUS, Ingeborg. *O Judiciário como Superego da Sociedade: o papel da atividade jurisprudencial na "sociedade órfã"*. *In*: *Novos Estudos* – *CEBRAP*, nº 58, nov. 2000, pp. 183-202.

MEDEIROS, Nilcéia Lage; MELO, Alfredo Alves de Oliveira; JEUNON, Ester Eliane. *A classificação de acervos bibliográficos em bibliotecas de órgãos do judiciário: bens de consumo ou permanentes?* Perspectivas em Ciência da Informação; 12(2); pp. 130-157; 2007-08.

MELO, D.S.; BARÇANTE, B.; Teixeira, L.V.; VARGAS, R.M.P.X.; SILVA, I.J.; RODRIGUES, L.S.. - *Employment of chitosan in the removal of pollutants in fish processing effluents*. Arquivo Brasileiro de Medicina Veterinária e Zootecnia; 74(5); 800-806; 2022-10.

MELO, Marcus André. *Mudança constitucional no Brasil, dos debates sobre regras de emendamento na constituinte à "megapolítica"*. Novos estudos CEBRAP; (97); pp. 187-206; 2013-11.

MELLO, Breno Marques de; SOUSA, Tuanny Soeiro. *Filhos, família e ambientes honestos: gênero, sexualidade e (des)criminalização do consumo de drogas*. Revista Direito e Práxis; 11(2); 1312-1331; 2020-04.

MELLO FILHO, José Celso de. *Notas sobre o Supremo Tribunal (Império e República)*. 4ª Edição. Brasília: Supremo Tribunal Federal, 2014. 36pp.

MENDES, Gilmar Ferreira; COELHO, Inocêncio Mártires; e BRANCO, Paulo Gustavo Gonet. Curso de Direito Constitucional. 1ª Edição. São Paulo: Saraiva, 2007. 1.364 pp.

MEYER, Emílio Peluso Neder. *Repensando o Direito Constitucional Comparado no Brasil*. Revista de Investigações Constitucionais; 6(2); pp. 479-502; 2020-01-31.

MIGUEL, Luís Felipe; BOGÉA, Daniel. *O juiz constitucional me representa? O Supremo Tribunal Federal e a representação argumentativa*. Revista Brasileira de Ciências Sociais; 35(104); 2020-03-02 (e3510402).

MILANO, Giovanna Bonilha. *Crônicas de despejos anunciados: análise das decisões em conflitos fundiários urbanos*. Revista Direito e Práxis; 9(3); pp. 1.249-1.283; 2018-09.

MIRANDA, Ana Paula Mendes de; ALMEIDA, Rosiane Rodrigues de. *"A galinha da religião de preto" e o reconhecimento de direitos: controvérsias e mobilizações dos povos tradicionais de terreiro em defesa da soberania alimentar e do enfrentamento ao racismo*. Religião & Sociedade; 42(2); 43-65; 2022-08.

MOLHANO RIBEIRO, Leandro; ARGUELHES, Diego Werneck. *Preferências, estratégias e motivações: Pressupostos institucionais de teorias sobre comportamento judicial e sua transposição para o caso brasileiro. Direito e Práxis*, v. 4, n. 7, pp. 85-121, 2013.

_______. *Contextos da judicialização da política: novos elementos para um mapa teórico*. Revista Direito GV; 15(2); -; 2019-09-02 (e1921).

MONICA, Eder Fernandes. *A hegemonia do discurso liberal sobre direitos homossexuais no STF*. Revista Direito e Práxis; 11(2); 1358-1390; 2020-04.

MONTERO, Paula; SILVA, Aramis Luis; SALES, Lilian. *Fazer religião em público: encenações religiosas e influência pública*. Horizontes Antropológicos; 24(52); pp. 131-164; 2018-12.

_______. Paula; NAGAMINE, Renata; NICÁCIO, Camila; BORGES, Guilherme; GOÉS, Luma. *Dessacramentalização sem dessacralização: A regulação judicial da (homo) conjugalidade no Brasil*. Novos estudos CEBRAP; 41(3); 545-567; 2022-09.

MONTEIRO NETO, Aristides (Organizador). *Governos Estaduais e Federalismo no Brasil: capacidades e limitações governativas em debate*. Brasília: IPEA, 2014.

MORAES, Raquel; CAMINO, Leoncio. *Homoafetividade e direito: um estudo dos argumentos utilizados pelos ministros do STF ao reconhecerem a união homoafetiva no Brasil*. Revista Direito GV; 12(3); pp. 648-666; 2016-12.

MORAIS, Fausto Santos de; GHIGGI, Fernando Gabriel. *A vitória pírrica da democracia constitucional*. Revista de Investigações Constitucionais; 6(1); pp. 135-164; 2019-10-21.

MÜLLER, Friedrich. *Fragmento (sobre) o Poder Constituinte do Povo*. Tradução de Peter Naumann. SP: RT, 2004.

NAPOLITANO, Carlo José. *Liberdade de imprensa no Supremo Tribunal Federal: análise comparativa com a Suprema Corte dos Estados Unidos*. Intercom: Revista Brasileira de Ciências da Comunicação; 38(1); pp. 19-36; 2015-06.

NEGRI, Lígia; BITTENCOURT, Guida Fernanda Proença; FIGUEIREDO JÚNIOR, Selmo Ribeiro. *Das citações (in)diretas na discursividade do voto de Carlos Ayres Britto acerca da união homoafetiva: efeitos de sentido possíveis*. DELTA: Documentação de Estudos em Lingüística Teórica e Aplicada; 31(1); pp. 1-24; 2015-06.

NELSON, Dulcinéa Peixoto; GIRIANELLI, Vania Reis; BESSO, Sandra Maria; SILVA, Danielle Barata. *Demanda judicial da população transexual na 2ª Instância do Tribunal de Justiça do Estado do Rio de Janeiro: uma análise das decisões até 2017. Physis*: Revista de Saúde Coletiva; 29(3); 2019-11-25.

NEVES, Cynthia Agra de Brito. *Direitos humanos e educação: a polêmica em torno da prova de redação do ENEM 2015 e 2017*. Trabalhos em Linguística Aplicada; 57(2); pp. 731-755; 2018-08.

NEVES, Marcelo da Costa Pinto. *Entre Têmis e Leviatã: uma relação difícil: o estado democrático de direito a partir e além de Luhmann e Habermas*. São Paulo: Martins Fontes, 2008.

NICOLI, Pedro Augusto Gravatá; DUTRA, Renata Queiroz. *Direitos trabalhistas como direitos LGBTI+: uma leitura queer dos retrocessos sociolaborais no STF*. Revista Direito e Práxis; 13(2); 1289-1318; 2022-06.

NIETZCHE, Friedrich. *Ciência Gaia*. Tradução de Paulo Cesar de Souza. São Paulo: Companhia de Bolso. 344 pp.

NORONHA, Ana Paula Porto; RESENDE, Ana Cristina; OLIVEIRA, Katya Luciane de; MUNIZ, Monalisa; REPPOLD, Caroline Tozzi. *Os Impactos da Ação Direta de Inconstitucionalidade nº 3481 na Psicologia e na Sociedade*. Psicologia: Ciência e Profissão; 41(spe1); 2021.

Nunes, Rodrigo M. *Politics without insurance: democratic competition and Judicial Reform in Brazil. Comparative Politics*, v. 42, n. 3, pp. 313-331, 2010.

Nunes Leal, Victor. *Coronelismo, Enxada e Voto: o município e o sistema representativo.* 7ª Ed. São Paulo: Cia. das Letras, 2012.

Oliveira, Eduardo Santos de. - O Sistema Político Brasileiro hoje: o governo do Supremo Tribunal Federal e legitimidade democrática - Sociologias; 15(33); 206-246; 2013-08.

Oliveira, Frederico Guilherme Fonseca Torres de; Fonseca, Lea Mirian Barbosa da; Koch, Hilton Augusto. *Responsabilidade civil do radiologista no diagnóstico do câncer de mama através do exame de mamografia.* Radiologia Brasileira; 44(3); pp. 183-187; 2011-06.

Oliveira, Jadson Correia de; Silva, Ivan Luiz da; Amorim, Fernando Sérgio Tenório de. *As Audiências Públicas no STF: a adoção de um modelo cooperativo de controle de constitucionalidade das normas.* Sequência (Florianópolis); (78); pp. 175-198; 2018-04.

Oliveira, Vanessa Elias de. *Poder judiciário: árbitro dos conflitos constitucionais entre estados e união.* Lua Nova: Revista de Cultura e Política; (78); pp. 223-250; 2009.

________. Vanessa Elias de; Madeira, Lígia Mori. *Judicialização da política no enfrentamento à Covid-19: um novo padrão decisório do STF*? Revista Brasileira de Ciência Política; (35); 2021.

Ouverney, Assis Mafort. *Reflexões sobre as regras do impedimento e seus impactos sobre a democracia: Brasil, Estados Unidos e Inglaterra em perspectiva comparada.* Saúde em Debate; 40(spe); pp. 98-113; 2016-12.

Orwell, George. 1984. São Paulo: Companhia Editora Nacional, 1998.

Padovani, Natália Corazza. *No olho do furacão: conjugalidades homossexuais e o direito à visita íntima na Penitenciária Feminina da Capital.* Cadernos Pagu; (37); pp. 185-218; 2011-12.

Osmo, Carla; Fanti, Fabiola. *ADPF das Favelas: mobilização do direito no encontro da pandemia com a violência policial e o racismo.* Revista Direito e Práxis; 12(3); 2102-2146; 2021-07.

Pádua, Thiago Aguiar de. Ao Vencedor o Supremo: o STF como partido político *"sui generis"*. 1ª Edição. Belo Horizonte, São Paulo: D'Plácido, 2020. 408 pp.

Paixão, Shayane do Socorro de Almeida da; Silva, Sandoval Alves da; Costa, Rosalina Moitta Pinto da. *A superação dos precedentes na teoria dos diálogos institucionais: análise do caso da Vaquejada.* Revista de Investigações Constitucionais; 8(1); 275-301; 2021.

Paula, Carlos Eduardo Artiaga; Silva, Ana Paula da; Bittar, Cléria Maria Lôbo. *Expansão do poder judicial no Sistema Único de Saúde.* Revista Bioética; 27(1); pp. 111-119; 2019-03.

Penalva, Janaína; Diniz, Debora; Medeiros, Marcelo. *O Benefício de Prestação Continuada no Supremo Tribunal Federal.* Sociedade e Estado; 25(1); pp. 53-70; 2010-04.

Paz, Anderson Barbosa; Fittipaldi, Italo. *Uma análise do padrão de julgamento do Supremo Tribunal Federal (STF) sobre ações diretas de inconstitucionalidade entre 2010 e 2019.* - Revista Direito GV; 18(1); 2022.

Penteado, Taís Sofia Cunha de Barros. *Equality-based arguments for the decriminalization of abortion in Brazil: towards new legal opportunities.* Revista de Investigações Constitucionais; 7(2); 451-472; 2020-08.

Pereira Júnior, Ademir Antonio. *Legitimidade e governabilidade na regulação do sistema financeiro.* Revista Direito GV; 4(2); 517-538; 2008-12.

Pereira, Carla Rocha; Monteiro, Simone Souza. *A criminalização da transmissão do HIV no Brasil: avanços, retrocessos e lacunas. Physis*: Revista de Saúde Coletiva; 25(4); pp. 1.185-1.205; 2015-12.

Pereira, Fábio Henrique; Maia, Kênia. *El periodista brasileño frente al fin de la obligatoriedad del diploma para el ejercicio de la profesión: reordenamiento del repertorio* de legitimación professional. *Trabajo y sociedad*; (26); pp. 35-50; 2016-06.

Pereira, Leonardo Affonso de Miranda. *Os Anjos da Meia-Noite: trabalhadores, lazer e direitos no Rio de Janeiro da Primeira República*. Tempo; 19(35); pp. 97-116; 2013-12.

Pereira, Thomaz; Arguelhes, Diego Werneck; Fernandes de Almeida, Guilherme da Franca Couto. *Relatório Supremo em Números VIII – Quem decide no Supremo? Tipos de decisão colegiada (1988-2018)*. Rio de Janeiro: FGV Direito Rio, 2020. 144 pp.

Pertence, José Paulo Sepúlveda. *O controle de constitucionalidade das emendas constitucionais pelo Supremo Tribunal Federal: crônica de jurisprudência. Revista Brasileira de Direito Público*, v. 1, n. 1, 2007. Disponível em: <http://bdjur.stj.jus.br/dspace/handle/2011/31814>. Acesso em: 26.11.2017.

Pessôa, Leonel Cesarino. *O princípio da capacidade contributiva na jurisprudência do Supremo Tribunal Federal*. Revista Direito GV; 5(1); pp. 95-106; 2009-06.

Pistori, Maria Helena Cruz. *Ethos e pathos no discurso do Ministro-Relator do Supremo Tribunal Federal*. Bakhtiniana: Revista de Estudos do Discurso; 13(1); pp. 71-93; 2018-04.

Pocock, John Greeville Agard. *The Machiavellian Moment: Florentine Political Thought ant The Atrantic Republican Tradition*. Princeton Classics Edition (With a new introduction by Paul Whatmore). Princeton: Princeton University Press, 2016.

Prado, Arthur Sodré. *Entre a decisão e o conselho: como a jurisprudência do Supremo Tribunal Federal dificulta a instalação de uma etapa intermediária no processo penal brasileiro*. Revista Brasileira de Direito Processual Penal; 8(1); 235-272; 2022-01.

Pugliesi, Fábio. *A incompatibilidade da substituição tributária do ICMS com a opção pelo Simples Nacional*. Sequência (Florianópolis); (64); pp. 285-306; 2012-07.

Püschel, Flavia Portella. *Same-sex marriage in the Brazilian Supreme Court: Legal Reasoning and the Risk of a Regressive Turn*. Novos estudos Cebrap; 38(3); pp. 653-665; 2020-01-27.

Queiroz, Rafael Mafei Rabelo. *Cinquenta anos de um conflito: o embate entre o Ministro Ribeiro da Costa e o General Costa e Silva sobre a reforma do STF (1965)*. Revista Direito GV; 11(1); pp. 323-342; 2015-06.

Ranieri, Nina Beatriz Stocco. *O novo cenário jurisprudencial do direito à educação no Brasil: o ensino domiciliar e outros casos no Supremo Tribunal Federal*. Pro-Posições; 28(2); pp. 141-171; 2017-08.

Rawls, John. *Liberalismo político*. Tradução de Dinah de Abreu Azevedo. São Paulo: Ática, 2000.

Reck, Janriê Rodrigues; Bitencourt, Caroline Müller. *A jurisprudência do STF sobre Impeachment e sua repercussão aos Prefeitos Municipais em uma perspectiva discursiva*. Revista de Investigações Constitucionais; 3(3); pp. 191-214; 2016-09.

Ribeiro, Darcy. *O Povo Brasileiro: A formação e o sentido do Brasil*. São Paulo: Companhia das Letras, 1995.

Ribeiro, Flávia Regina Guedes; Spink, Mary Jane Paris. *Repertórios interpretativos na controvérsia sobre a legalização do aborto de fetos anencefálicos*. Psicologia & Sociedade; 23(spe); pp. 63-71; 2011.

Ribeiro, Gladys Sabina. - *Cidadania e luta por direitos na Primeira República: analisando processos da Justiça Federal e do Supremo Tribunal Federal* - Tempo; 13(26); 101-117; 2009.

Ribeiro, Ricardo Silveira. *Política e economia na jurisdição constitucional abstrata (1999-2004)*. Revista Direito GV; 8(1); pp. 87-108; 2012-06.

Ricci, Paolo; Tomio, Fabricio. *O poder da caneta: a Medida Provisória no processo legislativo estadual*. Opinião Pública; 18(2); pp. 255-277; 2012-11.

Río, Andrés del. *Dictadura, Democracia y Justicia Transicional en Brasil: Trayectoria y Legados del Supremo Tribunal Federal*. Dados; 57(4); pp. 1.169-1.201; 2014-12.

Rios, Roger Raupp. *Tramas e interconexões no Supremo Tribunal Federal: Antidiscriminação, gênero e sexualidade*. Revista Direito e Práxis; 11(2); 1332-1357; 2020-04.

Ríos-Figueroa, Julio; Taylor, Matthew M. *Institutional determinants of the judicialization of policy in Brazil and Mexico. Journal of Latin American Studies*, 38(4), pp. 739-766, 2006.

Rodrigues, Luciana Miranda; Machado, Cristiane Gouvêa; Maksud, Ivia. *Blood Donation from gay and bissexual men: Contextualizing the approval of the Federal Supreme Court.* Texto & Contexto. Enfermagem; 32; 2023.

Rodrigues, Theófilo Codeço Machado. *A reforma política pelo judiciário: notas sobre a judicialização da política na Nova República.* Revista Brasileira de Ciência Política; (28); pp. 123-160; 2019-06-03.

________. *Análise da trajetória dos ministros do Supremo Tribunal Federal (STF): insulamento ou presidencialismo de coalizão?* Revista Direito GV; 18(2); 2022.

Rodriguez, Caio Farah. *Os erros que Unger não cometeu.* Revista de Direito Administrativo (RDA), Volume 258, 2011. Disponível em: https://doi.org/10.12660/rda.v258.2011.8607. pp. 27-46.

Roesler, Claudia Rosane; Santos, Paulo Alves. *Argumentação jurídica utilizada pelos tribunais brasileiros ao tratar das uniões homoafetivas.* Revista Direito GV; 10(2); pp. 615-638; 2014-12.

Roesler, Claudia Rosane; Senra, Laura Carneiro de Mello. *Lei de anistia e justiça de transição: a releitura da ADPF 153 sob o viés argumentativo e principiológico.* Sequência (Florianópolis); (64); 131-160; 2012-07.

Roque, Andre Vasconcelos. *El arbitraje con entes estatales en brasil después de la reforma de 2015.* Revista de derecho (Valparaíso); (52); pp. 225-254; 2019-07.

Rosa, Luísa Walter da. *A necessidade de anuência do Ministério Público para a homologação de acordo de colaboração premiada firmado pela autoridade policial.* Revista Brasileira de Direito Processual Penal, 9 (1), 457-489, 2023. http://www.scielo.br/scielo.php

Rossato, Willian; Cristóvam, José Sérgio da Silva. *Decadência administrativa e atos inconstitucionais: uma análise a partir do Recurso Extraordinário nº 817.338.* Revista de Investigações Constitucionais; 4(2); pp. 221-241; 2019-04-15.

Rothenburg, Walter Claudius. *Constitucionalidade e convencionalidade da Lei de Anistia brasileira.* Revista Direito GV; 9(2); pp. 681-706; 2013-12.

________. *O problema da igualdade real: comentário de algumas decisões do Supremo Tribunal Federal.* Revista Direito GV; 5(1); pp. 107-123; 2009-06.

Rudas, Sebastián. *Ensino confessional na escola laica? Teoria política e a ADI 4.439/2017 no Supremo Tribunal Federal.* Educação e Pesquisa; 49; 2023.

Rueda, Fabián J. M.; Guimarães, Juliana de Barros. *Psicologia do Trânsito: Conquistas Históricas, ADI 3481 e Perspectivas para a Área.* Psicologia: Ciência e Profissão; 41(spe1); 2021.

Ruibal, Alba. *A controvérsia constitucional do aborto no Brasil: Inovação na interação entre movimento social e Supremo Tribunal Federal.* Revista Direito e Práxis; 11(2); 1166-1187; 2020-04.

Sabel, Charles F. Dorf, Michael C. *A Constitution of Democratic Experimentalism. Cornell Law Faculty Publications. Paper* 120. *Columbia Law Review*, vol. 98, nº 2 (*March*, 1998). Disponível em http://scholarship.law.cornell.edu/facpub/120.

Sacchetto, Thiago Coelho. *As mutações constitucionais no contexto brasileiro de crise da representação democrática.* e-Pública: Revista Eletrónica de Direito Público; 2(1); pp. 123-140; 2015-01.

Sacramento, Bruno. *Desacordos razoáveis e discricionariedade legislativa: um estudo a partir da teoria principialista dos direitos fundamentais.* e-Pública: Revista Eletrónica de Direito Público; 5(1); 241-275; 2018-01

Sadek, Maria Tereza; Arantes, Rogério Bastos. *A crise do Judiciário e a visão dos juízes.* Revista USP, n. 21, pp. 34-45, 1994.

Sadek, Maria Tereza Aina. "Fabiana Luci de Oliveira - Justiça, profissionalismo e política: o STF e o controle da constitucionalidade das leis no Brasil". Revista Brasileira de Ciência Política; (9); pp. 257-259; 2012-12.

SALES, Lilian. Emoções e afetos na controvérsia sobre a anencefalia. Revista Brasileira de Ciências Sociais, 35 (103), 2020. http://www.scielo.br/scielo.php

SANTIAGO, Silviano. *Machado.* 1ª Edição. São Paulo: Companhia das Letras, 2016.

SANTOS, Alethele de Oliveira; DELDUQUE, Maria Célia; MENDONÇA, Ana Valéria Machado. *Os discursos na Audiência Pública da Saúde e seu impacto nas decisões do Supremo Tribunal Federal: uma análise à luz da teoria dos sistemas sociais.* Saúde e Sociedade; 24; pp. 184-192; 2015-06.

SANTOS, André Marenco dos; DA ROS, Luciano. *Caminhos que levam à Corte: carreiras e padrões de recrutamento dos ministros dos órgãos de cúpula do Poder Judiciário brasileiro (1829-2006).* Revista de Sociologia e Política; 16(30); pp. 131-149; 2008-06.

SANTOS, Caio Santiago F. *O estudo de caso na sociologia dos tribunais: o HC 126.292 e as ADCs 43 e 44.* Revista Direito e Práxis; 12(4); 2460-2489; 2021-12.

SANTOS, Carlos Victor Nascimento dos. *"Mutação à brasileira": uma análise empírica do art. 52, X, da Constituição.* Revista Direito GV; 10(2); pp. 597-614; 2014-12.

SANTOS, Lenir. *Judicialização da saúde: as teses do STF.* Saúde em Debate; 45(130); 807-818; 2021-09.

SANTOS, Paulo Alves; ROESLER, Claudia. *Argumentos e fatos no Supremo Tribunal Federal: exame de acórdãos penais condenatórios.* Revista Direito e Práxis; 13(2); 916-949; 2022-06.

SARAMAGO. José. Objecto Quase: contos. São Paulo: Companhia das Letras, 1994.

SARLET, Ingo Wolfgang; ZOCKUN, Carolina Zancaner. *Notas sobre o mínimo existencial e sua interpretação pelo STF no âmbito do controle judicial das políticas públicas com base nos direitos sociais.* Revista de Investigações Constitucionais; 3(2); pp.115-141; 2019-04-15.

SATO, Leonardo Seiichi Sasada; GONÇALVES, Priscila Petereit de Paola. A atuação do Supremo Tribunal Federal na crise da política dos estados na Primeira República (1908-1911): uma análise a partir do periódico jurídico O Direito. Estudos Históricos (Rio de Janeiro); 29(58); pp. 421-440; 2016-08.

SCAFF, Elisângela Alves da Silva; PINTO, Isabela Rahal de Rezende. *O Supremo Tribunal Federal e a garantia do direito à educação.* Revista Brasileira de Educação; 21(65); pp. 431-454; 2016-06.

SCHAUER, Frederick. *Precedent. Stanford Law Review*, v. 39, 1987.

SCHLESINGER JUNIOR, Arthur M. *"The Supreme Court". Fortune*, v. XXXV, n.1, jan. 1947.

SCOTTI, Valentina Rita. *Constitutional amendments and constitutional core values: the Brazilian case in a comparative perspective.* Revista de Investigações Constitucionais; 5(3); pp. 59-76; 2018-12.

SENRA, Laura Carneiro de Mello. *Gênero e autonomia: o caso da ação direta de inconstitucionalidade n. 4.424.* Revista Direito e Práxis; 9(2); pp. 749-780; 2018-06.

SERRA, Carlos Henrique Aguiar. *O Direito no Brasil (1937-1964): um enfoque indisciplinado.* Discursos Sediciosos (Rio de Janeiro). Freitas Bastos, v. 1, n.1, p. 187-203, 1997.

________. *Criminologia e Direito Penal em Roberto Lyra e Nélson Hungria: uma proposta indisciplinada.* 1. ed. Rio de Janeiro: Lumen Juris, 2008. v. 1. 146p.

SGARBOSSA, Luís Fernando; IENSUE, Geziela. *Algumas Reflexões Críticas sobre a Tese da 'Abstrativização'; do Controle Concreto de Constitucionalidade no Supremo Tribunal Federal (STF).* Sequência (Florianópolis); (75); pp. 79-104; 2017-04.

SHAPIRO, Matthew. *Courts: a comparative and political analysis.* Chicago: University of Chicago Press, 1986.

SILVA, Adrian Barbosa E.; OLIVEIRA, Felipe Guimarães de; RABELO, Victor Alberto P. de Albuquerque. *A liberdade de expressão na Constituição Federal de 1988 e no Supremo Tribunal Federal: uma análise sobre o caso Siegfried Ellwanger. Estudios constitucionales*; 9(2); 771-790; 2011

SILVA, Cristhian Teófilo da. *A homologação da Terra Indígena Raposa Serra do Sol e seus efeitos: uma análise performativa das 19 condicionantes do STF.* Revista Brasileira de Ciências Sociais; 33(98); 2018-08-02 (e339803).

SILVA, Diogo Bacha e; VIEIRA, José Ribas. *Os itinerários da politização do Supremo Tribunal Federal: do ativismo ao populismo* judicial. Sequência (Florianópolis); 43(91); 2022.

SILVA, Eduardo Moreira da; RIBEIRO, Antonio Carlos Andrade; MARONA, Marjorie; MAGALHÃES, Lucas Fernandes de. *Public hearings at the Brazilian Supreme Court: from strategic litigation to resolution.* Opinião Pública; 28(2); 462-486; 2022-08.

SILVA, Jeferson Mariano. *Depois da "judicialização": um mapa bibliográfico do Supremo - Revista de Sociologia e Política*; 30; 2022.

SILVA, Jeferson Mariano. *Mapeando o Supremo: as posições dos ministros do STF na jurisdição constitucional (2012-2017).* Novos estudos CEBRAP; 37(1); pp. 35-54; 2018-04.

SILVA, Otavio Pinto e. *Greve e ética na Universidade.* Estudos Avançados; 28(80); pp. 213-222; 2014-04.

SILVA, Virgílio Afonso da; WANG, Daniel Wei Liang. *Quem sou eu para discordar de um ministro do STF? O ensino do direito entre argumento de autoridade e livre debate de ideias.* Revista Direito GV; 6(1); pp. 95-118; 2010-06.

SILVA, Virgílio Afonso da. *Um voto qualquer? O papel do Ministro Relator.* Revista de Estudos Institucionais. Volume 1 (1), pp. 180-200, 2015.

SILVEIRA, Adriana Dragone. *Conflitos e consensos na exigibilidade judicial do direito à educação básica.* Educação & Sociedade; 34(123); 371-387; 2013-06.

SIMAS, Luciana; VENTURA, Miriam; BAPTISTA, Michelly Ribeiro; LAROUZÉ, Bernard. *A jurisprudência brasileira acerca da maternidade na prisão.* Revista Direito GV; 11(2); pp. 547-572; 2015-12.

SIQUEIRA, Gustavo S. *O STF no Egito: Greve e História do Direito no Recurso Extraordinário n.º 693.456/RJ.* Revista Direito e Práxis; 10(2); pp. 1.016-1.045; 2019-06-27.

SOMBRA, Thiago Luís Santos. *Supremo Tribunal Federal representativo? O impacto das audiências públicas na deliberação.* Revista Direito GV; 13(1); pp. 236-273; 2017-04.

SOUSA, Tuanny Soeiro. *Retificando o gênero ou ratificando a norma?* Revista Direito GV; 15(2); -; 2019-08-05 (e1920).

SOUSA SANTOS, Boaventura de. *A Crítica da Razão Indolente: contra o desperdício da experiência.* São Paulo: Cortez, 2002.

SOUZA, Jessé. *A modernização seletiva: uma reinterpretação do dilema brasileiro.* Brasília: UnB, 2000.

______. *A ralé brasileira: quem é e como vive.* Belo Horizonte: UFMG, 2009.

______. *Os batalhadores brasileiros: Nova classe média ou nova classe trabalhadora?* BH: UFMG, 2012.

SOUZA, Raphael Ramos Monteiro de. *Supremo remoto e a expansão do Plenário Virtual após a pandemia* - Revista Direito GV; 19; 2023.

STONE SWEET, Alec. *The Birth of Judicial Politics in France*: The Constitutional Council in Comparative Perspective. New York: Oxford University Press, 1992.

______. *Governing with Judges: Constitutional Politics in Europe.* Oxford: Oxford University Press, 2000.

______. *The Juridical Coup D'État and the Problem of Authority. German Law Journal,* v. 8, n. 10, pp. 915-928, 2007.

SUPREMO TRIBUNAL FEDERAL. *Relatório da Repercussão Geral (Março de 2010).* Presidência do Supremo. Disponível em (*link*): http://www.stf.jus.br/arquivo/cms/jurisprudenciaRepercussaoGeralRelatorio/anexo/RelatorioRG_Mar2010.pdf

TAKASCHIMA, Augusto Key Karazawa; SAKAE, Thiago Mamôru; TAKASCHIMA, Alexandre Karazawa; TAKASCHIMA, Renata dos Santos Teodoro; LIMA, Breno José Santiago Bezerra de; BENEDETTI, Roberto Henrique. *Ethical and legal duty of anesthesiologists regarding Jehovah's Witness patient: care protocol.* Revista Brasileira de Anestesiologia; 66(6); pp. 637-641; 2016-12.

TAROUCO, Gabriela da Silva; MADEIRA, Rafael Machado. *Partidos, programas e o debate sobre esquerda e direita no Brasil.* Revista de Sociologia e Política; 21(45); pp. 149-165; 2013-03.

TAQUARY, Eneida Orbage de Britto; LEÃO, Wangle Samuel Costa. *O dialógo entre Colômbia e Brasil sobre o "estado de coisas inconstitucional". Revista de la Secretaría del Tribunal Permanente de Revisión*; 7(13); pp. 193-212; 2019-03.

TAVARES, Raylton Carlos de Lima; SOUSA, Rosângela do Socorro Nogueira de. Discursos sobre a criminalização da homofobia e da transfobia no Portal de Notícias 'O Antagonista'. Trabalhos em Linguística Aplicada. 61(2); 419-434; 2022-08.

TATE, Chester Neal; VALLINDER, Torbjörn. (Eds.). *The global expansion of judicial power.* New York/ London: New York University Press, 1995.

TAYLOR, Matthew M. *Judging Policy: Courts and Policy Reform in Democratic Brazil.* Stanford: Stanford University Press, 2008.

_______. *O Judiciário e as Políticas Públicas no Brasil. Dados*, v. 50, n. 2, 2007. Rio de Janeiro, pp. 229-257, 2007.

TAYLOR, Matthew M.; DA ROS, Luciano. *Os partidos dentro e fora do poder: a judicialização como resultado contingente da estratégia política.* Dados, v. 51, n.4. Rio de Janeiro, pp. 825-864, 2008.

TEIXEIRA, Carlos Sávio Gomes. *"Modos de explicar o Brasil: o estruturalismo sociológico de Florestan Fernandes e o construtivismo institucional de Mangabeira Unger".* Revista Sinais Sociais, v. 10, n. 28. mai.-ago. Rio de Janeiro, pp. 55-79, 2015.

TEIXEIRA, Carmen Fontes, SANTOS, Jamilli Silva. *Análise estratégica da atuação do governo federal brasileiro na pandemia de COVID-19: 2020-2021.* Ciência & Saúde Coletiva, 28 (5), 1277-1286, 2023. http://www.scielo.br/scielo.php?

TOCQUEVILLE, Alexis de. *Democracy in America,* Phillips Bradley. Vol. 1. *New York: Vintage Books Ed.*, 1990.

TRENTINI, Flavia; BURITI, Victor Novais. Competência dos Municípios para Legislar sobre Áreas de Preservação Permanente Hídricas Urbanas. Revista de Direito da Cidade; 13(4); 1980-1997; 2021-12.

VALENÇA, Manuela Abath; MELLO, Marilia Montenegro Pessoa de. *"Pancada de amor não dói": a audiência de custódia e a visibilidade invertida da vítima nos casos de violência doméstica.* Revista Direito e Práxis; 11(2); 1238-1274; 2020-04.

VALLE, Vanice Regina Lírio do. *Novo Regime Fiscal, autonomia financeira e separação de poderes: uma leitura em favor de sua constitucionalidade.* Revista de Investigações Constitucionais; 4(1); pp. 227-258; 2019-04-15.

VALLINDER, Torbjörn. *When the courts go marching in.* In: TATE, Chester Neal; VALLINDER, Torbjörn. (Eds.). *The global expansion of judicial power.* New York/ London: New York University Press, 1995.

VAZQUEZ, Daniel Arias; SCHLEGEL, Rogerio. *Covid-19, Fundeb e o populismo do governo Bolsonaro nas relações federativas. Revista Brasileira de Ciência Política*; (38); 2022.

VERISSIMO, Marcos Paulo. *A constituição de 1988, vinte anos depois: suprema corte e ativismo judicial 'à brasileira'*; - Revista Direito GV; 4(2); pp. 407-440; 2008-12.

VIANNA, Luiz Werneck; BURGOS, Marcelo Baumann; SALLES, Paula Martins. *Dezessete anos de judicialização da política.* Tempo Social; 19(2); pp. 39-85; 2007-11.

VIANNA, Luis Jorge Werneck; CARVALHO, Maria Alice Rezende de; MELLO, Manuel Palácios Cunha; e BURGOS, Marcelo Bauman. *A judicialização da política e das relações sociais no Brasil.* São Paulo: Revan, 1999.

VIEIRA, Adriana Dias; EFREM FILHO, Roberto. *O rei está nu: gênero e sexualidade nas práticas e decisões no STF.* Revista Direito e Práxis; 11(2); 1084-1136; 2020-04.

VIEIRA, Fabiola Sulpino. *Ações judiciais e direito à saúde: reflexão sobre a observância aos princípios do SUS.* Revista de Saúde Pública; 42(2); pp. 365-369; 2008-02-29.

VIEIRA, Oscar Vilhena. *Supremocracia.* Revista de Direito GV São Paulo 4 (2). jul./dez. 2008. pp. 441-464 (*Link*: http://bibliotecadigital.fgv.br/dspace/bitstream/handle/10438/9674/Oscar%20Vilhena%20

Vieira.pdf?sequence=1&isAllowed=y) – último acesso em 19.11.2017.

________. *A batalha dos poderes: Da transição democrática ao mal-estar constitucional.* 1ª Edição. São Paulo: Companhia das Letras, 2018. 233 pp.

Vieira, Oscar Vilhena; Glezer, Rubens; Barbosa, Ana Laura Pereira. *Supremocracia e infralegalismo autoritário: O comportamento do Supremo Tribunal Federal durante o Governo Bolsonaro.* Novos estudos CEBRAP; 41(3); 591-605; 2022-09.

Vilani, Rodrigo Machado. *Avanço técnico-científico na jurisprudência do STF: reflexões a partir das ADPFs 747, 748 e 749.* Sequência (Florianópolis); 43(90); 2022.

Vila-Nova Gomes, Daniel Augusto (2014). *Entre "Civilização" e "Barbárie" (ou tinham umas pedrinhas no caminho do "rolezaum").* Blog *"O Direito Achado na Rua"* (*Link*: http://odireitoachadonarua.blogspot.com.br) – último acesso em 19.11.2017.

________. *O federalismo pede licença.* *In*: Desafios do Desenvolvimento. Ano 6. Número 52 – jul. 2009. Brasília: IPEA e Virtual Publicidade Ltda., 2009a. p. 51.

______. *Rádios Comunitárias, Serviços Públicos e Cidadania: Uma nova ótica constitucional para a crise dos serviços públicos de (tele)comunicações.* São Paulo: LTR, 2009b.

Vojvodic, Adriana de Moraes; Machado, Ana Mara França; Cardoso, Evorah Lusci Costa. *Escrevendo um romance, primeiro capítulo: precedentes e processo decisório no STF.* Revista Direito GV; 5(1); pp. 21-44; 2009-06.

Walter, Maria Tereza. *Implantação da Norma ISO 9001: 2000 na Biblioteca Ministro Victor Nunes Leal do Supremo Tribunal Federal.* Ciência da Informação; 34(1); pp. 104-113; 2005-01.

Wang, Daniel Wei Liang; Vasconcelos, Natália Pires de. *Adjudicação de direitos e escolhas políticas na assistência social: o STF e o critério de renda do BPC.* - Novos estudos Cebrap; (103); pp. 135-151; 2015-11.

Wang, Daniel Wei Liang. *Escassez de recursos, custos dos direitos e reserva do possível na jurisprudência do STF.* Revista Direito GV; 4(2); pp. 539-568; 2008-12

Warat, Luís Alberto. *Introdução Geral ao Direito I.* Florianópolis: Ed. da UFSC, 1994.

______. *A Pureza do Poder: uma análise crítica da teoria jurídica.* Florianópolis: UFSC, 1983.

Weber, M. *Economia e Sociedade.* Brasília/DF: Editora da Universidade de Brasília, 1994.

Whitaker, Chico. *Ficha Limpa - uma lei a defender?* Estudos Avançados; 30(88); pp. 231-245; 2016-12.

Whittington, Keith E. *Once more unto the breach: Postbehavioralist approaches to judicial politics. Law & Social Inquiry,* v. 25, n. 2, p. 601-634, 2000.

______. *"Interpose your friendly hand": Political supports for the exercise of judicial review by the United States Supreme Court. American political science review,* v. 99, n. 04, p. 583-596, 2005.

______. *Political foundations of judicial supremacy: The presidency, the Supreme Court, and constitutional leadership in US history.* Princeton University Press, 2009.

Ximenes, Julia Maurmann. *O Supremo Tribunal Federal e a cidadania à luz da influência comunitarista.* Revista Direito GV; 6(1); pp. 119-141; 2010-06.

Yamada, Erica Magami; Villares, Luiz Fernando. *Julgamento da Terra Indígena Raposa Serra do Sol: todo dia era dia de índio.* Revista Direito GV; 6(1); pp. 145-157; 2010-06.

Zauli, Eduardo Meira. *Judicialização da política, poder judiciário e comissões parlamentares de inquérito no Brasil.* Revista de Sociologia e Política; 19(40); pp. 195-209; 2011-10.

Este livro foi composto em Palatino
e Avenir e impresso pela gráfica Meta
Brasil em papel Pólen Natural para a
Amanuense Livros no outono de 2023.
Já fazia um frio de inverno em São Paulo.